LORENZO MONTÚFAR

RESEÑA HISTÓRICA DE CENTROAMÉRICA TOMO VII

EL CAOS PARECE ETERNO

ERANDIQUE
COLECCIÓN

RESEÑA HISTÓRICA DE CENTROAMÉRICA (TOMO VII).
EL CAOS PARECE ETERNO
LORENZO MONTUFAR

©Colección Erandique
Supervisión Editorial: Óscar Flores López
Diseño de portada: Andrea Rodríguez
Administración: Tesla Rodas
Director Ejecutivo: José Azcona Bocock
Primera Edición
Tegucigalpa, Honduras—Febrero 2025

CAPÍTULO I: ¿RECUERDAN AL OBISPO VITERI?

SUMARIO.

1.- El Obispo Viteri 2.- Un artículo revolucionario 3.- Se convoca una Asamblea Constituyente 4.- Dieta de Managua 5.- Otras disposiciones gubernativas 6.-Nacionalidad 7.-Se traslada el Gobierno a León 8.- Asamblea Constituyente 9.- Mosquitos 10.- Toma del puerto de San Juan

El Obispo Viteri que tanto daño había hecho en el Salvador, aparece ahora en Nicaragua.

El cabildo eclesiástico y el vicario capitular de la Diócesis solicitaron salvo conducto para él.

Viteri deseaba ser obispo de Nicaragua porque comprendía que su conducta pasada lo privaría en Roma de la mitra del Salvador, y pidió a los nicaragüenses carta de naturaleza. (Documento núm. 1.)

Salinas continuaba en el Ministerio y tuvo particular placer en contestar accediendo a la solicitud. (Documento núm. 2.)

En el Registro oficial se publicaba un artículo titulado: "Moralidad."

La primera parte se encuentra en el núm. 12 y todavía en el núm. 43 se continuaba.

El encabezamiento parece santo; pero el fin era fatal.

Se propone el autor combatir todo el sistema democrático y cortar, como él dice, las alas a la democracia.

Este artículo fue celebrado por Pavon y por Milla en Guatemala.

La Sociedad Económica se apoderó de él, y comenzó a reproducirlo en su periódico reaccionario, con grandes y repetidos elogios.

Los liberales de Guatemala no sufrieron ese artículo; escribieron contra él y sus publicaciones aceleraron la revolución.

Las Cámaras habían convocado el 19 de marzo una Asamblea Constituyente, y el 16 de abril decretaron que se instalase el 15 de agosto en San Fernando. (Documento núm. 3.)

Las exigencias de Chatfield, la liga de este funcionario con los serviles de Guatemala, y el ningún resultado favorable para los intereses de Centro-América, que produjo el envío de Castellón y de Jerez a Europa, obligaban a los Estados de Nicaragua, Honduras y el Salvador a pretender unirse, contrariando así en lo más vivo la política guatemalteca:

El 21 de abril el Ministro Salinas y don José Aguilar celebraron en Managua un convenio, que tiene por fin restablecer la nacionalidad de Centro-América. (Documento núm. 4.)

Este convenio fue debidamente ratificado.

Es extraordinario ver a Salinas, al hombre que tanto combatió la Constitución de 24 y sus principios políticos, oponiéndose a Pavon en lo más tenebroso de su política oscurantista: el fraccionamiento de la patria.

Las Cámaras dieron un decreto que declara cuáles son las poblaciones donde deben existir municipalidades, y en que se reglamenta el régimen de los municipios. (Documento núm. 5.)

Crearon en el Estado tribunales de comercio, bajo diferente régimen de los establecidos en tiempo de don Patricio Rivas.

Se formaron juntas itinerarias en los departamentos; pero ninguna dio los rápidos y benéficos resultados que la junta itineraria de Costa Rica.

Se estableció un presidio ambulante, para que los sentenciados a la pena de este nombre la cumpliesen en las obras públicas que el Gobierno designase.

Estos presidiarios debían ser custodiados por un piquete de tropa de la fuerza permanente.

Tales reglamentos se oponen a las doctrinas de los publicistas, que censuran a los gobiernos, que atormentan a la sociedad con el ruido de las cadenas.

Son un vestigio de la educación de los trescientos años, y una prueba de la falta de elementos para colocar el sistema penal sobre las bases de los progresos del siglo XIX.

Se decretó que la tesorería de diezmos rindiese cuenta de su administración a la Contaduría Mayor.

Las piadosas Cámaras de Nicaragua pensaban, tal vez, que sobre ellas caería el salmo 108, si imitaban a los salvadoreños, cuyas leyes no imponían el diezmo con fuerza coactiva, y lo hicieron obligatorio. (Decreto salvadoreño de 10 de marzo de 1843.)

Se declaró en su vigor y fuerza una ley que facultaba al Gobierno para establecer impuestos; pero con la taxativa de que, teniendo derecho de aumentar los existentes, no pudiese establecer otros nuevos.

En Nacaome funcionaba la dieta centroamericana, compuesta de representantes del Salvador, Honduras y Nicaragua.

Sus actas, firmadas por los señores José Sacasa, Máximo Jerez, Coronado Chávez, Mónico Bueso, Manuel Barberena y Sixto Pineda, se publicaban en el Registro oficial, y eran vistas en el Estado como un loable esfuerzo del patriotismo.

Esta es una prueba evidente de que la propaganda reaccionaria de Guatemala no había tenido completo séquito.

Dichas actas se publicaban en julio de 47, y la célebre República llamada por Barrundia, la república Carrera, se había decretado el 21 de marzo del mismo año.

Tales fechas ponen de manifiesto a los autores del fraccionamiento de la patria.

Ellas responden a los panejiristas del partido servil de Guatemala, que han querido que la niebla cubra el día en que cada acto fue ejecutado, a fin de que los jefes de ese partido no lleven solos la responsabilidad del crimen de lesa patria.

Guerrero, oyendo el clamor de los vecinos del departamento occidental, que pedían que el Gobierno se trasladara a León, donde siempre había estado, dictó un decreto accediendo a esta solicitud. (Documento núm. 6.)

Este decreto produjo gran sensación.

Los leoneses lo aplaudieron con entusiasmo, y otras personas lo censuraron, con acrimonia.

El 20 de julio llegaron a León las supremas autoridades del Estado.

Al acercarse al lugar llamado el convento, una numerosa comitiva salió al encuentro del Supremo Director.

Entre ella figuraban jefes militares a cuyo frente se hallaba Muñoz; clérigos, entre los cuales descollaba el cura José del

Montenegro, y empleados civiles que seguían a don Justo Abaunza, prefecto del departamento.

Los vecinos de Sutiava pidieron que el Gobierno entrase por aquel punto, y se accedió a la solicitud.

Guerrero, rodeado por un numeroso acompañamiento, entró a la ciudad por la calle Real, festejado por salvas de artillería y un repique general de campanas.

El cabildo eclesiástico y el obispo Viteri lo esperaban a la puerta de la iglesia Catedral.

Fue introducido al templo con los honores de patronato, y ahí se entonó un solemne Te-Deum.

Concluida la función religiosa, hubo otras, ya públicas, ya privadas, porque toda la ciudad estaba de gala.

Se hacían elecciones de diputados a la Asamblea Constituyente y resultaron electos los siguientes:

"Distrito de León – Licenciados Mariano y Norberto Ramires, Gregorio Juares, y Pro. José Estanislao González – Suplentes: Cipriano Gallo y Luciano Flores.

Distrito de Chinandega – Ldo. Pedro Zeledón y Juan B. Sacaza – Suplente: Pablo Carvajal.

Distrito de Segovia – Ldo. Gregorio Juares y Ldo. J. Trinidad Muñoz – Suplente: Ldo. José Cortés.

Distrito de Matagalpa – Ramón y Antonino Morales – Suplente: Perfecto Altamirano.

Distrito de Granada – Fruto Chamorro y Ponciano Corral – Suplente: Pedro E. Alemán.

Distrito de Masaya – Juan Grijalva y Rosalio Cortés – Suplente: Francisco Valenzuela.

Distrito de Jinotepe – Pío J. Bolaños y Sebastián Escobar – Suplente: José Antonio Mejía.

Distrito de Rivas – Juan J. Ruis, Rafael Lebrón, José Rosa Pérez y Miguel Cárdenas – Suplentes: Juan Francisco Guerra y Francisco Barillas."

Pero si se había decretado que el poder Ejecutivo se trasladara al departamento occidental, no estaba resuelto que la Asamblea se instalara en León, por más que a esto tendieran algunos funcionarios, entre los cuales figuraba don Francisco Castellón, Ministro entonces de Hacienda.

La Asamblea se instaló en Managua, el 3 de septiembre de 1847. (Documento núm. 7.)

Guerrero pronunció ante ella un discurso notable por las ideas.

Inmediatamente, todo el concurso se dirigió al templo, donde hubo Te Deum y sermón, que predicó el cura vicario.

Guerrero acababa de censurar en su discurso las costumbres de tres siglos, y continuaba siguiéndolas; tal es la fuerza del hábito, tal es el poder de la educación, tal es la autoridad de la atmósfera que nos rodea, tal es en fin el imperio de los errores.

Durante tres siglos, en ningún acto solemne oficial faltaba la misa, ni el sermón, ni el Te Deum.

En los Estados Unidos, que Guerrero citaba, ningún acto oficial se solemniza en los templos.

Si se cuenta con el clero para todo, los clérigos se creen indispensables, y dan la ley.

Si a los ojos de pueblos no instruidos se presentan los gobiernos a los vicarios y prelados como seres indispensables y como autoridades divinas, que si bendicen salvan a los políticos, y si maldicen, los condenan, el pueblo creerá que no se puede emitir una ley sin que la sancione el clero.

La Gran Bretaña continuaba sosteniendo sus ideas sobre el territorio centroamericano, que se ha llamado Mosquitia, y un agente consular inglés dirigió al comandante del puerto de San Juan de Nicaragua una nota muy poco satisfactoria para los centroamericanos. (Documento núm. 9.)

Esta nota no necesita comentarios.

Ella habla muy alto a la conciencia pública.

El Ministro Salinas contestó defendiendo los derechos de Centroamérica. (Documento núm. 10.)

Salinas dirigió a los Estados centroamericanos una circular, en que les manifiesta el peligro de la patria y la necesidad de defenderla. (Documento núm. 11.)

La situación de Centroamérica era eminentemente desconsoladora.

El Gobierno de los nobles había dado en Guatemala el célebre decreto de 21 de marzo de 47, que rompía la liga con los demás Estados.

Chalfield era un personaje en la política guatemalteca, y estaba intimamente ligado a los Aycinena y a Pavón.

En Costa Rica pululaban las ideas, sugeridas por el mismo Chatfield y por sus agentes, de separación absoluta.

El Salvador acababa de sufrir los horrores de la tiranía de Malespín, los que produjo la revolución que Honduras hizo al Estado y los muy lamentables de la guerra civil, que promovió y sostuvo el señor Viteri.

Carrera se presentaba hostil al Salvador, porque aquel Estado se negaba a reconocer la República de 21 de marzo, y si el territorio salvadoreño no sufrió entonces una invasión fue porque las facciones, por diversos puntos, amenazaban a Carrera.

Honduras, aunque de cuando en cuando daba señales de vida, su Gobierno era reaccionario y estaba sujeto a Guatemala.

Basta para comprobar esta aserción el recuerdo de que Ferrera reconoció a la Mosquitia, acto antipatriótico, contra el cual tronó "El Águila" y otras publicaciones nicaragüenses.

En seguida Lindo declaró ridículamente la guerra a los Estados Unidos, poderosa Nación que es nuestro amparo.

Chatfield envió al Gobierno de Nicaragua una nota, en que asegura que pertenece al rey Mosco todo el territorio centroamericano, que se halla desde el Cabo de Gracias a Dios hasta la boca del río San Juan, sin perjuicio de otros derechos que al Mosco pudieran competir al sur del San Juan. (Documento núm. 12.)

Con esta nota, Costa Rica quedaba amenazada, porque al sur del San Juan está su territorio.

Chatfield protegía a Costa Rica contra los nicaragüenses, y la amenazaba a nombre del supuesto rey de los Mosquitos.

¿Quién podría pensar que a Chatfield lo auxiliaban los nobles de Guatemala?

¡Qué infames!

Esta nota hubiera obligado a Job, si digno centroamericano hubiera sido, a maldecir una vez más la hora de su nacimiento.

Chatfield no habla al Gobierno de Nicaragua, como se habla a un Gobierno independiente, le notifica y le intima, como se notifican y se intiman órdenes a un miserable súbdito.

Es increíble que la opinión pública se haya extraviado tanto, mediante la propaganda servil, que hayan podido considerarse como hombres de bien los traidores que apoyaban a los extranjeros en esta maniobra patricida.

Nicaragua contestó a Chatfield extensa y dignamente. (Documento núm. 13.)

Además, dirigió una circular a los Gobiernos de Centroamérica.

El Ministro de Relaciones del Salvador respondió a Nicaragua con dignidad y energía, no obstante la situación lamentable, por la cual el Estado acababa de pasar. (Documento núm. 14.)

En San José de Costa Rica se recibió una comunicación fechada el 17 de noviembre en el puerto de Moin, la cual dice así:

"El 16 del corriente arribaron a este puerto la goleta Superior, su Capitán W. Steel, y la balandra Fox, su capitán y dueño H. Hooker, ambos buques con bandera Granadina, cuyos sujetos habiendo saltado a tierra me informaron que en el mes que entra se enarbola la bandera de los Moscos en el puerto de San Juan del norte, ayudados por el Cónsul general inglés que reside en Bluefields para efectuar la empresa, ha hecho venir una fragata de guerra en la cual se han llevado al Rey de esta tribu para la isla de Jamaica, volviendo dicho buque a tomar posesión de un puerto".

Esta nota fue comunicada a Nicaragua por el Ministro costarricense, don Joaquín Bernardo Calvo.

El asunto era grave. El puerto de San Juan, que en agosto de 41 había caído en poder del extranjero (páginas 159, 60 y 61, tomo 4) y que había sido recuperado otra vez por Nicaragua, estaba de nuevo perdido para los nicaragüenses y para toda la América Central.

El Salvador se ajita y Costa Rica ve el asunto con alguna calma. (Documento núm. 15.)

El Salvador está muy distante de San Juan, y Costa Rica se halla cerca de él.

El territorio costarricense está ya amenazado por la nota de Chatfield, que anuncia derechos al sur del San Juan.

El peligro era más inmediato para los costarricenses que para los salvadoreños.

¿Por qué el Gobierno del Salvador se conmueve y el de Costa Rica parece frío?

La contestación es muy fácil.

Las disputas acaloradas entre Costa Rica y Nicaragua, con motivo del partido de Nicoya, llamaron la atención a los serviles de Guatemala y al Cónsul Chatfield, y se propusieron explotar esa situación desgraciada.

Chatfield, que hostilizaba alternativamente al Salvador y a Nicaragua y algunas veces también a Honduras, se manifestaba muy amigo del Gobierno de Costa Rica.

Esta táctica de Chatfield llegó al extremo de que el benemérito don Juan Mora, primer jefe que Costa Rica tuvo, dijera un día: "Será muy malo el señor Chatfield; pero con nosotros se ha portado bien."

¿Cómo puede decirse que se porta bien con un Estado, el que amenaza su territorio?

Es admirable que Chatfield haya podido alucinar en Costa Rica hasta a las personas de más probidad y elevación de ideas.

No es posible comprender cómo hubo en Costa Rica quienes creyeran que aquel país podía ser independiente siendo Nicaragua una colonia extranjera.[1]

---

[1] Pero admira todavía más que ahora (año de 1881) se oiga decir a costarricenses respetables, que es preciso que Costa-Rica permanezca aislada, porque nada tiene que ver con las cuestiones de Nicaragua y la Mosquitia.

Esas cuestiones no son nicaragüenses; son centroamericanas y afectan tanto a Nicaragua como a Costa-Rica.

Por medio del general Flores y de otras personas, que no es preciso nombrar, se hizo creer a determinados políticos costarricenses que era mejor vecino la Inglaterra que Nicaragua, y esta idea que entonces cundió no se ha destruido del todo.

Magnífica nación es la Gran Bretaña; pero todo Estado poderoso, que se halla cerca de un Estado débil, propende a la absorción de éste.

Costa-Rica sería absorbida si Nicaragua formara un día parte de un territorio europeo.

No es creíble que esto se oculte a los costarricenses.

Tampoco lo es que quieran perder la independencia y la República, y ser colonos de una monarquía.

Muchos políticos de aquel país no se han fijado bien en que su independencia está colocada sobre una sola base: el tratado Clayton-Bulwer.

El día que este tratado se declare insubsistente, Costa-Rica aislada, no podrá sostener su soberanía, porque es imposible que una nacioncita de doscientos mil habitantes, según Molina, con un suelo fértil, con magníficos puertos en ambos mares, con ríos navegables y golfos deliciosos, pueda hacer, sola y aislada, resistencia a las aspiraciones de potencias que desean adquirir o aumentar posesiones en el Nuevo Mundo.

El doctor Castro, cuando preparaba el decreto que se emitió el 30 de agosto de 48, declarando República a Costa-Rica, decía: "Costa-Rica es tan poderosa sola como unida a los otros Estados, porque cinco debilidades no producen una fuerza."

El doctor Castro olvidaba el célebre apólogo de la cola del caballo.

Tira de una cerda, dijo un pensador, y la arrancarás; tira de otra y de otra, una por una, y las arrancarás todas: tira de toda la cola del caballo y no habrá fuerzas humanas que puedan arrancarla.

Es más fácil arrancar una cerda que cinco juntas. El señor doctor Castro puede experimentarlo físicamente. Es más fácil vencer solo o Nicaragua, o solo a Costa-Rica, que a toda la América Central.

La facilidad de vencer a una sección sola aumenta si las otras secciones, en vez de favorecer a la ofendida, se ligan con el ofensor, como se ligaban con Chatfield los nobles de Guatemala, llevando sus maquinaciones hasta producirle simpatías en el Gobierno de Costa-Rica.

La dificultad de vencer a un pueblo grande no se debe calcular solo por su fuerza física, sino por su fuerza moral, por sus extensas relaciones y por la sensación que produce en el mundo un atentado que contra él se perpetre.

Una nación que tiene por límites la República mexicana y Colombia, el Atlántico y el Pacífico, es preciso que inspire al mundo más respetos, más consideraciones y miramientos, que un pedazo de tierra en el centro o en los límites de esa gran extensión territorial.

Las complicaciones de la política de las cinco nacioncitas no solo se revelan entre ellas, sino también en el extranjero.

Gómez, Ministro del Salvador, y Marcoleta, Ministro de Nicaragua, riñeron en Europa, y cada uno de ellos pretendió poner en ridículo el país que el otro representaba.

Las personas que deseaban hacer daño a Nicaragua se aproximaban a Gómez; las que pretendían inferirlo al Salvador, se aproximaban a Marcoleta, y ambos países sufrieron a consecuencia de la conducta de los mismos que debían favorecerlos.

Don Felipe Molina, Ministro de Costa-Rica, combatía en Europa a Marcoleta, y a cualquier representante de Nicaragua, para impedir que adquiriera preponderancia en las cuestiones sobre el partido de Nicoya.

Un representante del Salvador en tiempo de don Gerardo Barrios era vigilado en Europa por don Juan de Francisco Martín, Ministro de Guatemala.

13

Martín, por sí o sus agentes, lo seguía como una sombra, y procuraba averiguar cuánto decía y cuánto pensaba, para poner dificultades a sus proyectos. Don Luis Molina, Ministro de Costa-Rica, y don Antonio José de Irisarri, Ministro de Guatemala, se hacían la guerra en los Estados Unidos.

Barrios, Presidente del Salvador, envió un ministro a Washington en aquellos días en que se trataba de establecer en México un imperio para Maximiliano de Austria.

El Ministro salvadoreño fue combatido por Irisarri y por Molina.

Lo fue por Irisarri, porque este señor era imperialista desde el principio de su vida.

Lo fue por Molina, porque este diplomático veía en el imperio mexicano un elemento poderoso, según él decía, para proteger la raza latina en el Nuevo Mundo!!!

Muerto Irisarri le subrogó su sobrino, el señor Vela.

Así como hay hombres más realistas que el rey, y más papistas que el papa, entre los servidores del Gobierno de Guatemala había más serviles que don Pedro Aycinena, y uno de estos era Vela.

Él vigilaba, no solo a los ministros, sino a los simples agentes, y aun a los particulares de otros Estados, para dar malos informes contra ellos y hacerles daño, sino estaban de acuerdo con la política de Aycinena.

Vela, por su excesivo celo, se hizo notable y cayó en ridículo.

Algunos centroamericanos, que ningún asunto político llevaban a los Estados Unidos, procuraban inspirar sospechas a Vela, para reírse de él y de su Gobierno.

El general Negrete, Ministro de Guatemala, y don Carlos Gutierrez, Ministro de Honduras, tuvieron grandes choques en Londres.

Estos disturbios perjudican a Centroamérica, hacen patente sus cuestiones, sus pleitos, sus miserables rencillas, y predisponen a los enemigos de una sección a combatirla y anonadarla con las armas y los elementos que dan los representantes o amigos de otra sección.

Se ha dicho que podía salvarse este gran mal nombrándose un representante de todas las secciones centroamericanas; pero la práctica ha venido a demostrar que esto es imposible.

El desacuerdo entre los representantes de diferentes secciones centroamericanas proviene del desacuerdo de sus respectivos gobiernos.

No puede haber unidad entre los apoderados, si existe discrepancia entre los poderdantes.

Irisarri representaba en los Estados Unidos al Salvador y a Guatemala.

En el Salvador mandaba don Gerardo Barrios, y en Guatemala don Rafael Carrera.

¿Cómo podía Irisarri representar a dos gobiernos, que eran antípodas en política!

14

Servía a Guatemala de buena fe, no porque Guatemala fuera su país natal, sino porque las ideas del gabinete guatemalteco eran sus ideas.

El Presidente del Salvador veía con desconfianza a su propio Ministro, y se precavía de él como del mismo Rafael Carrera.

Se declaró la guerra entre el Salvador y Guatemala, y el Ministro Irisarri dejó la representación del Salvador y atacó a Barrios, pretendiendo servirse de los mismos documentos que poseía como Ministro salvadoreño.

Don Luis Molina representaba a Costa-Rica en los Estados Unidos, y el Gobierno costarricense lo elogiaba mucho.

Nicaragua lo hizo también Ministro en Washington, y el Gobierno de Costa-Rica desconfió de Molina, y lo miró desde entonces con recelo.

Molina escribió un día a Costa-Rica que el Río Colorado debía introducirse en el San Juan.

Esta carta produjo un gran disgusto, y a consecuencia Molina se retiró.

Don Vicente Dardon representaba en los Estados Unidos a Guatemala y al Salvador.

Estas dos Repúblicas se declararon la guerra, y cada una de ellas envió a su Ministro en Washington una exposición, manifestando que tenía razón para hacer la guerra.

Dardon no podía demostrar en la Secretaría de Estado que las dos Repúblicas tenían razón al mismo tiempo, y guardó ambas exposiciones sin hacer mérito de ellas.

No habiendo unidad en los poderdantes, no puede haber unidad en los apoderados.

La idea de que las cinco Repúblicas sean representadas en algún país extranjero por una sola legación es una utopía.

Será preciso diversas legaciones centroamericanas.

El odio de los gobernantes se reflejará en la frente de sus Ministros en el exterior, y los choques serán continuos.

Si los ministros en el extranjero no tienen un espíritu verdaderamente centroamericano, si son localistas, como acontece casi siempre, los defectos de unas secciones serán puestos de relieve en las cortes y en los grandes centros de civilización por los representantes de otras, con mengua y escarnio de todas.

¿Cómo es que a un hombre de tanto talento como el doctor Castro se pudo esconder todo esto?

Castro creía engrandecer a Costa-Rica celebrando tratados con las potencias extranjeras.

Aludiendo a esos tratados y convenciones, frecuentemente decía: "He arrojado mis anclas a mucha distancia del país."

Esas anclas eran imaginarias. De nada le sirvieron en noviembre de 49.

Una insurrección del general don José Manuel Quiroz en el cuartel de San José bastó para su caída.

La nueva Constitución no pudo darse por entonces.

El país estaba ocupado con las cuestiones británicas.

Don Pablo Buitrago ascendió al Ministerio, y en su informe, que impreso contenía veintiocho páginas en cuarto, hizo a la Constituyente una relación documentada, que pone en evidencia los

---

A Costa-Rica le han perjudicado todos los tratados que ha hecho con las potencias extranjeras, porque en esos tratados no puede haber reciprocidad, y son verdaderamente la ley del embudo.

¿Cómo ha de haber reciprocidad entre Costa-Rica y una gran nación cuando el tratado diga: "Los ciudadanos y súbditos de ambos Estados, podrán entrar con toda libertad en todos los puertos y ríos del otro"?

¿Dónde están los navíos que Costa-Rica puede enviar a los puertos y ríos europeos?

No es preciso fijar otra serie de disposiciones que los tratados contienen y que encierran la misma falta absoluta de reciprocidad, porque están a la vista de todos; pero no puede omitirse una cláusula fatal que todos esos tratados consignan.

Según esa cláusula lo que se otorgue a la nación más favorecida se entenderá, por el mismo hecho, otorgado a la Inglaterra, a la Francia, a la Rusia o a cualquiera otra potencia con quien se ha tratado.

Según esa cláusula, Costa-Rica no puede hacer, por interés propio, una concesión a Colombia, ni a Honduras, ni al Salvador, ni a Nicaragua, porque por el mismo hecho se entiende hecha a la Europa entera.

Solo el tratado de reconocimiento que se hizo con España es conveniente; y si lo examinamos bien, contiene una gran humillación.

Dice el artículo 1° que Su Majestad católica renuncia a la soberanía sobre el territorio de Costa-Rica.

De manera que Costa-Rica es nación soberana por la espontánea renuncia de la reina Isabel, y no por la gran epopeya de la emancipación americana. Mas, aunque se haya pasado por las horcas caudinas, el reconocimiento expreso de independencia es útil.

Pero, ¿puede decirse lo mismo de todos esos tratados desiguales a los que tanta importancia daba el doctor Castro?

No, absolutamente no.

Muy grandes se creen los que han dividido; pero la posteridad los juzgará muy chicos, porque su aureola depende de una espesa niebla, producida por los vapores que exhala el localismo, que más tarde será disipada por los rayos del sol.

Muy grandes se creyeron los que un día, despedazando el territorio de Italia, crearon en él pequeños reinos y ducados.

Pero esos hombres que dividieron y que a los ojos de ellos mismos fueron gigantes políticos, la posteridad los juzga chicos, al mismo tiempo que se engrandece a Cavour y a Garibaldi.

incuestionables derechos de Nicaragua al territorio de que se veía despojada.

El puerto de San Juan fue definitivamente tomado, y se le bautizó con el nombre de Greytown.

El Director de Nicaragua, con el objeto de levantar el espíritu público, dirigió a los habitantes del Estado una proclama. (Documento núm. 16.)

El puerto de San Juan fue recobrado más tarde, como se verá después, por la intervención de los Estados Unidos, mediante el tratado Clayton-Bulwer.

DOCUMENTOS JUSTIFICATIVOS
NUMERO 1.

Supremo Poder Ejecutivo.

Señor: La Divina Providencia, en sus inescrutables designios y sin mérito alguno mío, me hizo el primer Obispo de San Salvador; y la calamidad de los tiempos me ha separado de aquella grey querida, para que solo tenga el dulce consuelo de bendecirla, deplore sus infortunios y me ocupe incesantemente en implorar en favor suyo los beneficios del cielo, que el Dios de las misericordias sabe dar a todos con abundancia. Ella misma infundió en mi corazón los vehementes deseos que he visto realizados con indecible gozo de habitar en el generoso Estado de Nicaragua, donde estoy resuelto, Señor, a permanecer para asir cada instante a mi corazón con un abrazo lleno de gratitud y de afectos a los virtuosos e ilustrados nicaragüenses.

Ellos, Supremo Gobierno, han puesto en ejercicio para obsequiar al último y más indigno de los Obispos todos los nobles sentimientos de benevolencia y de generosidad que les son característicos, y los de ilustrada piedad que inspira la religión Divina del crucificado, tan suaves, tan dulces y tan justos como su autor, sabio y justo por esencia. Tantos títulos, pues, de profunda gratitud y encendido reconocimiento como me ligan hacia tan nobles fieles, hacen gravitar sobre mi alma el grande, pero grato deber de permanecer con ellos y cooperar en cuanto me sea posible por su bien y felicidad.

Deseo, por tanto, aun participar del noble título de nicaragüense que ellos tienen, y que muy poco falta para que sea visto en todo el mundo civilizado, e incluso en el Vaticano mismo, con el aprecio y acatamiento que se merece por sus virtudes. Por lo que, aunque indignísimo para ser condecorado con el honroso título que pretendo, acudo al Director Supremo del Estado para que, si lo tuviese a bien, tenga la dignación de mandar extenderme la carta de naturalización de Nicaragua, que con toda sumisión y respeto solicito del Supremo Gobernante.

Mas tal oportunidad, para mí tan feliz, no puedo despreciarla para manifestar al S. P. L., que se halla instalado, las más cordiales muestras de gratitud que debo dirigirle como a la Augusta representación de los generosos pueblos, sus comitentes que han prodigado en su huésped todas las bondades de su corazón eminentemente virtuoso. Yo lo felicito a un tiempo por la honorable conducta del Supremo Gobierno, y me atrevo a esperar que serán aceptadas con bondad las muestras de profundo respeto y alta consideración que humildemente protesta a las autoridades Supremas de Nicaragua el indignísimo primer Obispo del Salvador.

Al Supremo Gobierno, muy particularmente, ofrezco mi sumisión y respeto como su muy reconocido obsecuente siervo y capellán.

—Señor Jorge Obispo de San Salvador.

NUMERO 2.

"Ministerio de Relaciones del Supremo Gobierno del Estado de Nicaragua – D. U.L. – Casa de Gobierno, Managua, Abril 8 de 1847.

A su Excelencia el Sr. Dr. Don Jorge de Viteri y Ungo, dignísimo Obispo del Salvador.

Llegó a conocimiento del Supremo Director la respetable exposición en que expresa los elevados sentimientos de gratitud de V.E. por la favorable y honrosa acogida que Nicaragua ha sabido darle, y en que solicita carta de naturaleza para ser considerado como nicaragüense, al mismo tiempo que se sirve felicitar al honorable Grupo Legislativo por el merecido asilo que le ha recibido en el seno del Estado.

El Director Supremo, a la vista de tan grata solicitud y del art. 19 del Código fundamental que rige a los nicaragüenses, me ha ordenado contestar: que el Excelentísimo Señor Dr. Don Jorge de Viteri y Ungo, dignísimo Obispo del Salvador, es y se ha considerado natural de Nicaragua por el artículo constitucional ya citado, y que el S.P.E. se felicita porque la carta general sea la que sirva al ilustrísimo Señor en lugar de la que solicita. Y por lo que respecta a la felicitación dirigida por V.E. al Cuerpo Legislativo, el mismo Sr. Director me ha ordenado elevarla al alto conocimiento de aquel, como lo he verificado.

Con lo expuesto doy contestación a la muy respetable comunicación de V.E.; y me es honroso y grato firmarme del ilustrísimo Obispo del Salvador, obediente servidor.

—Sebastián Salinas."

NUMERO 3.

"El Director del Estado de Nicaragua a sus habitantes.

Por cuanto la A.L. ha decretado lo siguiente.

El Senado y Cámara de RR. del Estado de Nicaragua, constituidos en Asamblea.

DECRETAN:

Art. 1. La Asamblea Constituyente, de que habla el art. 2 del decreto de 19 de Marzo, se reunirá en esta ciudad el día 15 de Agosto próximo, y se compondrá de veinte Diputados electos por las juntas de distrito, organizadas con arreglo a la ley de 19 de Diciembre de 1838.

Art. 2. Las juntas que, por la referida ley, eligen un Representante, elegirán dos Diputados propietarios y un suplente, y las que eligen dos, elegirán cuatro y dos suplentes.

Art. 3. Para ser Diputado a la Constituyente se requiere ser mayor de treinta años, ciudadano de Nicaragua en ejercicio de sus derechos, con instrucción y honradez notorias.

Art. 4. Los ciudadanos de cada cantón se reunirán el primer domingo de Junio de este año en los lugares acostumbrados, y, presididos por el actual directorio, organizarán otro nuevo con arreglo a la citada ley de 19 de Diciembre, y procederán a elegir electores primarios: estos se reunirán en la cabecera de distrito el último domingo del mismo Junio, y elegirán de uno en uno los Diputados que les corresponden según el art. 2 de esta ley.

Art. 5. Una copia íntegra del acta de elección, autorizada por el Directorio, servirá del poder bastante y especial de que habla el art. 196 de la Constitución.

Art. 6. Los Diputados electos se reunirán en junta preparatoria el día 1° de Agosto; harán las calificaciones de credenciales y de los electos, y dictarán, con arreglo a la ley de 20 de Agosto de 1839, todas las providencias conducentes a la instalación de la Asamblea Constituyente."

Art. 7. Si un individuo obtuviere dos o más elecciones de Diputado, es preferente la de su distrito; pero cuando el electo fuere de otros, el Gobierno hará que escoja la representación que quiera, y en uno y otro caso el mismo Gobierno mandará reponer una o más elecciones a la posible brevedad.

Art. 8. Reunidos por lo menos catorce Diputados, organizarán el Directorio que debe presidir, y el 15 de Agosto referido, el Director Supremo tomará el juramento al Presidente, y éste a los demás Diputados en la forma siguiente: "Juro por Dios y los Santos Evangelios cumplir fielmente con la misión que os han dado los pueblos, vuestros comitentes." Y, respondiendo: "Sí, juro", se contestará con estas palabras: "Si así lo hiciereis, Dios os premie, y si no, él os lo demande."

Art. 9. Concluida esta función, puestos todos en pie, el Señor Presidente hará en voz alta la siguiente declaratoria: La Asamblea Constituyente del Estado de Nicaragua se declara solemnemente instalada en este día.

Art. 10. Si el 1° de Agosto citado no estuviese en esta ciudad dos Diputados por lo menos que formen junta preparatoria, el Gobierno queda facultado para hacer concurrir a todos, sin otra excepción que una enfermedad que impida la asistencia, bajo multa de cien a doscientos pesos, que se hará exhibir, pudiendo además usar de otros medios coactivos; pero esta facultad cesa desde luego que se reciba aviso de estar instalada la junta preparatoria.

Art. 11. La presente Constitución continuará rigiendo en todo lo que no sea alterado por disposición del Poder constituyente. Las autoridades constituidas en virtud de aquella carta seguirán funcionando hasta que comiencen a regir las que se establezcan en conformidad de la nueva ley fundamental, si no es que, concluido su período constitucional, el Poder constituyente determine otra cosa.

Art. 12. Los Diputados tendrán de viático cincuenta pesos y de dietas sesenta mensuales, que se pagarán del tesoro peculiar de los altos Poderes.

Dado en Managua, en el salón del Senado, a 14 de Abril de 1847

– Gregorio Juares S. P. – Fernando Guzmán S. V.S. – Miguel Cárdenas S. V.S.

Al Poder Ejecutivo – Salón de la Cámara de Representantes – Santiago de Managua, Abril 16 de 1847

– José H. Herdocia R. P. – Juan Fernández R. S. – J. Nicolás Gonzáles R. S.

Por tanto: Ejecútese,
Santiago de Managua, Abril 17 de 1847
– J. Guerrero –
Al señor del despacho de Relaciones.

NUMERO 4.

Autorizado el Señor D. José Aguilar por el Supremo Gobierno del Estado de Honduras para que promoviese ante el Supremo de Nicaragua la pronta misión de sus comisionados a la dieta de Nacaome; y nombrado el Señor Ministro de Relaciones, Ldo. D. Sebastián Salinas, para conferenciar con dicho Señor Aguilar sobre un objeto, cuya importancia reconocen ambos Gobiernos, han convenido en lo siguiente:

1.° El Gobierno de Nicaragua hará concurrir, dentro de treinta días, a lo más, a la Ciudad de Nacaome los dos comisionados que deben representarlo en la Dieta; y el de Honduras, en caso de que los suyos se hayan retirado, los hará asistir al mismo punto dentro de igual término, para que, unos y otros, en unión de los que ha nombrado y debe mandar el del Salvador, según sus compromisos, procedan a ejercer sus altas funciones.

2.° Pudiendo dificultarse la reorganización nacional, porque los Delegados a la Convención no sean facultados por sus respectivos Gobiernos como debieran serlo –y siendo necesario para obtener un resultado satisfactorio–, el Comisionado de Nicaragua, sin perjuicio de que se cumpla exactamente lo prevenido en el anterior artículo, propone como medio para allanar aquel obstáculo, que el de Honduras exhorte a su Gobierno para que secunde los deseos y sentimientos del de Nicaragua; y, conviniendo en ello dicho Comisionado, se consignan los puntos de la excitación en la manera siguiente:

1.° Que los Comisionados de Honduras sean tan ampliamente facultados como lo están los de Nicaragua, para que, sin que obste la Constitución de uno y otro Estado, puedan convenirse en los medios de reorganizar la República del modo más adaptable a sus circunstancias.

2.º Que, en el caso de que la Dieta creyere necesaria la convocatoria a una Asamblea nacional constituyente, puedan los Comisionados de Honduras y Nicaragua arreglar cuanto sea conducente a fijar la base de su representación, el lugar y la época de su instalación.

3.º Que uno y otro Estado mantengan y sostengan a sus Comisionados a la Dieta hasta que, encontrado el medio de reorganizar el país, éste sea aprobado, en el modo conveniente a su naturaleza, por los Estados.

4.º Que, si agotados todos los medios que sugiere la política y la fraternidad –tanto por parte de los comisionados a la Dieta como por la de los Gobiernos a quienes representan– algunos de los Estados que han compuesto la República de Centroamérica se negasen a concurrir a la formación del pacto, puedan los Comisionados de los Estados concurrentes acordar la manera más adecuada y conveniente de organizarse.

Y, en el concepto de poner todo lo expreso en el alto conocimiento de los Gobiernos de Nicaragua y Honduras para los efectos que convengan, damos por concluido el presente arreglo, firmando dos de un tenor en la Ciudad de Santiago de Managua a los veintiún días del mes de Abril de 1847.

José Aguilar. – Sebastián Salinas.

NUMERO 5.

"El Director del Estado de Nicaragua a sus habitantes.

Por cuanto la Asamblea Legislativa ha decretado lo siguiente:

El Senado y Cámara de RR. del Estado de Nicaragua, constituidos en Asamblea.

DECRETAN:

Art. 1. Habrá municipalidades solo en las poblaciones de León, Chinandega, el Viejo, Subtiaba, Somoto Grande, Matagalpa, Jinotega, Ocotal, S. Pedro, Metapa, Granada, Masaya, Managua, Jinotepé, Nandaime, Masatepe, Acoyapa y Rivas; y se compondrán de uno o más alcaldes, conforme los hayan tenido hasta el día, de dos rejidores por cada alcalde y un síndico procurador. Además, tendrán un juez de agricultura y un suplente, que en lo sucesivo serán elegidos por las juntas que elijan a aquellos. Estos completan el número en los acuerdos municipales, y en ellos tendrán voz y voto, como está dispuesto.

Art. 2. No podrán ser municipales los militares en actual servicio, ni escusarse de serlo ningún otro; sino solo el impedido físicamente: el que ejerza la medicina o cirugía con título de licenciado o doctor, y los que, habiendo servido de munícipes, o vocal de la junta de instrucción pública, o de cualquiera otro destino que al presente o en lo sucesivo se repute cargo consejil, no tenga un año de hueco.

Art. 3. El que, por razón de su persona y bienes, pretenda pertenecer a distintos domicilios, puede ser electo en cualquiera de ellos; mas, si lo fuere a un tiempo en varios, prefiere el de su residencia.

Art. 4. Para el régimen interior de los pueblos donde no quedan municipalidades, habrá un alcalde electo en la misma forma que hasta ahora; sus atribuciones serán las mismas que han tenido, y además las económicas y de policía que ejercen las municipalidades. Habrá también un juez de agricultura y un suplente electo, como queda prevenido en el artículo 1.

Art. 5. Por cada alcalde de los que habla el art. anterior, se elegirán dos suplentes que posean las mismas cualidades que aquellos; su duración será la de un año; harán las veces de alcaldes en sus faltas temporales por nombramiento que de cualquiera de ellos haga el mismo alcalde.

Art. 6. Los individuos electos para cargos consejiles deben, precisamente, tomar su asiento el día 1° de enero, no obstante cualesquiera causas que tengan para no admitir; pudiendo ser obligados a ello por los prefectos, con prisión hasta que tomen posesión; el que se escuse, no se separará de su asiento, sino hasta que lo ocupe el que le subrogue.

Art. 7. En los pueblos en que no queda municipalidad, el alcalde, para formar la junta de sanidad de que habla el art. 25 de la ley de 11 de mayo, se asociará con los suplentes en lugar de los rejidores que aquel artículo designa; pero, si aquellos estuviesen impedidos, lo hará con dos vecinos que él mismo nombre. Igual cosa practicará para organizar la comisión que haya de recibir los pliegos cerrados que contengan las posturas de remate de los ramos de propios de que habla el art. 26 de la precitada ley de 11 de mayo.

Art. 8. Para hacer las rondas que están prevenidas en aquella disposición, los alcaldes alternarán con los suplentes, que siempre llevarán la insignia para ser acatados y obedecidos.

Art. 9. En los lugares en que hay municipalidad, el secretario puede ser removido por ella misma con causa, pero sin necesidad de recurrir al prefecto; mas, donde no quedan aquellas corporaciones, lo será por el alcalde y el suplente.

Art. 10. Los prefectos no solo conocerán de las excusas y de las tachas de los electos, sino también de los recursos de nulidad que se presenten sobre elecciones municipales; y, previo informe, resolverán gubernativamente sin más progreso.

Art. 11. Las municipalidades actuales continuarán fungiendo hasta el último día de este año, de cuya fecha en adelante comenzará a tener efecto esta ley; debiendo practicarse las elecciones en la época acostumbrada.

Art. 12. Esta ley es adicional a la de 11 de mayo de 1835, la cual se entiende reformada, lo mismo que cualquiera otra que se oponga a la presente, aun cuando necesite de especial mención.

Dado en el Salón de la Cámara de RR. en Santiago de Managua a 8 de mayo de 1847

– José H. Herdocia, R. P. – Juan Fernandes, R. S. – Gabriel Lacayo, R. V. S.

Al Poder Ejecutivo – Sala del Senado, Managua, mayo 11 de 1847

– Miguel R. Morales, S. V. P. – Juan J. Ruiz, S. S. – Pedro E. Aleman, S. S.

Por tanto: Ejecútese.

Managua, mayo 14 de 1847

– José Guerrero – Al Secretario del despacho de relaciones y Gobernación."

NUMERO 6.

El Director del Estado de Nicaragua a sus habitantes.

Por cuanto la Asamblea Legislativa ha decretado lo siguiente:

El Senado y Cámara de RR. del Estado de Nicaragua, constituidos en Asamblea.

DECRETA:

Art. 1.° – El Gobierno se traslada a la ciudad de León, en 18 del actual.

Art. 2.° – Se trasladarán igualmente al mismo punto la Contaduría mayor y la Tesorería General.

Art. 3.° – Los gastos que se impendan en estos objetos se abonarán en la misma Tesorería, en calidad de extraordinarios, a cuyo fin se expedirán las órdenes convenientes por el ministerio respectivo.

Art. 4.° – La Tesorería especial continuará residiendo en esta ciudad, siendo a cargo del Tesorero remitir, por fin de cada mes, el importe de los presupuestos de las Cortes de Justicia y del Ministerio.

Art. 5.° – El Secretario de Relaciones y Gobernación es encargado del cumplimiento de este decreto.

Dado en Santiago de Managua a 16 de Julio de 1847 – José Guerrero – Al Señor del despacho de Relaciones y de Gobernación.

NUMERO 7.

El S. P. E. se ha servido dirigirirme el decreto que sigue.

El Director del Estado de Nicaragua a sus habitantes.

Por cuanto la Asamblea Constituyente ha decretado lo siguiente:

La Asamblea Constituyente del Estado de Nicaragua.

DECRETA:

Art. Único. La Asamblea Constituyente del Estado de Nicaragua se declara solemnemente instalada en este día.

Comuníquese al S. P. E. para que se imprima, publique y circule.

Dado en Santiago de Managua a 3 de Setiembre de 1847 – Pío J. Bolaños D. P – Ponciano Corral D. S – Miguel Cárdenas D. S.

Por tanto: ejecútese.

Managua, Setiembre 4 de 1847 – José Guerrero.

NUMERO 8.

Asamblea Constituyente.

Presente, por el mandato inescusable de la ley, al acto glorioso de vuestra augusta instalación en este Santuario de Sabiduría, donde acaban de resonar vuestros votos sagrados de lealtad al Pueblo ante el Dios de las Naciones, me siento tan anonadado que apenas puedo pronunciar los pensamientos que la meditación me ha inspirado para someterlos a vuestra erudición en el momento solemne en que vais a emprender la grandiosa obra de la reorganización del país que la Providencia nos ha señalado:

Muy corta es la vida de un hombre para que cada uno pudiera reunir en sí mismo todo el caudal de conocimientos prácticos, que son indispensables para perfeccionar su juicio y dirigir con acierto sus operaciones en la sociedad; mas, para suplir esta impotencia del individuo transitorio, la especie permanente es fiel depositaria de los sucesos que marcan la senda segura al espíritu humano, para su marcha progresiva hacia la posible prosperidad. Todo lo que nadie puede haber visto con sus ojos se lee en la historia, que es la experiencia del mundo y la razón de los siglos.

Mientras no consultamos a ese oráculo infalible, nos admiramos de lo más común, nos desalentamos, nos arredramos, y nos perdemos.

¿Qué han sido en su infancia las Potencias más grandes de la tierra?

Catervas de niños débiles e imbéciles extraviados a cada paso y precipitadas en abismos, ¿qué fueron en su origen, Cartago en el África, Grecia y Roma en Europa?

Vos los sabéis y sin remontarnos a la antigüedad.

¿Qué acaba de suceder en Francia y España? Mejor será callarlo.

Bástenos decir que sus últimas constituciones datan: la de la primera en el año de 1830 y la de la segunda en el de 837.

¡Cuán ajenos están a conocer la perfectibilidad del género humano, los genios que, desesperados, fallan ante la imposibilidad de que se organice nuestro Estado, que solo cuenta veintiún años de existencia política!

Admirable sería que en esta infantil edad tuviera el vigor de una Nación que está en su juventud como Norte-América, y la cordura de otra que está en su virilidad como Inglaterra.

¿Dónde está la ley especial que dictará el Legislador del universo, para exceptuar a Nicaragua de la general que sigue en su marcha gradual toda la naturaleza? Tampoco debemos suponer que ha proscrito a nuestra patria para que no pueda inscribirse un día en el catálogo de los pueblos grandes y felices.

Si ella es débil e imbécil por las leyes inmutables que rigen al género humano, también hay causas accidentales que concurren a su malestar.

Los degradantes hábitos de tres siglos de servidumbre, de ignorancia y de vicios consiguientes, deben oponer naturalmente un obstáculo incesante a la libertad, a la propagación de las luces y a las virtudes necesarias para establecer el sistema democrático.

Los principios constitutivos de éste padecen el descrédito en que los envuelven las desgracias públicas ante el juicio del vulgo, que confunde las instituciones con los abusos procedentes del obscurantismo y de la corrupción que legó a sus vasallos colonos la Monarquía absoluta.

Por esta causa, en veces, los ejecutores de los Poderes Supremos han traspasado su órbita: el Ejecutivo ha degenerado en la arbitrariedad; el Legislador en la omnipotencia; el Judiciario en la injusticia; se han violado las garantías; y la Libertad misma, que es el alma de este sistema, ha sido convertida en insolencia.

No se han ensayado siquiera los principios democráticos; no ha habido más que una lucha entre el torrente del siglo que los estableciera y las costumbres atrasadas que se oponen tenazmente a su plantación: bajo tal aspecto, no se puede decir de una manera absoluta que nuestras instituciones hayan sido malas. Si no hemos logrado plantearlas, ¿cómo podemos juzgar de ellas con exactitud?

Es verdad que muchas de sus combinaciones, al solo examen de la razón, aparecen inadecuadas; pero el gran vacío que ha hecho y hará inútiles todas las Constituciones, si no se llena, es el de la manera de asegurar su cumplimiento.

Colocados en esta posición, es preciso que nos preservemos como de un contagio del error vulgar, de que el sistema democrático es malo para nosotros, y que, con la pureza propia de vuestros corazones, en imperturbable calma, combináis con vuestra sabia imparcialidad los sólidos principios de la Legislatura fundamental con las buenas costumbres, que vuestro discernimiento sabrá distinguir de las corruptelas.

En fin: vuestra sabiduría combinará el derecho público con las costumbres, de manera que todos miren la ley como obra suya, la amen y se sujeten a ella fácilmente, que por convicción respeten al Gobierno como necesario, que todos estén seguros de conservar sus derechos para que haya confianza general, que se establezcan y aseguren también sus correspondientes deberes, que todas las autoridades sean puntualmente obedecidas dentro de su órbita; pero que no puedan traspasarla, y que esto se afiance para salvar al Estado de la anarquía y de la arbitrariedad. Entonces habrá orden y, por consiguiente, prosperidad – DIJE.

José Guerrero.

NUMERO 9.

"Residencia del Consulado General Británico en Bluefields de los mosquitos. 1.° de setiembre de 1847.

Señor – Tengo que manifestar que he sido exhortado por Mr. Barruel padre, informándome que su hijo, que también le es asociado en negocios, ha sido preso por orden de Usted a causa de haber rehusado aceptar como legítimas ciertas monedas espurias.

Hallándose Mr. Barruel, distante de su propio cónsul, ha solicitado mi interposición como funcionario de una nación amiga, y yo demando ahora de Usted la instante libertad de Barruel.

En caso de no ser atendida dicha demanda inmediatamente, será Usted mismo responsable de las consecuencias.

Será presentada a Usted esta nota por el Comandante Jratson de la armada mosquita que marcha para San Juan en el "Sun Cutter" de guerra mosquita para ponerla en manos de Usted.

Como podrían aparecer a Usted algunas dudas, como ser la desconocida bandera mosquita: tengo que avisarle, consiguientemente, que la nación y bandera mosquita están bajo la particular protección de la corona Británica.

Habiendo cumplido así un deber necesario, yo pienso que Usted no recibirá sino amigablemente la indicación que yo le ofrezco.

Por tomar medidas extremas contra Mr. Barruel, ha atraído a Usted sobre su Gobierno el resentimiento de una de las más poderosas naciones del mundo, y de la nación la más sensible a la más pequeña deshonra inferida a sus súbditos, por la cual, si aparece injusticia, exigirá una amplia indemnización.

Este acto ha sido también perpetrado entre los dominios del Rey de los mosquitos.

Yo he evitado de ponerlo bajo la noticia de este Gobierno, con la esperanza de que, sobre la consideración y recibo de mis letras, Usted deberá ver la causa y poner a Mr. Barruel en libertad, y de este modo evitar consecuencias que dejarían sentir.

Yo pienso que conviene manifestar a Usted, porque hasta ahora apenas habrá tenido noticia de ello, que Mister Chatfield, cónsul general de S. M. en Centro América, ha recibido instrucciones para designar a los Estados de Centro América los límites que el Gobierno Británico está determinado a mantener como derecho del Rey de los mosquitos, y que estos límites comprenden el río de San Juan.

Tengo el honor de ser, Señor, vuestro muy obediente y humilde servidor – Pací Walker, Agente del Cónsul General de S. M. B. en los mosquitos – Honorable Comandante del Gobierno de Nicaragua en San Juan".

NUMERO 10.

"Ministerio de Estado y del despacho de Relaciones Exteriores del Supremo Gobierno del Estado de Nicaragua. Casa de Gobierno, Managua, setiembre 17 de 1847.

Sr. Vicecónsul de S. M. B. en Nicaragua.

Por partes oficiales de la Comandancia del puerto de San Juan del Norte, y por otros conductos particulares, sabe el Supremo Director que los mosquitos, protejidos por el Gobierno de S. M. B., tratan de ocupar el referido puerto de San Juan con el pretendido derecho de existir en territorio que les pertenece".

NUMERO 10.

Sin embargo, de tales anuncios, mi Gobierno, penetrado de la ilustración y regularidad de los procedimientos de la nación inglesa, duda de un hecho semejante, principalmente por no haber precedido las formalidades que en todo caso observan las naciones, y cuando a la faz del mundo entero Nicaragua ha estado, desde tiempo inmemorial, en quieta y pacífica posesión y señorío del enunciado puerto.

Mas, deseando mi Gobierno saber lo que haya de cierto en el particular, me ha prevenido dirigirme al Sr. Vicecónsul de S. M. B., como así lo verificó, para que se digne informarle, por mi conducto, lo que verdaderamente ocurra al respecto indicado.

El Sr. Vicecónsul está muy bien informado de que el predicho puerto de San Juan es el único que Nicaragua tiene establecido en el litoral del Atlántico, el principal y más traficado por el comercio de importación y exportación con todas las naciones; que sus productos constituyen la mejor renta del Estado; y que, por consiguiente, si se le obstruye con la posesión indebida de la que se habla, ésta le quita uno de los principales recursos con que cuenta para estar en disposición de hacer el pago de la deuda del público británico, de cuyo arreglo se trata actualmente con el Sr. Vicecónsul.

Y, en el inesperado caso de que semejante hecho se realizara, mi Gobierno, a nombre del Estado soberano que representa, me manda que proteste desde ahora al Sr. Vicecónsul de S. M. B., como así lo verificó en solemne forma: que no es responsable de ninguna demora que sufra el pago de la deuda del público británico, ni de los intereses que deban cobrarse mientras el puerto de San Juan del Norte permanezca en poder de los mosquitos, bajo la protección del Gobierno británico; y por este procedimiento contra los derechos del Estado, hará cuanto esté en su poder para sostenerlos, apoyado en el Tribunal de la razón; puesto que, en el presente siglo, no es la fuerza sino la justicia la que regula los de las naciones entre sí, ya sean grandes o pequeñas.

Tal es, Sr. Vicecónsul, lo que el Supremo Gobernante de Nicaragua ha querido que el infrascrito ponga en su conocimiento para su inteligencia y efectos; y, al cumplir con esta orden suprema, me cabe la satisfacción de suscribirme como su atento y seguro servidor – Salinas.

NUMERO 11.

Ministerio de Relaciones del Supremo Gobierno del Estado de Nicaragua – D. U. L. – Casa de Gobierno, Managua, setiembre 23 de

1847 – Sr. Ministro de Relaciones del Supremo Gobierno del Estado de (Nicaragua).

Poseído siempre mi Gobierno de sentimientos de paz, de armonía y buena inteligencia con los de las naciones conocidas del globo, y muy particularmente con las de la culta Europa, tiempo ha que procura mantener esta buena disposición, en obsequio a los principios reconocidos que regulan la sociedad universal y la utilidad pública. Por lo mismo, debía resistirse a creer que, en las desgracias de Nicaragua, acechara Inglaterra la ocasión de desmembrarle una parte de su territorio, como correspondiente a la que se dice nación de mosquitos; pero hoy esta resistencia, nacida de su respeto a la justicia internacional, cede por grados a la triste convicción de que, ciertamente, se procura llevar adelante tal desmembración.

Una tribu sin forma reconocida de Gobierno, sin ninguna civilización y enteramente abandonada a la vida selvática, es de la que se sirve, a la vez, la ilustrada Inglaterra para poner uno de sus pies sobre la costa del Atlántico en el Estado, o por mejor decir, para tomar la puerta de la comunicación europea con América, Asia y otros países importantes, por el punto que es más practicable como gran canal interoceánico; ocurrirá un hecho semejante en los momentos mismos en que Nicaragua se prepara con objeto de liquidar y arreglar sus compromisos respecto a la deuda del público británico, contraída en tiempo que fue parte integrante de la República Federal del Centro, que comprende el mismo territorio del Reino de Guatemala, hasta las aguas del mar del Norte.

Y, aunque mi Gobierno quisiera la terminación pacífica de este asunto, una serie de amenazas e insultos –que, ajenos y subalternos, han osado pronunciar sin duda sin instrucciones del Gobierno británico– alejan con dolor la idea de la armonía y lo impelen a levantar la voz, tan alto que sea oído en todos los Estados, y a anunciar que está amenazada la independencia de Centroamérica.

Por tanto, el Supremo Director de Nicaragua me ha ordenado acompañar al Sr. Ministro copia de la comunicación que, con fecha 17 del presente, se dirigió al Sr. Vicecónsul británico, y de la que el llamado agente, también británico, Pací Waelker, residente en Bluefields, remitió en 1° del mismo al comandante del puerto de San Juan; y que interpele a ese Supremo Gobierno a fin de que declare, si se halla en el ánimo glorioso de defender la independencia, como se ha estipulado en los convenios preexistentes y lo demanda el interés nacional; o, si Nicaragua ha quedado abandonada a sus propios designios, en la hipótesis de que tenga lugar la ocupación, deberá tomar la posición correspondiente en el mundo político, en razón de los grandes intereses comerciales que concurren en este istmo para defender al Estado, no quedando a los demás ningún resentimiento por los esfuerzos extraordinarios que este emprendería.

Así tengo orden del Director Supremo de manifestarlo al Sr. Ministro, para que se sirva llevar lo expuesto al alto conocimiento de ese Sr. Presidente y comunicarme su resolución con la brevedad que exija el negocio. Mientras tanto, tengo la honrosa satisfacción de suscribirme al Sr. Ministro, muy atento, seguro servidor – Sebastián Salinas.

NUMERO 12.

"Al Señor Secretario Principal del Supremo Gobierno del Estado de Nicaragua – Consulado General Británico – Guatemala, 10 de setiembre de 1847. –

Señor: –

Habiéndose suscitado, en varias épocas, con los Estados de Honduras y Nicaragua, cuestiones sobre la extensión de la frontera marítima del Reino de Mosquitos, el Gobierno de S. M. B., después de examinar cuidadosamente los varios documentos y registros históricos que existen relativos al asunto, es de la opinión que el derecho territorial del Rey de Mosquitos debe mantenerse, extendiéndose desde el cabo de Honduras hasta la boca del río San Juan; y, por tanto, estoy encargado de advertir a los Supremos Gobiernos de los Estados de Honduras y Nicaragua, como ahora tengo el honor de hacerlo, que a esta extensión de costa el Gobierno de S. M. B. considera que el Rey de Mosquitos tiene derecho, sin perjuicio del derecho que dicho Rey pueda tener a algún territorio más al sur del río San Juan; y que el Gobierno de S. M. B. no puede ver con indiferencia ningún atentado a usurpar los derechos territoriales del Rey de Mosquitos, quien está bajo la protección de la corona Británica.

Tengo el honor de ser, Señor, humilde y obediente servidor – Federico Chatfield."

NUMERO 13.

"Ministerio de Relaciones Exteriores del Supmo. Gno. del Estado de Nicaragua – D. U. L. – Casa de Gobierno, Managua, octubre 14 de 1847 –

Sr. Cónsul General de S. M. B. en Centroamérica – Federico Chatfield.

Mientras este Gno. Supmo. no ha tenido contestación alguna de Usted a la comunicación que le dirigió por este Ministerio, desde el 19 de octubre de 1842, y que de nuevo se le adjunta en copia autorizada, fundando incontestablemente los derechos de este Estado en la costa llamada de mosquitos y puerto de San Juan del Norte, con ocasión del procedimiento del Coronel, Sr. Alejandro Macdonald, ex-Superintendente de Belice, contra el de igual grado, Sr. M. Quijano, Administrador entonces de aquel mismo puerto, y a través de las mejores relaciones de paz, amistad y comercio con los súbditos británicos por la misma vía y las demás legítimas de Nicaragua, ha visto con extraordinaria sorpresa la nota de Usted de 10 del próximo anterior, que, suponiendo cuestiones de territorio entre la tribu nómada de mosquitos y los Estados de Honduras y Nicaragua, avisa que, después de haberlas examinado a la luz de varios documentos históricos, el Gno. de S. M. B. es de opinión que el área correspondiente a ese imaginario Reino se extiende desde el cabo de Honduras hasta la desembocadura del río San Juan en el Atlántico, y que, como aliado suyo, está dispuesto a prestarle toda protección contra cualquier atentado que se le infiera por parte de estos Estados.

El Sr. Cónsul Chatfield sabe muy bien que el orden establecido para que toda sociedad se considere en la capacidad de nación y obtenga su reconocimiento como tal es el de que el Jefe de ella, por el órgano de sus ministros u otros agentes suyos directos y acreditados, lo solicite en forma, para los efectos consiguientes a la soberanía con arreglo al derecho internacional; y es constante que el pretendido Rey de los mosquitos nunca ha ocurrido, por medio de ningún agente suyo, al Gno. de Centroamérica ni de alguno de sus Estados, solicitando se le reconociese por soberano, ni menos ha suscitado cuestiones de territorio independiente con los de Honduras y Nicaragua; por manera que mi Gobierno, con toda legalidad y buena fe, puede declarar y declara que jamás ha reconocido ni reconoce tal Reino ni Rey Mosquito; y que, por tanto, tampoco puede reconocer esas pretensiones territoriales que Usted refiere en su citada comunicación.

En ningún tiempo ha podido existir, ni existe al presente, ese Reino de mosquitos. Todo, en verdad, Señor, se reduce a ciertos salvajes que vagan en el desierto y bosques de la costa de Honduras y Nicaragua, viviendo de la caza y de la pesca, sin edificios, sin idioma conocido, sin escritura, sin artes, sin comercio, sin leyes y sin religión, que, conforme a los principios reconocidos, los hicieran aparecer ante el mundo civilizado componiendo una sociedad regular, y lo que es mucho más, constituyendo un imperio.

Lo que hay de incuestionable, si se ha de hablar con franqueza, es que algunos súbditos británicos al favor".

De los establecimientos vecinos de Jamaica y Belize, y con ocasión del comercio establecido por el Gobierno Español, y después por la República del Centro, pudieron arribar a dichas costas y familiarizarse con aquella tribu; y, observando el estado virgen y abundante de algunas producciones naturales en aquella parte del territorio centroamericano, y su ventajosa posición geográfica, entraron en el deseo de apropiárselo, escogiendo al efecto el medio de enseñar impropiamente su idioma inglés y parte de sus costumbres, a algunos de los mismos mosquitos, llevar consigo al hijo de alguna familia favorita entre ellos, educarlo a su manera y preparar así ese instrumento que sirviese a sus designios con el título de Rey.

Este personaje fantástico no se ha presentado ni puede presentarse ante la civilización del siglo XIX, ni darse a reconocer a este Gobierno ni a otros vecinos, puesto que no puede ni debe haber soberanía en esa fracción selvática del pueblo centroamericano, porque tal hecho daría derecho a las hordas salvajes que existen en las diferentes partes del globo para que, protejidas por cualquier otro Gobierno, formasen reinos y, puestas en parangón con los Estados cultos, señalaran límites a la civilización y establecieran el desorden y la anarquía universal.

Súbditos y agentes de S. M. B. son los que han anunciado y proclamado al caudillo de la expresada tribu por Soberano y aliado del Gobierno inglés; pero ninguno de esos mismos agentes ha podido presentar, ni ha presentado ante alguno de los Gobiernos de Centroamérica, credencial que lo hiciera aparecer como agente propio y directo del supuesto Rey de mosquitos; ni la Gran Bretaña misma ha tenido acreditado siquiera un encargado de negocios ante estos gabinetes para que pudiera haber promovido esas cuestiones de soberanía, territorio y apropiación de un puerto reconocido por todo el mundo como propiedad del Estado soberano de Nicaragua.

Por el contrario, el propio Gobierno de S. M. B., por medio del Jefe de sus fuerzas navales sobre la línea del Atlántico que baña el litoral norte de este continente, el Vicealmirante Sir Carlos Adam, al establecer el bloqueo de 1842 en el puerto San Juan del Norte lo ha reconocido y declarado por Nicaragua, para estrechar al Gobierno de este Estado a que cubra a varios súbditos británicos ciertas cantidades que reclama, en la suma de catorce mil pesos, como lo hizo saber a este ministerio y al comercio de las demás naciones.

Honduras y Nicaragua no han suscitado ningunas ruestiones con los mosquitos al conocimiento del Gobierno de S. M. B., ni los derechos ni los intereses de estos Estados permitían un tal compromiso.

Según la precitada nota de Usted, S. M. B. es protectora de los mosquitos; y, por lo mismo, carece de la imparcialidad única que pudiera dar visos de justicia a su opinión en favor de la enunciada tribu, mayormente cuando las supuestas cuestiones sobre territorio solo han sido movidas por súbditos británicos.

Por consiguiente, esa opinión del Gobierno británico que Usted expresa no puede ser considerada como una resolución en las predichas cuestiones con los mosquitos, y mucho menos como una regla que les sirviera para pretender fijar de derecho, ni de hecho, sin imaginarios límites territoriales, desde el cabo de Gracias a lo largo de la costa del norte de estos Estados hasta la rama septentrional del río San Juan de Nicaragua, como Usted dijo en su comunicación de 15 de noviembre de 1842, remitiéndose a un dictamen dudoso del consejo de Jamaica.

Tampoco se puede concebir, a vista de los principios de justicia universal, que pudiera reputarse en manera alguna como atentado de Nicaragua contra esos centroamericanos selváticos llamados mosquitos, la conservación de los derechos de propiedad y posesión de este Estado en la misma costa del norte y puerto San Juan.

Al contrario, Nicaragua recibirá como tal atentado, hostilidad y guerra, de parte del Gobierno británico; toda ocupación que, bajo su protección, ejecuten los mosquitos de cualquier punto del puerto San Juan, la desconocerá, resistirá y repelerá con el poder de la justicia y con todas sus fuerzas, hasta desaparecer, si es necesario, completamente de la faz de la tierra, antes que consentir que, por una rara amalgama entre la más espléndida civilización y la más oscura barbarie, se le arrebate la propiedad que, según las grandes demarcaciones de la naturaleza, sancionadas por las leyes, el derecho internacional y la posesión inmemorial, le corresponde en el puerto San Juan y costa llamada de mosquitos.

Así lo protesta solemnemente mi Gobierno: denunciará el despojo con que se le amenaza ante todos los gobiernos justos de las naciones cultas; y el mundo mirará cómo la ambición de algunos súbditos ingleses ofusca la esclarecida mente del gabinete de S. M. B. hasta el grado de hacerlo consentir en que la augusta Reina Victoria aparezca al lado de un salvaje despreciable.

Tales son los conceptos que mi Gobierno me ha prevenido transmitir al Señor Cónsul General en contestación de su predicha nota de 1.º del próximo anterior; y, al verificarlo, tengo el honor de suscribirme a Usted, obediente y seguro servidor – Sebastián Salinas.

NUMERO 14.

Ministerio General del Gobierno Supremo del Estado del Salvador – Sr. Ministro de Relaciones del Supremo Gobierno del Estado de Nicaragua – Casa de Gobierno, San Salvador, Octubre 11 de 1847.

He tenido el honor de recibir la muy estimable comunicación de Usted, con fecha 23 de setiembre, relativa a manifestar que, no obstante los sentimientos de paz, de armonía y buena inteligencia que ha procurado conservar con las naciones del globo, Inglaterra acecha la ocasión para desmembrarle una parte de su territorio bajo el pretexto de corresponder a la llamada nación de mosquitos, siendo la principal mira ocupar, sobre la costa del Atlántico, un punto importante de ese Estado y por donde es más practicable el canal interoceánico; que, aunque se ha resistido a creer que una nación tan culta como Inglaterra procediese de un modo tan irregular, cede por grados esta resistencia a la triste convicción de que, ciertamente, se procura llevar adelante dicha desmembración, por cuyo motivo se sirve interpelar al Supremo Gobierno del Salvador a fin de que declare si se halla en el ánimo glorioso de defender la independencia de Centroamérica, o si, abandonado Nicaragua a sus propios designios, en la hipótesis de que tenga lugar la ocupación, deberá tomar la posición correspondiente en el mundo político en razón de los grandes intereses comerciales que concurren en el istmo para defender al Estado; y habiéndose impuesto el Sr. Presidente todo el contenido, tanto de su apreciable ya citada comunicación, como de la nota que ese Ministerio dirigió con fecha 17 del mismo mes al Sr. Vicecónsul Británico, y de la que el también llamado agente británico Pac Walker, residente en Bluefields, remitió el 1° del mismo al Comandante del puerto de San Juan, me ha autorizado para contestar a Usted en los términos que paso a verificar:

El Supremo Gobierno del Estado del Salvador, siendo como lo es, aliado y amigo del de Nicaragua, ha visto con el más profundo sentimiento los avances que Usted anuncia que pretende cometer Inglaterra, con la usurpación de la parte más interesante del territorio de ese Estado, y no puede persuadirse de que el ilustrado gabinete de San James autorice ni ordene tamañas maldades; mas bien se inclina a creer que, prevalidos de las circunstancias en que se halla Centroamérica y de la falta de un individuo que nos represente en aquella Corte, los agentes subalternos ordenan y cometen tales excesos.

Prescindiendo del origen y de las causas del hecho, el Salvador protesta que, si llegase a verificarse un semejante atentado, unirá sus fuerzas a las de ese hermoso Estado y concurrirá con todo su poder hasta arrojar fuera de los límites de Centroamérica a los usurpadores que se atrevan a pisar su territorio.

El Gobierno del Salvador está intimamente convencido de que la causa de Nicaragua en este caso es la causa de Centroamérica, y que cualquiera injuria y cualquiera usurpación que se haga a ese territorio es como si a él mismo se le hiciese; que, bajo este concepto, y aun cuando no hubiera pactos preexistentes, debe siempre contar el Supremo Gobierno de Nicaragua con todos los auxilios que pueda darle el Salvador como su aliado natural y como vivamente interesado en la integridad de Centroamérica.

En estos términos tengo el honor de contestar a Usted su apreciable comunicación ya citada, y lo tengo asimismo en protestarle que soy, con todo afecto, su muy atento y seguro servidor – Francisco Dueñas.

NÚMERO 15

"Estado de Costa Rica – Ministerio de Relaciones y Gobernación. Supremo Poder Ejecutivo. Núm. 98. Casa de Gobierno. San José, octubre 20 de 1847 – Señor Ministro de Relaciones del Supremo Gobierno del Estado de Nicaragua – Informado el Poder Ejecutivo de Costa Rica por la atenta carta oficial de ese ministerio, de fecha 23 del mes pasado, y copias que la acompañan, de las miras hostiles del extranjero sobre nuestras costas, pretendiendo apoderarse de una parte del territorio y turbar a Centroamérica en el goce de su independencia absoluta: teniendo así mismo a la vista las noticias recientes que contienen los papeles públicos, y el contenido del parte del Comandante de Moin con que doy cuenta a U. en nota núm. 9º de 4 del presente mes; y, altamente resentido por tan desagradable suceso, toma el interés más positivo en acordar las medidas de mejor resultado para salvar la independencia y dignidad nacional, con el fin de consultarlas al P. Legislativo, quien transmitirá su augusto conocimiento de los antecedentes acerca de los indicados sucesos, porque, no estando autorizado el Ejecutivo para obrar por sí en semejante caso, necesita de las deliberaciones y resolución de aquel Poder Supremo. Obtenidas estas, el Sr. Presidente tendrá la satisfacción de dirigir sus comunicaciones a ese Ministerio sobre objeto tan interesante, para proceder de acuerdo en cuanto lo permitan las circunstancias. – Así me ha prevenido el mismo Sr. Presidente, contestar la citada del Sr. Ministro, y al verificarlo, me es honroso asegurar al Sr. Ministro que soy su dicho servidor. – Joaquín Bernardo Calvo.

Conforme. – Ministerio de Relaciones del Supremo Gobierno. – León, octubre 23 de 1847. – Salinas."

NÚMERO 16

"El Director Supremo del Estado de Nicaragua a los habitantes del mismo.

NICARAGUENSES – Ese sol que, al prestar la vez primera sus luces al año de 1848, encuentra a todo Centroamérica en la más completa paz y tranquilidad, marca también el día prefijado para la ocupación de nuestro mejor puerto al norte, bajo el pretexto de proteger a un supuesto e imbécil Rey.

Aunque al Gobierno hasta ahora no le ha sido dado evitar, de una manera pacífica, este incidente tan azaroso, y que presenta sobre el horizonte político de Nicaragua una oscura y amenazante tempestad, cual jamás se viera, sin embargo agotará con aquel fin, todos los medios que estén en su capacidad; puesto que en el presente siglo no es la fuerza, sino la razón la que debe regular los procedimientos de las Naciones.

Los mismos bárbaros en cuyo nombre se ha intimado aquella medida, no la llevan a bien, ni le prestan con voluntad su cooperación; y, si ella tuviese efecto, escandalizará al mundo civilizado, llamará en nuestro auxilio la justicia universal, e inflamará de un modo extraordinario el corazón de todo el que tenga un pecho americano.

Si la razón y la justicia que nos asisten fueren desatendidas, y nuestros derechos estropeados por el poder del más fuerte, la religión, la Patria, y aun el interés individual ligado siempre con el general, imperiosamente nos exigen toda clase de sacrificios, para defender dignamente los fueros del Estado.

La Naturaleza siempre es pródiga en recursos de defensa, aun para los seres más débiles de la creación. Aquellos abundan en nuestro suelo, y en lo grandioso de la causa que sostendremos.

COMPATRIOTAS – Colocado al presente por vuestra voluntad en la primera Magistratura del Estado, bajo el ofrecimiento más sagrado, estoy comprometido y resuelto a sostener a todo trance los derechos que me habéis encomendado; y, cumpliendo a la vez mis deberes de simple ciudadano, también formaré en las líneas de la

Patria como último soldado, para consagrarle a ella mi sangre, que exclusivamente le pertenece.

José Guerrero.

León, enero 1º de 1848".

CAPÍTULO II: EN GUATEMALA CUNDE EL MALESTAR

Guatemala desde el 1º de enero hasta el 15 de agosto de 1848.

SUMARIO.

1 – Situación del país en el mes de enero – 2 – Febrero – Papeles burlescos contra la Sociedad Económica – Prospecto del "Álbum republicano" – Una medida de pacificación – Nueve fusilamientos sin forma de proceso en un solo día – Anónimo titulado "El Temor" – 3 – Marzo – Consejo de Estado – El Secretario del Consejo y redactor de la Gaceta – Los Clérigos – Acción del Agua – Caliente Imprenta – Sigue el movimiento revolucionario – Medidas de pacificación – Juicio de los liberales del Salvador sobre el proyecto de Asamblea en Guatemala – La insurrección – 4 – Abril – Serapio Cruz entre los insurrectos – Acción de Guastatoya – Cuestiones con el Salvador – Efectos en Guatemala de la revolución de Francia – 5 – Mayo – Convocatoria de una Asamblea – Cambio de Ministerio – 6 – Junio – Cuestiones con la Francia – Amnistía – Pastorales – Emigración de dos guatemaltecos – Acción de la Guavía – 7 – Julio – Acción de San Agustín – Serapio Cruz en Chichicastenango – 8 – Agosto – Pronunciamiento de Chiquimula – Instalación de la Asamblea.

Carrera hizo una expedición sobre las montañas de Sansury de Palencia, donde habían vuelto a presentarse partidas de hombres capitaneadas por el mismo jefe que hizo el asalto de armas en esta finca.

La Gaceta oficial habla de la falta de disciplina de los sublevados, de la falta de elementos que tenían para continuar la guerra y de la división que había entre ellos, la cual dice llegó hasta el extremo de que ellos mismos dieran muerte a uno de los suyos, que se llamaba N. Maldonado, cuyo cadáver se encontró en las inmediaciones de Jalapa.

Habla igualmente el periódico oficial de que los indios de Jalapa, reunidos a su Municipalidad, buscaron a Carrera y le pidieron perdón.

Dice por último que, hallándose en tan ventajoso estado la pacificación, el presidente Carrera resolvió su regreso a Guatemala con las fuerzas que había levantado para llevarla al cabo, entre las cuales estaban las de Santa Rosa.

Carrera entró a Guatemala, después de esta expedición, el 1° de enero de 1848.

Cualquiera que lea esto creerá que la paz era un hecho, y que solo algunos miserables rebeldes, sin plan y sin guías, turbaban el orden y el concierto.

Sin embargo, no era así.

El malestar cundía por todas partes.

¿Qué era lo que podía producir esta insurrección?

Los montañeses no sabían lo que es derecho público ni privado, ni economía política, ni régimen administrativo.

Agustín Pérez, Mauricio Ambrosio y demás jefes de la insurrección eran tan ignorantes como Carrera, y no podían disgustarse porque en el país se hallara la ciencia de la legislación.

Tenían arzobispo, tenían obispos, y los conventos estaban repletos de monjes y de monjas.

¿Por qué, pues, se sublevaban?

Esta pregunta es muy fácil de contestar.

Los pueblos se levantaron el año de 37, no por falta de arzobispo y frailes, sino porque se les engañó, asegurándoles que el Gobierno los envenenaba, y porque se les halagó, ofreciéndoles tierras, dinero, y elevadas posiciones.

Los pueblos vieron después que sobre ellos pesaban los mismos gravámenes, y algunos otros que antes no tenían, como el muy odioso de los diezmos.

Se les arrancaban diezmos y primicias para hacerlos felices. Sufrían el gravamen y no palpaban la felicidad.

Los diezmos servían para enriquecer no solo a los clérigos, sino a los negociantes, que tomaban en arrendamiento ese ramo de Hacienda.

Es la mayor insensatez sostener un culto cualquiera que sea de esta manera.

La cuestión de aguardiente exasperaba a todos los que antes negociaban con él.

La escasez de víveres era atribuida, no solo a los fenómenos de la naturaleza, sino a determinados negociantes de la ciudad y de los pueblos, que todo lo monopolizaban.

Campesinos tan ignorantes como muchos de los que se elevaron en 839, veían a estos en la opulencia, se veían ellos en la miseria y esclamaban: "¿Por qué no hemos de hacer nosotros lo mismo que aquellos hicieron?".

El célebre general Antonino Solares, que tanto ruido hacía, había sido en Canales, mozo de cordel de los Arrivillagas.

Los sucesores en Canales de los ínfimos puestos que Antonino Solares había dejado, era natural que se preguntaran: "¿Si Tonino (así se le decía), sin saber nada, ha podido elevarse hasta la categoría de un general, siempre elogiado por Carrera, por qué nos hemos de quedar nosotros, que sabemos tanto como él, y tenemos tantas aptitudes como él, reducidos a la triste condición de trabajar con el machete o el azadón de seis a seis para ganar real y medio o dos reales diarios?".

Carrera, sin saberlo, había criado una aristocracia insoportable.

La formaban muchos peones que lo acompañaron en sus correrías y que estaban ya elevados a la categoría de grandes.

Estos hombres incultos no sabían tratar a nadie, y ofendían casi a todos los que tenían la desgracia de tocar con ellos.

A sus antiguos compañeros los veían con desprecio y los vejaban.

Sus faltas y aun sus crímenes quedaban impunes bajo la protección augusta de Carrera.

Nadie se podía acercar a uno de esos salvajes sin exponerse a sufrir vejámenes.

Los actos del servicio público no los veían como una obligación que tenían que llenar, en cambio de gruesos sueldos que disfrutaban, sino como un favor, como una gracia, como una merced que se dignaban honrar al infeliz que se les acercaba.

Ese régimen pudo sufrirse a fuerza de engaños durante una década; pero al fin los pueblos se cansaron.

Los hombres pensadores que no pertenecían a cuatro familias, ni a sus miserables aduladores, veían con placer la revolución, no porque creyeran a Pérez, ni a los otros jefes que aparecían en las montañas, capaces de dirigir la política, sino porque pensaban derribar a Carrera, y que de su caída resultara un nuevo régimen.

Los consejeros de Carrera creyeron que podían inspirar confianza convocando un Congreso Constituyente, y se emitió el decreto que con el núm. 1.º se halla al fin de este capítulo. (Documento núm. 1.)

El vicepresidente Vicente Cruz no tenía todas las antipatías de Carrera, y se creyó que, apareciendo al frente del poder ejecutivo, el país entraría en calma.

Carrera pretendió enfermedad, y el 22 de enero llamó a Cruz al ejercicio del poder ejecutivo. (Documento núm. 2.)

El 25 tomó posesión el Brigadier Cruz.

Nájera y Azmitia se retiraron del Ministerio, y Cruz debía organizar un nuevo gabinete.

La separación de aquellos dos señores indicaba un cambio de política; y efectivamente lo había.

Los Arrivillagas eran entonces amigos del Brigadier Cruz, y Barrundia, primo hermano de estos señores, ejercía notable influencia en el ánimo de ellos.

El Ministerio que tuvo Cruz, en otra ocasión en que ejerció el mando, prueba que se inclinaba a un cambio de política.

Todo eso hizo temer a los reaccionarios; quienes se empeñaban en que Carrera volviera al ejercicio del poder ejecutivo.

Carrera, al separarse del mando, publicó una proclama que se halla al fin de este capítulo. (Documento núm. 3.)

Rivera Paz sucedió al Brigadier Vicente Cruz en el corregimiento de Guatemala.

Hace honor a Rivera Paz haber admitido un corregimiento después de ejercer por mucho tiempo la presidencia del Estado.

Verdad es, que solo fue presidente de nombre; pero no puede negarse que se le dio el título de primer magistrado, ni que las guardias le hacían los honores de ordenanza.

Rivera Paz publicó una proclama, bajo el punto de vista en que los serviles consideraban las cuestiones. (Documento núm. 4.)

Al presidio de San Felipe habían entrado reos políticos en abundancia, y a Cruz se dirigieron muchas peticiones en favor de ellos.

La Municipalidad estaba formada de serviles y allí se trabajaba para que Carrera volviera al ejercicio del poder ejecutivo.

2 – El 4 de febrero la municipalidad dirigió a Carrera una exposición en que le suplicaba volviera a ejercer el poder. (Documento núm. 5.)

En el acto, el Brigadier Cruz dictó un decreto para separarse del mando. (Documento núm. 6.)

Carrera se hizo cargo al instante de la presidencia y organizó su gabinete de esta manera:

– Relaciones Exteriores, don José Mariano Rodríguez.
– Gobernación, don Luis Batres.
– Hacienda y Guerra, don José Nájera.

La presencia de don Luis Batres en el Ministerio era un reto a todo el partido liberal.

Nájera era aristócrata y de la escuela reaccionaria, y el señor Rodríguez se atemperaba a las circunstancias; de manera que la política estaba entonces en manos de los nobles, para quienes don Luis Batres era una gran notabilidad.

La presencia de don Luis Batres en el Ministerio puso en movimiento a todo el partido liberal.

El doctor Molina, que tanto había contemplado a don José Antonio Azmitia, comprendió que era preciso que no hubiera más condescendencias y que la lucha era indispensable.

El partido liberal había triunfado completamente en el Salvador.

Vasconcelos estaba electo presidente; no por las Cámaras, como sus antecesores, sino por el pueblo salvadoreño; y este triunfo animaba a los liberales de Guatemala, no solo porque contaban con la cooperación de aquel jefe, sino porque para poder hablar y escribir libremente y para poder disfrutar de las más amplias garantías les bastaba atravesar el río de Paz.

Lo primero que hizo don Luis Batres como ministro, fue derogar el decreto que convocaba a elecciones de diputados a un Congreso Constituyente. (Documento núm. 7.)

Este decreto aniquiló toda esperanza de reforma.

La insurrección de los pueblos continuaba.

El 10 de febrero fue atacado Antonino Solares, en su cuartel general de San Antonio, por una fuerza de seiscientos a ochocientos hombres.

El coronel Manuel María Bolaños marchó con otra fuerza a proteger a Solares, y los insurrectos fueron derrotados; pero todos se dispersaron, poniéndose en salvo con el armamento que tenían.

Don Luis Batres quiso aprovechar este triunfo efímero dando un decreto de indulto en favor de los que se presentaran en el término de quince días. (Documento núm. 8.)

Los secretarios de Estado hicieron una exposición al Gobierno para que suspendiera el decreto emitido por el Congreso Constituyente en 20 de septiembre de 45.

Este decreto variaba el orden de la sucesión, no se dirá de la corona, porque no, se atrevían los nobles a llamar rey a Carrera, sino del poder Supremo.

Las razones que los Ministros presentaron para combatir el decreto fueron de conveniencia pública, que solo ellos veían, y de legalidad, que solo ellos comprendían.

La legalidad que alegaban estaba fundada en un reglamento, según el cual, antes de emitirse una ley, debía pedirse informe al Gobierno sobre si convenía o no dictarla.

Un reglamento sobre el régimen de las sesiones, según el derecho público de aquel Ministerio, era superior a la acción ya la autoridad de un supremo poder Constituyente.

Los liberales combatían la opinión del Consejo.

Pero aquellos señores se creían infalibles; afectaron mirar con desdén la defensa de una ley que atacaban, y la derogatoria se consumó.

Don José Francisco Barrundia y el doctor don Pedro Molina, eran los dos hombres culminantes en quienes confiaba la juventud ilustrada, una gran parte de los artesanos, muchos jefes del ejército, el Presidente del Estado del Salvador don Doroteo Vasconcelos, y los ciudadanos que lo rodeaban.

Molina acababa de recordar el gran poder de su pluma en el "Mensual de la sociedad de Medicina", que combatía la reaccionaria Revista de la Sociedad Económica, redactada por Pavón y por Milla.

La Revista era una crónica religiosa que alababa cuanto es reaccionario, y que por lo mismo había caído en ridículo.

Se detenía minuciosamente explicando las funciones de iglesia y las ceremonias eclesiásticas con todos sus detalles.

Don Mariano Gálvez Irungaray, liberal a quien hemos visto figurar en el período del doctor Gálvez, manejaba el ridículo con maestría, y publicó una hoja suelta de pequeña extensión titulada: "De a cuartillo".

En ella, haciendo alusión a las fastidiosas e insoportables disertaciones de la Sociedad Económica sobre las ceremonias de iglesia, pide que se explique, para ilustración de la juventud, lo que significa la "Cera de Vaca".

Así se llamaba una colección de indios descalzos y medio desnudos, a quienes en Semana Santa se les cubría con sacos viejos, de color indefinible, y se les daban faroles de vejiga, con velas de sebo, colocados sobre varas altas y mugrientas, para que alumbraran en las procesiones formando parte de ellas.

Los chicos del pueblo, llamados en Guatemala patojos, iban en pos de la Cera de Vaca, burlándose de los indios y, muchas veces, tiraban piedras sin respetar a los santos, para tener el gusto de oír el choque de las piedras en las vejigas.

No pocas veces, algunos chicos de la gente acomodada, llamados aquí chancletudos, se unían a los patojos y se formaban tumultos escandalosos.

Gálvez Irungaray, con un chiste que hizo reír hasta a los sirviles, pedía a los redactores de la Revista la explicación mística de la "Cera de Vaca" y del orden y el concierto que en las procesiones producía.

Pavón llevó a Carrera ese papel para que se reprimiera, por medio de un castigo ejemplar, al escritor audaz que con tanta osadía ponía en ridículo a la ilustre corporación fundada por el señor Villa Urrutia.

El general Carrera no se creyó aludido, y en vez de enfadarse festejó el papel.

Los estudiantes supieron el chasco de Pavón, y uno de ellos publicó otra hoja suelta, más pequeña que la primera, y que por lo mismo se titulaba: "De a dos por cuartillo".

En ella se pedía a la Sociedad Económica que explicara la significación mística de un escudo que Cuca llevaba siempre sobre el pecho.

Cuca era un mudo, de alguna edad, grueso, moreno, descalzo y con los pies hinchados, vestido siempre de frac, no muy a la moda ni muy limpio.

Era perrero de la iglesia de Santa Rosa, y llevaba sobre el pecho, como distintivo de su orden, una placa con perros grabados.

Este personaje asistía a los jubileos y a las procesiones, llevando un látigo en la mano; parecía parte integrante de las festividades religiosas, y los estudiantes lo creían muy acreedor a que de él se ocupara la Sociedad Económica.

El autor de ese papel era conocido. Pavón se incomodó; Milla se incomodó también, los socios de la Económica dijeron que era preciso reprimir las demasías de ese estudiante insubordinado; pero todo quedó entonces en amenazas, porque Carrera vio este papel con la misma indiferencia con que había mirado el anterior.

El 17 de febrero los jefes del partido liberal publicaron el prospecto de un periódico titulado "Álbum Republicano." (Documento núm. 9.)

El Gobierno Batres-Carrera, como medida de pacificación, dictó el decreto siguiente:

"1.° – El Departamento de Mita se divide para su mejor administración en tres distritos, que se denominarán: el 1.° de Jutiapa; el 2.° de Santa Rosa; y el 3.° de Jalapa.

2.° – El distrito de Jutiapa se compondrá de las poblaciones siguientes:

Jutiapa, como cabecera; Yupiltepeque, los dos Mitas y sus valles que son Suchitán, San Antonio, Achuapa, Atescatempa, Sapotitán, Contepeque, Chingos, Quequesque, Limones y Tempisque; Comapa, Jalpatagua, Asulco, Conguaco y Moyuta.

3.° – El distrito de Santa Rosa se compondrá de las poblaciones siguientes:

Santa Rosa, como cabecera; Quajiniquilapa, Chiquimulilla, Guazacapan, Tasisco, Pasaco, Nancinta, Tecuaco, Sinacantán, Isguatán, Sacualpa, La Leona, Jumay y Mataquescuintla.

4.º – El distrito de Jalapa se compondrá de las poblaciones siguientes:

Jalapa, cabecera; Sanarate, Sansaria, San Pedro Pinula, Santo Domingo, Agua-Blanca, Espinal, Alzatate y Jutiapilla; y, para mayor claridad, se entenderá este distrito dividido del de Jutiapa por el río que sale del ingenio hasta la laguna de Atescatempa.

5. Para los distritos de Jutiapa y Jalapa se nombrarán los corregidores y jueces de primera instancia que correspondan, continuando en el de Santa Rosa los funcionarios que existen.

6.º – Este decreto se pondrá en ejecución desde luego, y con él y los motivos de esta medida se dará cuenta en su oportunidad al Cuerpo Legislativo.

Dado en el Palacio del Gobierno en Guatemala a veintitrés de febrero de mil ochocientos cuarenta y ocho.

RAFAEL CARRERA. – El Secretario de Gobernación, L. Batres.

En las inmediaciones de la capital fueron fusilados, en un solo día, sin forma de proceso y sin ser oídos, nueve individuos.

Carrera, para colmo de inconsecuencia, de contradicciones y de anomalías, había dirigido, poco antes, a la Corte Suprema de Justicia una exposición para que no se ejecutara una sentencia de muerte dictada en última instancia contra Nicolás Quiñones, reo convicto de dos homicidios.

La exposición se dice que fue escrita por el Licdo. don Manuel Beteta, fiscal de la Corte de Justicia.

Ella contiene muchas de las doctrinas de Becaria, contra la pena de muerte.

La sentencia, sin embargo, se ejecutó; lo que prueba que la exposición escrita por Beteta, y firmada por Carrera, no era más que una farsa.

Si Carrera hubiera querido salvar a Quiñones, lo habría salvado, porque la Corte ejecutaba la verdadera voluntad del Presidente al pie de la letra.

En aquellos días todo estaba subordinado a Carrera.

Un día Sotero, su hermano, mandó fusilar a algunos presos de las cárceles de la Antigua, por haberle parecido bien adoptar esta medida, y aparecieron sentencias, con fechas atrasadas, que salvaban al hermano del caudillo adorado de los pueblos.

Un joven pasante que jamás había podido soportar el régimen de Carrera se atrevió a publicar un anónimo titulado: "El Temor," dejando en la imprenta el nombre del autor.

En ese anónimo se censuran los nueve fusilamientos que se perpetraban sin forma de proceso y sin audiencia de las víctimas, y se hace notar la contradicción en que Carrera incurría, pidiendo que se salvara a Quiñones, reo convicto de dos homicidios, y matando a nueve hombres sin proceso y sin oírlos siquiera. (Documento núm. 10.)

Este impreso circuló el 26 de febrero a las dos de la tarde.

A esa misma hora el Gobierno pidió a la imprenta de don Luciano Luna el nombre del autor.

Luna lo envió al instante.

En el momento, un ayudante se presentó en casa del autor y le intimó, de orden del Presidente Carrera, ir inmediatamente al palacio del Gobierno.

Esto se esperaba, y el autor del anónimo salió armado.

Sus armas no eran puñales, pistolas ni revólver; eran la Constitución de 1825, que muchos consideraban vigente en la parte de garantías; era la ley de 5 de diciembre de 839; eran la ley sobre libertad de imprenta emitida por el Congreso Constituyente, que se instaló el 8 de diciembre de 845.

Como es notorio, el Ministro, que entonces todo lo dirigía, era don Luis Batres, quien, siendo la hora de la tarde avanzada, dijo al General Carrera que podía retirarse y que él arreglaría el asunto.

El poder Ejecutivo se encontraba ya en el palacio de los antiguos capitanes generales, donde ahora está.

Al llegar al palacio, el autor del anónimo, su primo don José María Palomo y Montúfar, jefe de sección, lo saludó con estas amabilísimas palabras:

—"No piensas lo que haces, esas tonterías te pierden a ti y comprometen a toda la familia."

Si en todas ocasiones aquel saludo habría sido desagradable, en aquellos instantes en que la persona saludada iba a tener una conferencia, probablemente no muy grata, era insoportable.

Don Luis Batres recibió al autor del anónimo, con amabilidad y cortesía.

Batres no conservó la silla en que despachaba como Ministro; tomó otra, probablemente para dar a la conferencia un aire familiar, y, estando sentados ambos en sillas iguales, don Luis abrió el diálogo siguiente:

—Se dice que Ud. es el autor de este papel.

- Sí Señor.

-Pues es preciso recogerlo.

—Es imposible, porque al venir a palacio lo he visto leyéndose en todas las tiendas.

—Los hechos a que Ud. se refiere están justificados.

—Con mucho gusto lo diré si el señor Ministro se digna presentarme los justificantes.

—No se ha llamado a Ud. para darle satisfacción, sino para indicarle, en obsequio de Ud. mismo, lo que le conviene hacer.

—Séame permitido decir al señor Ministro que no puedo asegurar lo que no me consta.

—Tenga Ud. presente que el Gobierno se hace respetar.

—Yo sentiría mucho haber incurrido en una falta de respeto; pero no creo que sea falta haber hecho uso de una garantía que me aseguran las leyes.

Batres, levantandose de la silla, ¿Dónde estan esas leyes?

El autor del anónimo, levantándose también de su silla, dijo:

—La Constitución de 1825 garantiza la libertad de la prensa.

Batres, paseándose con la cabeza un poco inclinada, frotándose las manos y en tono suave, comentó:

—Esa Constitución no rige; ella supone la federación que ya no existe.

El reconvenido, de pie y sin moverse, replicó:

—No rige en la parte orgánica; pero no ha sido derogada en la parte de garantías.

—Esa ley no se tiene por vigente, y yo no entro ahora en cuestiones escolásticas.

—Muy bien; pero aquí tiene el señor Ministro la ley de imprenta dada por el último Congreso Constituyente.

Esta cita produjo en el señor Batres un efecto desagradable. Probablemente su señoría recordó en aquel instante la farsa de Pinula y las capitulaciones de la villa de Guadalupe, que produjeron el Congreso Constituyente, y con aire de disgusto dijo:

—Eso no es ley.

—Pues no puede negarse que es ley la declaratoria de garantías de 5 de diciembre de 839, hecha por la Asamblea Constituyente.

—No haga Ud. caso de eso y vaya a ver dónde se mete.

—¿Y por qué me he de ocultar del Gobierno, si no he infringido las leyes?

—Del Gobierno nada debe Ud. temer; pero sí de los militares ofendidos por su papel.

—Pues yo creía que el poder militar es una emanación del Ejecutivo, y que debe estar sometido a éste.

—Es Ud. un niño: vaya a ver dónde se mete."

Así concluyó aquella amena conferencia.

Al decir don Luis Batres: "no haga caso de eso," se refería a las leyes; de manera que el respetabilísimo señor Ministro, por vía de lección de moral y de derecho, decía a un joven pasante: "no haga Ud. caso de las leyes.

He aquí el Derecho público del partido servil aristocrático."

El autor del anónimo se metió en su casa, donde esa noche fue visitado por varias personas de la oposición, entre las cuales se hallaba el señor don José Francisco Barrundia.

Barrundia dijo, con todo el fuego de su carácter:

"Ya no hay Gobierno; todo el país se conmueve, lo que está en palacio no es más que una facción; pero debe evitarse, mientras desaparece, un rudo golpe de mano."

En toda la noche no hubo ninguna novedad; pero a las seis de la mañana se presentó, en casa del autor del anónimo, el oficial don Felipe Solares, al frente de una patrulla; dejó a los soldados en la puerta, entró solo y dijo a la persona que buscaba:

"¿Qué hace Ud. aquí, por qué no se ha escondido? Tengo orden de llevarlo al castillo."

Solares mismo escondió a la persona que buscaba; enseguida entró con la patrulla, registró la casa, volvió a salir y dio parte de que no estaba en su casa el autor del anónimo.

Este, al instante, dirigió una carta al cónsul general de Francia, Mr. Baradére, que vivía enfrente.

La carta contiene estas lacónicas palabras:

"Señor Cónsul: Se me persigue por haber publicado el adjunto papel, ¿puede Ud. protegerme?"

Mr. Baradére mandó a su secretario con orden de llevar a su casa a la persona que le pedía protección, y, estando ahí, le dijo:

"Ud. no es francés; la casa de un Cónsul no goza del derecho de asilo; pero algún respeto se me tendrá y voy a interponer mi valimiento."

Desde entonces (27 de febrero) estuvo el autor del anónimo sin poderse presentar en público, hasta el 24 de junio que salió para San Salvador.

Barrundia y Molina, a quienes se quería intimidar con este procedimiento, no se intimidaron. El viernes tres de marzo apareció el número 1.° de "El Álbum Republicano," periódico de oposición.

Su editorial era: "Libertad de imprenta."

Este editorial fue la censura más fuerte, aunque no nombraba personas ni se concretaba a hechos, de la conducta que el Gobierno acababa de observar.

El número 2.° contiene un brillante y luminoso artículo en que se demuestra que el país no puede marchar sin constitución, y en que se pide la convocatoria de una Asamblea Constituyente.

Contiene también un extenso comunicado contra Pavón y contra Milla, redactores de la rancia Revista, periódico reaccionario de la Sociedad Económica, quienes pedían se cortaran las alas a la democracia.

El número 3.° habla con energía contra Chatfield y sus amigos de Guatemala, por los asuntos de Mosquitia, y refiere sucesos acaecidos en Francia, que auguraban una gran revolución liberal en aquel país.

En el número 4.° vuelve a hablarse con energía en favor de la libertad de la prensa, y se pide la observancia de las leyes y el respeto a las garantías.

El número 5 habla contra las tendencias de un protectorado inglés que se atribuían a Pavón, y defiende la independencia y la integridad de Centroamérica.

"El Álbum" tenía una circulación extraordinaria.

Sus redactores tuvieron el tino de amenizarlo con poesías, con todo género de composiciones literarias y con noticias interesantes.

Aun los mismos serviles decían: "La Revista de la Sociedad Económica hace dormir: es un verdadero narcótico; 'El Álbum' entretiene e instruye."

Don Mariano Gálvez Irungaray publicó un suelto jocoso en que recetaba la lectura de la Revista, como un medio contra el insomnio, y decía que cuando él no podía dormir colocaba la Revista bajo la almohada, y al instante comenzaba a roncar.

¡He aquí el liberalismo y la bella literatura de la Sociedad Económica de Guatemala!

El Gobierno publicó una lista de nuevos Consejeros de Estado. Es la siguiente:

"D. Mariano Rivera Paz, D. José Venancio López, D. Joaquín Durán, Dr. D. Pedro José Valenzuela, General D. José Clara Lorenzana, D. José Antonio Azmitia, D. Marcial Zebadúa, Dr. D. Juan José Aycinena, D. Manuel Francisco Pavón, D. Juan José Flores, D. José María de Urruela, D. José Mariano Vidaurre, D. Alejandro Marure, D. José Coloma y D. Juan Matheu."

En el número 11 de la Gaceta se encuentran estas palabras:

"ACUERDO.

Virtud de lo prevenido en el artículo 3.º o del decreto de 14 de febrero próximo pasado, el Gobierno se sirvió por acuerdo de 5 del presente, nombrar para este empleo a D. José Milla, siendo de su cargo la redacción de la Gaceta."

Milla tenía ya dos armas para combatir al partido liberal: la Gaceta y la Revista; pero ni él, ni Pavón, ni Batres, ni todos los serviles juntos podían competir con la pluma en la mano con Barrundia, con Molina y con los demás hombres que hablaban al pueblo a nombre de la libertad y de la democracia, y le enseñaban a sostener los derechos individuales.

El Arzobispo salió de Guatemala con pretexto de visita de la Diócesis, para predicar en favor de la paz.

Ya sabemos lo que predican los clérigos.

Si el Gobierno no les gusta, excitan a la insurrección, no hablando de libertades públicas, ni de los derechos individuales, sino invocando aquellos textos, según los cuales, antes debe obedecerse a Dios que al hombre.

Si el Gobierno les gusta, predican la ciega obediencia, la abyección y el servilismo.

García Peláez predicaba obediencia y sumisión; pero sin ningún resultado favorable para él.

El padre don José María Barrutia era Provisor y Vicario general, y dirigía circulares a los curas para que predicaran la obediencia ciega a Carrera y don Luis Batres.

Barrutia se dirigía a todos los curas; pero más especialmente a los de Santa Rosa, Mataquescuintla, Sansaria y Jalapa.

Se enviaron frailes misioneros a predicar en San Guayabá, y la misión no produjo ningún efecto favorable al Gobierno.

Partidas de sublevados entraron en Santa Catalina Mita, y tomaron cuántos elementos de guerra pudieron encontrar.

Otras partidas ocuparon la hacienda de San Gerónimo, donde permanecieron algunos días.

El camino del Golfo estaba intransitable. Los sublevados tomaban y abrían la correspondencia del Gobierno.

Una noche entraron a los caseríos del Canchón y del Chato, y volvieron a salir dejando solo mujeres y niños, porque todos los hombres se unieron a ellos.

El 10 de marzo fue atacado el teniente coronel Pivaral, en el paraje llamado Agua Caliente.

La acción duró dos o tres horas, al cabo de las cuales los insurrectos se retiraron llevando todo su armamento y elementos de guerra; pero dejando en el campo algunos muertos y heridos.

En el parte solo confiesa Pivaral tres muertos y dos heridos. Asombra el cinismo del Gobierno.

Al mismo tiempo que pasaba todo esto y que el público lo sabía, la Gaceta oficial hablaba de tranquilidad y decía que la nación gozaba de paz.

Nájera, Rodríguez y Batres –ó, mejor dicho, Batres, Batres y Batres (pues Nájera no hacía más que lo que quería Batres, y Rodríguez en aquellos días era muy dócil)– acordaron dirigir una exposición al Consejo para que suspendiera la ley de imprenta emitida en 8 de abril de 45, por haberse expedido, según se decía, sin previo informe del Gobierno.

Esto explica lo que don Luis Batres dijo al autor del anónimo titulado "El Temor", refiriéndose al decreto de 8 de abril en estas palabras: "Eso no es ley."

Decían los serviles que no era ley porque no se había emitido con previo informe del Gobierno; como si el poder Constituyente estuviera sometido a las miserables trabas de un reglamento secundario.

Además, el poder Ejecutivo le había puesto el cúmplase sin hacer observaciones, y se había publicado como ley.

El 11 de marzo, por la noche, cincuenta hombres armados entraron a Canalitos y volvieron a salir en la misma noche, llevándose a todos los hombres que podían ser aptos para la guerra.

La Gaceta dice que los vecinos de Canalitos fueron conducidos por la fuerza; pero ninguno se desertó, y esto prueba que la marcha era espontánea.

Los presbíteros don Juan Raull, cura de San Sebastián; don Nicolás Arellano, prioste de San Felipe; don Jesús María Gutiérrez, cura de Esquipulas; y algunos frailes de la Recolección, salieron, plenamente autorizados por el Gobierno, a diferentes pueblos para pacificar a los rebeldes, y los eclesiásticos regresaron sin haber obtenido ningún resultado favorable para el Gobierno de Carrera.

El Consejo de Ministros, con el fin de aquietar los ánimos, propuso al Consejo de Estado que se ocupara en formar un decreto sobre convocatoria a elecciones de diputados a una Asamblea Constituyente.

Se acordó celebrar espléndidamente el 19 de marzo de 1848, por el triunfo servil de 19 de marzo de 1840, para levantar el espíritu público, para tener el placer de ultrajar a los liberales y, especialmente, a Barrundia, que con la pluma en la mano entonces hirió a muerte a los reaccionarios.

El 19 de marzo hubo misa solemne, sermón y procesión; pero los sublevados no se calmaron.

En el Estado del Salvador se desaprobaba el empeño de los liberales de Guatemala porque se instalara una Asamblea Constituyente.

Allá se creía que la Asamblea sería dominada por Carrera y que no haría más que confirmar todos sus actos.

Vasconcelos estaba entonces animado por un verdadero interés patriótico. Quería la nacionalidad y pensaba que se obtendría, por medio de la caída de Carrera y la elevación en Guatemala del partido liberal.

Vasconcelos se puso en relación con muchos liberales guatemaltecos, quienes halagaron sus patrióticas esperanzas sin dejar de seguir procurando la reunión de la Asamblea.

El presbítero doctor don Isidro Menéndez, los jefes militares Barrios y Cabañas, y todos los liberales de primer orden del Salvador, estaban dispuestos a cooperar a la caída de Carrera, no solo por el odio que se tenía en el Salvador a un hombre que tanto daño había hecho a los salvadoreños, sino por ver tremolar la bandera nacional.

La escasez de víveres seguía, debida, según unos, a excesivas lluvias, y según otros, a monopolios y manejos privados, y los insurrectos no abandonaban las armas.

Una partida armada entró, una noche, a la casa del alcalde auxiliar del Naranjo y lo llevó preso, o, como se dice ahora, lo plagió.

El parte oficial dice que fue asesinado, sin expresar circunstancias.

El 21 de marzo, aniversario del gran decreto de República, una partida de sublevados, capitaneada por Toribio Elías, entró a la hacienda de los Guajes.

Buscaron inútilmente armas y elementos de guerra por todas partes, y se limitaron a extraer tres caballos.

La Gaceta del Gobierno dice que, por la noche, entraron a la casa de Andrés Álvarez, frente a los Guajes, y que ahí cometieron muchos excesos.

Esto es creíble, por más que sea el redactor de la Gaceta quien lo refiere.

Los jefes de la montaña eran hombres ignorantes e incultos, y sus tropas se componían de los mismos salvajes que habían combatido al lado de Carrera.

La guerra civil era de bárbaros contra bárbaros. Tal aspecto presentaba la infeliz Guatemala.

Algunos liberales creían poder regularizar a los salvajes y malhechores de las montañas y obtener, por medio de ellos, la caída de Carrera.

Muchos hombres pensadores no los seguían, porque juzgaban a los montañeses irregularizables y permanecían en la más completa inacción.

No se equivocaban. ¿Cómo han de querer una Constitución a los que no saben lo que es Constitución, ni lo que es ley?

¿¡Cómo han de querer buenas leyes de hacienda, los que no tienen la más remota noción de las ciencias económicas!?

¿¡Cómo han de querer regularidad en la administración, los que no tienen la menor noticia de que hay en el mundo una cosa que se llama Derecho administrativo!?

¿¡Cómo han de tener ejemplos dignos de imitar aquellos que no han abierto jamás un libro y que ignoran completamente lo que es historia!?

Al frente del partido Ministerial estaba un montañés inculto que se llamaba Rafael Carrera, con un séquito detestable, como Sotero Carrera, Manuel Figueroa, Jerónimo País, etc.

Al frente de la oposición armada estaban Pérez, Carrillo, Mauricio Ambrosio, León Raymundo, etc.

¡Pobre Guatemala!

¡Qué ejemplo para la juventud! ¿Qué escuela de virtudes cívicas, de honor y de gloria daban a los jóvenes ambas secciones beligerantes!

La persecución al joven que escribió "El Temor" lo hizo conocer en la montaña; y una tarde, con mil precauciones, se le presentó en la casa –donde se hallaba oculto– un emisario de Carrillo, y le pidió, a nombre de aquel jefe, una proclama, asegurándole que tenían donde imprimirla.

La persona a quien se buscaba, después de algunas preguntas al mensajero, cuyas respuestas no le dejaron duda de la autenticidad del encargo, redactó la proclama sobre las bases de justicia, de moralidad y de progreso.

Pocos días después apareció esa proclama con algunas adiciones incoherentes y con especies inaceptables y bárbaras.

Por fortuna no se supo quién había redactado la parte principal, pues se le habrían atribuido también las adiciones.

Entonces el redactor de "El Temor" formó este juicio: "No es posible entendernos con estos salvajes", y jamás volvió a tener contacto con ellos.

El Gobierno dictó el decreto siguiente:

"1.º Todos los que subministraren elementos de guerra ó cualquier otro auxilio a los sublevados, y los que les dieren avisos ó mantuvieren correspondencia con ellos, serán juzgados y castigados como culpables de rebelión a mano armada.

2.º Todos los que por cualesquiera medios fomenten la sublevación y publiquen escritos por la imprenta, que directa ó indirectamente exciten a los sublevados contra la autoridad ó contra la seguridad de los habitantes pacíficos de la República, ya sean naturales ó extranjeros, serán juzgados y castigados como culpables del mismo delito.

3.º Las causas de los que se hicieren reos de los delitos a que se refiere este decreto serán juzgadas conforme a la Ordenanza, por los Tribunales Militares.

Dado en el Palacio del Gobierno, en Guatemala, a cinco de abril de mil ochocientos cuarenta y ocho.

Rafael Carrera – El Secretario de Gobernación,

Luis Batres."

Carrera recorrió la montaña con una parte de la tropa de línea y regresó a Guatemala el 3 de abril.

El coronel Paredes quedaba interinamente en Jalapa, el general Lorenzana en Jutiapa y el coronel Valdez en Sanarate, al frente de fuerzas capaces de hacer respetar aquellos puestos.

Don Luis Batres, con el objeto de contestar a los cargos de severidad que al Gobierno se hacían, reprodujo el decreto dictado en tiempo de Gálvez, a 12 de junio de 1837.

Pero esa publicación no podía calmar a Barrundia, porque este decreto fue una de las resoluciones que con más vehemencia combatió, durante la infausta lucha del año de 37, entre ministeriales y opositores.

Tampoco podía ser un argumento contra el doctor Molina, quien pertenecía también al partido de la oposición.

El jefe Serapio Cruz tomó parte en favor de los insurrectos de la montaña, lo cual dio a la oposición armada un gran valimiento.

Cruz era un militar conocido, que inspiraba confianza a los hombres de bien, y tenía reputación por su constancia, su arrojo y valentía.

Era hermano del vicepresidente Vicente Cruz, hombre amable, bondadoso y simpático. Vicente Cruz, cuando ejerció el poder Ejecutivo por primera vez, llamó al Ministerio a los liberales.

La segunda vez que ejerció el poder Ejecutivo inspiró tal desconfianza a los serviles, que al instante llamaron a Carrera para que Cruz se retirara del mando.

Estando un hermano del vicepresidente en la insurrección, esta tomaba un poder y un valimiento imponentes.

No bastando las armas, los serviles volvieron a emplear al clero, y el padre Raull tuvo en las nubes inútiles conferencias con el jefe Serapio Cruz.

Los serviles atribuyeron la renuncia de Cruz a influencias de Barrundia y de Molina, y la existencia de estos dos distinguidos escritores guatemaltecos, quienes a la sazón combatían al Gobierno con la pluma, fue tan providencial como la del profeta Daniel en la cueva de los leones.

El coronel José Dolores Nufio, comandante de Zacapa, derrotó en el callejón de Guastatoya una partida acaudillada por Carrillo.

Los serviles exageraron el triunfo y enaltecieron a Nufio, dándole una importancia personal de la que carecía, y atribuyéndole dotes de las que se hallaba exhausto.

El jefe Manuel María Bolaños, en persecución de los sublevados, se atrevió a pasar el río de Paz, y sus fuerzas cometieron excesos en el territorio salvadoreño.

No podía Bolaños ignorar que el río de Paz es la línea divisoria, y en todo aquel Estado se consideró la conducta de este jefe como maliciosa y hostil.

Vasconcelos sabía que lo detestaba el partido servil aristocrático y aspiraba a su caída. La invasión de Bolaños le fue muy útil para levantar el espíritu público contra Carrera.

Los serviles dieron satisfacción al Salvador, porque, aunque lo habrían querido incendiar, las difíciles circunstancias en que se hallaban no daban lugar a que hicieran manifestaciones de odio.

Llegó a Guatemala la noticia de la caída de Luis Felipe. Cartas e impresos anunciaban el advenimiento de la República francesa.

Los serviles no pudieron ocultar este gran acontecimiento que conmovía a todo el Estado.

El canto de la Marsellesa y del himno de los jirondinos, que se había entonado en París, resonaba en los colegios, en la universidad, en los talleres, en los cuerpos militares y hasta en las altas regiones del poder Ejecutivo de Guatemala.

Todos los jóvenes estudiantes, todos los artesanos, todos los hombres sedientos de libertad se figuraban oír, al frente del palacio de los antiguos capitanes generales, las encantadoras palabras de la Marsellesa, y veían ya caer a pedazos, no el trono de Clodoveo, de Carlo Magno y de San Luis, sino la silla ensangrentada del guerrillero de Mataquescuintla.

Los nobles tuvieron necesidad de confirmar ellos mismos la noticia reproduciendo en la Gaceta un impreso de Nueva York.

Se hacían en Guatemala las más terribles comparaciones entre Luis Felipe de Orleans, hijo de Felipe Igualdad, que en la Convención votó por la muerte del tirano, y el salvaje bajo cuyas humillantes plantas tenían los nobles de Guatemala a todas las inteligencias del país.

Barrundia saludó la República francesa por medio de uno de los artículos más brillantes de su pluma. Comienza así:

"Salud a la Francia republicana.
Honor al pueblo francés.
Triple corona a la nación tres veces vencedora de los reyes".

Al mismo tiempo que estas conmovedoras noticias venían de Francia, el Consejo de Gobierno de Guatemala se ocupaba en amordazar la prensa, y El Álbum republicano tronaba contra esa medida.

Hasta el 28 de abril se habían publicado nueve números de ese importante periódico, que cada día tenía más circulación, más importancia y popularidad.

El Cónsul de Francia, Raymundo Baradére, se retiró, quedando interinamente en su lugar Mr. de Challaye.

El Gobierno, viendo el extraordinario efecto que producía en Guatemala la caída de Luis Felipe, se propuso desacreditar en la Gaceta la revolución francesa, y se citaban palabras fatídicas de los legitimistas, ocultando muchos pensamientos de los mismos legitimistas entre los cuales se hallan estas palabras de Chateaubriand:

"El mundo marcha a grandes pasos hacia la democracia. La Francia no es más que una república detenida por un Director. Desde David hasta nuestros días, reyes han sido los llamados; pero llega la hora en que las naciones sean las llamadas".

Al mismo tiempo que estas grandes cuestiones se ajitaban, la insurrección de los montañeses iba en escala ascendente. Ellos entraban a Guastatoya, y salían de ahí cuando les parecía más conveniente, dominaban los caminos entre Palencia y Jalapa y disponían a su antojo de la aldea de San José.

En el departamento de Escuintla se les veía en muchas aldeas, haciendas y caseríos, y ciertas medidas crueles no hacían más que exasperar los ánimos.

El Gobierno se hundía, bajo el peso inmenso de sus crímenes y su descrédito, y en aquellos momentos de desesperación dio un golpe digno del partido servil aristocrático.

Se lanzó, por medio de un esbirro de la nobleza —don Antonio Palomo Valdez— contra el venerable anciano doctor don Pedro Molina, quien fue conducido como un malhechor a las bóvedas del castillo.

Una partida de tropa se arrojó sobre la casa del señor don José Francisco Barrundia.

Barrundia estaba acostumbrado, desde el año de 11, a luchar con la tiranía; había calculado que de un momento a otro sería perseguido, y estaba listo para salvarse en la hora suprema, burlando a los esbirros, como un hábil torero burla los golpes bárbaros de la fiera que pretende destruirlo.

Barrundia oyó el ruido siniestro de los verdugos, y con toda calma les dio el último golpe, escribiendo estas palabras que aquel mismo día fueron impresas:

"MUERTE DE "EL ÁLBUM".
Necrología de sí mismo.

El Álbum ha exhalado ya en este número su último aliento. Apenas pudo expresar su gratitud y tributó al pueblo sus últimos respetos. Murió, como se ha visto, de muerte violenta en lucha desigual contra el despotismo. Pereció en la lid, no de consunción ni de miedo. Aparece ahora como un fantasma inesperado y sangriento. Están cumplidos los deseos de sus enemigos. Pero él puede alguna vez resucitar; y es sabido que toda resurrección es gloriosa. Al presente yace donde los buenos descansan y los malos dejan de perseguir. Extinguida su voz popular, queda al público el sempiterno dúo de la Revista y Gaceta que darán solos la ley y serán la exclusiva ilustración de Guatemala."

Fueron al castillo con el doctor Molina, el señor don José Mariano Vidaurre, y el impresor don Luciano Luna.

En la imprenta se recibió orden de que no solo no se publicara "El Álbum", sino que no se hiciera ninguna otra publicación, so pena de ir todos los impresores, como Luna, a las bóvedas del castillo.

El mismo día en que fue reducido a prisión el doctor Molina, la señora de Molina presentó al juez de 1.ª instancia el escrito siguiente:

"María Dolores Bedoya de Molina

Ante Ud., con el debido respeto, espongo: que a las cuatro de la tarde del día de hoy se presentó en la casa de mi habitación un oficial, a la cabeza de una partida de tropa, el cual preguntó por mi marido, el Dr. D. Pedro Molina, y dicho oficial intimó, en orden del comandante D. Antonio Palomo Valdez, que se diera por preso; como mi marido repusiese que se le exhibiera la orden, contestó el ejecutor que la orden era verbal; e incontinenti se lo llevó preso para el castillo que se dice de San José.

Es muy digno de notarse, Sr. Juez, que en la perpetración de este atentado se ha cometido, tanto por el autor de la orden arbitraria como por los ejecutores de ella, un doble crimen: 1.°, en dar orden verbal para la captura de un ciudadano pacífico, violando de esta manera la constitución y la ley de garantías; y 2.º, llevando al Dr. Molina al castillo, se ha infringido el artículo de la constitución que previene que a ninguno se pueda poner preso sino en las cárceles creadas por la ley. El castillo no es cárcel establecida por la ley, así es que en este concepto se ha cometido un doble atentado contra las garantías individuales.

Por tanto, a Ud., Sr. Juez, pido sea muy servido de librar el auto de exhibición correspondiente, a efecto de que sea restituido el Dr. D. Pedro Molina al pleno goce de los derechos que por las leyes le competen; y haber comparecido ante ese Tribunal el comandante D. A. Palomo Valdez para que dé cuenta de este arbitrario procedimiento. Es justicia lo que pido, jurando lo necesario".

-Dolores Bedoya.

Sin embargo, de la tiranía y del rudo despotismo, la familia de Molina tuvo valor para publicar en hoja suelta este pedimento y el auto del Juez de 1.ª instancia que dice así:

Matías Martínez, abogado de la Suprema Corte de Justicia y Juez de 1.ª instancia del Departamento de Guatemala.

A nombre de la República os mando a vos, Sr. Comandante Antonio Palomo Valdez, de cuya orden, según se dice, se halla en restricción el Sr. Dr. Pedro Molina, lo traigáis ante mí a las siete y media de la noche; manifestando por escrito la causa de detener a dicha persona; y exponiendo la autoridad que tenéis para hacerlo así, lo que cumpliréis bajo las graves penas impuestas por la ley contra los que desobedezcan este auto.

Dado en el Juzgado 1.º de 1.ª instancia de Guatemala, a las seis de la tarde del día diez de mayo de mil ochocientos cuarenta y ocho.

- Matías Martínez.
- Como testigo, Vicente Dardon.
- Como testigo, Manuel F. Beteta."

Palomo Valdez, como debía esperarse de un hombre de su escuela y de su imaginaria alcurnia aristocrática, se burló del auto.

No concurrió al llamamiento del Juez, como se le prevenía, y a eso de las ocho escribió lo siguiente:

"Señor Juez de 1.ª instancia:

El que suscribe, como jefe del Estado Mayor del ejército de la República, desempeñando accidentalmente la comandancia del departamento, si ha puesto en prisión al Señor Doctor Don Pedro Molina, ha sido en virtud de orden verbal que recibió del Excelentísimo Señor General Presidente de la República; como dicho Señor Molina está a disposición de su Excelencia, no puede presentarlo ante Ud.

Con lo expuesto, retorno su auto anterior.

Guatemala, mayo 10 de 1848.

Antonio Palomo Valdez.

Luis Felipe de Orleans caía por su empeño de mantener en el Ministerio a Mr. Guizot, al sabio publicista que se educó en la liberal Ginebra, patria del inmortal Rousseau; y Carrera no caía en Guatemala siendo un salvaje servido como rey absoluto, por esbirros como Palomo.

Un diputado nos dijo una noche en plena Asamblea, que hoy no se puede escribir la historia de estos sucesos, porque nos falta la imparcialidad.

Si se ocultan los documentos que se acaban de exhibir, como se han ocultado millares de documentos que hieren a muerte al partido reaccionario, es posible que la posteridad disculpe a los serviles.

Pero si estos documentos llegan a manos de las futuras generaciones, el juicio de ellas será más severo que nuestro juicio, porque tendrán más luz para juzgar, y no podrán comprender que en nuestros días haya existido una aristocracia tan torpe y corrompida que tantos crímenes cometiera.

Molína quedó preso. La familia acudió a la Corte de Justicia.

Los magistrados amaban mucho sus destinos y sus sueldos, y siguieron con mucho tino por la senda que ellos llamaban prudencia.

Aquellos hombres no tenían ni energía ni cálculo.

Si hubieran tenido cálculo, su mismo egoísmo les habría engrandecido. La revolución venía; separándose los magistrados todos, a la caída de Carrera habrían vuelto a sus sillas con honor, y cualquiera que escribiera la historia abriría para ellos una gloriosa página.

Aquellos jueces superiores no miraban lo futuro, y se estremecían ante Carrera y sus esbirros.

Todos estos atentados contra la libertad se hacían más notables por la elevada posición de dos víctimas.

Molína y Barrundia eran los personajes culminantes del partido liberal y todas las oposiciones los miraban como la estrella que guió a los magos.

Se perseguía a otros muchos individuos, aunque no con tanta tenacidad.

Entre estos se hallaba el doctor médico don Mariano Padilla, quien había escrito algunos artículos sin firma para "El Álbum republicano" y temía que los originales hubieran caído en manos de los esbirros.

El autor del anónimo "El Temor", que ya estaba olvidado, volvió a ser perseguido, porque la casualidad hizo que en aquellos días su anónimo y otros papeles que se le atribuían circularan aquí reimpresos en los diarios de México.

El 24 de mayo el Gobierno se resolvió a convocar una Asamblea para el 15 de agosto. El decreto dice así:

Art. 1.º – Se convoca a los pueblos de todos los departamentos para que nombren por elección directa diputados que formen el Cuerpo Representativo de la República.

Art. 2.º – Las elecciones se harán conforme a la ley reglamentaria de 5 de agosto de 1838, entendiéndose con las modificaciones absolutamente indispensables. En consecuencia, se circulará con este decreto un ejemplar de dicha ley, anotándose al pie de ella los artículos modificados.

Art. 3.º – El Cuerpo Representativo se compondrá de sesenta diputados, según la distribución de la tabla adjunta, que se tendrá como parte de este decreto. Se reunirá en esta ciudad el día 15 de agosto próximo, y los diputados electos estarán en ella el 1.º del mismo mes, para dar principio a las juntas preparatorias.

Art. 4.º – El presente decreto será publicado con solemnidad en todas las cabeceras y pueblos de los departamentos, y los Corregidores cuidarán de que los alcaldes y municipalidades le den puntual cumplimiento en la parte que les corresponde.

Dado en el Palacio del Gobierno, en Guatemala, a veinticuatro de mayo de mil ochocientos cuarenta y ocho.

RAFAEL CARRERA.

El Ministro de Gobernación, Luis Batres.

La tempestad atormentaba a determinados marinos políticos, que solo gustan de navegar en calma, sin escollos y a bordo de buques que no se hallan averiados.

Entre estos estaba el señor don José Mariano Rodríguez, Ministro de Relaciones Exteriores, quien puso su renuncia alegando enfermedad.

La renuncia fue admitida, y hubo un cambio en el Ministerio que arregló don Luis Batres.

Don José Nájera, que era Ministro de Hacienda, tomó la cartera de Relaciones Exteriores, y don Joaquín Durán fue llamado al Ministerio de Hacienda.

Nájera, hombre rico y, por consiguiente, buen diplomático, era uno de los primeros aristócratas y podía muy bien ser Ministro de Relaciones Exteriores, aunque con el auxilio inseparable del jefe de sección.

Durán era un lunar en aquel gabinete de nobles; pero tenía grandes méritos. Estos no eran el no necesitar jefe de sección para el desempeño de cualquier cartera, sino ser hermano del padre Durán y haber salvado a Carrera en mayo de 1840 en San Salvador y en febrero de 1845 en Guatemala.

6 – El redactor de la Gaceta del Gobierno, don José Milla, cumpliendo órdenes superiores, que siempre acató, no solo por un deber anexo a su destino, sino por ser quienes eran los hombres que las impartían, se empeñaba en desacreditar la revolución de Francia.

Tenía razón: los discursos de Lamartine, de Ledru-Rollin y de O. Barrot eran una acusación fulminante, no solo contra las grandes tiranías, sino contra las miserables tiranías.

Barrundia y Molina no podían hablar; pero hablaban los primeros oradores de Francia, y su eco conmovía el suelo que pisaban nuestros miserables tiranuelos.

La revolución de Francia que conmovió a la Italia, que produjo reformas en España, que obligó a dictarlas al parlamento inglés, que causó un sacudimiento en Hungría y dio esperanzas a la Polonia, que llevó hasta los oídos de los reyes y príncipes alemanes, el imponente rumor de las demandas de los pueblos, era combatida en Guatemala por el señor Milla y Vidaurre, en la Gaceta del Gobierno y la Revista de la Sociedad Económica, periódicos cada día más ridículos.

El cónsul de Francia hizo una reunión de franceses en su casa, y estos acordaron protestar contra los insultos que a la República francesa se hacían en la Gaceta del Gobierno.

La protesta se redactó.

En ella se exhiben las tendencias reaccionarias del partido servil aristocrático, y se ponen en evidencia sus maquinaciones miserables contra todo lo que es popular, progresista y liberal.

El cónsul presentó al Gobierno esa protesta, con una solicitud en que se le pedía que, en el próximo número de la Gaceta y en el primer frente de ella, se insertara en francés y en español la esperada protesta, y que, en caso de no hacerse así, cerraría sus relaciones con el Gobierno de Guatemala.

Cuando el cónsul Chatfield, solo y sin que lo auxiliara ningún inglés, ultrajaba al Salvador y a Nicaragua, los cónsules, según el partido servil aristocrático, eran dioses sobre la tierra.

Cuando el cónsul de Francia y todos los franceses reunidos que se hallaban en Guatemala pedían al Gobierno Batres-Carrera que diera satisfacción a la Francia republicana, vilmente ultrajada por Milla en sus reaccionarias publicaciones, los nobles decían que un cónsul es miserable basura.

Jamás se ha visto a don Luis Batres más irritado.

Su irritación la demostraba no tanto él, que sabía disimular y dominarse, como sus secuaces, entre los cuales figuraba el doctor Andreu.

Los redactores de "El Álbum" habían hablado en tesis general.

La exposición de los franceses era concreta.

Los redactores de "El Álbum" siempre tuvieron los miramientos que inspira una fuerza mayor desatendida y salvaje.

Los franceses procedían como quien nada teme, como quien puede decirlo todo, porque cuenta con un poderoso apoyo.

Entre los cargos que se le han hecho a Luis Felipe está el haber dejado ofender a la Francia por evitar cuestiones internacionales y guerras extranjeras; y los cañonazos que disparaba en Arjel se ha dicho que eran para desahogar allá el genio fogoso de los franceses.

En la protesta se amenaza al Gobierno Batres-Carrera y se dice que la política meticulosa ha caído con la dinastía de Julio.

El Gobierno de Guatemala contestó que no había hecho más que reproducir noticias que venían en periódicos extranjeros y que su intención no era hablar contra la Francia, sino contra el populacho francés.

El cónsul respondió: "En Francia no hay populacho;" y dijo que si a las doce no se había dado satisfacción a la República, cortaría el mástil de su bandera y arrancaría el escudo de sus armas.

Llamó operarios el 21 de junio y, con el reloj en la mano, esperó la hora citada; dada ésta, cayó el mástil, fue arrancado el escudo de armas y quedó incomunicado el Gobierno Batres-Carrera con el Gobierno republicano inaugurado en Francia al son de la Marsellesa y del Himno de los girondinos.

A pesar de estas severas lecciones, el Gobierno Batres-Carrera continuó publicando noticias de Francia, sin omitir los pronósticos más siniestros.

Don Luis Batres ofreció de nuevo el perdón y el olvido a los insurrectos que entregasen las armas, por medio de un decreto (Documento núm. 11).

Este decreto circuló acompañado de una pastoral del arzobispo en que abundan las citas comunes y triviales que, por repetirse tanto, son ya fastidiosísimas: del profeta rey, de Timoteo y de Tito, etc.

Se cita a trochemoche a la Providencia y se mandan rezar las oraciones "Pro Papa" y "Pro quacunque tribulatione".

¿Qué le sucedía al Papa?

¿En qué tribulación estaban los clérigos y los reaccionarios?

La revolución de Francia, que el infeliz Milla quería ahogar con su Gaceta y su Revista, conmovía a la Italia y preparaba el acontecimiento más grande y más glorioso del siglo XIX: la caída del poder temporal de los pontífices.

García Peláez hizo cantar a las monjas, rezar a todas las beatas, entonar por las calles las letanías de los santos a todos los colegiales y acudir a las iglesias a todos los fanáticos; pero no pudo impedir el movimiento universal, ni coartar las leyes del progreso, y hoy es el Quirinal la mansión de los reyes de la casa de Saboya.

Otra pastoral se publicó también contra los sublevados y contra los liberales.

Natural era esto. Si los nobles estaban en una tribulación por hallarse amenazado el poder temporal que usurparon los pontífices, no lo estaban menos por hallarse amenazado el poder que, por medio del salvaje Carrera, usurparon ellos el 13 de abril de 1839.

Muy justo era, pues, que en todas las iglesias y a toda hora se rezara la oración "Pro quacunque tribulatione".

Para los liberales era muy agradable ver en tribulaciones a los tiranos.

El Gobierno de don Luis Batres fluctuaba entre la clemencia y la furia.

Molina, Vidaurre y Luna salieron del castillo.

El autor del anónimo titulado "El Temor" llegó a envidiar la suerte de estos señores. Él decía:

"Si me hubiera dejado llevar al castillo, ya habría salido de sus bóvedas, y el haberlo evitado me obligaría a permanecer oculto por tiempo indefinido."

Varias veces intentó presentarse; pero un amigo, la única persona que con él trataba en aquellas circunstancias, el señor Álvaro, que tantas veces fue diputado en tiempo de Gálvez, lo disuadía diciéndole:

"Al doctor Molina lo han respetado por su edad y por sus antecedentes históricos; a Ud. lo ultrajarán personalmente. Barrundia y Molina han hablado en tesis general de leyes, de garantías, de soberanía nacional, y Ud. ha dicho a Carrera que es un asesino. Barrundia y Molina tienen muchos amigos, y Ud. está solo. Sus parientes son las personas que más lo combaten. Don José María Palomo, primo de Ud., acaba de dar una comida a don Antonio Palomo Valdez, obsequio que todos hemos interpretado como una manifestación de que su familia está en desacuerdo con Ud."

Estos argumentos parecieron incontestables a la persona a quien se dirigían, la cual se determinó a salir inmediatamente del país; pero una dificultad se le presentaba: no se había recibido y quería salir de Guatemala con el diploma de Abogado.

Don Luis Batres le había dicho que nada tenía que temer del Gobierno, sino de los militares, cuya vista debía evitar.

Esto equivalía a una orden de prisión, no en la cárcel ni en el castillo, sino en cualquier casa de la ciudad.

Bajo ese supuesto y contando con la cooperación de muchas personas que ya veían caídos a los serviles y ya calculaban en el poder a los perseguidos, hizo su recibimiento y salió de Guatemala con dirección al Salvador el 24 de junio, en unión del doctor don Mariano Padilla.

La recepción que en el Salvador se hizo a esas dos personas formaba un verdadero contraste con el trato que se les daba en su país natal.

Padilla había estado otras veces en el Salvador y era ventajosamente conocido.

Montúfar era, en cierta medida, también conocido, por una serie de artículos sobre jurisprudencia escritos en Guatemala y publicados en la Gaceta del Salvador, por un pequeño libro sobre prelación de acreedores que había publicado, y que malignamente se ha atribuido a otras plumas, y por el ruidoso pleito de doña María Josefa Retes de Bustamante contra poseedores de casas valiosas a quienes Montúfar defendía últimamente, teniendo por contraparte al doctor Andreu.

El claustro de la Universidad de San Salvador era entonces una asamblea compuesta de todos los doctores, licenciados en todas las facultades y de los bachilleres en ciencias mayores.

Aquella asamblea acordó que Montúfar quedara incorporado, sin necesidad de examen, en la facultad de jurisprudencia.

El que haya experimentado, o comprenda, aunque no lo haya experimentado, lo que lacera el corazón, los desaires, los ultrajes y la malevolencia, comprenderá también el placer que Montúfar tenía en otro teatro, rodeado de otros hombres y recibiendo atenciones en vez de ultrajes.

El 29 de junio, Carrera tuvo un encuentro en la Gavía con una partida de sublevados, cuyo número no indica el parte respectivo y, después de algunas horas de combate, fueron derrotados.

Al lado de Carrera estaban los capitanes José Víctor Zavala, Rafael Castro, Joaquín Solares y José María Rivera Cabezas; los tenientes Calixto Romero, Rafael Roldán y Pedro Cividanes; y los subtenientes León Díaz y Enrique Pauleta.

Figuraba como cirujano el joven Licenciado Miguel Valdez y Zepeda.

Llama la atención el ver al lado de Carrera a José María Rivera Cabezas, hijo de don Antonio Rivera Cabezas, ciudadano que tanto había figurado en el partido liberal y a quien los serviles tanto habían ultrajado.

El triunfo de la Gavia fue más aparente que sólido. Los dispersos ahí se volvieron a unir, y el 8 de julio el general José Clara Lorenzana salió de esta capital a contener la insurrección, al frente de una fuerza considerable.

El 9 de julio Victoriano Arriaza y Julián García se hallaban en San Agustín Casaguastlán; fueron sorprendidos y derrotados por el teniente coronel Valdez.

Serapio Cruz se hallaba con 180 hombres en San Juan Zacatepequez, número que confiesa la Gaceta; de ahí pasó al valle de Saltan aumentando su fuerza y de ahí a Chichicastenango, donde la aumentó todavía más.

Una gran dificultad se presentaba a los liberales de Guatemala. Esta dificultad no impidió que triunfaran; pero produjo su pronta caída: la independencia de los Altos.

El Gobierno del Salvador quería la caída de Carrera, no por tener el gusto de verlo caer, sino para formar la Unión centroamericana.

Aquel Gobierno pensaba que, para establecer una federación sólida, era preciso que reapareciera el Estado de los Altos.Cuando al doctor Padilla se le hablaba en San Salvador de ese reaparecimiento, se disgustaba, aunque pretendía disimular su disgusto.

Montúfar aspiraba a la caída de Carrera y a la Unidad centroamericana, ya fuera con cinco o con seis Estados, y decía a Padilla: "formada la nacionalidad, nuestra patria no será Guatemala ni San Salvador, será Centroamérica, y nos importa muy poco el número de Estados que esta patria tenga."

El Gobierno del Salvador atrajo a los Cruces hacia el pensamiento de proteger el Estado de los Altos.

Estos señores acogieron la idea, no porque la adoptaran sinceramente, sino porque deseaban ser protejidos por los salvadoreños, reservándose in pectore el derecho de hacer después lo que más les conviniera.

Esto era ya un anuncio de que a la caída de Carrera vendría la división y, con ella, el caos.

Los serviles comprendían, en aquellos momentos aflictivos para ellos, que la independencia de los Altos, o al menos los esfuerzos de algunos por obtenerla, serían un poderoso elemento de discordia entre los liberales, y los mismos serviles provocaban lo que se ha llamado libertad de los Altos. (Documento núm. 12.)

En aquellos días la imprenta de don Luciano Luna se trasladó a Santa Ana y estaba públicamente al servicio de la insurrección.

Algunos jóvenes de Guatemala hacían publicaciones en la imprenta de Luna.

Era un verdadero contraste el que formaban las hojas volantes que salían de la imprenta de Santa Ana.

En ellas se citaban hechos gloriosos de la historia de Grecia y de Roma, y firmaba unas veces Agustín Pérez, otras Francisco Carrillo.

Los papeles se suponían escritos ya en Jutiapa, ya en Jalapa, ya en Sansur, ya en San Guayabá, ya en Sampaquisoi, donde no se sabe lo que fue la Grecia, ni lo que ha sido ni es Roma.

En muchos de esos papeles figuraba, como parte del gran programa de revolución, la independencia de los Altos, sin más fin que el de excitar simpatías en el Gobierno del Salvador, reservándose los autores el derecho de resolver lo que mejor les conviniera sobre el asunto, después de haber obtenido un triunfo completo contra Carrera.

Los liberales de Guatemala pedían auxilio a Vasconcelos y, a nombre de aquel jefe, se les contestaba: "Procuren Udes. que los Altos se hagan independientes y que pidan auxilio a los Estados hermanos."

Muy siniestras interpretaciones se han dado a esta política del Presidente Vasconcelos; pero el que se despoje por un momento de ideas lugareñas y de espíritu de localismo, no verá un crimen en el reaparecimiento de la bandera de la patria, cualquiera que sea el número de Estados sobre el cual descanse su glorioso mástil.

Vasconcelos, sin embargo, se equivocaba en el momento, en la hora, en la oportunidad de promover esta cuestión.

En Guatemala había una gran opinión contra Carrera; pero no había una gran opinión en favor de la independencia de los Altos, y puede asegurarse que la gran mayoría de los guatemaltecos estaba contra ella.

Presentarla entonces como un programa de revolución contra Carrera equivalía a dar auxilio a un Gobierno agonizante, a inspirar descontianzas contra los liberales y a prestar apoyo a los reaccionarios.

Serapio Cruz se dirigió a Quetzaltenango, haciéndose anunciar como protector de la independencia de aquellos pueblos, y, después de algunas vacilaciones —porque todos los quetzaltecos conservaban en el corazón y en la memoria las iniquidades que en los Altos cometió Carrera el año de 40— las fuerzas del general Cruz entraron en triunfo a Quetzaltenango.

Cruz marchaba al frente de fuerzas que él, y sus hermanos habían regularizado, y no se infirió ninguna ofensa a los empleados que Carrera tenía en los Altos.

En transportes de alegría se hallaban los quetzaltecos el 10 de julio de 1848 con motivo del reaparecimiento del Estado cuando se anunció que Carrera marchaba contra Quetzaltenango con fuerzas considerables.

Se suplicó a Cruz que no se diera ninguna acción en poblaciones de los Altos.

Aquel jefe salió con sus fuerzas al encuentro de Carrera y le hizo frente en los llanos de Patzum donde hubo un reñido combate cuyos detalles, bajo el punto de vista de los intereses de Carrera, nos da el parte siguiente:

"Parte oficial – División de operaciones – Al Sr. Ministro de Hacienda y Guerra del Supremo Gobierno – Cuartel general en marcha, Patzum, julio 16 de 1848.

Aunque hace dos días que dí a Ust. el parte de la acción que en el mismo momento casi acabábamos de tener con los facciosos, en las inmediaciones de este pueblo; sin embargo, como la premura del tiempo no me permitió entonces darlo con los detalles con que debiera haberlo hecho, el Exmo. Sr. Presidente me ordena ahora lo ponga con todos los pormenores, que son los siguientes.

El 14 del corriente, a las seis de la mañana, levantamos el campo de este pueblo, y salimos al camino que va a San Andrés como a una legua de distancia, a situar nuestra pequeña fuerza en la cuesta, y la piezecita de artillería en el punto más ventajoso. Pocos minutos después de que estábamos en el punto elegido, comenzamos a ver las fuerzas enemigas bajando al trote la cuesta de Godínez. Al verlas, nuestros soldados se llenaron de entusiasmo, y ardían de impaciencia porque llegara el momento de la pelea. Llegó por fin el instante tan deseado, y se emprendió una lucha encarnizada, que duró desde las nueve de la mañana hasta la una del día, en cuyo espacio de tiempo la victoria anduvo fluctuando, sin saber por cuál de las fuerzas decidirse, pues después de haber envuelto a los facciosos a una partida de veinticinco hombres, que, a las órdenes del capitán Rivera Cabezas, cubría la izquierda del camino, se introdujo un desorden y una confusión terrible en la tropa.

En este momento fue cuando el Exmo. Sr. Presidente se metió en medio del enemigo, y escapó de una manera verdaderamente milagrosa, pues uno de los facciosos que lo conoció gritó: "Aquí está Carrera," y le tiró un tiro a quemarropa, que le quemó el pelo, la levita y la corbata, haciéndole una ligera herida en el cuello.

El desorden se aumentó más y más, al ver las fuerzas enemigas en número considerable introduciéndose por un punto por donde no lo esperábamos. Vanos fueron ya entonces los esfuerzos del Exmo. Sr. Presidente, ni los nuestros, para contener la tropa, que, a pesar de los ruegos y del rigor, perdió cerca de una legua de terreno, abandonando la piezecita de artillería y un cajón de parque; pero por fortuna, en el momento mismo en que ya contábamos la acción por perdida, llegó a reforzarnos el teniente coronel Pivaral con ciento y cincuenta hombres de Santa Rosa, y este auxilio produjo el efecto quedebía, volviendo a nuestros soldados el ánimo que habían perdido, y obligando a los facciosos a cedernos otra vez el terreno que habíamos perdido, y el cañoncito del que se habían apoderado.

Estuvo la lucha por segunda vez en la indecisión durante media hora; pero, cargando los facciosos desesperadamente, y en masa sobre nuestra reducida y sofocada tropa, vimos a ésta otra vez perder terreno, en mayor espacio que la primera, y en un desorden y una dispersión terribles.

Esa vez nos obligó el enemigo a retroceder hasta muy cerca del pueblo, contando ya los facciosos con la victoria como segura; mas, por segunda vez, la suerte nos protejió, porque los capitanes Zavala y

Solares, que con cincuenta hombres cada uno estaban encargados de impedir el paso de un estravío, al ver así comprometidos al Exmo. Sr. Presidente y al grueso de nuestra pequeña división, volaron con sus soldados al lugar del peligro, y llegaron a tiempo de poder impedir la fuga de los nuestros y a disminuir el impulso de los facciosos.

Ese otro auxilio inesperado volvió otra vez la vida a nuestros soldados, y, cargando ellos a su turno con la intrepidez con que siempre lo han sabido hacer, pusieron al enemigo en la necesidad de cedernos, aunque palmo a palmo, no solo el terreno perdido, sino mucha parte del campo que ellos ocupaban antes de comenzar la acción, tomando por supuesto por segunda vez posesión de nuestra piezecita dos veces abandonada.

Después de una hora larga de este cambio de escena, el desorden y la confusión, que por dos veces se había apoderado de las fuerzas del Supremo Gobierno, se adhirieron de tal manera al enemigo que, sin atender ya a la grandísima ventaja que en el número tenían sobre nosotros, se pusieron en una precipitadísima fuga, en la cual los persiguió el Exmo. Sr. Presidente con sus edecanes, algunos oficiales, y unos pocos soldados, por espacio de cerca de dos leguas."

La pérdida total del enemigo, según aparece hasta ahora, es de más de ochenta muertos, sin contar los muchos que debe haber en los barrancos, que hay en ambos lados del camino, a cuyo fondo no se ha podido bajar por ser cortados casi a tajo. Los heridos que llevaron consigo los facciosos fueron muchísimos, lo que no solo era fácil de calcularse por la sangre que en tanta abundancia había en el camino, sino por haberlos declarado asilos prisioneros. El número de estos es de treinta y siete, entre los cuales hay muchos de los más malos de la montaña; y en este momento acabamos de saber que en los pueblos de indígenas han capturado muchos. Hemos tomado doscientos veintidós fusiles, multitud de bayonetas, fornituras, parque, cuarenta caballos, muchísimos sables, etc.

La pérdida nuestra es la siguiente: muertos, el capitán Gregorio Reyes Monzón, el teniente Mariano Blanco, el subteniente Enrique Pouleta; los soldados de infantería: Gregorio Rubino, Luis López, Yanuario Salazar, Santiago López, Cayetano Contreras, Romualdo Rueda, Manuel Arroyo, Quirino Castellanos, Estanislao Herrera, Alejo Dones; de caballería: Francisco de León, Calisto Reyes, Ciríaco

Rodas, Carlos Hernández y Mariano Gálvez. El número de nuestros heridos es de quince, entre los cuales están los señores oficiales de que hablé a Us. en el primer parte.

Estos son, Sr. Ministro, los pormenores exactos de la feliz jornada de 14 del corriente, jornada que probablemente habrá puesto un término a la facción de la montaña.

Sírvase Us. elevarlo a su conocimiento y admitir las protestas respetuosas con que me suscribo, su atento servidor – José D. Nufio.

No obstante este triunfo, Carrera no pudo sojuzgar a Quetzaltenango y aquellos pueblos quedaron por entonces libres de su Gobierno.

La debilidad en que Carrera quedaba después de la acción de Patzum coincidía con los repetidos triunfos que al partido liberal daban las urnas electorales.

Se hacían elecciones de diputados a la Asamblea Constituyente que debía instalarse el 15 de agosto, y a pesar de los grandes esfuerzos del Gobierno, los jefes de la oposición fueron electos diputados, y otros muchos que, sin ser jefes, pertenecían decididamente a la causa de los libres.

Sin embargo, el Gobierno ganó muchas elecciones y los más acérimos reaccionarios fueron también diputados.

El primero de agosto, don José Dolores Nufio, se pronunció contra Carrera en Chiquimula y dirigió al Gobierno la nota siguiente:

"Gobierno político-militar de este Departamento. – Señor Ministro de Hacienda y Guerra del Supremo Gobierno de la República – Chiquimula, Agosto 1.º de 1848. – Cansados estos pueblos de sufrir el peso de la guerra que el Gobierno inconsidcradamente ha hecho gravitar sobre este Departamento, más que sobre ningún otro: deseosos así mismo de disfrutar los bienes que produce la paz, alterada por la oposición que con tanta justicia han hecho y aún hacen los pueblos del distrito de Mita al Gobierno absoluto del General Carrera; hemos secundado el heroico paso dado por nuestros compatriotas de los Altos, pronunciándonos el día de ayer, apoyados en los principios de regularidad y orden consignados en el acta de la materia, cuya copia tengo la honra de acompañar. Por ella he sido nombrado jefe político y militar del departamento, y en este concepto debo manifestar al Gobierno, que si bien estoy decidido a sostener el pronunciamiento indicado, con todas las fuerzas de mi mando y a marchar lo más pronto posible para esa capital a ponerme bajo la protección y las órdenes inmediatas de la Representación Nacional, conforme está acordado, no lo estoy menos a sostener el orden y garantizar las propiedades de los honrados y pacíficos habitantes de la República. – Sírvase Us. elevarlo a su conocimiento y admitir las protestas respetuosas con que me suscribo, su atento servidor – José D. Nufio."

La Municipalidad y vecindario celebraron aquel día el acta que se halla al fin de este capítulo. (Documento núm. 13.)

Al pronunciamiento de Chiquimula se agregaba el apoyo que a Nufio daba el Presidente Vasconcelos.

Los señores Francisco Dueñas y Nicolás Angulo hicieron con Nufio en Chiquimula el convenio siguiente:

"Reunidos los Comisionados del Estado del Salvador, Sres. Licenciado Francisco Dueñas y General de División D. Nicolás Angulo, competentemente autorizados por su Gobierno, y el Sr. Coronel D. José Dolores Nufio, Corregidor y Comandante Gral. del Departamento y ampliamente facultado por todos los pueblos de su mando, para tratar con los demás Gobiernos de Centroamérica, con el objeto de conferenciar, arreglar y convenir en varios puntos relativos a la causa de su pronunciamiento de 31 de julio próximo pasado, objeto y resultados que deben esperarse de este paso, y de los que en adelante se dieren.

Considerando: que el estado actual de cosas no puede ser duradero, mientras no se reorganice la República, tenga un Gobierno general que la represente, le dé respetabilidad en el exterior, y la paz en el interior: que este es, y ha sido el objeto constante de todos los buenos centroamericanos y el fin a que aspiran los pueblos pronunciados, según lo han manifestado en su proclama del mes de abril último, y que para conseguir este objeto es necesario previamente organizar en Guatemala un Gobierno que, coincidiendo con la mayoría del Estado en sentimientos, pueda llevar al cabo este grande objeto, hemos convenido en los artículos siguientes."

Art. 1.° Debiendo marchar las fuerzas de este Departamento sobre la Capital, tan luego como esta sea ocupada, o antes si las circunstancias lo exijiesen, se organizará un Gobierno provisorio, cuyo nombramiento deberá recaer en persona de conocido patriotismo; que sea hijo del Estado de Guatemala, y que haya prestado servicios importantes a la causa de los libres.

Art. 2.° Si el nombrado, bajo las bases que comprende el artículo anterior, necesitase auxilios para su conservación y existencia, el Gobierno del Salvador se compromete a darle todo lo que las circunstancias exijan.

Art. 3.° Al posesionarse de la Capital de Guatemala, las tropas de Chiquimula proclamarán la organización de la República de Centroamérica y la reaparición del Estado de los Altos, si aquellos pueblos no lo resisten.

Art. 4.° Se excitará lo más pronto posible a los Estados de Honduras, Nicaragua y Costa Rica, con el fin de que se unan y cooperen al establecimiento de un Gobierno Nacional; pero si se negasen, ya sea directa o indirectamente, o de alguna manera retardasen este paso, los Estados de Guatemala, los Altos y el Salvador formarán por sí solos una República bajo los principios de un Gobierno popular representativo.

Art. 5.° El Gobierno del Salvador se compromete a impedir todo acto de la hostilidad que quieran cometer contra Chiquimula, bien sean fuerzas del interior o extranjeras.

Art. 6.° Las partes contratantes, y particularmente las de Chiquimula, se comprometen a interponer su influjo y valimiento, a fin de que los demás pueblos y fuerzas pronunciadas, y los que en adelante se pronuncien, secunden los puntos que quedan establecidos en este tratado.

– Francisco Dueñas – Nicolás Angulo – J. D. Nufio.

La parte expositiva es brillante; el objeto es grande, el fin es digno de la América y del siglo en que vivimos; pero el artículo 3.° es altamente imprudente, dados los diferentes matices de que se componía el partido liberal.

¿Creía Vasconcelos, porque algunas personas le decían de buena fe y con toda sinceridad, que para ellos lo mismo eran cinco que seis Estados con tal que reapareciera la nación, que este sería el juicio de todos los liberales de Guatemala?

¿Podría esconderse a la penetración de Vasconcelos que, si todos le pedían recursos contra Carrera, ofreciéndole en cambio de esos recursos llevar adelante el programa político que él dictase, no todos tenían las cualidades que son indispensables para llevar adelante, después de un triunfo, un programa que su sentido íntimo condena?

A Dueñas le importaba poco Vasconcelos, su política y sus ideas. Lo que Dueñas quería, entonces, era subir al poder, cualquiera que fuera la escala de su ascensión.

Angulo era un jefe militar, leal servidor de la causa liberal; era, además, un hombre de talento; pero no conocía bien a ciertos políticos de Guatemala, y, juzgándolos a todos por él mismo, creía que el miserable espíritu lugareño y los deseos de raquíticas dominaciones desaparecerían ante el gran pensamiento de la unidad de la patria.

Nufio era un hombre incapaz de comprender la extensión de los compromisos que contraía. Dio su nombre al pronunciamiento porque muchas personas que entonces lo manejaban como a un niño lo lanzaron a la revolución.

Nufio era incapaz de coordinar los pensamientos políticos; no tenía escuela militar, ni arrojo, ni valor.

Se colocaba entonces al frente de la situación porque los acontecimientos lo llevaban, y él no hacía más que dejarse ir.

Sin embargo, el nombre de Nufio llenaba entonces todo el Estado, y las firmas del acta de Chiquimula demostraron al Gobierno que no le era posible sostenerse.

Don Luis Batres confiaba en el jefe Mariano Paredes, que había colocado en Chiquimula, como una columna reaccionaria, y Paredes traicionaba al Gobierno que en Chiquimula lo tenía empleado.

Paredes, por razón de su empleo y del sistema de asesorías, había tenido inmediato contacto con el licenciado don Luis Molina, hijo del doctor Molina; ese señor Paredes era medio hermano natural del licenciado don Manuel Zeron, joven inteligente, que odiaba a Carrera, que aspiraba a su caída y que se hallaba unido en política de la manera más absoluta a los Molinas. Estos elementos combinados produjeron la aquiescencia de Paredes.

Él no quiso dar su nombre, tal vez porque así se le había aconsejado; pero lo sabía todo y no impedía nada.

El 1.º de agosto estuvo preso; pero la prisión fue un convenio para que no todos vieran sobre su frente la infamia de una traición.

Si el señor Paredes creía justo y debido combatir a Carrera, debió antes renunciar a su empleo y su sueldo, para presentarse con dignidad en las filas de la oposición.

Pero era un hombre inculto, y su infeliz cabeza no podía comprender lo que es honor ni lo que es gloria.

Don Luis Batres, viendo que estaba vencido, dio a la política un giro que nada hubiera tenido que tacharle Maquivelo; preparó los acontecimientos de manera que se instalara la Asamblea, que Carrera renunciara, y que, como la cosa más natural del mundo, se operara un cambio incruento.

Batres confiaba en que los diferentes matices de que se formaba el partido liberal producirían pronto un choque, cuyas consecuencias fuera el caos y la vuelta de Carrera.

Don Antonio Palomo Valdez, esbirro a quien se imputaban los asesinatos que denunció "El Temor", condujo el 10 de mayo a las bóvedas del Castillo al doctor Molina, a Vidaurre y a Luna; y el 4 de agosto perpetró otro crimen de los más execrables, a los ojos de los hombres que creen en la soberanía del pueblo, en la representación nacional, en la justicia y en el derecho.

Las juntas preparatorias a la Asamblea Constituyente habían comenzado; don Manuel Pineda de Mont era representante por Escuintla, e investido de la inviolabilidad parlamentaria se hallaba, el 4 de agosto, en junta legalmente organizada.

Don Antonio Palomo Valdez entró al edificio de la Universidad, donde la junta se hallaba, agarró al diputado Pineda de Mont, y arrastrándolo lo condujo a las bóvedas del Castillo.

Se asegura que no puede escribirse la historia contemporánea por falta de imparcialidad.

Es al contrario: cuando viven los actores, o sus parientes inmediatos, deben consignarse los hechos, a fin de que las personas más interesadas en que la verdad se depure, rectifiquen las narraciones.

Digan algunos sobrinos de don Antonio Palomo Valdez, que tanto increpan al autor de estos libros, si es falso lo que acerca de su tío se dice.

Si es falso, comprueben la falsedad.

Si es cierto, doblen humildemente la cabeza ante verdades que tan negras sombras arrojan sobre sus pretendidos blasones.

La Junta preparatoria nombró una comisión, compuesta de los representantes Arriaga, Arrivillaga y Urruela, la cual emitió un dictamen muy severo contra Palomo Valdez. (Documento núm. 14.)

Este dictamen fue aprobado y se dirigió al Gobierno una nota con inserción del mismo dictamen. (Documento núm. 15.)

El señor Nájera, Ministro de Relaciones, se hallaba ausente.

Don Joaquín Durán, Ministro de Hacienda y Guerra, contestó la nota en términos harto severos contra el aristócrata agresor. (Documento núm. 16).

No obstante que Durán dice que se ha dado orden para que se ponga en libertad a don Manuel Pineda de Mont, sin perjuicio de hacer que se proceda a la averiguación legal de todos los hechos que la Junta preparatoria indicaba, don Antonio Palomo Valdez quedó impune.

Era Presidente Carrera.

Eran ministros Nájera, Batres y Durán.

Había delinquido un pretendido noble y esto era bastante para asegurar la impunidad del reo.

Sin embargo, los mismos serviles juzgaban la conducta de Palomo Valdez tan punible que no querían aparecer cómplices.

Bien lo prueba el dictamen de Arriaga, Arrivillaga y Urruela.

Bien lo prueba la aprobación que a ese dictamen dio toda la Junta preparatoria.

Bien lo prueba la nota de don Joaquín Durán dirigida a la misma Junta.

Bien lo prueba la libertad que en el momento se mandó dar al representante ultrajado.

Pineda de Mont salió del Castillo y volvió a las juntas preparatorias, conducido por sus amigos, y casi obligado por ellos, porque en todas partes creía ver la figura de don Antonio Palomo Valdez.

Era tal el terror que le inspiraba la tiranía, que después de la renuncia de Carrera, Pineda, imaginándose de nuevo en las garras de Palomo, publicó un papel en que dice que no es rencoroso, que olvida el hecho y que desea que no se vuelva a hablar del asunto. (Documento núm. 17)

El 5 de agosto, Carrera publicó una proclama.

En ella se encuentran cláusulas que se creían de absoluta necesidad e indispensables en todas las proclamas y los partes oficiales de aquel tiempo.

Estas cláusulas, en documentos de ese género, parecían a sus autores tan indispensables como a un tinterillo en sus escritos lo siguiente: "Ante U. parezco y digo."

Las cláusulas de las proclamas y partes de entonces eran estas:

"Con la protección de la Divina Providencia que siempre vela por nosotros."

"Con el arrojo y valor de nuestros soldados."

"Con la intrepidéz de nuestros bravos capitanes."

"Con la bizarría de nuestros jefes."

"El enemigo huyó vergonzosamente."

"Los facciosos corrieron despavoridos."

Pero en la proclama de 5 de agosto hay palabras que no componen cláusulas de molde.

Hay palabras que contienen serias verdades arrancadas por la necesidad. He aquí:

"GUATEMALTECOS: está próximo el término de mi carrera pública. El mismo día que se halle reunido el Cuerpo de representantes, mi nombre cesará de ser ocasión de desgracias. Ese día termina mi deber de sostener una lucha fratricida. El sosiego y quietud de los pueblos; la seguridad de las personas y de las propiedades; el bienestar de las gentes honradas y pacíficas de las poblaciones y de los campos, y la conservación de esta hermosa ciudad, estaban a mi cargo y he debido defenderlas. El día que yo sea relevado del Gobierno, subsistirá el deber de conservar estos intereses sagrados de la sociedad; pero no podrá ya decirse que se combate por sostener a un hombre. A vosotros tocará entonces la noble empresa de salvar la República".

El público estaba acostumbrado a ver falsedades en los documentos oficiales.

Siempre que había algún trastorno, la Gaceta publicaba un artículo con este encabezamiento: "Tranquilidad pública."

Siempre que había un asalto en despoblado se publicaba: "Seguridad en los caminos".

Siempre que se vejaba a alguien o se fusilaba a alguno, sin oírlo y sin juzgarlo, hablaba la Gaceta del orden, del concierto y del decoro.

Acostumbrado el público a tantas falsedades, y a tantos embustes, vio con asombro en la proclama de 5 de agosto, pensamientos verdaderos, según lo hacía creer todo lo que a Carrera rodeaba, y promesas que la situación del país demostraba que serían cumplidas.

El programa de don Luis Batres era ya bien claro.

El célebre Ministro de Carrera, no se proponía ya ocultar el movimiento general, ni presentar obstáculos a la reunión de la Asamblea Constituyente.

En la Gaceta de 10 de agosto aparece una nota del montañés Francisco Carrillo en que, a nombre de los pueblos, protesta contra la tiranía de Carrera y asegura que estará a las órdenes de la Asamblea Constituyente en el momento en que se instale.

Carrillo pide canje de prisioneros y el Gobierno lo otorga enviando libres a Manuel Delgado, Cecilio Jimenes, Laureano Lorenzo, y Pedro Valiente.

Carrillo cumplió enviando los prisioneros que tenía.

Del caos parece que salía la regularidad.

Se esperaba la aparición de la Asamblea, ante la cual los montañeses prometían inclinar la frente.

Carrera aseguraba que al reunirse el Cuerpo Legislativo entregaría el mando y la oposición tenía datos ciertos para creerlo.

Se sabía que don Luis Batres preparaba un gran mensaje, que se corregía diariamente y se pulía una y otra vez.

La Gaceta del Gobierno había dicho: "Es el mayor ridículo de la revolución la existencia de papeles en que se habla de Marco Tulio Cicerón, de Julio César, de Bruto y Casio, firmados por Agustín Pérez, por Roberto Reyes, por Mauricio Ambrocio o por Francisco Carrillo y datadas en Sampaquiso o en San Guayabá".

Don Luis Batres tenía razón.

Pero el mismo contraste exactamente presenta la firma de Carrera en el mensaje que con mucho cálculo, y pulimento, se preparaba.

Carrera no era un Fernando VII, quien un día leyó en las Cortes un mensaje que escribieron sus Ministros y, después de la lectura, dijo: "Esto no lo digo yo; esto me lo han puesto en las manos para que lo lea; ahora vais a ver lo que yo digo". Sacó un papel de la faltriquera, y leyó una gran diatriba contra sus ministros.

Carrera dócil y sumiso estaba dispuesto, no a leer el mensaje, porque no sabía leer, sino a enviarlo a su nombre, y como cosa suya al Cuerpo Legislativo.

No todos los diputados eran liberales.

Contaban los serviles con algunos representantes de su círculo, como el doctor Andren, don José Mariano Rodríguez, don Pedro Nolasco Arriaga y otros.

Había diputados que siempre habían pertenecido al partido reaccionario y que, viendo a la oposición triunfante, adhirieron a ella y fueron electos con la cooperación de los verdaderos progresistas.

¿Cómo se explica el cambio de esas personas?

Puede interpretarse así: eran hombres que, para sus negocios pecuniarios, les convenía estar bien con todos los gobiernos, y pasaban de un partido a otro sobre un plano inclinado, con la misma facilidad con que en ciertos muelles se embarcan los fardos.

Puede interpretarse su conducta de este otro modo: estaban de acuerdo con los jefes del partido servil; en combinación con estos se fingían liberales para ser electos diputados y para que la reacción tuviera en la Asamblea, no siempre sus votos, pues entonces se hubiera comprendido la trama, sino en momentos solemnes y decisivos.

Lo cierto es que esos diputados parecían que apoyaban a los liberales mientras que los creyeron fuertes y, cuando estaban débiles, contribuyeron a su ruina y volvieron a presentarse, figurando en primera línea en las filas reaccionarias.

He aquí una gran lección que no deben olvidar los gobiernos progresistas.

Tratábase ya en el público, de la persona que debía suceder a Carrera.

Muchos creían que sería electo presidente don José Francisco Barrundia; otros pensaban que se llamaría al poder al vicepresidente Vicente Cruz, porque cuando ejerció el poder Ejecutivo por primera vez se apoyó en el partido liberal; porque cuando lo ejerció por segunda vez produjo tal temor a los serviles que al instante lo retiraron llamando a Carrera; porque Serapio Cruz se había colocado al frente de la insurrección; porque los Cruces habían legitimado el movimiento de la montaña, dando a los insurrectos, ante la sociedad y ante la ley, el carácter de beligerantes, y porque no debía esperarse que aquellos jefes derramaran su propia sangre en el campo de batalla, atendidos los sentimientos del corazón humano, por el gusto de ver en la primera silla del Ejecutivo a una persona más o menos adicta a ellos.

Creíase que Vicente Cruz subiría al poder, porque no era político desairar a una familia a quien tanto debía la revolución, ni menos lanzarla por un desaire en las filas de la oposición, y tener enemigos influyentes y poderosos desde el día de la inauguración del nuevo gobierno.

Se hacían preparativos para la solemne instalación de la Asamblea y la persona que debía ejercer el poder Ejecutivo era un problema.

Al doctor Molina se le tachaba por ser anciano y a su hijo Luis por ser joven.

Hubo explicaciones con Barrundia y, en determinados momentos, llegó a dudar.

Pero influencias muy inmediatas y cercanas lo disuadieron y dio al fin una rotunda negativa.

Los serviles ya no pensaban en sostener a Carrera. Su política había cambiado del todo, y su juego era otro.

Aspiraban a que saliera Carrera para hacerlo volver en triunfo.

Este fin no podía llevarse si ellos no intervenían en la política bajo el régimen que iba a inaugurarse.

En la Asamblea tenían gran número de hombres de los más recalcitrantes que había en Guatemala.

Habían sido electos diputados Arriaga, Rodesno, Llorente, Urbico (Manuel) Tejada, Ponce, Andreu, Rodríguez, Rivera Paz, Urrutia (Atanasio) y Urruela (Juan Francisco).

Había otros de cuyos votos podían disponer los serviles, como Urruela (José María), Matheu, Lambur y Saravia.

Había otros no muy firmes como Arrivillaga (Luis), Orantes y García Granados (Miguel).

El triunfo de los liberales en la elección de diputados era ilusorio porque la Asamblea contaba con mayoría de serviles.

A toda esta lista solo se podían oponer los diputados siguientes: Barrundia, Escobar, Gándara, Pineda de Mont, Galvez Irungaray, que estaban perfectamente unidos, y los señores Molina (Pedro), Molina (Luis), Vidaurre, Larrave (Manuel), Dardon (Vicente) y Zeron, que también estaban unidos.

Oponiáseles igualmente a los serviles, don Juan Bautista Asturias, quien con bastante claridad manifestaba sus opiniones contra la oligarquía dominante.

Tenemos aquí dieciocho personas con cuyos votos podían contar los serviles, y once que pertenecían al partido liberal.

Aun cuando estos once estuvieran compactos, don Luis Batres podía contar con mayoría en la Asamblea y estar seguro de que ninguna acusación se admitiría contra él, ni se acordaría nada que pudiera perjudicarlo.

El partido servil, con toda su falange de diputados, no solo estaba llamado a influir en la Asamblea, sino a dominarla en los actos más importantes.

Pero los serviles no solo querían dominar en la Asamblea; querían que el nuevo presidente fuera un hombre que, por algunos motivos, conviniera a sus intereses.

Un liberal de energía, un político de larga vista no podía convenirles.

¿Pero cómo influir en la elección de presidente?

Pronto descubrieron el medio.

Don Joaquín Durán habitaba enfrente de don Luis Arrivillaga, y mantenía muy buenas relaciones con este señor.

Arrivillaga llamaba a Durán "Tata Quin" y frecuentemente se hallaba en su compañía.

He aquí la brecha que abrieron los serviles.

Don Luis Arrivillaga era primo hermano de Barrundia, era hermano de don Manuel Arrivillaga, no solo primo sino compadre y amigo íntimo de Barrundia.

"Tata Quin" sabía que don Juan Antonio Martínez estaba de acuerdo con Nufio y con la revolución de Chiquimula, y por consiguiente no ignoraba que los liberales no los rechazarían y sugirió la idea de elegirlo a don Luis Arrivillaga.

Este señor, por el momento no aceptó el proyecto y dijo que Martínez era un comerciante y que sus cualidades personales no lo llamaban al primer puesto del Estado.

"Tata Quin" alegó que Martínez era un rico propietario: que su nombre bastaba para dar respetabilidad a la revolución, que no era preciso que el Presidente fuera un abogado, un literato ni un publicista, y que, nombrándose buenos ministros, todo marcharía bien.

Arrivillaga se manifestó convencido y comunicó sus convicciones a su hermano don Manuel, quien, aunque tenía más talento y más instrucción que don Luis, tampoco rechazó el proyecto de Durán.

Bastaba esto para que los serviles, con su falange, hicieran triunfar la candidatura de Martínez y la revolución no naciera viable.

El 14 de agosto a las seis de la tarde hubo salva de 21 cañonazos.

Sonó la esquila de la catedral y se pusieron a vuelo todas las campanas.

Por la noche hubo iluminación en toda la ciudad.

El 15, al salir el sol, se repitieron las salvas y los repiques y el pabellón nacional tremolaba en todos los edificios públicos.

A las 9 se reunieron los diputados en el edificio de la Universidad.

De orden de don Luis Batres, el gran salón de la Universidad estaba adornado decentemente, así como también lo estaban otras salas que debían servir para la secretaría, para las comisiones y para el descanso.

Una guardia de honor con música y bandera cubría la entrada. Los ministros y altos funcionarios se hallaban en el palacio del Gobierno esperando noticia oficial de la instalación del Cuerpo Constituyente.

Elegidos Presidente de la Asamblea, vicepresidente y secretarios, se dio aviso al Gobierno.

El poder Ejecutivo envió, en contestación a uno de los oficiales mayores, a poner en manos del Presidente de la Asamblea tres importantes documentos: el mensaje, una felicitación a la Asamblea y la renuncia de Carrera.

En el acto salieron de palacio los Secretarios de Estado, en unión de las demás autoridades que se hallaban ahí reunidas, y se encaminaron todos a la Asamblea, entre los cuerpos de la guarnición que formaban en ella.

Una comisión recibió a las autoridades en la puerta exterior y otra en la entrada del salón de sesiones.

El Ministro de Relaciones Exteriores y el Rejente de la Corte tomaron asiento a derecha e izquierda del Presidente de la Asamblea.

Abajo del dosel en que estos se hallaban, se colocó el Ministro de Gobernación don Luis Batres.

Las galerías y corredores estaban llenos, y el acto era imponente. El Presidente declaró estar instalada la Asamblea y todos los diputados ahí presentes firmaron la declaratoria siguiente:

"Nosotros los Representantes del Pueblo de Guatemala, convocados legítimamente para este día, habiendo examinado nuestros poderes y encontrándolos en la forma correspondiente, reunidos en bastante número, con el firme propósito de ocuparnos de los objetos que debemos discutir y determinar;

DECLARAMOS:

La Asamblea Representativa del pueblo libre y soberano de Guatemala, está solemnemente instalada y abrirá sus sesiones el día de mañana.

Comuníquese al Poder Ejecutivo para su publicación.

Dado en el salón de sesiones: en la ciudad de la nueva Guatemala a quince de agosto del año de mil ochocientos cuarenta y ocho, 27 de la independencia. – P. Molina, Presidente. – José M. Urruela, Vicepresidente. – Manuel Larrave, Vicepresidente. – J. Bernardo Escobar. – José M. Saravia. – J. Gándara. – Gregorio Orantes. – Manuel Ubico. – Buenaventura Lambur. – Mariano R. Paz. – Juan Matheu. – Atanasio Urrutia. – A. Andreu. – Juan F. Urruela. – Anselmo Llorente. – J. Mariano Rodríguez. – Manuel Tejada. – Pedro N. Arriaga. – J. Ponce. – Luis Arrivillaga. – Vicente Dardon. – Juan B. Asturias. – Manuel Pineda de Mont. – M. Trabanino. – J. F. Barrundia. – Miguel García Granados. – Manuel Irungaray. – Inés Molina, Secretario. – Manuel Zeron, Secretario. – José M. Vidaurre, Secretario. – Mariano Gálvez, Secretario.

He aquí los hombres que debían sacar al país del caos para conducirlo a la luz.

He aquí los políticos en cuyas manos se hallaba, el 15 de agosto de 1848, la suerte de Guatemala.

Algunos son dignos de elogio por su patriotismo y todos son responsables ante las generaciones que se han sucedido y ante las que vendrán después por sus errores.

Hemos visto parte de un drama; pero la función no ha terminado: sigue el sainete.

Don Luis Batres se hallaba colocado en el sitio que le correspondía según las prácticas parlamentarias.

Ahí debió haber tomado la palabra para disculpar al Presidente de la República por su falta de asistencia y para leer enseguida el mensaje.

Pero no fue así. Don Luis Batres no habló, ni el mensaje se leyó en aquel acto.

Tampoco leyeron los secretarios de la Asamblea la felicitación del Gobierno, ni la renuncia de Carrera.

Todos estos documentos quedaron sobre la mesa.

Pero se acordó al instante ir a misa; y, en efecto, la Asamblea, los Ministros y todas las autoridades se dirigieron a la catedral a rezar.

—¿Qué puede esperarse de un país, cuyos representantes, en el momento de dar un paso hacia la libertad, van procesionalmente a la iglesia principal de un culto determinado y hacen ahí lo mismo que los reyes de la casa de Austria les enseñaron?—

Concluyó la misa. Ya los representantes del pueblo no podían equivocarse porque los asistía el Espíritu Santo y llevaban sobre sus cuerpos un baño de agua bendita.

Volvieron todos a la Asamblea, sin tener que hacer ahí ni los Ministros, ni los jueces, ni funcionario alguno que no fuera diputado, y se retiraron enseguida todos los que al poder Constituyente no pertenecían.

Los secretarios de la Asamblea leyeron enseguida la felicitación de Carrera, documento lacónico que dice así:

"Señores Representantes.

Privado por circunstancias y motivos bien notorios del honor de presentarme, como lo deseaba, personalmente a felicitaros por vuestra reunión, me veo precisado a hacerlo desde el despacho del gobierno.

Recibid, pues, mi cordial felicitación, acompañada de mis más fervientes votos porque la Divina Providencia favorezca vuestras deliberaciones.

Tengo el honor de dirigiros el informe que he creído deber dar sobre mi administración, y una exposición en que hago renuncia de la presidencia que me fue encomendada por decreto de 14 de diciembre de 1844. Espero confiadamente en la alta penetración del Cuerpo Representativo, que comprenderá la urgencia de tomar en consideración este último punto, y de proveer lo que sea conveniente al mejor servicio público, antes de suspender su sesión de hoy.

Ofrezco a los Señores Representantes las protestas de mi profundo respeto y consideración.

– Guatemala, agosto 15 de 1848.

– Rafael Carrera."

Se leyó a continuación la renuncia redactada en los términos siguientes:

"Señores Representantes.

Cerca de cuatro años hace que el Congreso Constituyente me encargó la presidencia de la República. Las circunstancias en que se me honró con esta confianza eran imperiosas, y no me permitieron reiterar las excusas con que otras veces rehusé tomar el mando.

Reunido hoy este Cuerpo, ha llegado el término del grande esfuerzo con que he soportado el peso del gobierno, muy superior a mi capacidad; y lo depongo en sus manos, haciendo formal renuncia de la presidencia que se me encomendó por decreto de 11 de diciembre de 1844.

Las circunstancias en que presento esta renuncia son, como no se oculta a los SS. Representantes, sumamente graves y delicadas: ellas me autorizan para suplicarles que se dignen tomarla en consideración hoy mismo. No podría prolongarse este periodo de transición sin que peligrase la tranquilidad pública, porque durante él no habría quien encontrase los elementos que aún existen para conservarla.

Estoy resuelto a no permanecer más tiempo en la capital y a trasladarme a un país extranjero.

Suplico, pues, a los Señores Representantes, que en recompensa de mis cortos servicios, se sirvan hacer el sacrificio de mantenerse en sesión permanente, hasta admitir mi renuncia y nombrar a quien me suceda.

Yo permaneceré en el despacho mientras este respetable cuerpo se halle reunido.

Protesto sinceramente a los Señores Representantes mi mayor respeto y alta consideración.

– Guatemala, agosto 15 de 1848.

– Rafael Carrera."

Por último, se leyó el mensaje, documento al que simplemente se daba el nombre de informe.

Se halla al fin de este capítulo. (Documento núm. 18.)

Cualquiera que lea este documento comprenderá que no tiene una línea sola escrita, ni dictada por Carrera.

Don Luis Batres presenta a su héroe, en el mensaje, con el desprendimiento de Cincinnato, con la gravedad de Catón y con la energía de Bolívar.

El que lea ese mensaje es imposible que imagine que el hombre cuya firma aparece al pie es el mismo de la ficción de Andrade, de la ficción de Atescatempa, de la ficción de Pinula, de la ficción de la Villa de Guadalupe, de la ficción de setiembre.

Ridículo parecía a don Luis Batres que se invocaran los nombres de Marco Tulio y Julio César bajo las firmas de Agustín Pérez y Roberto Reyes.

Pues lo mismo acontece con el mensaje de agosto suscrito por Carrera.

Un mensaje da a conocer al jefe que lo envía, su política y sus tendencias.

Pero el mensaje de 15 de agosto, en vez de dar a conocer a Carrera, lo oculta.

En vez de ponerlo en exhibición lo cubre con cien velos.

El mensaje no solo es notable por lo que dice, sino por lo que calla.

Dice lo que conviene al partido servil aristocrático y calla todo lo que le perjudica.

Repite lo que los serviles han dicho muchas veces y lo mismo que se les ha combatido, como si ninguna objeción se les hubiera presentado.

Ensalza el decreto de 21 de marzo de 47, le atribuye grandes ventajas y hace gala de que haya sido reconocida por algunas potencias, en calidad de república soberana, la quinta parte de Centro-América.

Si la revolución, precedida de una gran lucha de partidos, no hubiera ofuscado la inteligencia de los liberales, habrían visto en el mensaje de 15 de agosto y en todos los documentos y discursos del partido reaccionario la grande importancia que se daba al decreto de marzo que consumó el fraccionamiento de la patria.

Destruir esa base fundamental de la reacción debió haber sido el primer esfuerzo de los liberales, como destruir la Bastilla fue el primer esfuerzo de los franceses a fines del pasado siglo.

Don Luis Batres y toda la comunión política de que habla Milla estaban dispuestos a sostener el decreto de 21 de marzo.

Su caída era imposible, existiendo aquella Asamblea, porque los votos serviles eran 18 y los liberales solo 11.

Don Luis Batres estaba, pues, perfectamente persuadido de que no caería el grande edificio de la reacción.

El doctor don Pedro Molina dirigió a Carrera una nota que fue puesta en manos del Presidente, cuya autoridad se expresaba, por medio de una comisión de la Asamblea.

Esta nota dice así:

"Señor Presidente de la República

Don Rafael Carrera. – Guatemala, Agosto 15 de 1848.

La Asamblea ha acordado abrir hoy las sesiones, no obstante el decreto de la misma fecha, con el solo objeto de tomar en consideración la nota, felicitación y renuncia que el Señor Presidente hace de este destino, y, impuesta de su contenido, se discutió si se trataría en sesión permanente; y en consideración a las razones que se oponen a que un negocio de tanta importancia se trate con ligereza, acordó unánimemente que no se tratase en sesión permanente, que se pasara en el momento a una comisión, como en el acto se verificó, y que, al contestar al Señor Presidente, otra comisión de dos Representantes pasase a manifestarle las razones por las que la Asamblea ha dado los acuerdos indicados.

Y habiendo nombrado a los representantes Ponce y Trabanino para la última comisión, ellos entregarán al Señor Presidente esta nota, para que no espere más, y explique al Señor Presidente otras razones de importancia que la Asamblea y el que suscribe le han encomendado.

Soy, Señor Presidente, su muy atento y s. s. – Pedro Molina."

DOCUMENTOS JUSTIFICATIVOS

NÚMERO 1.

El Presidente de la República de Guatemala.

En uso de la autorización especial para convocar un Congreso Constituyente, ha tenido a bien decretar y

DECRETA:

1.° Se reunirá a la mayor brevedad posible, en esta capital, la Representación de la República, compuesta de un diputado por cada Departamento o Distrito electoral, electo con arreglo a los decretos de convocatoria de 26 de abril y 24 de diciembre de 1844.

2.° La primera elección de que trata el artículo 3° del primero de los decretos arriba citados, se verificará el 6 de febrero próximo entrante; y la segunda, a que se refiere el artículo 14, el domingo 13 del mismo mes.

3.° El Congreso convocado por el presente decreto es puramente constituyente, y ratificando la declaratoria comprendida en el decreto de 21 de marzo del año próximo pasado, que será sometida a su conocimiento, dará a la República la organización que estime conveniente.

4.° Los diputados al mencionado Congreso gozarán, por ahora y mientras el mismo Congreso no resuelva otra cosa, la dieta mensual de cien pesos, que comenzarán a devengar desde el día en que tomen posesión hasta su receso.

Dado en el Palacio del Gobierno en Guatemala a doce de enero de mil ochocientos cuarenta y ocho

– Rafael Carrera – El Secretario de **Gobernación, J.A. Azmitia."

NÚMERO 2.

El Presidente de la República de Guatemala,

Atendiendo a que por el mal estado de su salud no le es posible permanecer más tiempo en el Gobierno; y a que, en el caso de lograr pronto su restablecimiento, tendría que dedicarse a la dirección inmediata de las fuerzas destinadas a la pacificación de los puntos de este Departamento y del de Mita que, desgraciadamente, se hallan perturbados.

En conformidad a lo dispuesto en el decreto de 10 de septiembre de 1845, se separa del ejercicio del Supremo Poder Ejecutivo y

DECRETA:

1.° El Excmo. Sr. Vicepresidente Brigadier Vicente Cruz se encargará, a la mayor brevedad posible, del Gobierno de la República.

2.° El Sr. Ministro de lo Interior queda encargado de la ejecución del presente decreto.

Dado en el Palacio del Gobierno en Guatemala, a veintidós de enero de mil ochocientos cuarenta y ocho

– Rafael Carrera – El Secretario de **Gobernación, J.A. Azmitia."

NÚMERO 3.

*RAFAEL CARRERA, Teniente General, Presidente de la

República de Guatemala y General en Jefe del ejército, a sus habitantes.

COMPATRIOTAS: vosotros sois testigos de mis esfuerzos y sacrificios por daros una paz y una administración justa y equitativa; pero esa misma paz, que con asombro de muchos se disfrutaba, llenó de envidia a los amantes del desorden, y seduciendo a una parte de la clase infeliz e ignorante, los precipitaron a dar el asalto de Palencia el 16 de octubre del año pasado; en este punto fue atacada la pequeña fuerza del Gobierno, extraídos los elementos de guerra y saqueados los intereses; pero ni como gobernante ni como dueño de los últimos, me di por ofendido, porque creí que su ignorancia los arrastraría a estos excesos y que en aquellos momentos, con mi generosidad acostumbrada, debía perdonarlos, como lo verifiqué con cuantos se me presentaron y entregaron las armas, y a los rebeldes les ofrecí garantías si deponían las armas, que aún todavía les quedaban; pero esta misma generosidad y la creencia de los ignorantes alentó a los perversos, y volaron a aumentar las filas de la facción, llevando su obstinación hasta concebir un triunfo, no solo contra la administración sino contra la propiedad y civilización; mas ya es llegado el caso de que experimenten que el Gobierno tiene recursos que lo fundamentan en la mayor parte de los habitantes de la República, que no apetecen desaparecer entre el barbarismo; recursos que, si no había querido desplegar hasta ahora, han sido por compasión a la ignorancia.

Soldados del ejército; habitantes de la República que apreciáis vuestros intereses y familias, volad a tomar las armas, para castigar a los faccionarios, que una parte es de ignorantes y la otra de hombres criminales que, aborreciendo al hombre de bien, desean su destrucción.

Habitantes de esta hermosa capital: Yo os aseguro que esa facción levantada es insignificante, y puede cortarse fácilmente si prestáis vuestra cooperación: la obra será de muy pocos días, porque delante de vosotros jamás ha hecho pie enemigo alguno.

Pero si se dejase incrementar a esos pocos que quieren apoderarse de vuestras riquezas, sería más difícil y costosa la defensa de vuestras familias y propiedades. Yo estaré como siempre a vuestra cabeza y seré el primero en conservaros vuestros intereses y más caros afectos.

Guatemala, enero 24 de 1848.

Rafael Carrera.

NÚMERO 4.

MARIANO RIVERA PAZ, Corregidor de Guatemala, a los habitantes del Departamento.

COMPATRIOTAS – Llamado por el Supremo Gobierno a desempeñar las funciones del Corregimiento de esta capital, las circunstancias me han impuesto el deber de prestarme, porque invariablemente es mi propósito concurrir con mis pequeñas capacidades al bien y felicidad común.

En efecto, en medio de una prosperidad no vista hace muchos años en Guatemala, algunos habitantes del campo en las montañas de Palencia y Sansur han tenido la ignorancia de dejarse seducir hasta el punto de perturbar el orden y hacer resistencia a las fuerzas mandadas para apaciguarlos por la suprema autoridad. El mal se ha ido prolongando y, aunque no se ha hecho sentir en las poblaciones, ni hasta ahora en el tráfico y el comercio, no se puede calcular todo lo que resultaría si se dejase propagar.

En tal conflicto, el Supremo Gobierno, siempre animado de benévolos sentimientos en favor aun de los mismos extraviados, está dispuesto a escuchar sus reclamos y solicitudes, y decidido a hacer justicia en todo lo que se le pida, porque solo la justicia es la que puede salvar las sociedades y ser favorecida de Dios.

Tan buenos y generosos sentimientos como son los que animan al digno Presidente de la República, debo secundarlos con todo empeño, y a este efecto, hago saber a todos los habitantes del campo de la comprensión de este Departamento de Guatemala, que pueden desde luego volver a sus ranchos y hogares a ocuparse con sus familias en el cuidado de sus animales y cultivo de sus sementeras, a fin de evitarse las malas consecuencias que se les seguirían de continuar obstinados en su sublevación.

Muy pronto visitaré en persona las haciendas en donde el desorden se ha hecho sentir, y proveeré según las facultades con que el Supremo Gobierno me ha honrado a todo lo que conduzca al bien de estos lugares. Las providencias dictadas para reducir a poblado a los habitantes dispersos, deben quedar sin efecto, a menos que voluntariamente les convenga trasladarse a algún punto.

Compatriotas: me dirijo a todos los pueblos del Departamento y a los habitantes de todas las clases de esta capital. El bien inestimable que gozamos bajo el amparo de un Jefe que ha librado de tantos riesgos a Guatemala: que ha sabido darnos paz, y engrandecido nuestra República dándole crédito hasta en el extranjero, merece bien que empeñemos nuestros esfuerzos para conservarlo. A esto os requiero, y contando con el apoyo y auxilios de todos, podemos, no lo dudo, estar seguros de que la Divina Providencia seguirá favoreciéndonos. Os recomiendo sobre todo la unión.

Guatemala, enero 24 de 1848.

Mariano Rivera Paz.

NÚMERO 5.

"Exmo. Sr. Presidente:

El Cuerpo municipal de esta ciudad viene a unir sus instancias a las del Exmo. Sr. Vicepresidente y demás autoridades aquí reunidas, a fin de que sin demora V. E. vuelva a encargarse del mando de la República.

La confianza comienza ya a restablecerse, y el gozo y la seguridad serán completas, tan luego como el público esté seguro de que V. E. continúa a la cabeza de la administración.

V. E., que ha elevado esta República al rango que hoy ocupa, está llamado a conservarla y engrandecerla; todos coadyuvarán a asistir sus nobles esfuerzos, y la posteridad bendecirá su memoria.

Tales son los votos del vecindario de esta ciudad, y el Cuerpo municipal cumple con gusto el deber de elevar a V. E. tan grata manifestación".

NUMERO 6.

"El Vicepresidente de la República de Guatemala,

Atendiendo a que en las presentes circunstancias es necesaria la presencia del Exmo. Sr. Presidente en esta capital y urgente el que se haga cargo del Supremo Poder Ejecutivo, de que se había separado temporalmente; obsequiando el deseo y voto público, ha tenido a bien decretar, y

DECRETA:

Se llama al Exmo. Sr. General D. Rafael Carrera al ejercicio del Supremo Poder Ejecutivo, y estando S. E. anuente a prestar de nuevo sus importantes servicios, se hará cargo desde hoy del Gobierno de la República.

Dado en el Palacio del Gobierno, en Guatemala, a cuatro de febrero de mil ochocientos cuarenta y ocho.

– Vicente Cruz. – El oficial mayor encargado del despacho, J. M. Palomo."

NÚMERO 7.

"El Presidente de la República de Guatemala,

Considerando:

1.° Que en las presentes circunstancias no podrían, en algunos Departamentos y Distritos, hacerse las elecciones de diputados a la Representación Nacional convocada en Decreto de 12 de enero último, con la libertad que es debida para tales actos.

2.° Que en el expresado decreto no se previó la necesidad de ampliar la facultad inherente a los pueblos para nombrar dichos representantes sin las restricciones contenidas en él.

3.° Que el llamamiento de un solo diputado por cada Departamento no constituiría una representación proporcionada a la población de la República, ni bastaría para llenar los importantes objetos sobre que debe deliberar el Cuerpo representativo, ha tenido a bien decretar y…

DECRETA

Art. 1.° Se suspenderán en todos los Departamentos las elecciones de diputados a la Representación nacional convocada por decreto de 12 de enero último, y las primarias que se hayan hecho antes de recibirse la presente resolución, quedarán sin efecto; remitiéndose inmediatamente por los Corregidores a la Secretaría de lo Interior los pliegos cerrados de las municipalidades de aquellos lugares en que se hubieren practicado.

Art. 2.° Luego que las circunstancias lo permitan, se ocupará el Gobierno de expedir la convocatoria que corresponde para la pronta reunión del Cuerpo representativo de la República.

Dado en el Palacio del Gobierno en Guatemala, a cinco de febrero de mil ochocientos cuarenta y ocho.

– Rafael Carrera – El Secretario de Gobernación, Luis Batres.

NUMERO 8.

"El Presidente de la República de Guatemala,

CONSIDERANDO: que si es un deber del Gobierno reprimir vigorosamente el desorden en que se hallan algunos habitantes de las rancherías de este Departamento y del de Mita, lo es igualmente el atender a cualesquiera quejas o motivos de descontento que sean justos, y asimismo adoptar los medios de pacificación que parezcan más adecuados para reducir a la obediencia y sumisión a los incautos que, acaso seducidos, se han levantado contra la autoridad y turbado la paz y buen orden de la República.

DECRETA:

1.°- Todos los que hubieren tomado las armas, sin excepción alguna, si se presentaren dentro del término de quince días ante el Comandante General de operaciones, o a alguno de los Comandantes de División, por el hecho de presentarse y ofrecer retirarse a vivir tranquilamente, recibirán un salvoconducto para no ser molestados.

2.°- El que se presentare con armas recibirá, además del salvoconducto, una gratificación de ocho pesos por cada fusil, cuatro por cada escopeta, y tres por cada pistola, siendo útiles. Mas si fueren descompuestas, las gratificaciones respectivas se entenderán por la mitad.

3.°- Los que no se acogieren a los beneficios del presente decreto, presentándose dentro del término de los quince días señalados, y fueren cogidos con las armas en la mano, serán juzgados en Consejo de guerra, y en su caso, ejecutados conforme a la ley marcial.

4.°- Todos los que tengan queja o quisieren hacer alguna representación, deponiendo las armas, podrán dirigirla al Sr. Comandante General o al Gobierno por medio de sus justicias ordinarias, o de los Padres Curas de Mataquescuintla, Santa Rosa, Jalapa y Sansaria, contando con que serán oídos y satisfechos en lo que fuere justo.

5.°- Las municipalidades de todos los lugares que han sido inquietados por el presente desorden, y los Alcaldes y Jueces preventivos cuidarán de que se establezca la tranquilidad y de que las gentes engañadas vuelvan a sus ocupaciones y labores, ofreciéndoles seguridad en nombre del Gobierno; y este mismo cuidado se recomienda a los Padres Curas y a todos los dueños de haciendas.

6.°- El Comandante General de operaciones, los Comandantes de División, los Corregidores, Municipalidades, Alcaldes y Jueces preventivos, quedan encargados, cada uno en la parte que le corresponda, de emplear todo su celo e influjo en la ejecución del presente decreto, y en concurrir todos a las miras de pacificación y restablecimiento del orden que animan al Gobierno.

Dado en el Palacio del Gobierno, en Guatemala, a trece de febrero de mil ochocientos cuarenta y ocho.

– RAFAEL CARRERA – El Secretario de Gobernación, LUIS BATRES.

NÚMERO 9.
"El Álbum Republicano,

PROSPECTO.

Álbum se llama un libro en blanco, que sirve a los viajeros para anotar en él las cosas que más les interesan y llaman su atención. No fiándose de su memoria, escriben o hacen escribir en él a las personas notables su nombre, o alguna otra cosa memorable. El álbum les sirve a las señoras para recoger bellos cumplimientos.

El nuestro, republicano, será un periódico que ofrezca al público las producciones de los escritores juiciosos que quieran consignar en él sus pensamientos acerca de política, filosofía y literatura, o comunicar a sus redactores noticias útiles o agradables recogidas en otros periódicos del país o extranjeros; de cuya manera tendrán una opción a ocupar sus columnas, con tal que usen de un estilo correcto, que explique con limpieza sus pensamientos, y sus críticas o censuras con moderación y cortesía.

Tres únicos periódicos hay en Guatemala: la Gaceta del Gobierno, la Revista de la Sociedad Económica, y el Mensual de la de Medicina. Ninguno de estos satisface la curiosidad de los lectores. Ellos no quieren ver las cosas públicas por los ojos de los gobernantes, ni entretenerse con materias que no están al alcance de todos, o que en sí mismas no son interesantes. Esta idea nos ha suministrado la de dar a luz un periódico, que reúna las cualidades de útil y agradable a los que quieran leerlo. Sería risible nuestra presunción si asegurásemos conseguir ambas cosas: nosotros no hacemos más que desearlo y prometer esforzarnos en nuestra empresa.

El bien público será la estrella que nos alumbre en nuestras elucubraciones: es satisfactorio tomarlo por norte y columbrar que se puede concurrir a él de alguna manera, temprano o tarde.

Los periódicos son un medio fácil de comunicación entre los ciudadanos de un país y entre los diferentes países del universo. Un papel de estos en las naciones cultas se distribuye por millares y facilita la subsistencia de muchos individuos: entre nosotros, los guatemaltecos, escribiendo por la prensa, no se trata de utilidad pecuniaria, sino de hacer un servicio penoso y desinteresado a nuestros conciudadanos. Cuando un periódico costea su impresión, sus redactores se dan por muy satisfechos.

En todo y por todo somos principiantes: el tiempo solo podrá desarrollar nuestras facultades, hacer apreciables nuestros escritos y más extensas nuestras comunicaciones con el mundo culto. Hasta entonces no podrá adquirir Guatemala concepto alguno en la literatura, ni menos celebridad. Esta idea no hace desmayar a los que se proponen dar al público este nuevo periódico, porque cuando se desea con sinceridad hacer bien a la patria, de algún modo se ha de comenzar; aunque se palpen los inconvenientes que tiene la carrera de los escritores públicos, especialmente en los países menos civilizados.

Consideramos también que a todo gobierno representativo, que desee aparecer al mundo en una posición fuerte y establecido sobre sus verdaderas bases, le interesa esencialmente la discusión pública, por medio de periódicos que representen las diversas opiniones; porque da una mezquina idea del país y de su administración, el que la prensa solo sea el órgano de ella o de los pocos que están identificados en el manejo de los negocios oficiales.

El gobierno que permite la oposición, como en el día sucede en la Europa y en toda la América, ofrece desde luego su mejor justificación a los ojos de sus más violentos adversarios; y por graves que sean las acusaciones formuladas contra él, está exento de la de tiranía, puesto que ella es incompatible con la libertad de la prensa, y que por extraviada que sea su marcha, siempre tiene una luz que lo dirija al interés y bienestar de la sociedad.

Sería, pues, un fenómeno, nunca visto en política, un país civilizado sin el resorte más esencial de la civilización, sin la prensa periódica, foco inmenso de las ideas y del progreso humano.

Y para que la prensa tenga vida es necesario que los diversos intereses y opiniones de la comunidad sean expresados; es preciso que no sea monopolizada por el poder, y que, como el principal alimento de las inteligencias, no sea tasada ni oprimida, y el público encuentre en ella un abasto libre para sus conocimientos.

Nosotros invitamos, pues, a nuestros conciudadanos a que se suscriban a un pliego de papel, marca mayor, que se dará cada ocho días en la imprenta de D. Luciano Luna, quien correrá con su impresión y despacho, imponiendo el precio a la suscripción. Si esta alcanzare a cubrir solamente los costos de la prensa, nuestro ÁLBUM no dejará de ver la luz; de lo contrario, quedará infructuoso el deseo de los que se proponen ser sus redactores.

Guatemala, 17 de febrero de 1848.

NÚMERO 10.
"EL TEMOR.

Hemos leído en el núm. 37, tomo 3.° de la Gaceta, que el Gobierno de la República desaprueba la pena de muerte. Con fecha 12 de noviembre, dirigió S. E. el Presidente una nota a la Corte Suprema de Justicia, pidiendo que revisara una sentencia de muerte ya ejecutoriada, que se había pronunciado contra Nicolás Quiñonez, reo convicto de dos homicidios.

S. E. funda la solicitud en que la pena de muerte es (según dice) horrenda, injusta e ineficaz.

"Lo confieso sin vergüenza (dice el Presidente): una ejecución de justicia: el hecho de mandar a un hombre al patíbulo, me arredra y me intimida, dejándome una impresión tan dolorosa que yo mismo no acierto a designar el sentimiento al que pertenece.

Más abajo añade:

"Si la justicia pública no es un ídolo que exige víctimas para aplacarse: si la justicia no es más que el bien y conveniencia general, si este puede consultarse sin recurrir al odioso extremo de aplicar penas sangrientas, ¿a qué fin se condena a la patria a sufrir la pérdida de un individuo que arrebata el crimen y la de otro que le arranca el castigo?".

Así habla la nota, refiriéndose a un criminal convicto, y cuya condenación había sufrido tres debates en otras tantas instancias.

¿Por qué, pues, estos sentimientos filantrópicos han desaparecido, y se han visto en estos días (según el público asegura) hombres en el suplicio, no en consecuencia de una sentencia arreglada a las leyes, como la de Quiñonez, sino en virtud de órdenes verbales, sin proceso, sin seguirse siquiera una información, ni oírse a las víctimas?

La razón, la humanidad y las leyes de todos los países previenen que ninguno sea condenado sin ser oído.

El mismo autor de la naturaleza quiso darnos el ejemplo. Sabía Dios que el primer hombre lo había desobedecido y no necesitaba de pruebas; sin embargo, antes de pronunciar su sentencia, le llamó a juicio. Sabía Dios que Caín había cometido un fratricidio; pero antes de condenarlo, le dijo:

"Caín, ¿dónde está tu hermano?"

Deseamos, pues, saber, ¿con qué facultades se han fusilado en estos días nueve hombres (según se dice) sin formarles causa, ni darles audiencia?

No hacemos esta pregunta por herir a persona alguna, sino porque, viendo infringida la ley de garantías, tememos por nuestros amigos, por nuestras familias y por nosotros mismos.

Guatemala, febrero 25 de 1848.

Unos guatemaltecos.

NÚMERO 11.

1.°- El Gobierno ofrece de nuevo, olvido y seguridad a todos los que actualmente se hallan sublevados contra su autoridad en las montañas de Jalapa, Sansur y Jutiapa; y en consecuencia, todos los que en el curso del corriente mes de junio, depusieren las armas y reconocieren la autoridad, ofreciendo retirarse a vivir pacíficamente, recibirán un salvoconducto para no ser inquietados por su conducta pasada.

2.°- Las presentaciones para obtener salvoconductos podrán hacerse ante los Corregidores de Santa Rosa, Jutiapa y Jalapa, o ante el Gobierno, por medio de los alcaldes y justicias de cada lugar, o de los Padres Curas.

3.°- El Gobierno y los Corregidores darán los salvoconductos a todos los que se hallaren en el caso del artículo 1.°. Pero si se presentasen algunos de los que, después de haber obtenido boleta de seguridad, hubiesen reincidido en hacer armas contra la autoridad, el salvoconducto no se expedirá sin que el interesado dé fianza o seguridad de cumplir su oferta de vivir pacíficamente, y no volver a tomar parte en el levantamiento.

4.°- Los que presentaren armas serán gratificados en los términos que expresa el artículo 9.° del decreto de 13 de febrero último.

5.°- El Gobierno previene a los Corregidores, Comandantes militares, alcaldes y municipalidades, y encarga a los Padres Curas, que todos empleen su celo e influjo en la ejecución de este decreto, y concurran a las miras de pacificación que animan al Gobierno.

6.°- A medida que la paz y el orden se fueren restableciendo, en virtud de las disposiciones anteriores, el Gobierno pondrá en libertad a las personas que por causa de la sublevación se hallaren detenidas.

Dado en el Palacio del Gobierno, en Guatemala, a siete de junio de mil ochocientos cuarenta y ocho.
– RAFAEL CARRERA – El Ministro de Gobernación, Luis Batres.

NÚMERO 12.
"MANIFIESTO

De la Comandancia del Departamento de Quezaltenango, a las municipalidades de los pueblos de Los Altos y a los Gobiernos de los Estados de la Unión Centroamericana, sobre las ocurrencias del 7 al 15 de julio, en reivindicación de los derechos políticos, a los habitantes de Los Altos, y reorganización del Estado de este nombre.

Sin ninguna relación ni antecedente con los jefes de las fuerzas llamadas de los montañeses, la primera noticia que hube de su venida sobre Quezaltenango, lugar de mi residencia, fue la citación que se me hizo para ocurrir a una Junta pública con el carácter de Representante provisorio del Departamento de Suchitepéquez, o como uno de los diputados que hasta entonces resultaba entre los electos del Departamento para la augusta corporación convocada para el 15 del próximo agosto.

AUNQUE EL PENSAMIENTO DE CREAR ASÍ UNA ADMINISTRACIÓN PROVISORIA EN LOS ALTOS TRAÍA SU ORIGEN DEL SR. CORREGIDOR Y COMANDANTE GENERAL BRIGADIER DN. FRANCISCO CASCARAS, O DE ACUERDOS QUE ÉL HABÍA TENIDO CON ALGUNAS PERSONAS QUE LE HABÍAN MANIFESTADO CON FRANQUEZA EL ESTADO DE LA OPINIÓN PÚBLICA Y SU ADHESIÓN PARTICULAR A LA JUSTICIA Y DERECHO QUE DEMANDABA LA

REORGANIZACIÓN DEL ESTADO, yo no tuve embarazo en manifestar con lealtad mi opinión, declarando: que no consideraba legal la representación que se diera a los Departamentos sin que por lo menos vinieran comisionados de las municipalidades de las cabeceras, en cuyo concepto solo concurriría con mi voto como simple ciudadano.

Otras personas opinaron de conformidad y el asunto tomó el carácter de petición a las autoridades. En este estado de cosas fui a verme con el oficial Dn. Rosendo García, que había llegado la noche anterior con una partida de tropa, huyendo de que le diesen cara los montañeses, y acompañado del Sr. Manuel José Arango, que fungía de Corregidor en Totonicapán; habiéndome encarecido el expresado oficial García, la urgente necesidad de activar los ocursos que por mediación de la Municipalidad debían pasar al Corregidor para evitar que aquella fuerza entrase como enemiga; y como iguales excitaciones se hacían por todas partes, tuvo lugar otra gran junta popular la tarde del sábado 8 de julio, en que se disponía convocar a las municipalidades para que concurriesen al establecimiento de una administración provisoria sin hacerse novedad en los empleados que dependían de la administración arbitraria de Guatemala, siempre que quisieran continuar prestando el juramento de servir a la causa de la reorganización del Estado de Los Altos, Y DEJANDO EN LA COMANDANCIA GENERAL AL MISMO SR. BRIGADIER DN. FRANCISCO CASCARAS EN OBSEQUIO DE SU CONVENCIMIENTO DE LA JUSTICIA DE LA DEMANDA.

No obstante, el Sr. Brigadier no quiso ser inculpado de ligereza, rehusándose a concurrir a la junta pública a que había sido llamado y exigiendo que se llenase la fórmula de enviarse una comisión a asegurarse si efectivamente el objeto de los jefes de la fuerza que venía a invadirlo era el de proteger la libertad de Los Altos y reorganización del Estado, para decidirse a obrar según sus privados acuerdos con los adictos a esta causa.

Partió en la noche del día ocho la comisión que no regresó sino hasta el principio de la tarde del día nueve, por haber esperado hasta ver por sus ojos la división que se titulaba protectora de la libertad de Los Altos y hablar con sus jefes: Y AUNQUE PARA LLENAR LOS REQUISITOS EXIGIDOS POR EL SR. CORREGIDOR Y

COMANDANTE GENERAL PARA UN PRONUNCIAMIENTO SOLEMNE, SE VOLVIÓ A CONVOCAR LA JUNTA PÚBLICA, la noticia de tocar ya en los ejidos de la ciudad la división protectora había aglomerado un concurso popular numeroso que no permitía penetrar ni escuchar las deliberaciones en el salón municipal y, como se notara el movimiento de concentrar a un puesto la fuerza de la guarnición, se temía ya un rompimiento tanto más desastroso, cuanto que la lucha se provocaba entre soldados regulares y bien armados, y un pueblo entusiasta que los circundaba apoyado en otra fuerza superior que se aproximaba a protegerlo.

En este acto se dio parte a las autoridades civiles de estar ya la división de los montañeses a orillas de la ciudad, y yo fui comisionado con un regidor para salir a cumplimentar a los jefes a nombre de la municipalidad, y a suplicarles obviaran una entrada hostil.

Se cruzaban las comisiones e intimaciones militares y, decidido ya el rompimiento, entré a suplicar a los jefes esperasen otros momentos y, por última vez, el resultado de sus demandas al comandante general, constituyéndome en el mensajero.

Fui, en efecto, a manifestar al Sr. Corregidor lo que ya otros habían manifestado, y como no había más óbice para allanarlo todo que el de una preocupación reducida a que era una degradación para las armas el pasar de manos del soldado al pueblo, se volvió a hacer la entrega a una comisión municipal o militar, mandándose a la guarnición deponerlas.

Al regresar con la respuesta, para que la fuerza invasora hiciese su entrada pacífica, me sorprendió un grupo que se dirigía a provocar una acción de guerra, y como observase que este grupo eran gentes del pueblo que habían sido armadas de fusiles, etc., por los oficiales Mariano y Ramón Cabrera, pertenecientes a la misma guarnición que iba a atacarse, les impuse no moverse porque todo estaba allanado, dirigiéndome en seguida a los jefes que me esperaban y que verificaron su entrada pacífica en medio de los aplausos propios de un pueblo que experimenta un triunfo de la opinión que le lisonjea, sin observarse más disgusto que el de tocar a uno por ciento los fusiles a quienes querían portarlos y salir a campaña.

Retirado a mi habitación, no volví a observar el giro que se daba a la cosa pública hasta las nueve o diez de la mañana del día 10, en que el oficial Cabrera, a quien acabo de citar, difundió una voz de alarma y confusión, dando parte de que el Teniente General Carrera ocupaba ya el territorio de Los Altos; y como el pueblo, dominado hace tanto tiempo por el terror, es tan fácil para creer y difundir las más absurdas especies, era de esperarse un gran desorden.

Indagaba el que pudiera sobrevenir y las medidas que tomarían las autoridades, cuando el Sr. Alcalde 1.°, que fungía ya de jefe político, puso en mis manos el nombramiento de comandante de las armas, que rehusé desde luego, notando: que los que sirven al público en plena paz debían ser los primeros obligados a servirlo en circunstancias en que peligra el orden público; pero reflexionando que para estos casos son raros o pocos los que impulsa la voz positiva de la patria, y que así se fomenta más la confusión y anarquía, me dirigí a la plaza a ver al Sr. comandante Cruz a exponerle nuestras circunstancias, y acordado que él sostendría hasta donde alcanzase su influjo y buena suerte en la guerra la causa de la reorganización del Estado de Los Altos; que ocuparía a la mayor brevedad sus fronteras por el rumbo de Guatemala; que no consentiría en nuestros pueblos acciones de guerra, etc., me decidí a hacerme cargo de la comandancia de armas del Departamento mientras se organizaba un gobierno provisorio.

Una división como de mil hombres ocupó nuestras fronteras, mientras yo me ocupaba de organizar la fuerza posible para hacer guardar el orden público y auxiliar la expresión espontánea y libre de todas las municipalidades de los cuatro Departamentos, como las únicas autoridades legítimas que, por la acefalía de la Nación, por la falta de la representación de los pueblos de Guatemala y por la destitución de los tres poderes públicos de Los Altos, están llamadas a prever su reorganización política.

Desgraciadamente, cuando comenzaban a llegar los comisionados de los Departamentos y Distritos pronunciados para establecer un centro de autoridad legal en otros Departamentos, un movimiento impetuoso de las fuerzas de nuestras fronteras, en persecución del Teniente General Carrera, que las había invadido, las condujo hasta las cimas de Patzum, en el territorio del Estado de Guatemala, trabándose un combate de tres horas en que ambas fuerzas salieron derrotadas.

COMO LOS JEFES DE LA DIVISIÓN PROTECTORA DE LOS ALTOS HABÍAN COGIDO COMUNICACIONES DE CARRERA EN QUE PREVENÍA A LOS INDIOS MATAR IMPUNEMENTE A CUANTOS PUDIESEN, el no dar margen a la perpetración de estos crímenes contra los principios y la civilización, decidió a la mayor parte de los oficiales a dirigirse en columnas unidas hacia las montañas, dispersándose una pequeña parte de los soldados de Los Altos.

La falta de una noticia oficial y mi ignorancia de las medidas que se habían tomado cuando no tenía más que una noticia privada del combate me decidió a salir con la fuerza que tenía a medio organizar, celoso de que nuestra frontera estaba descubierta; y como para este movimiento debía contar con la orden del jefe político a quien lo había consultado hacía tres días sin decidir cosa alguna, se operó tarde y sin fruto para la causa común.

Sabedor del destino de las fuerzas últimas de la montaña, que quedaban en Totonicapán en disposición de marcha, yo regresé con la parte más útil de la que había sacado, por haber disuelto la mal armada, y encontrando la ciudad acéfala de sus autoridades locales; desapareciendo cuantos salían en su busca; teniendo que luchar contra prevenciones y exigencias desordenadas, en la alternativa de tener que batir con los fieles defensores de la causa pública a los que no saben servirla en los reveses del terrorismo, y de manchar con sangre un penoso triunfo de la opinión pública, tomé el partido de poner aquella fuerza al mando de uno de los oficiales de la división protectora, hermano del Exmo. Sr. Vicepresidente del Estado de Guatemala, para que la pusiese a sus órdenes, una vez que permanecía en territorio de Los Altos y era la única autoridad superior política y militar más inmediata que pudiera acordarle algunas garantías.

Sin embargo, esta disposición no fue observada, dirigiéndose una gran parte de la fuerza con las de la montaña, otra en distintas direcciones, y quedando la restante, que se disolvió al momento que el Sr. Brigadier Cáscaras fue llamado por uno que otro de los empleados por la administración de Guatemala, que habían dejado por sí solos sus destinos, en virtud de las anteriores ocurrencias, y que fueron recogiendo y trayendo de las cárceles algunos soldados de la guarnición capitulada, que desde luego entraron en etiqueta con los soldados del país por ser estos de opinión y aquellos mercenarios.

¡Municipalidades de Los Altos! El curso de los acontecimientos públicos ha consignado a vuestra sola y legítima autoridad la recaudación legal de nuestros derechos políticos. El Estado de Los Altos fue constituido por las leyes y disuelto por el poder de la fuerza, y la razón y el derecho os demandan proveer a su reorganización. Los que proclaman la representación legítima de los pueblos del Estado de Guatemala os invitan y ofrecen sus auxilios y cooperación, y el extenso deseo de la unidad nacional os prestará también los auxilios de los Estados de la Unión Centroamericana.

Julio 18 de 1848 – Miguel J. López.

NÚMERO 13.

ACTA del pronunciamiento del Departamento de Chiquimula, desconociendo al Gobierno actual del Estado de Guatemala, por las razones que en ella se expresan.

En la Ciudad de Chiquimula, a treinta y uno de julio de mil ochocientos cuarenta y ocho, reunidos en la sala municipal los señores alcaldes, primero José Antonio González, y segundo Enrique Guansin; los regidores señores Fernando Sanchinel, Juan José Valdez, Victoriano Barillas, Manuel Vides, Julio Morales, Miguel Sanchinel y el síndico Sr. José Monasterio; los vecinos principales y demás propietarios del Departamento que suscriben, con el objeto de acordar las medidas extraordinarias que pueden salvar a la patria de los peligros eminentes que amenazan aniquilarla; a saber: en el interior, la más desastrosa y completa anarquía, y de acuerdo con el exterior, la más opresiva dependencia, pues que bajo la aparente y engañosa frase de protectorado extranjero, se nos quiere sujetar a la dominación de una nación extraña; dominación que destruiría nuestro ser político, nuestra religión, nuestras costumbres, y hasta nuestro idioma, y reduciría a la vil condición de esclavos a todos los criollos que actualmente habitamos este hermoso país.

Íntimamente convencidos de que esta triste situación es el resultado natural de los absurdos principios que guían, y siempre han guiado, al Ministerio Batres y a su partido, que apropiándose el título de hombres pensadores y sensatos, califican al pueblo de estúpido y salvaje, y quitándole toda intervención en la cosa pública, lo han precisado a levantarse en masa para reivindicar sus derechos imprescriptibles.

Convencidos igualmente de que toda resistencia a un movimiento popular tan general es injusta, y no producirá otro resultado que aumentar el descontento, enardecer a los pueblos pronunciados, y hacer mayor número de víctimas, que de uno y otro bando son nuestros conciudadanos; de que todos debemos poner nuestra suerte, con igual confianza, en manos del Cuerpo Representativo Nacional, como que es llamado a ejercer la soberanía en nombre del pueblo, a restablecer el orden y la paz interior con las garantías, y a conservar con dignidad nuestra independencia, nuestra religión, leyes y costumbres.

Considerando que la Representación Nacional es inviolable, que debe gozar de la más completa libertad al desempeñar su misión; y por tanto, ha de tener una fuerza respetable a su entera disposición, para que todos le presten la obediencia debida, pues de lo contrario podría ser víctima de la anarquía, y quedarían diferidas indefinidamente las medidas salvadoras que esperamos de su sabiduría y experiencia.

Que todas las personas bien intencionadas, y cuantos de buena fe se han pronunciado contra la administración actual, simpatizarán con nosotros, y someterán sus pretensiones al soberano congreso, acatando sus decisiones y prestándole apoyo.

Que el Gobierno, no satisfecho con haber hecho gravar todo el peso de la guerra sobre este Departamento, pide estas fuerzas para que marchen a Los Altos a oprimir a nuestros compatriotas, pronunciados en Quezaltenango, no obstante la exhaustez de la caja militar, pues tampoco ha cuidado de que no falten a esta división los necesarios recursos pecuniarios.

Que de obedecer al Gobierno marchando estas fuerzas para obrar por Los Altos, se seguirían al Departamento males de grave trascendencia, porque es evidente que, quedando inermes sus habitantes, serían víctimas de la oposición.

Se hace necesario proveer por sí mismas a nuestra propia conservación y defensa.

Y por último, que tanto el Gobierno como la oposición desearán ahorrar la sangre de nuestros conciudadanos; hemos acordado hacer las siguientes declaratorias.

El Departamento de Chiquimula, con todas sus fuerzas y recursos, se pondrá de una manera absoluta bajo la protección y las órdenes inmediatas de la Representación Nacional.

Procurará, por cuantos medios estén a su alcance, hacer efectiva su reunión, asegurar su inviolabilidad, que corresponde a cada uno de los representantes del pueblo, y que se imparta irremisiblemente el castigo que imponen las leyes a los que impidieren aquella o atentaren contra esta, a cuyo efecto se pondrá en marcha para la capital la fuerza que está sobre las armas.

Se excitará al Gobierno y a los jefes militares beligerantes, a la suspensión de toda hostilidad, a la separación del Ministerio Batres, a poner sus fuerzas todas a disposición del Cuerpo Representativo, y a someterle sus diferencias, sujetándose sin restricción a sus decisiones.

Chiquimula fraternizará con los demás Departamentos y todas las fuerzas existentes en la República, asegurándoles que espera ver colmados sus deseos, en cuanto fueren justos, por el Congreso Nacional, y suplicándoles se adhieran a las presentes declaratorias, y se abstengan de resoluciones extremas, en tanto que no fueren inevitables.

Chiquimula protesta que respetará a la religión, sus ministros y templos; la libertad, honor y bienes de todos los habitantes de la República, y que hará efectivas todas las garantías en cuanto dependa de su poder.

Se formará un cuerpo de reserva, compuesto de todos los habitantes capaces de portar armas, a fin de hacer el servicio local desde que la fuerza activa emprenda la marcha ya acordada.

Para los gastos que hayan de hacerse, se ocuparán los productos de la aduana de Izabal y las demás rentas públicas.

El Señor Coronel Mariano Paredes, Corregidor y Comandante del Departamento, será arrestado y detenido, lo mismo que el Sargento Mayor Sr. Eugenio Dighero, por todo el tiempo que se crea conveniente.

El Coronel Sr. José Dolores Nuño se encargará del mando político y militar del Departamento, y como tal, queda plenamente autorizado para obrar según lo exijan las circunstancias, hasta lograr el completo restablecimiento del orden y de la paz.

El Departamento de Chiquimula se pone desde luego bajo la protección de los Estados de El Salvador y Honduras, que en todas ocasiones han ostentado su patriotismo, y sus tendencias a la libertad de Centroamérica, para que, según se les solicitare y les fuere dable, lo auxilien y socorran en el sostenimiento del paso que se da hoy.

La presente acta, que suscribimos con el firme propósito de sostenerla hasta el último trance, se publicará por bando en todo el Departamento, y se hará imprimir y circular a la mayor brevedad posible.

Firmas:

José Antonio González.- Enrique Guansin.- Victoriano Barillas.- Miguel Sanchinel.- Juan José Valdez.- Manuel Vides.- Enrique Calderón.- José Camilo Galván.- José Monasterio.- Antonio José Martínez.- Isidro J. Lemus.- Francisco Martínez.- Cipriano Martínez.- Ramón Sagastume.- Juan Ignacio Sagastume.- Rafael Pinto.- Ramón Ordóñez.- Santiago González.- Miguel Martínez.- Miguel Sanchinel.- Ignacio Bracamonte.- Ramón Moreno.- Rafael Goyena.- Francisco González.- Francisco Alvarado.- Serapio Morales.- José María Valdez.- Juan Bautista Peralta.- Santiago Valdez.- Jerónimo Valdez.- Domingo Trejo.- Manuel José Mata.- Manuel León.- Januario Ariza.- José Ruiz.- Manuel Sagastume.- Pedro Bracamonte.- José Subillaga.- Juan Bautista Valdez.- Esteban Bracamonte.- Esteban Jarquín.- Francisco Jarquín.- Mariano Jarquín.- J. Antonio España.- Rafael Calderón.- Juan J. González.- Pablo Sagastume.- Miguel Sagastume.- Manuel Calderón.- Pío Calderón.- Eustaquio Portillo.- Juan Bautista Sagastume.- Lucas Rojas.- Felipe Flores.- Francisco Cuéllar.- Mariano Pinto.- Juan Eligio Fajardo.- Jerónimo Rivera.- Joaquín Pinto.- Juan Moratalla.- Rosalío Villafuerte.- Víctor Cho.- Nicolás Pinto.- Paulino León.- José María Guerra.- Anselmo Fajardo.- J. Antonio Mata.- Bernabé Morán.- Anastacio Morán.- Ciriaco Torres.- Manuel María Salguero.- Coronado Castilla.- Mariano Paíz.- Vicente Flores.- Isidro Monroy.- Severino Monroy.- Toribio Villeda.- Juan Mata Cáceres.- Nicolás Espino.

Los Jefes y Oficiales de las fuerzas que, en número de mil hombres, nos hallamos reunidos en esta ciudad, secundamos el voto público tan espontáneamente pronunciado en la acta anterior por los dignos funcionarios municipales y demás honrados propietarios de este vecindario; y protestamos solemnemente, bajo nuestra palabra de honor, sostener los principios de eterna justicia consignados en ella, defendiéndolos hasta derramar, si fuese necesario, la última gota de sangre.

Firmas de los Jefes y Oficiales:

Coronel Comandante General, José Dolores Nuño.- Teniente Coronel, José Felipe Valdez.- Otro id., Francisco Brenes.- Sargento Mayor, José Godoy.- Teniente Coronel, Gregorio Martínez.- Capitanes, Gregorio Oliva.- José Antonio López.- Basilio Aragón.- Rafael Dardón.- Manuel José Portillo.- Jerónimo Trabanino.- Joaquín Peña.- Manuel J. Chacón.- Anselmo Calderón.- Hipólito Cabrera.- Tenientes, Gregorio Pinto.- Ventura Morales.- Cayetano Cordón.- J. León Argueta.- Romualdo Castejón.- Félix Pedrosa.- Juan Bracamontes.- Francisco Villeda.- Sebastián Victoria.- Subtenientes, José María Pinto.- Miguel Ordóñez.- Sinecio Villeda.- Calixto Arellana.- Eusebio Cordón.- Dolores Solórzano.- Tiburcio Portillo.- Eusebio Bracamonte.- Faustino Bardales.- Clemente Vásquez.- Eligio Colorado.- Inocente Aldana.- Enrique León.- Máximo Valdez.- Fecha ut supra.- Pedro N. Martínez.

NÚMERO 14.
"Junta preparatoria."

Reunidos hoy los Sres. Diputados para anticipar los trabajos que deben preceder a la instalación del Cuerpo Representativo, se ha presentado en el edificio mismo preparado por el Gobierno el oficial Don Antonio Palomo Valdez con tropa y ha conducido preso al diputado Don Manuel Pineda Mont. Este hecho ha sido a presencia de todos los diputados que habían concurrido, y de muchos particulares que también se hallaron presentes.

No cree la Comisión que la Junta deba inculcar por ahora los motivos que haya habido por parte del diputado Pineda para que fuese conducido preso; y se ignora también de qué autoridad emana esta orden; pero no puede ser indiferente con un individuo que pertenece ya al seno de esta Junta, investido del carácter de representante, y contra quien se ha procedido de la manera más irregular, atacándose al mismo tiempo la independencia que deben tener los representantes del pueblo después de hollarse los derechos del ciudadano.

La Comisión entiende que la Junta está en el caso de pasar ahora mismo una comunicación al Sr. Ministro de Gobernación que contenga una relación circunstanciada del hecho, tal como ha acontecido, y que espera se libre la orden correspondiente para que el representante Pineda sea restituido al edificio de donde ha sido violentamente extraído, dictándose además las providencias que sean del caso para impedir tales abusos y den garantías a los demás representantes, y puedan así ocuparse de los trabajos para los que han sido electos; conduciendo la comunicación dos individuos de la Junta, que percibirán la respuesta del Ministerio y podrá acordarse en su vista lo más a que haya lugar.

Esto parece a la Comisión; mas la Junta acordará lo mejor.

Guatemala, agosto 4 de 1848.

– Arriaga – Arrivillaga – Urruela.

NÚMERO 15.
"Sr. Srio. del despacho de Gobernación del S. Gobierno."

Guatemala, agosto 4 de 1848.

En la mañana de este día se introdujo en el edificio destinado a celebrar las juntas preparatorias de la Asamblea, Don Antonio Palomo Valdez con una escolta de soldados, y violentamente ha reducido a prisión al diputado por el Distrito de Escuintla, Don Manuel Pineda Mont. Al tomarlo los soldados, ha sido cruelmente atropellado, hasta el extremo de sufrir golpes de sable, echándolo al suelo y cometiendo en su persona otros excesos que sería largo referir.

Los representantes que presenciaban este atentado intentaban una defensa racional del diputado Pineda, y por contestación solo se oyeron amenazas de parte del Sr. Palomo.

Tan escandaloso procedimiento obligó a los representantes a reunirse otra vez en Junta, y habiéndole informado de este suceso, acordó nombrar una Comisión que propusiera la medida que debía adoptarse. En sesión permanente, esperó el dictamen, y la Comisión expuso lo que sigue:

(Aquí el dictamen.)

La Junta aprobó este dictamen en todas sus partes, y en cumplimiento a lo acordado, lo transcribió a U., advirtiendo que después del atropellamiento hecho en la persona del Sr. Diputado Pineda Mont, se ha presentado a las puertas de este edificio, en actitud amenazante, otra escolta de soldados armados de fusil y mandados por el oficial A. Trejo, habiéndose retirado luego.

Somos de U.S., sus atentos S. S.

NÚMERO 16.

"Sres. Srios. de la Junta preparatoria."

Palacio del S. Gobierno, Guatemala, agosto 4 de 1848.

Por ausencia del S. Srio. de Relaciones, he recibido y abierto la comunicación que, con fecha de hoy, se han servido VV. SS. dirigir, por acuerdo de la Junta preparatoria.

El suceso a que se contrae ha sido sobremanera sensible al infrascrito, y debe serlo igualmente para el Gobierno.

En este momento se da orden para que se ponga en libertad al Diputado Don Manuel Pineda Mont, sin perjuicio de hacer que se proceda a la averiguación legal de todos los hechos que se refieren, para lo que haya lugar.

Es cuanto tiene que decir el infrascrito a consecuencia del acuerdo citado.

Soy de VV. SS. atento S. S.
– Joaquín Durán.

NÚMERO 17.

"A los imparciales."

Con mucha repugnancia tomo ahora la pluma, con el objeto de deshacer cualquiera impresión que haya hecho la publicación de varios papeles, relativos a la prisión ejecutada en mi persona el 4 de agosto último. Solo movido de la necesidad, puedo llamar la atención hacia mi persona sobre un asunto que nada interesa al público; pero hay casos en que es lícito interrumpir el silencio; y así mis pocos lectores tendrán la bondad de disimularme.

Cuando anteriormente se ha publicado este suceso, ya en la Gaceta de El Salvador, ya en el Monitor de México, y ya en algunos papeles sueltos de esta Capital, hubiera yo manifestado que en ninguna de dichas publicaciones he tenido ni tengo parte, grande ni pequeña. No he querido desde aquel aciago día, recordar un asunto que me desagrada: no he querido quejarme ante ningún Tribunal, ni menos he querido ni quiero hacer averiguaciones: ya todo pasó para mí; todo lo olvido; y me satisface el testimonio de aprecio e interés que, por mi justa causa, tomaron todos, sin excepción ninguna, los ilustres diputados de la Asamblea Constituyente, a cuyo lado tengo la honra de ocupar un asiento. Les di desde entonces los debidos agradecimientos y los repito ahora.

El objeto de este papel es manifestar que no tengo parte en las expresadas publicaciones, y menos en la que acaba de hacerse en el núm. 22 del Álbum de 11 del corriente, de cuyo periódico no soy editor. No quiero que se presuma que tengo interés en recordar sucesos que desagradan: mejor he querido pasar por el concepto de hombre insensible, que no por el de rencoroso ni vengativo; y así lo he manifestado al Sr. Juez Fiscal Militar, en la nota oficial que le contesté el 8 de agosto, rogándole que echara a todo un velo, pues yo perdonaba de corazón a mis ofensores.

Como podrá ser que los que han escrito dichos papeles lo hubieran hecho por mi bien, yo les tributo mi reconocimiento; pero les ruego que, por lo mismo que me estiman, no toquen una materia que me perjudica, porque, saliendo anónimos, pudiera creerse que eran escritos por mí, y aparecer como rencoroso.

Guatemala, noviembre 11 de 1848.
– Manuel Pineda de Mont.

NÚMERO 18.

Señores Diputados:

La reunión de un Cuerpo de Representantes ha sido mi constante deseo desde el mes de enero, en que se expidió la primera convocatoria, diferida el año anterior, de acuerdo con las personas que me asistían en el despacho del Gobierno, por los motivos que expuse al público en mi manifiesto de 24 de mayo último. Veo, pues, con gran satisfacción cumplido hoy este deseo, y quisiera que los momentos en que se verifica esta reunión fuesen más a propósito para presentar un informe extenso y detallado de mi administración.

No obstante la dificultad de estos momentos, es mi deber explicar de alguna manera mi conducta en el manejo de los negocios públicos que han estado a mi cargo. La insurrección que, por un designio de la Providencia divina, me colocó en 1837 y 1838 al frente de los pueblos conmovidos, fue un grande y terrible sacudimiento, que me impuso deberes desproporcionados a las capacidades de un hombre sencillo y no educado para gobernar. Penetrado de mi insuficiencia, rehusé por largo tiempo hacerme cargo del Gobierno, al que reiteradas veces fui llamado por la Asamblea Constituyente.

Pero, si bien sentía yo mi corta capacidad, me hallaba penetrado de la misión que había recibido, conocía las causas de la insurrección, los sentimientos que animaban a los pueblos, y recibí de la mano poderosa y oculta que los protege, la fuerza suficiente para calmar aquella gran conmoción, y restablecer la autoridad pública, volviendo la sociedad a sus quicios; obra que, según recordaréis, parecía entonces superior a todo poder humano.

Ya apoyando y protegiendo las deliberaciones de la Asamblea Constituyente en el largo período de sus sesiones, o ya en el curso de mi administración, desde que, sometiéndome a la necesidad, admití en fines de 1844, el nombramiento de Presidente que hizo en mí el Congreso por su decreto de 14 de diciembre, creo no haber hecho más que servir a los fines y altos designios de la Providencia, que inspiró a los pueblos cuando me eligieron para acaudillarlos.

Ni los beneficios que ha recibido el público durante los últimos ocho años, y que han sido grandes, palpables y existentes en monumentos duraderos, ni los males y desgracias que puedan haber ocurrido al verificarse los sucesos a que se haya unido mi nombre, son obra exclusivamente mía; y si hoy se ha querido, por algunos, hacer olvidar los primeros y atribuirme a mí los últimos, los tiempos y los sucesos venideros serán los únicos jueces competentes para hacerme justicia y determinar imparcialmente cuáles han sido mis faltas y mis errores, y cuáles las causas necesarias e inevitables del desorden que a nadie le era dado superar.

Tócame a mí solamente y es mi deber, explicar en esta solemne ocasión, con sencillez y verdad, cuál ha sido mi conducta pública y los motivos que la han guiado en todos sus actos.

Las masas del pueblo sufrían y se agitaban por las divisiones y la discordia de los que ejercían la autoridad; extrañas a los motivos de estas desavenencias y a los intereses que en ellas se debatían, solo les alcanzaban los sufrimientos que eran consecuencia necesaria del trastorno, del mal gobierno y de los experimentos legislativos que se habían querido ensayar en nuestro pueblo.

Permítaseme no exponer detalladamente cómo la aplicación de sistemas concebidos con entero olvido de su natural constitución, habían introducido hasta en el interior de las familias la perturbación y la inseguridad. Materia es esta de que se ha hablado muchas veces, y en el día debe ser general la convicción sobre cuestiones que han sido origen de tantas discordias.

El primer sentimiento de los que en mí pusieron su confianza, era el de hacer cesar los males y la guerra que producía esta aplicación inconsiderada y la división y disensiones de las autoridades en 1837; yo pertenecía a la misma masa del pueblo que me puso a su cabeza, y no conocía, como ella, ni los partidos políticos que se agitaban, ni las personas, ni los intereses que se debatían. No era posible, pues, que me afectase por ninguna de estas cosas: mi misión era impedir que ellas continuasen dañando, y defenderme de su influencia.

Lo he procurado, nadie negará que he sido igual para todos, y que mi principal empeño en los negocios ha sido que mi influjo y autoridad se empleasen en impedir la preponderancia de un partido sobre el otro. Difícil, ciertamente, ha sido mantener semejante posición en medio de ellos; y esta dificultad es la que explica por qué unas veces he tenido que ser severo contra los sentimientos de un conocido buen corazón, y otras, las más frecuentes, tolerante y humano con los que se mostraban irritados hasta el punto de conspirar contra mi vida.

En esta parte, pues, he llenado, en cuanto era dable, el fin para que fui escogido. Quiera el Cielo, cuando pone término a mi carrera pública, restablecer la concordia entre vosotros, y preservaros, por medios más eficaces que lo han sido mis débiles esfuerzos, en once años, de desavenencias que trasciendan a la masa del pueblo; porque ellas le irritarían de nuevo contra el corto número de los que, por sus luces, por su mejor educación y demás ventajas sociales, están llamados a gobernar, es verdad, pero con dos condiciones: la una, de no olvidarse del pueblo, preocupándose solamente de los intereses, deseos y goces de este corto número, queriendo sin razón someterlo a ellos; y la otra, de presentar siempre en la autoridad un ejemplo vivo de virtud, de equidad, de prudencia y de justicia.

Reintegrar a los pueblos en la posesión de sus costumbres, de sus hábitos, de su modo peculiar de ser, y, principalmente, aquietar la conciencia de las gentes sencillas que había sido turbada por un lamentable olvido; he aquí otro de los deberes que me fueron impuestos.

El amor de la generalidad de los habitantes de los campos a nuestra santa religión, y el respeto que profesan a sus ministros, no se limita a que no se les perturbe en sus creencias, sino que los hace desear que el Gobierno que los representa sea, como ellos, religioso. Deseo natural y justo, si se examina la condición de la masa del pueblo, que debe solo a Dios lo poco que goza, y que tan solo en él encuentra protección contra las injusticias y el abuso que hacen frecuentemente de su posición las clases más cultas y elevadas.

Justa es también la veneración y el respeto que tienen a sus párrocos; puesto que, generalmente hablando, a ellos deben el corto grado de civilización y de moralidad que han alcanzado. De su boca oyen las máximas divinas del Evangelio, que modera sus costumbres impetuosas, y les aconseja no dañarse unos a otros; y, en fin, a ellos acuden para que los consuelen en sus desgracias.

Todo esto se había olvidado; la explosión del sentimiento del pueblo vino a recordarlo. La Asamblea Constituyente comprendió sus deberes en esta parte, y combinando con el sentimiento generalmente expresado por las gentes del campo los deseos de las clases cultas, decretó que el Gobierno hiciese pública profesión de religiosidad, sin restringir la libertad de las conciencias.

Por mi parte, he cumplido también con el deber de representar el sentimiento de los pueblos, dando, en cuanto he podido, protección a los establecimientos religiosos; pero en este ramo, como en todos los demás, la dificultad de reparar lo que había sido destruido, es grande, y aún queda mucho por hacer.

Sin que los pueblos reciban una educación moral y religiosa más amplia y eficaz, no debe contarse con orden ni seguridad; y, dígase lo que se quiera, esta educación solo pueden dársela los párrocos, venciendo con un espíritu de caridad y con paciente constancia las dificultades de la empresa.

Se necesita, pues, de que el Gobierno proteja el aumento y la mejora del clero, reducido hoy a un número insuficiente de eclesiásticos. Yo confío en que los Sres. Representantes se penetrarán de esta grave necesidad, y que mirando sin preocupación la verdadera estructura de nuestra sociedad, darán una atención muy decidida a este punto, para que, favoreciendo y ayudando los esfuerzos del virtuoso Prelado de nuestra Iglesia, la autoridad pública concurra a fomentar los establecimientos de educación eclesiástica, que deben mejorar, aunque lentamente, la condición de nuestro clero.

No contribuían poco a la conflagración en los años de 1837 y 38 los males que el sistema federal, con su complicación, los grandes gastos que exigía y sus demás inconvenientes, de que tanto se ha hablado, producía en todos los Estados; tanto que había excitado en ellos la guerra y un incendio que se propagó por todos los pueblos.

Después que sus Gobiernos particulares ocuparon las rentas del Gobierno general, reasumieron de hecho sus atribuciones y declararon disuelto el pacto, el de Guatemala, el último en dar este paso, decretó por fin en 1839 su independencia, como una necesidad y como un medio de preservar a sus pueblos de la agitación que reinaba en los otros Estados por la lucha que sostenían con el Gobierno general.

Los actos de mi administración han sido consiguientes a aquella declaratoria. Palpable ha sido el desarrollo que desde entonces comenzó a tener el comercio y la prosperidad en todos los demás ramos: se sintió el beneficio de una administración libre de embarazos y de complicaciones que turbaban frecuentemente la paz: las rentas mejor administradas, se aumentaron prodigiosamente, y el bienestar que se gozaba fue generalizando de día en día la opinión por la erección de Guatemala en República independiente.

El último esfuerzo hecho sin éxito, después de otros muchos, para renovar algún pacto general entre todos los Estados, acabó de pronunciar la opinión acerca de este punto.

La inutilidad de la correspondencia llevada sin interrupción con los otros Gobiernos, el envío repetido sin fruto de comisionados, y más que todo, la impracticabilidad de los diversos proyectos que se formaron, dieron por resultado la convicción de que era ya imposible volver a la unidad y contrariar el hecho de la independencia en que todos los Estados se mantenían, mostrándose contentos y satisfechos de ella.

La necesidad urgía por otra parte: el Gobierno, que se veía obligado a pagar incesantemente sumas considerables por reclamos que había dejado pendientes el Gobierno federal, no podía prolongar por más tiempo una responsabilidad in solidum con los demás Estados.

Su posición era equívoca e insostenible en las cuestiones difíciles que se presentaban a cada paso en materia de relaciones exteriores; y se hizo ya indispensable poner término a indecisiones y fijar definitivamente nuestro modo de ser.

Guatemala no había querido ni promovido su separación de los otros Estados; por el contrario, tuvo que conformarse con ella, huyendo de toda demostración que pudiera atribuirse a que abrigaba ideas de conservar su antigua preponderancia.

Así, después de haber procurado mantener la mejor armonía con los otros Estados, interviniendo y mediando pacíficamente en las desavenencias que entre algunos de ellos se habían suscitado, y dando, siempre que algún caso se presentaba, pruebas efectivas de interés y de fraternidad, se creyó por el Gobierno que era llegado el caso de la declaratoria solemne que se hizo en 21 de marzo de 1847, y que, a mi juicio, ha sido el acto más importante de mi Gobierno, y el más útil y grandioso para Guatemala.

Se pasarán a los Señores Representantes todos los documentos relativos a este asunto, para que puedan imponerse de los pasos que precedieron a la adopción de esta medida, y de los que se han dado después en consecuencia de ella, a fin de que no fuesen alteradas las relaciones naturales que existen con los otros Estados, sino que, por el contrario, fuese bien recibida por sus Gobiernos, y por los agentes públicos de otras naciones, residentes en esta Ciudad.

Me lisonjeo de que en este punto no he hecho más que expresar el voto unánime de todos los guatemaltecos, y servir, como era mi deber, conformándome a las leyes constitucionales anteriores, a los intereses más vitales de mi patria.

La política del Gobierno con los demás Estados ha continuado, sin embargo, siendo amistosa y sincera. Costa Rica celebró últimamente un tratado con Guatemala, bajo la base del reconocimiento de su mútua independencia.

Honduras reconoció, como era natural, la erección de esta República; solamente El Salvador y Nicaragua parecen haber querido reservarse la intención de hacer sobre este hecho algún género de objeciones.

Guatemala, que hubiera deseado que su proceder fuese bien acogido en todas partes, no se ha inquietado por la conducta que han creído deber observar aquellos dos Estados, y está persuadida de que sucesos de esta naturaleza, solo reciben del tiempo y su transcurso su legítima y natural sanción.

Si son útiles y convenientes, si son conformes a la verdad de los hechos y a los intereses existentes, serán sostenidos, a despecho de ideas e intereses particulares; si no fuere así, el peso de los acontecimientos anula y hace desaparecer lo que en sí es falso.

La importancia de este suceso debe ser juzgada por sus resultados.

El ser político de Guatemala fue desde luego considerado por todas partes: los Representantes de la Gran Bretaña, de la Francia, de las Ciudades Hanseáticas y de la Bélgica, reconocieron nuestra independencia, y celebraron con el Gobierno tratados de amistad y comercio que pronto deben venir ratificados.

El agente consular de los Estados Unidos de Norteamérica felicitó a este Gobierno, y el Presidente de aquella Nación nombró últimamente un encargado de negocios para esta República.

Los Gobiernos de la Nueva Granada y el Ecuador han reconocido igualmente el nuevo ser político de Guatemala.

El agente público que creí conveniente nombrar cerca del Gobierno de México, no había encontrado embarazo en ser recibido: he juzgado importante entablar relaciones con esta República vecina, pareciéndome que no debía abandonarse por más tiempo el cuidado de cultivarlas con un país que toca con nuestras fronteras, y con quien existen relaciones íntimas de comercio.

En dos años, pues, ha podido lograr Guatemala lo que infructuosamente se había procurado bajo el régimen federal, en los veinticinco que precedieron desde la independencia, hasta 1847. Su nombre restablecido ha sido mencionado con honor en los papeles públicos de Europa, de los Estados Unidos, de las otras Repúblicas americanas y de la ciudad de La Habana.

Esta mejora en nuestro crédito, de que hago mérito, no por pura ostentación, ha influido poderosamente en nuestra prosperidad, desarrollando el comercio y la agricultura, llamando a radicarse en nuestro país muchas familias honradas e industriosas de otras partes, e importando en él nuevos capitales.

Como consecuencia necesaria de este progreso, las luces se han propagado y nuestra civilización ha adelantado visiblemente.

Por eso, mi política constante con respecto a las relaciones exteriores ha sido la de cultivarlas cuidadosamente, manteniendo con los agentes públicos extranjeros, residentes en la Capital, la más perfecta inteligencia, y guardando respecto de ellos la debida igualdad de miramientos, sin sujetar la autoridad del Gobierno a la influencia de esta o de la otra nación.

En un país naciente, como el nuestro, difícil ciertamente es conducir estos delicados negocios: yo me he esforzado en ahorrar al nuestro compromisos y desagrados, procurando, con una conducta circunspecta, que no padeciese su crédito en cuanto a la suficiencia y capacidad del Gobierno, y precaviéndole de males y perjuicios que después acaso no es posible reparar.

Cuando se ha querido ejercer alguna influencia extraña e indebida en nuestra política interior, he sabido preservarme de ella, desentendiéndome de inconsideraciones que podían comprometer al Gobierno.

En todos los casos que se han ofrecido, he buscado constantemente el consejo y la experiencia de personas prudentes y bien intencionadas, y que, además, tienen acreditado su amor desinteresado a la patria; así es como ha podido la República preservarse de embarazos, y adquirir el buen nombre y crédito que comienza a gozar en los países extranjeros.

El tiempo y los sucesos aclararán la conducta del Gobierno en esta materia, y responderán a las imputaciones injustas que se le han hecho.

El único desagrado que ha ocurrido, ha sido el reclamo y procedimiento del encargado del Consulado General de Francia.

Por la Secretaría del ramo se pasarán a este respetable cuerpo los documentos del caso, para que pueda juzgar este hecho con presencia de ellos.

Al concluir mi informe sobre las relaciones exteriores, debo hablar de la Colonia de Santo Tomás.

A pesar de las vicisitudes que ha sufrido esta empresa, ella deja resultados que podrá ser muy útil aprovechar: además de haber sido punto de apoyo para algunas negociaciones mercantiles, y de haber dado ocasión a que algunas familias de artesanos y artistas se introdujeran al interior, en donde se hallan establecidas, queda allá una población considerable de europeos que sería muy útil fomentar, como se proponía hacerlo el Gobierno, cuando la interrupción de la paz embargó su atención y sus recursos.

El Rey de los belgas ha protegido esta empresa, y mostrado bondadosos deseos de estrechar las relaciones de la Bélgica con esta República.

El Gobierno celebró un tratado con el Sr. Blondeel, agente público del gobierno del Rey, para la apertura de un camino de tierra entre el puerto de Santo Tomás y esta Capital.

Si fuere ratificado, será un manantial de prosperidad para el país.

Entre tanto, el Sr. Blondeel ha publicado datos e informes muy importantes sobre aquel interesante territorio.

La Colonización de Santo Tomás, merece, a mi juicio, una protección más eficaz y decidida que la que el Gobierno, a pesar de sus mejores deseos, ha podido darle, y la recomiendo especialmente a la Representación Nacional.

Fijando la atención sobre los sucesos que pasan en el mundo, preciso es que nos preparemos para abrir y ensanchar nuestras relaciones, y franquear nuestros puertos y los dones con que la naturaleza ha enriquecido nuestro territorio, para que puedan fructificar en beneficio del universo entero.

Por todas partes desaparecen y se extinguen las ideas estrechas de aislamiento y monopolio; debemos, pues, seguir el movimiento del mundo, y no desviarnos del camino franco que en el comercio, así como en la política, siguen los otros pueblos.

La administración de la hacienda pública, su manejo e inversión, y el reconocimiento y pago de la deuda, tanto interior como exterior, es otro de los asuntos graves de que debo ocuparme.

La situación de la hacienda, a fines del año anterior, era tan próspera y halagüeña, cual no se había visto jamás desde que se proclamó la independencia; y la sublevación que turbó la paz, es la que me priva hoy de presentar este ramo, como me lo prometía al reunir la Representación Nacional, con todo el aumento y desarrollo de que es susceptible.

Abolidas por la Asamblea Constituyente las contribuciones directas sobre las clases pobres, rebajadas las indirectas que les eran gravosas, ningún impuesto nuevo las ha sustituido. Sin que hayan vuelto a verse exacciones violentas, confiscaciones de bienes privados y de fondos píos, se ha dejado a las diversas corporaciones y establecimientos el uso de sus rentas, y su aplicación a los objetos de su instituto.

Lejos de contraerse nuevas deudas, se han pagado gruesas sumas por reclamos extranjeros de la época del Gobierno federal, y una gran parte de la deuda interior. Se soportaron los gastos de la guerra que en 1840 y 1844 se hizo a Guatemala; y están cubiertos casi con el día los gastos civiles de la administración, en medio del enorme que se ha hecho en todo el curso de este año, para mantener más de 3,000 hombres que fue necesario poner sobre las armas.

Están a la vista las reparaciones de edificios y otras obras públicas que se han costeado también por el erario; existe en los almacenes un acopio considerable de armamento y demás elementos militares preparados para la defensa de la República.

Aun en el presente desorden, y agobiado el Gobierno con un gasto mensual tan considerable como el que hoy se hace, su crédito ha sido respetado, y siguen amortizándose los vales de la tesorería en la forma establecida.

Solo el manejo limpio de los caudales públicos, confiado, como un depósito sagrado, a manos puras, y el cuidado de que no se disponga de ellos por complacencias o miramientos indebidos, han podido dar por resultado el que en los años anteriores de paz y de prosperidad, se encontrase en las arcas públicas un sobrante, y que en cerca de un año de trastorno y de guerra, haya podido esta sostenerse, cubriéndose además las atenciones ordinarias del Gobierno y haciéndose pagos de sumas considerables sin que el público haya sentido el menor gravamen.

Sin embargo, faltaría yo a la veracidad que debo guardar en este informe, si pretendiese disimular que, a pesar de todos los esfuerzos del Gobierno, aún hay que corregir muchas irregularidades y abusos introducidos en los gastos, principalmente en los últimos tiempos en que el trastorno y el desorden de la guerra, y los pocos medios de que el Gobierno puede disponer para establecer una administración rígida y vigorosa en todos los ramos, han hecho ineficaces los desvelos y la rectitud de las personas de notoria honradez, encargadas del manejo de la hacienda.

Si la Providencia Divina, como es de esperarse, restituye la paz y consolida un gobierno justo en la República, sin necesidad de nuevos gravámenes ni contribuciones, Guatemala en pocos años podrá, no solo acabar de amortizar su deuda interior, y hacer un arreglo ventajoso para el pago de la parte que le corresponde en la deuda de la extinguida federación, como lo exigen su crédito y buen nombre, sino que también mantendrá con desahogo y decoro su administración, y podrá destinar sumas fijas en su presupuesto para fomento de la instrucción pública, mejora de los caminos y adelanto del comercio, la agricultura y las artes.

Nuestros puertos al Sur y al Norte necesitan almacenes y muelles; los caminos que conducen a Izabal e Iztapam, a los Altos y al río de Paz, demandan trabajos importantes, que, restablecido el orden, podrán emprenderse con grande utilidad.

Creo que sin hacer alteraciones, siempre peligrosas en la delicada materia de impuestos, que tan inmediatamente afecta el interés particular, este respetable Cuerpo podrá dictar las medidas que sean oportunas para el mejor arreglo de la administración de las rentas y su progresivo aumento.

Por lo que hace al gobierno político y administración civil de la República, no puedo presentaros un cuadro lisonjero. Insuficiente es todo esfuerzo, por bien intencionado que sea, para sobreponerse a las dificultades que presenta el gobernar con arreglo y equidad, en medio de la relajación general, de malos hábitos contraídos en muchos años de hallarse subvertido el orden social, y sustituido el desenfreno de las pasiones a la autoridad de la ley.

Esta dificultad toca en imposible, si se considera la escasez de medios para vencerla, la falta de hombres, y sobre todo, la justa aversión que tienen a ocupar los destinos públicos los pocos que pudieran desempeñarlos dignamente.

No es posible encontrar quienes quieran abandonar sus domicilios para ir a lugares de menos comodidad, a contraer responsabilidades y deudas, porque las dotaciones son pequeñas, y a encontrar, además, desprecio y desagrados, en lugar del honor, del respeto y de la consideración que deberían rodear al funcionario público.

Si a esto se agregan los títulos que se adquieren en cada desorden y trastorno para optar a los empleos, podrá comprenderse fácilmente por qué en muchas partes los pueblos no han sido gobernados como la administración lo hubiera deseado.

No ha cesado, sin embargo, de solicitar y emplear personas de probidad y de honradez, que se hallan hoy al frente de algunos de los departamentos.

No ha sido menor su empeño en procurar que las municipalidades recobren su antiguo prestigio e influencia, y tengan medios para atender a los gastos de cada lugar y a los comunes del Departamento, formando fondos de propios y de comunidad.

Se han dictado medidas para que se establezcan escuelas y buena policía, para que se compongan los caminos, las cárceles, las fuentes y cabildos, las casas parroquiales y los templos: mucho se ha hecho en esta materia, abandonada enteramente desde la independencia; puede reconocerlo el que viaje por algunos de nuestros departamentos, en donde hace ocho años se hallaban en estado de ruina, o suma decadencia, los edificios que pertenecen al público.

Si la relajación no fuese tanta, que casi no se obedece sino lo que va acompañado de la fuerza armada, y si no se hubiese dado tanto ensanche a la palabra "libertad" que parece autorizar a cada individuo a no obrar sino conforme a su gusto y dispensarse de la obediencia a las autoridades, más se habría logrado en el buen gobierno de los pueblos.

Para retemplar la autoridad, no tanto se necesitan leyes y mandatos que causan menos efecto, cuanto más se multiplican, sino aptitud y probidad en sus agentes, y en los que desempeñan las funciones municipales; ese bien solo puede adquirirse con el tiempo, y afianzándose la paz y el buen orden, a medida que se rectifiquen las ideas, para que deje de tomarse la licencia por la libertad.

Es esta una empresa moral y de pura civilización, que solo podrá tener buen éxito, si los hombres instruidos y bien intencionados, aunque sean de diferentes opiniones políticas, se deciden al fin a poner término al extravío de la razón que confunde lo bueno con lo malo.

Hablando del gobierno interior de los pueblos, es también mi deber llamar la atención de este respetable Cuerpo sobre un punto de mucha gravedad, y que a mi juicio, debe ser tratado con suma prudencia.

Por lo menos, dos terceras partes de la población de la República son indígenas, que a mi ingreso a Guatemala en 1839 estaban casi todos sublevados, a causa del régimen inadecuado y de las novedades que se habían querido introducir en el modo de gobernarlos.

Contra todo lo que se temía, alcanzó mi influencia a apaciguarlos y sujetarlos, y las leyes que luego se dieron, mandando no turbarlos en sus usos y costumbres, y que se emplease hasta la nomenclatura a que estaban habituados, contribuyeron en gran parte a restablecer entre ellos el sosiego.

Desde entonces he velado cuidadosamente en que se les atienda con especial solicitud, procurando conciliar sus intereses con los de los demás habitantes, que imprevisivos, obran muchas veces como si esta clase, por su infelicidad, debiera ser sufrida hasta el punto de renunciar a las ideas, usos y hábitos que en ella forman una segunda naturaleza.

Señores: no solo por el ejemplo de los terribles males que se experimentan ya en otros puntos de la América española, sino porque la humanidad y la utilidad común lo exigen, es necesario dar una especial y cuidadosa protección a la clase indígena, y asegurarle la peculiar y adecuada administración a que está acostumbrada.

Bajo de ella, ha sido la base de la prosperidad de estos países, porque es la clase que labra la tierra en ellos.

Sin tanto brazo activo para el trabajo, no veríamos esas empresas de agricultura que constituyen nuestra riqueza; y si todos cuidamos y acariciamos lo que nos es útil en particular, cosa inconcebible es ciertamente, que nuestra sociedad no lo haga así con lo que le es tan necesario.

Si los indígenas continúan entregados a la embriaguez; si se sigue desautorizando a sus párrocos, que son los que únicamente ejercen sobre ellos alguna influencia moral; si no se mantienen las formas protectoras que conciliaban a las autoridades su respeto y aun su amor, cada día esta clase apreciable será más degradada, y la veremos desaparecer, ya por las enfermedades y la muerte, ya por la emigración a los bosques y despoblados, que asolará los pueblos y amenazará las ciudades, rodeándolas de turbas enemigas.

Y al fin, llegará el caso de que se ponga en peligro la civilización poco prudente y previsora, que no supo ejercer una influencia benéfica y manejar elementos que debían subordinársele.

El Gobierno quiso preparar con tiempo informes y datos sobre las reformas que deban hacerse en la administración de justicia, principalmente en la parte que asegure la responsabilidad a los jueces, y reprima abusos que tan de cerca tocan a la seguridad de las personas y al goce de todos los bienes sociales.

Se pasará por la Secretaría del ramo a este respetable Cuerpo el informe que dio la Suprema Corte sobre algunos puntos; pues sobre otros de los que el Gobierno promovió, aún no ha sido evacuado, sin duda por el trastorno de los últimos meses.

La mejora de este ramo depende de que vayan generalizándose los conocimientos en jurisprudencia, y formándose hombres de experiencia y de saber que ejerzan la magistratura.

Todo es nuevo y naciente entre nosotros, y se necesita tiempo y paciencia para mejorarlo.

Los cambios e imitaciones no han sido acreditados por la experiencia.

El haberse intentado adoptar códigos extraños, produjo mayor sacudimiento y males de lo que se calculó al ensayar el experimento.

La independencia del poder judicial en el ejercicio de sus altas funciones es la verdadera garantía de los ciudadanos; y es de esperarse que no volverá a verse entre nosotros que el Gobierno y los cuerpos legislativos intervengan en negocios de partes, de naturaleza puramente judicial.

La organización de la fuerza pública bajo un pie de regularidad y disciplina rigurosa, es otra de las necesidades más urgentes, porque ella también es una de las garantías de orden y seguridad. El Gobierno ha hecho últimamente esfuerzos para vencer los malos hábitos que los trastornos han ido formando, a medida que las revoluciones, descendiendo por grados, han extinguido todas las profesiones. La insurrección que armó en masa a los habitantes de los campos, les dio una forma militar que no era dable regularizar de un golpe. He trabajado incesantemente con este objeto; y en el día están a la vista las mejoras que han obtenido los cuerpos del ejército. Sin embargo, se necesita continuar este trabajo ímprobo, y podrán ser de mucha utilidad para esto los jefes y oficiales de honor y de pericia que se hallan al frente de los batallones. El establecimiento de milicias en los departamentos y de guardias urbanas que dependan de las municipalidades para proveer a la seguridad de cada lugar, será también de mucha utilidad.

Si se considera que en 838 y 39 todo quedó disuelto, y no se encontraron más que escombros, siendo necesario fundarlo todo, será preciso reconocer que harto se ha hecho en cada uno de estos ramos, y que no es extraño que quede aún mucho por hacer. La obra de constituir los pueblos y de dar forma, perfección y estabilidad a sus instituciones, exige el transcurso de años y aun de siglos enteros. La experiencia ha disipado la ilusión de que esto se pueda conseguir en pocos días, con solo concebir y redactar proyectos, por buenos y útiles que parezcan. La autoridad que me suceda encuentra el país organizado y no disuelto; y sin embargo, sentirá bien pronto el tamaño de las dificultades.

La sublevación de la montaña que ha turbado la paz, y que con tanta razón afecta los ánimos, espero se calmará, desapareciendo de la escena el objeto de injustas prevenciones. Yo he procurado, con el auxilio de las personas bien intencionadas que me ayudan en el despacho del Gobierno, hacer cesar este funesto desorden, por cuantos medios ha sugerido la prudencia y la calma; y es para mí una grande satisfacción no haberme dejado arrastrar por ningún movimiento de amor propio. Los medios morales, la persuasión y el convencimiento, el influjo de respetables eclesiásticos y la promesa franca y sincera de apartarme del Gobierno, si esta era la condición de la paz, han sido las armas que he empleado, como era mi deber: las he preferido a la fuerza que la autoridad ponía en mis manos; y solo cuando se me ha obligado a combatir en defensa de esta misma autoridad, me he visto precisado a acreditar que tenía el valor y los medios suficientes para vencer. Las demás pasiones que al mismo tiempo se han sublevado contra el Gobierno, podrán también satisfacerse y calmarse con mi falta de resistencia a resignar el poder. Al deponerlo hoy en manos de este respetable Cuerpo, llevo la gloria de no haber arrojado combustibles a la hoguera; por el contrario, he puesto en ella mi nombre, mi bienestar y todo lo que los hombres estiman, para que se consuma y apague. El cielo lo permita, para que nuestra patria deje de ser combatida, como lo ha sido tan cruelmente en estos últimos días.

Algunas mejoras materiales quedan, frutos de la paz y del concurso de muchas personas ilustradas y benéficas a quienes el Gobierno ha auxiliado y apoyado, acogiendo todo lo que le parecía útil y bueno. El Hospital General de San Juan de Dios, a donde vienen a buscar alivio y consuelo los enfermos, no solo de toda la República, sino aun de los Estados vecinos, por la caridad o beneficencia pública, se ha reparado de la gran decadencia en que llegó a verse en 835 y 36, y se halla hoy en un grado de adelanto en que jamás se había visto. La Universidad, que se hallaba cerrada en 839, con el auxilio del Gobierno se mantiene en buen pie, y da enseñanza a más de trescientos estudiantes. El camino del golfo, el puente de hierro sobre el río grande y otras obras dirigidas por el Consulado; el alumbrado y la policía que se estableció para cuidar del orden, tanto de día como por la noche; la continuación de las aceras y otros trabajos concluidos o emprendidos actualmente en la Capital y en los departamentos, son obras que honrarán siempre el período en que me ha tocado gobernar. Los archivos dispersos y arruinados, las oficinas públicas que casi no tenían residencia, todo ha sido reparado y restablecido, y tengo la satisfacción de que al terminar mi carrera pública, no son las ruinas que se esperaban de la barbarie las que dejo, sino monumentos visibles de que bajo mi mando, han sido protegidas la cultura y la civilización, y de que he tenido amor a mi patria, y procurado su adelanto y engrandecimiento.

Los detalles todos de la administración constan de los acuerdos y expedientes formados en cada negocio. Los Secretarios del despacho, en los diversos ramos, informarán aunque no pueda ser extensamente, sobre ellos; y quedan en las secretarías los datos necesarios sobre cada asunto, para que los que les sucedan, puedan dar los informes y presentar los documentos que sean necesarios para la mejor ilustración de este Cuerpo.

Al terminar este informe, declaro solemnemente ante Dios que ve el interior del corazón, y ante los Representantes que se hallan aquí reunidos, que todos mis actos públicos y mi ardiente deseo se han dirigido al bien general, al engrandecimiento de Guatemala y a promover la felicidad de mis conciudadanos.

Desde que entré por la primera vez a esta capital, acaudillando a los pueblos, mis esfuerzos fueron por salvar cuanto existía y por impedir que se destruyera cosa alguna. Habré errado en muchos casos: muchas veces me habré extraviado involuntariamente del camino del bien; mis conocimientos y capacidades políticas eran cortas, y me he visto rodeado de muchas seducciones, y combatido por los más contrarios y complicados intereses. No era en aquel tiempo más que un soldado intrépido y fogoso, que había perdido en la lucha muchos de los de mi familia, y derramado mi sangre en diversos encuentros y batallas. Nada de esto volví a recordar; mi pensamiento se fijó en mi patria y en su bien; no vi partidos ni personas, porque a nadie había conocido anteriormente, y quería justicia y bienestar para todos. Los destierros y persecuciones que habían afligido largo tiempo a Guatemala, cesaron al presentarse el pueblo armado; yo no los he renovado en ninguna época. Cuando he ejecutado algunos actos de severidad, lo que ha sido raras veces, fue creyéndolo indispensable al bien público y al mantenimiento de la paz. Pero nadie ignora que pasados los momentos en que la necesidad autorizaba mi proceder, todos han encontrado en mí un corazón humano, sin rencor, que jamás ha satisfecho venganzas ni conservado resentimientos. No me pesa, no, el haber sabido mostrarme generoso en muchos casos, aun con los que más han abusado de mi candor. Elevado, como lo había sido, de una manera extraordinaria y misteriosa, mi deber era ser bueno para con mis conciudadanos, y no tiránico y opresor.

Sabido es que por largo tiempo rehusé encargarme del Gobierno, y que la necesidad, más que la gloria del mando y las seducciones del poder, fue la que al fin venció mi repugnancia, y me ha tenido atado mucho tiempo, contra mi genio movible e inadecuado para el despacho de los negocios, y contra mis inclinaciones más vehementes por la vida del campo, que nada ha podido borrar aun de mi alma.

Recuerdo todo esto para que sirva de excusa a los errores y desaciertos que haya podido cometer en el mando. No me he fiado nunca en mí mismo; he buscado siempre hombres de probidad y de conducta pura para poner en ellos mi confianza y para que me auxiliasen en el Gobierno. Esta era la garantía mejor que podía ofrecer a mis conciudadanos, y nunca he descuidado de mantenerla.

He sido colmado de honores y de confianza por ellos: recibiendo repetidas pruebas de aprecio en el curso de los once años que ha durado mi carrera pública. Doy a todos las gracias por lo que me han honrado y distinguido; estoy satisfecho con esta recompensa a mis servicios. Lo que en ellos hubiere de sólido y verdadero, será lo que, sin que basten a impedirlo las pasiones del tiempo y la ingratitud de algunos, pasará a la posteridad. Al deponer ante vosotros, Señores Diputados, el enorme cargo que tanto tiempo ha pesado sobre mí, puedo asegurar en la sinceridad de mi corazón, que nada deseo más que el acierto en vuestras deliberaciones, y que ellas concurran a restablecer el orden y la paz, y a que continúe la marcha, hoy interrumpida, de la prosperidad de nuestra patria.

Guatemala, agosto 15 de 1848.
Rafael Carrera.

CAPÍTULO III: COSTA RICA TIENE QUE "BOLSEARSE"

Costa Rica bajo la administración del doctor Castro, hasta que al Estado se llamó República.

SUMARIO
1. Sucesos acaecidos desde mayo hasta septiembre inclusive. 2. Mes de septiembre. 3. Octubre. 4. Noviembre. 5. Diciembre. 6. Enero de 1848. 7. Febrero. 8. Marzo. 9. Abril. 10. Mayo. 11. Junio. 12. Julio. 13. Agosto.

Don Felipe Molina, en su Bosquejo de Costa Rica, pasa en silencio lo acaecido desde mayo hasta septiembre de 1847, y es preciso llenar este vacío.

Se estableció un resguardo militar en la costa del norte sobre las márgenes del Sarapiquí y otro sobre las del río La Flor por la parte occidental del Estado.

Habiendo escasez de fondos, el doctor Castro suplió de su propio haber una parte de lo que faltaba para cubrir la lista civil, lo que prueba que Castro, al subir al poder Ejecutivo, tenía bienes de fortuna.

Se mandó abrir en San José un liceo general para la educación e instrucción de niñas de todos los departamentos del Estado.

Fueron nombrados.

Ministro de Relaciones, Gobernación, Justicia y Negocios Eclesiásticos: Don Joaquín Bernardo Calvo.

Ministro de Hacienda, Instrucción Pública, Guerra y Marina: Don Francisco María Oreamuno.

Jefe de sección de Relaciones: Don Modesto Guevara.

Jefe de sección de Hacienda: Don Juan de Dios Céspedes.

Jefe político del departamento de Cartago: Don Juan de Dios Marchena.

Juez de 1.ª instancia del mismo departamento: Don Eusebio J. Prieto.

Juez de 1.ª instancia de Heredia: Don Juan González.

Juez de 1.ª instancia del Guanacaste: Don Bernardino Urtecho.

El 30 de mayo hubo un lucido paseo por las calles de San José para celebrar la creación de la escuela de niñas, que tenía el importante carácter de normal.

Don José Mariano Rodríguez, Ministro de Relaciones de Guatemala, dirigió a Costa Rica una nota participándole el decreto de 21 de marzo de 1847; y el Ministro Calvo, con fecha 5 de junio, contestó que ese decreto, aunque justo, conveniente, &. &. &., era muy doloroso porque significaba el último adiós a la unión centroamericana.

Estas palabras son muy significativas:

"El decreto de 21 de marzo fue el último adiós a la unión centroamericana."

¿Y quién dirigió ese fatal adiós?

Lo dirigió el autócrata Carrera con su círculo de nobles.

He aquí los autores del fraccionamiento de la patria.

Se dieron varias disposiciones para mejorar la administración de justicia.

El Gobierno de Nicaragua reclamó por haberse mandado colocar un resguardo en el río La Flor.

El Ministro Calvo contestó que desde el 9 de diciembre de 1825, día en que el Congreso federal aprobó la anexión del Guanacaste, Costa Rica estaba en posesión legítima de él y debía custodiar sus fronteras.

Se dieron varias disposiciones para facilitar el despacho en el ramo de correos y para la mejora de los caminos.

Se mandó abrir una academia de dibujo y pintura.

El Congreso Constitucional nombró para individuos de la comisión permanente a los señores don Manuel Antonio Bonilla, don Nazario Toledo y presbítero don Juan Rafael Reyes.

Fue reconocido en Costa Rica don José Aguilar en calidad de comisionado del Gobierno de Honduras.

Se declaró libre de los derechos de alcabala el ganado que se introdujera de cualesquiera de los pueblos de Centroamérica.

El Presidente hizo una visita a la ciudad de Cartago y allá publicó la proclama que se ve al fin de este capítulo. (Documento núm. 1.)

A su regreso, hubo revista en Mata Redonda, y Castro dirigió a la tropa otra proclama. (Documento núm. 2.)

Fueron nombrados representantes a la Dieta de Nacaome don Joaquín Bernardo Calvo y don Juan Antonio Alvarado, y suplente, don José María Bonilla.

Se dispuso que, para el comercio libre de que habla la franquicia que se otorgó a Punta Arenas, quedara designada la isla de San Lucas, fuera de la cual no podrían desembarcarse mercancías sino en el muelle de la Aduana, quedando en este caso sujetas al registro y exacción de derechos conforme a las leyes.

Se refundió la aduana marítima del Norte en la receptoría de San José.

Se dispuso que las siembras y el beneficio del tabaco del país se hicieran en lo sucesivo por cuenta y riesgo del Gobierno.

Se convocó al Congreso extraordinariamente.

En el país había conmociones, lo que prueba que los trastornos de Centroamérica no eran una consecuencia de la política de los coquimbos, como falsamente aseguraban los reaccionarios, sino una desgraciada emanación de la enseñanza de tres siglos.

El 30 de agosto se reunió el Congreso extraordinariamente.

La franquicia del puerto de Punta Arenas agitaba los ánimos.

Los comerciantes ricos la condenaban.

Los pobres la querían.

En el puerto fondeaban muchos buques y la bahía presentaba un aspecto delicioso.

Punta Arenas era el puerto de más movimiento de toda la América Central en el Pacífico.

Allí se palpaba el progreso y se distrutaba de los adelantos que el comercio y la emigración traían de los países más florecientes de la tierra.

Pero la influencia de los poderosos era tan grande como ellos, y la franquicia de Punta Arenas estaba condenada a muerte.

Se decía:

"La franquicia del puerto es mala porque abre la puerta al contrabando y destruye la alcabala marítima."

El 4 de septiembre, el Congreso ratificó el decreto que declaraba a Punta Arenas puerto franco, pero limitando la franquicia hasta el 30 de septiembre de 1850.

La libertad de comercio debía circunscribirse al territorio que comprende la península de Punta Arenas, desde la Puntilla hasta la Angostura.

Llegó a Costa Rica la noticia de que se habían firmado tratados de amistad y comercio entre la Gran Bretaña y las ciudades Anseáticas de Lübeck, Bremen y Hamburgo y la República de Guatemala.

Los separatistas, entre los cuales se hallaban poderosos agentes del Gobierno guatemalteco, con el fin de que Costa Rica, imitando a Guatemala, se declarara república soberana e independiente, circulaban esas noticias dándoles grande importancia.

Los políticos de entonces, aunque tuvieran talento e instrucción, carecían de experiencia.

Ellos pensaban que los tratados entre países chicos y países grandes hacen la felicidad de los chicos.

Un proyecto de revolución fue sorprendido y el Presidente Castro dirigió a los pueblos una proclama que detalla las circunstancias. (Documento núm. 3.)

Dos días después se ordenó que el fusil que cada soldado tuviese en mano correspondiera a su respectivo pueblo y fuese una propiedad de este. (Documento núm. 4.)

Esta orden tenía por fin preparar un desarme de los pueblos sospechosos y evitar que las armas que se dieran a los vecinos de aquellos pueblos que se consideraban leales sirvieran a los que no lo eran en concepto del Gobierno.

En seguida, se dio otra orden previniendo que no hubiera depósitos de armas ni de ningún otro elemento bélico fuera del cuartel principal de San José, dejándose solamente la cantidad de parque que la comandancia determinara. (Documento núm. 5.)

La conspiración estaba descubierta, y cortada no podía tener éxito.

El Presidente publicó otra proclama. (Documento núm. 6.)

El Gobierno hizo concurrir a San José fuerzas de aquel departamento, de Cartago y de Heredia, y las personas de Alajuela que se creían más comprometidas dirigieron al Gobierno una exposición reverente y sumisa. (Documento núm. 7.)

Habiendo pasado el peligro, el Presidente dio a las fuerzas de San José, Cartago y Heredia una proclama que puede verse al fin de este capítulo. (Documento núm. 8.)

El Presidente volvió a convocar extraordinariamente el Congreso.

Este se reunió el 27, y aquel mismo día se leyó, en sesión pública, un largo informe del señor Ministro Calvo.

La Asamblea aprobó cuanto el Ejecutivo había hecho, dio al Doctor Castro el título de Benemérito del Estado (decreto de 2 de octubre de 1847), se cantó el Te Deum, sin el cual no podía haber ninguna fiesta, y se decretó una amnistía.

Se admitió una renuncia de Vicepresidente del Estado, que don José María Alfaro se había visto obligado a presentar, y se convocó a los colegios electorales para que el 17 de octubre procedieran a elegir Vicepresidente.

Aún se oían los acentos del Te Deum cuando una nueva revolución estalló en Alajuela.

El 5 de octubre, a las diez de la mañana, hubo un pronunciamiento en aquella plaza, y se firmó un acta suscrita por muchos de los que habían manifestado adhesión al Gobierno en documentos anteriores.

Se hallaba a la cabeza de la revolución Francisco Emigdio Aqueche, salvadoreño, según Molina, al servicio del Estado.

Este pronunciamiento era más importante que el anterior porque se hallaba ramificado en otros departamentos y especialmente en Heredia, cuya plaza fue ocupada por los insurrectos.

Un decreto gubernativo, autorizado por don Manuel J. Carazo, que entonces era Ministro de la Guerra, declaró a Costa Rica en estado de sitio y llamó a las armas a todos los centroamericanos allí residentes, desde la edad de catorce hasta la de cincuenta años, y dijo que el Presidente se colocaba a la cabeza del ejército.

El Presidente dio una proclama contra los insurrectos y acordó que las fuerzas de su mando marcharan a combatirlos.

El 7 salió de San José la vanguardia y llegó a la hacienda de La Asunción.

En seguida marchó el Presidente y su estado mayor con las fuerzas de su mando al cuartel general de La Asunción.

El mismo día, el oficial del Gobierno, Juan Quiroz, con seis soldados, derrotó una compañía de cien hombres que, situados cerca del Río Segundo sobre terreno de un presbítero llamado el padre Umaña, se encontraban al mando de Juan Arias.

Esta fuerza, de la cual se tomaron cuatro soldados con fusiles, se escapó en desorden, dejando los caballos y las monturas de los oficiales.

Parece increíble que Juan Quiroz, con solo seis soldados josefinos, haya derrotado una compañía de cien alajuelenses, y es preciso presentar el documento de donde este extraordinario aserto ha sido tomado. Se halla al fin de este capítulo. (Documento núm. 9.)

¿Qué es esto?

¿Habrá tanta diferencia entre los josefinos y los alajuelenses que seis josefinos basten para hacer huir a cien alajuelenses?

En la guerra que algunos años después Costa Rica sostuvo contra Walker, los vecinos de Alajuela dieron muestras de valor y de heroísmo y adquirieron, como todos los costarricenses, gran nombradía en el exterior.

¿Cómo, pues, Juan Quiroz pudo derrotar a cien hombres con solo seis, hazaña asombrosa y digna de la era de los mitos?

Juan Quiroz era un joven valiente y arrojado; pero no basta el arrojo ni el valor para hacer huir a cien hombres bien armados con solo seis cazadores.

Algo más que la intrepidez de unos y la debilidad de otros se ve en estas maniobras.

Algunos creen que había combinación entre ciertos jefes de Alajuela y San José.

Otros piensan que la revolución no tenía prestigio en Alajuela, que la tropa iba violenta al combate, que los soldados aspiraban a dejar las armas para volver pronto a sus habituales labores de campo.

Este cálculo lo hacen más probable los sucesos siguientes.

Toda la caballería de Alajuela suplicó que se le protegiera la traslación a las filas josefinas.

Un parte del general en jefe lo comprueba. (Documento núm. 10.)

A las siete de la noche se presentaron en el cuartel general el oficial y soldados de una avanzada que los insurrectos tenían en Río Segundo: entregaron las armas y pidieron la protección del Gobierno. (Documento núm. 11.)

Todo esto manifiesta que la guerra no era popular en Alajuela.

El Presidente Castro, en sus partes y proclamas, atribuye sus triunfos a que los criminales son cobardes y valientes los virtuosos defensores de la ley.

Esto está muy bueno para decirlo a la cabeza del ejército en momentos en que no se piensa y en que, con palabras pomposas manejadas con artificiosa retórica, se pretende hacer mover a las máquinas humanas que se llaman cuerpos militares.

Decir que la virtud es valiente y cobarde el crimen es emplear dos veces la figura prosopopeya sin decir una verdad.

Ojalá fuera siempre cobarde el crimen. ¡Qué feliz fuera la humanidad!

Pero la historia de todas las edades nos presenta criminales muy valientes que han hecho mucho daño.

Ojalá fuera siempre valiente la virtud. También nos presenta la historia hombres virtuosos muy tímidos.

Alfaro no podía entusiasmar a los soldados de Alajuela con sus antecedentes históricos, con sus glorias militares, ni decirles como Napoleón a los franceses en Egipto:

"Desde lo alto de estas pirámides cuarenta siglos os contemplan."

Les había dicho que el departamento de San José quería humillar al departamento de Alajuela, que era preciso sacudir el yugo de los josefinos y ser libres.

Esto no solo lo decía Alfaro; lo decían algunos otros en Alajuela, en Heredia y en Cartago.

Pero el pueblo que labraba la tierra, que ganaba dinero, que aumentaba sus comodidades proporcionándose no solo objetos indispensables, sino también de recreo y hasta de lujo, no daba crédito a esa propaganda.

Las cuestiones se limitaban a círculos muy marcados de cada capital de provincia, que no podían hacer participar de sus creencias, aspiraciones y deseos a todo el vecindario.

El día 8, a las diez y media de la mañana, ocuparon la plaza de Alajuela las fuerzas josefinas sin que se les hubiera hecho más resistencia que unos tiros dirigidos a la vanguardia.

Algunos individuos de Alajuela se replegaron a las montañas de Poás, de donde muy pronto comenzaron a desertarse. (Documento núm. 12.

El Ministro de la Guerra, don Manuel J. Carazo, creyó que los insurrectos de Alajuela pretendían hacer guerra de montaña, como diez años antes la había hecho Carrera, y se empeñó en presentar las diferencias que hay entre Poás y Mataquescuintla, entre los cachurecos de 1837 y los alajuelenses de 1847.

Pero nadie pensaba en esa guerra de montaña; la deserción en Poás continuó y la paz quedó restablecida.

Sensible es que en los documentos oficiales se haya empleado un lenguaje demasiado acre contra Alajuela y sus hombres políticos.

Esa acritud, en vez de calmar, exaspera; en vez de asegurar la paz, prepara la guerra.

El doctor Castro tenía enemigos poderosos en San José porque, con razón o sin ella, se le imputaba la caída de don Rafael Gallegos, la elección de Alfaro para manejarlo a su antojo y para que le preparara el camino a la presidencia.

Se le atribuían, con razón o sin ella, manejos en las elecciones para hacerse Presidente y para arrojar a Alfaro de la silla del Ejecutivo, después de haberse servido de él como de un instrumento.

Por mucho que fuera el talento, la instrucción, la elocuencia y otras altas dotes del doctor Castro, estos asertos que se propagaban haciéndose repetir de boca en boca, minaban su reputación y en el mismo San José tenía poderosos enemigos que aspiraban a verlo caer.

Muchos de estos, a quienes el doctor Castro creía amigos, le sugerían ideas perniciosas con el fin de minar su administración.

Se hicieron fiestas para celebrar el triunfo de Alajuela, y por desgracia hubo en ellas poco tino.

Las musarañas de 7 y 8 de octubre se exhibieron como aquellos triunfos militares de más nombradía que presenta la historia del universo.

Hubo arcos triunfales y coronas de laurel.

Se decretó el desarme completo de Alajuela. (Documento núm. 13.)

Quedaron disueltas las fuerzas milicianas y suprimidas todas las plazas veteranas de aquel departamento, y todos sus habitantes, sin excepción ninguna, se vieron sujetos al fuero común. (Documento núm. 14.)

Además, se dio un decreto que impone penas a determinadas personas. (Documento núm. 15.)

4.-Se reunió el Congreso, y por desgracia no fue esta vez muy atinado en todas sus resoluciones.

La influencia de Guatemala se hacía sentir en él, e imitando a Carrera y a Pavón, restableció el tratamiento de excelencia, abolido por la República el año de 1823.

Para obsequiar al doctor Castro lo declaró Excelentísimo Señor.

Para que otros no se enojaran, declaró Excelentísima Señora a la Corte Suprema de Justicia.

El mismo Congreso se declaró Excelentísimo Señor. (Decreto de 9 de noviembre de 1847.)

¡Cuántas excelencias!

Probablemente, los señores representantes creían que por falta de excelencias se había conmovido Alajuela y que, recogiendo ridículos andrajos de monarquía para engalanar a Castro, la paz quedaba asegurada y el Presidente podía descansar en su sillón con tranquilidad.

Los sucesos de marzo de 1848, que se puntualizarán en este capítulo, y lo acaecido en noviembre de 1849, de que se hablará en el volumen siguiente, prueban que aquellos padres de la patria estaban muy equivocados.

El Congreso, no contento con hacer al Presidente Excelentísimo Señor, le dio el grado de General de División. (Decreto de 13 de noviembre.)

No habiéndose podido hacer elecciones para Vicepresidente en el mes de octubre con motivo de la guerra, se hicieron cuando esta terminó y fue electo don Juan Rafael Mora, sobrino de don Juan Mora, ciudadano que tanto y tan dignamente había figurado en los sucesos anteriores. (Otro decreto de 13 de noviembre.)

El Presidente recibió por la conclusión de la guerra las actas de felicitaciones que se acostumbran en tales casos.

Se le tributaron los más exagerados elogios.

Se dijo que el apellido Castro tenía una letra de más, porque el Presidente no era Castro sino Astro.

Don Felipe Molina presenta como uno de los acontecimientos notables del mes de noviembre la llegada a Punta Arenas, por segunda vez, del conde de Gueydorn a bordo de la corbeta francesa Le Génie.

Parece extraño que se marque como un acontecimiento histórico la simple llegada a un puerto de un buque de guerra.

Esto prueba el poco contacto que la América Central tenía con el resto del universo.

En todos los puertos centroamericanos a donde llegó aquel conde, hubo gran sensación.

Él desembarcó varias veces para visitar algunas capitales y se atrajo muchas simpatías por su cultura.

El conde de Gueydorn podía considerarse como un modelo de buenas maneras y de tacto social.

Puede disculparse la sensación que a Molina hizo la llegada de la corbeta Le Génie a Punta Arenas, porque el conde de Gueydorn invitaba a los gobiernos de Centroamérica a establecer relaciones internacionales con la Francia.

En Costa Rica, por medio de muy determinadas personas, se habían introducido algunas prácticas guatemaltecas.

En la Gaceta de Guatemala se empleaba el epígrafe "Tranquilidad pública" siempre que se daba noticia de algún trastorno.

El mal efecto se pretendía destruir con el epígrafe.

Recórrase la Gaceta de Guatemala buscándose bochinches y conmociones, y se encontrarán bajo el rubro "Tranquilidad pública".

Los editores de El Costarricense entraron en la moda guatemalteca y, bajo el mismo epígrafe, anuncian en el número 225 un proyecto de otra revolución.

A principios de diciembre debía haber fiestas en Heredia, no en obsequio del dios Neptuno, sino de la Virgen de Concepción.

Estaban invitados los altos funcionarios del Estado y se proyectaba caer sobre ellos para despojarlos de la autoridad.

El Gobierno tuvo noticia de la conjuración y dictó enérgicas medidas contra los conjurados.

Se reunió el Congreso y, interpretando extensivamente la ley fundamental, invistió de más facultades al Jefe del Estado.

Costa Rica fue invitada para adherir al pacto de Nacaome firmado por plenipotenciarios de El Salvador, Honduras y Nicaragua.

Se contestó que el artículo 32 de la Constitución costarricense declara que el Estado es un cuerpo político, soberano, libre e independiente, y que su soberanía reside esencialmente en él; que todo aquello que de algún modo violara o disminuyera la soberanía, libertad e independencia del Estado, estaba fuera de la acción del poder público y que ni el poder legislativo tenía facultad de adherir al pacto de Nacaome.

Muchos defectos podía tener ese pacto; pero había un pensamiento que apoyaban los partidarios del decreto guatemalteco emitido el 21 de marzo de 1847: la absoluta separación de Costa Rica, y solo se esperaba un momento oportuno para dictar ese decreto.

La separación se deseaba que fuera absoluta en todo.

Costa Rica y Nicaragua formaban una diócesis cuyo obispo era sufragáneo del arzobispo de Guatemala.

El doctor Castro proyectó segregar a Costa Rica de la diócesis de Nicaragua y establecer en el Estado una catedral con su cabildo, su sagrario, su colegio tridentino y todo su tren, sin que faltara siquiera el perdiguero.

El amor propio se hallaba en pugna con la conveniencia pública.

Parecía a los hombres de Estado una mengua tener un vicario sujeto al obispo que residía en León, y pedían un obispo para solo Costa Rica, como los israelitas pedían un rey cuando los reprendió Samuel.

Solo se pensaba en que ya no había necesidad de acudir a Nicaragua para nada y no se tenía presente que el obispo mejor es el que, teniendo menos autoridad, se halla más lejos.

No servía de ejemplo lo ocurrido en El Salvador.

El arzobispo fray Ramón molestaba a los salvadoreños; pero, como se hallaba lejos, no pesó sobre ellos tanto como Viteri, que estaba cerca.

Un santo subrogó a Viteri; pero ese santo, por desgracia, estaba demasiado cerca y pudo promover, en El Salvador, como se verá después, una revolución que condujo al cadalso al gobernante.

El clero catedral es esencialmente fanatizador.

Si por necesidad lo sufren aquellos pueblos donde las cadenas del hábito constituyen una ley suprema, no se debe imponer por simple vanidad a los pueblos que no conocen ese gravamen ni lo han sufrido jamás.

Castro no era el primer promotor de la nueva diócesis.

Se había trabajado en favor de ella en los años de 1815, 1820, 1824, 1825, 1841 y 1844; y nunca se había obtenido un resultado favorable.

El doctor Castro hizo un esfuerzo supremo que, estando en el poder, no vio coronado.

Los agentes de Guatemala en San José se esforzaban por llevar adelante la política de aislamiento y de absoluta separación y en multiplicar los obispos de Centroamérica.

Este sistema daba a la aristocracia guatemalteca una gran influencia sobre todos los Estados, sin dejarla expuesta a que las vicisitudes de las elecciones y los cambios personales de gobernantes pudieran alterar el sólido que en Guatemala se había creado.

Los nobles disponían a su antojo del canónigo Larrazábal, bajo cuyas órdenes, no legalmente, pero sí de hecho, se hallaba el Arzobispo García Peláez.

El Arzobispo, en calidad de metropolitano de Centroamérica, era el primero de los prelados del país y todos los sufragáneos se encontraban bajo su influencia.

Los diputados hondureños Anacleto Madrid, Bernardo Inestrosa, Cornelio Lazo, Francisco Gómez, Gregorio García, Presbítero Hipólito Flores, José Tiburcio Zelaya, Juan López, Joaquín Valenzuela, León Alvarado, Manuel Leiva, Pedro P. Chévez, Saturnino Bográn, Santiago Huezo y Tomás Soto adhirieron al pacto de Nacaome y esto bastó para que los zahiriera de una manera terrible El Costarricense, periódico oficial que se publicaba en San José.

Costa Rica estaba en su derecho de no adherirse al pacto de Nacaome; pero llama mucho la atención que abra la era de una política anticentroamericana y que se convierta en propagandista, contrariando sus antiguos sistemas y tradiciones.

Nada induce a creer que el pueblo costarricense hubiera cambiado su carácter y su índole; pero el Presidente solía caer en redes que se le tendían, halagando su amor propio, para que se realizaran determinados planes.

Los mosquitos habían tomado últimamente el puerto de San Juan de Nicaragua, desalojando de allí, con la protección de Chatfield, a los nicaragüenses.

Este ultraje incalificable solo se podía inferir impunemente a un país dividido.

En esos momentos, los centroamericanos que veían flamear la bandera extranjera en su propio territorio pedían la unión para sostener la integridad, y los agentes en Costa Rica de la reacción guatemalteca, en vez de apoyarlos, los insultaban.

En esos días, los vecinos del Guanacaste, que veían la prosperidad de Punta Arenas debida a que el puerto era libre, solicitaron la misma franquicia y el Gobierno de Castro la otorgó por decreto de 29 de febrero.

El Presidente Castro creyó conveniente hacer un viaje al puerto de Punta Arenas, dejando el mando en manos del Vicepresidente don Juan Rafael Mora.

Por el mismo tiempo, un cargamento de fusiles debía entrar de Punta Arenas a San José.

El departamento de Alajuela se hallaba desarmado.

Algunos de los principales vecinos de ese departamento estaban indignados y creían que su indignación era general.

No podían moverse por carecer de armas y juzgaban que, proveyéndose de elementos de guerra, podrían dar un golpe al Gobierno.

Los señores Juan Alfaro Ruiz, Benito Rojas y Pedro Saborío sorprendieron el armamento al paso y, con este elemento, se firmó en Alajuela una acta de insurrección el 28 de marzo.

Inmediatamente que se tuvo noticia de este suceso en San José, don Juan Rafael Mora emitió el siguiente decreto:

"El Vicepresidente del Estado de Costa Rica en ejercicio del S. P. E."

Teniendo a la vista la acta subversiva y criminal celebrada el día de ayer en la ciudad de Alajuela, por la cual se desconoce la Administración legítima del Estado y se proclaman principios anárquicos destructores del orden establecido por la Constitución y las leyes; y considerando:

1.° Que este enorme crimen es atentatorio de las garantías sociales, ofende altamente el honor y dignidad del Estado y halla con descaro los respetos debidos a la autoridad del Gobierno.

2.° Que a este corresponde la conservación de la quietud y el orden público, reprimiendo por los medios que estime convenientes los excesos de las facciones y la osadía escandalosa de sus autores; y

3.° Que en casos como el presente debe obrarse con la energía que es característica de todo Gobierno legalmente constituido para asegurar el tranquilo goce de los derechos individuales; y en virtud de las amplias facultades de que está investido,

DECRETA:

Art. 1.° Se declara en estado de rebelión contra el Gobierno y las leyes a todos los habitantes de Alajuela que han firmado la acta antedicha, a todos los que hubiesen tomado las armas para sostenerla y a los que, directa o indirectamente, hayan dado o den auxilios a los facciosos.

Art. 2.° En consecuencia, el Ejército Protector de la Ley les intimará a que se rindan a discreción, entregando al Estado Mayor General las armas que han usurpado y de que hacen uso para resistir las órdenes del Gobierno.

Art. 3.° En caso contrario, el mismo Ejército hará uso del poder de sus armas, siendo responsables los facciosos por la sangre que se derrame y por las otras desgracias y perjuicios que reciban los costarricenses fieles a la autoridad y a la ley.

Art. 4.° Este decreto se imprimirá, circulará y publicará para su cumplimiento.

Dado en la ciudad de San José a los veintinueve días del mes de marzo de mil ochocientos cuarenta y ocho.—Juan Rafael Mora.—Al Ministro de Hacienda y Guerra Sr. Don Manuel José Carazo.

Otro decreto de la misma fecha en su parte resolutiva dice:

"Art. 1.° Todos los hijos de Costa Rica y los centroamericanos que en él residieren, teniendo de catorce hasta cincuenta años, se presentarán dentro de tres horas de publicado este Decreto ante los Comandantes Departamentales a tomar las armas contra la facción que amenaza la existencia y bienestar del país.

Art. 2.° El que, sin causa justa legalmente comprobada, dejase de cumplir con lo dispuesto en el precedente artículo será juzgado como traidor.

Art. 3.° Todas las Autoridades de los Departamentos y las Alcaldías son obligadas estrechamente a proveer de los recursos que necesite el Gobierno para sostener el Ejército Protector de la Ley; y los pueblos deberán proporcionar inmediatamente a sus mandatarios las provisiones que se les pidan, cualesquiera que sean.

Art. 4.° El Ministro de la Guerra es encargado de la ejecución del presente decreto; y al efecto lo hará inmediatamente imprimir, circular y publicar.

Dado en la ciudad de San José a los veintinueve días del mes de marzo de mil ochocientos cuarenta y ocho.—Juan Rafael Mora.—Al Ministro de Hacienda y Guerra Señor Don Manuel José Carazo."

Fuerzas reunidas en corto número desalojaron a los insurrectos de sus posiciones en Río Segundo, Los Molinos, Las Ciruelas y El Arroyo, y ocuparon la ciudad de Alajuela.

Don Juan Rafael Mora publicó una proclama. (Documento núm. 16.)

No dice don Juan Mora de cuántas plazas se componía la división que marchó sobre Alajuela.

Don Felipe Molina asegura que eran solo 200 hombres.

Entonces, el asunto no era tan serio, tan grave ni trascendental, ni tuvo la importancia que muchos quisieron darle.

El que conozca aquellas posiciones comprenderá que el Departamento de Alajuela no puede ser vencido por 200 josefinos.

Si con 200 hombres triunfó el Gobierno, debe atribuirse a que no todos los moradores del departamento estaban interesados en la revolución, a que no todos tomaban las armas ni iban espontáneamente al combate, y a que el entusiasmo revolucionario de tres personas no salía de estrechos círculos.

Sin embargo, el 29 de marzo hubo efusión de sangre y murieron el Jefe de Estado Mayor, coronel don Simón Orozco, salvadoreño de origen, y treinta individuos más por ambas partes.

El Vicepresidente dictó un decreto que siempre hará honor a don Juan Rafael Mora, para honrar la memoria de Orozco y para proteger a la familia de este jefe. (Documento núm. 17.)

Los funerales de Orozco se hicieron con toda la pompa posible.

No se había inhumado el cadáver cuando regresó a San José el Presidente Castro, quien contribuyó a la solemnidad.

Un discurso fúnebre pronunció el doctor Castro, otro el doctor don Santiago Bourdon y otro el capitán de la barca Monarch, Mr. E. Andrews, quien se hallaba de paso en San José.

El teniente de milicias don Santiago Genovez fue herido en el combate y murió pocos días después.

A consecuencia, el Vicepresidente Mora dictó un decreto cuya parte resolutiva dice:

"Art. 1.º La Señora Doña Juana Acuña, mujer que fue del finado Don Santiago Genovez, gozará, mientras permanezca viuda, de la pensión de veinte pesos mensuales que de preferencia le cubrirá el Tesoro Público para su subsistencia.

Art. 2.º El presente decreto se imprimirá, circulará y publicará para su cumplimiento, poniéndose oportunamente en conocimiento del Excelentísimo Congreso.

Dado en la ciudad de San José a primero de abril de mil ochocientos cuarenta y ocho.—Juan Rafael Mora.—Al Ministro de Hacienda y Guerra Sr. Don Manuel José Carazo."

Había tocado a Mora ejercer el Gobierno en días de desgracia.

La suerte lo protegió.

Le bastaron 200 hombres para dar al país paz y regularidad.

Mora entregó el poder al Presidente y volvió a la vida privada.

Durante el mes de abril, el Gobierno recibió felicitaciones de todos los departamentos.

En mayo se recibían también felicitaciones y una de las más dignas de atención es la de Alajuela. (Documento núm. 18.)

Se seguía la causa contra los revolucionarios y sus cómplices.

Algunos fueron condenados a muerte por un Consejo Ordinario de Guerra; pero el doctor Castro conmutó la pena de muerte por la de extrañamiento del territorio del Estado e indultó a muchos. (Documentos números 19 y 20.)

El Congreso, que debió reunirse el día 1.º de mayo, con motivo de los trastornos políticos se reunió hasta el 15 de junio.

Hubo los discursos de costumbre y fueron aprobados los actos del Gobierno.

El Presidente y Vicepresidente no estaban de acuerdo en todos los ramos de la administración.

El doctor Castro y don Juan Rafael Mora no veían del mismo modo la política interior de Costa Rica, ni los asuntos centroamericanos, ni la manera de dirigir las relaciones exteriores.

El doctor Castro tenía un gran número de enemigos políticos, pero tenía también un poderoso círculo de amigos que, con sus incesantes y repetidas alabanzas, lo perjudicaban.

Mora era un comerciante que había tenido contacto con todas las clases de la sociedad; un hombre agradable por su educación y simpático por naturaleza.

En calidad de comerciante e introductor de mercaderías, había servido a mucha gente y contribuido a que muchos pobres se hicieran ricos.

Pertenecía a una familia extensa, ramificada y entonces muy unida.

Mora no había concurrido a las universidades ni obtenido títulos académicos, pero tenía un talento claro y una penetración asombrosa.

No pronunciaba extensos discursos, pero cuando tomaba la palabra en público, tocaba el corazón de los asuntos con maestría.

El círculo del doctor Castro veía a Mora como un poderoso competidor del Presidente y procuraba no solo no ensalzarlo, sino ni aun hacerle la justicia estricta a que era acreedor.

Don Juan Rafael Mora se hallaba en el poder cuando estalló la última revolución de Alajuela.

El Vicepresidente, con solo 200 hombres, en un día restableció el orden.

Sin embargo, el Congreso casi no se ocupó de Mora. Todos los honores que tributaba eran al doctor Castro.

Don Juan Rafael Mora, no por esta manera de ser tratado, sino porque no estaba de acuerdo con el Presidente en la política militante, renunció y la renuncia le fue admitida.

El doctor Castro quería tener a su lado, en calidad de Vicepresidente, a un amigo firme, leal y sincero, cualidades que creía no encontrar en don Juan Rafael Mora y que aseguraba existían plenamente en don Manuel José Carazo.

Carazo era, indudablemente, hombre de talento y de bastante instrucción; había estado en los Estados Unidos, conocía varios idiomas y leía mucho sobre asuntos de actualidad.

Formó un capital y era ya padre de una familia que llegó a ser numerosísima.

Carazo, en virtud de todo esto, gozaba de gran reputación, que se hacía mayor contemplándosele como padre de familia.

Sin embargo de todo esto, no hubo elección popular; ningún candidato tenía los votos indispensables para ascender a la Vicepresidencia.

Se mandó repetir la elección y entonces fue electo Vicepresidente don Manuel José Carazo.

En el mes de julio hubo en Costa Rica un acontecimiento notable: la llegada del general ecuatoriano don Juan José Flores.

Flores, después del fraccionamiento de Colombia, había mandado muchos años en el Ecuador; era muy sensible a la adulación y lo embriagaba el humo del incienso.

En Costa Rica no solo se le prodigaron elogios, sino que la prensa oficial reprodujo una parte de lo que en loor suyo se había escrito en otros países.

Al general Flores convenía la protección del Presidente de Costa Rica; estudió el carácter del doctor Castro y supo fascinarlo.

Las inclinaciones profundas de Flores lo unían a Chatfield y a Pavón, y un día les dirigió la carta que se halla a los folios 85, 86 y 87 del anterior volumen.

Se hallaba entonces ocupado San Juan de Nicaragua por los ingleses, y a lo que menos propendían las influencias del general Flores era a combatir a la Gran Bretaña en el territorio centroamericano.

Según Flores, el fraccionamiento de Colombia, que le proporcionó dominar el Ecuador, debía seguirse como un ejemplo en Centroamérica.

El doctor don Nazario Toledo, diputado influyente y amigo del doctor Castro, opinaba también por el fraccionamiento, y era partidario del célebre decreto que firmó Carrera en Guatemala el 21 de marzo de 1847.

Don Felipe Molina no estaba en buenas relaciones políticas con el doctor Castro, pero se hizo amigo de Flores y simpatizó con él.

Molina, por su talento, ejercía influencia en el país y sabía inculcar sus ideas.

Él era también partidario del fraccionamiento y aspiraba a que el decreto del 21 de marzo emitido en Guatemala tuviera imitadores.

Esta es una verdad que se comprueba con el Bosquejo de Costa Rica escrito por el señor Molina.

Ese Bosquejo, en sus narraciones políticas, es tan lacónico que, unas veces, parece simple guía de forasteros y otras, diminutas e imperfectas efemérides. Aunque en la parte geográfica, en sus descripciones topográficas y en todo lo que se refiere al aspecto físico del país, a sus producciones y ventajas, es obra de mérito y ha contribuido a dar a conocer muy favorablemente a Costa Rica en el extranjero.

Pero en sus narraciones políticas es tan lacónico y diminuto que todos los sucesos de un mes cree el autor llenarlos con estas palabras: "Hace dimisión de su destino el Vicepresidente Mora"; y todos los acontecimientos de otro mes juzga que los da a conocer con estas otras palabras: "Fírmase un tratado con la República de Guatemala."

Pues este escritor, tan lacónico en sus narraciones políticas, emplea una página entera y la mitad de otra en favor del fraccionamiento de Centroamérica.

Esta conducta hizo a don Felipe Molina, aunque era hijo del doctor Molina, amigo de Pavón y de Aycinena.

Costa Rica se agitaba.

El país no estaba tranquilo.

Una serie de libelos infamatorios circulaban secretamente contra el Presidente.

El Gobierno les daba tanta importancia que la prensa oficial los combatía con seriedad.

El doctor Castro hizo renuncia de la presidencia.

La renuncia pasó a una comisión compuesta de los señores Juan José Lara, de Alajuela; Nicolás Ulloa, de Heredia; Telésforo Peralta, de Cartago; y Santiago Fernández, de San José.

El dictamen de esta comisión es una completa apología del doctor Castro; concluye pidiendo que la renuncia no sea admitida y fue aprobado por unanimidad de votos. (Documento núm. 21.)

Los señores Pedro García y Santiago Fernández, secretarios del Congreso, dieron cuenta al Gobierno de la no admisión de la renuncia por medio de una nota expresiva. (Documento núm. 22.)

El Congreso tuvo a la vista una exposición que al Presidente habían dirigido los jefes y oficiales de San José. (Documento núm. 23.)

Tuvo también a la vista otra exposición de las fuerzas unidas de Cartago, que parece altamente significativa. (Documento núm. 24.)

Tuvo, de la misma manera, presente el Congreso otra exposición no menos significativa de los vecinos de Cartago. (Documento núm. 25.)

El clero de Cartago no fue menos expresivo.

Se reunió para hacer una manifestación altamente honorífica al doctor Castro. (Documento núm. 26.)

Por último, el cuartel de San Rafael hizo también a Castro una manifestación de honor. (Documento núm. 27.)

El ejército, el clero, gran número de ciudadanos y todo el Congreso saludaban al doctor Castro, lo colmaban de elogios y aseguraban que su presencia en el poder era indispensable.

¿Quién hubiera creído entonces que se le minaba con tesón y con perseverancia?

Los amigos que el doctor Castro tenía en el Congreso legislaban en la creencia de que el Presidente estaba muy seguro en el poder.

Ratificaron un convenio celebrado con el señor Santiago Mercher, súbdito francés, para que se le pagara una cantidad de pesos que reclamaba con motivo de perjuicios que decía se le habían inferido en tiempo del Gobierno federal; nombraron individuos de la comisión permanente y dieron otras disposiciones de interés público.

El Presidente decretó varios indultos en favor de los que habían tomado parte en la última revolución de Alajuela y dictó otras disposiciones gubernativas de menor importancia, entre las cuales se halla una emitida el 7 de agosto, que produjo mala impresión en el público.

Según ella, solo daban audiencia el Presidente y sus Ministros de las nueve a las diez de la mañana y en los días que no fueran de asueto.

Esta medida se atribuyó al general Flores y se supuso que quería introducir en Costa Rica las formas monárquicas.

El Congreso dio un decreto muy piadoso.

Interpretando varios artículos del Código Civil, facultó a todo testador que tuviera herederos forzosos para invertir el quinto en favor de su alma o de las almas del santo purgatorio; esto es, en favor del clero, verdadero legatario en tales casos.

El 30 de agosto consumó el Congreso los deseos de Flores, de Toledo y de Molina, dictando el siguiente decreto:

"S. E. el Benemérito General Presidente se ha servido dirigirme el Decreto que sigue.

El General Presidente del Estado de Costa Rica.

Por cuanto el Excelentísimo Poder Legislativo ha decretado y sancionado lo siguiente.

El Excelentísimo Congreso Constitucional del Estado de Costa Rica.

CONSIDERANDO:

Que la denominación de Estado de Costa Rica, que contiene el artículo 21 de la Carta Fundamental, no está en consonancia con la solemne declaración que establece el artículo 22 de la misma: que este artículo consigna el principio de soberanía, libertad e independencia de Costa Rica; que en tal concepto y como Nación libre, soberana e independiente y dueña de sus derechos, ha merecido la consideración de las Naciones extranjeras, que se han dignado tratar con su Gobierno de igual a igual; y por último, que es un deber suyo, muy sagrado, obsequiar el voto unánime de la gran mayoría de las Municipalidades, las cuales, arreglándose al artículo 187 de la Carta, piden la proclamación de "República" y la reforma de los artículos, cuyo resumen presenta la comisión, ha venido en decretar y

DECRETA:

Art. 1.° El título de "Estado" que Costa Rica, en la condición de cuerpo político, soberano e independiente, ha tenido desde la disolución del Pacto Federal hasta el día, se sustituye con el de

"República", que bajo aquella misma condición llevará en lo sucesivo.

Art. 2.° Esta nueva denominación no afecta la organización política que actualmente tiene Costa Rica, ni el período constitucional de sus actuales funcionarios. Tampoco afecta las instituciones y leyes secundarias que al presente rigen, sino en aquella parte en que estas pugnen con dicha denominación.

Art. 3.° De conformidad con lo pedido por la mayoría de las Municipalidades del Estado, serán reformados o derogados, según corresponda, los artículos constitucionales en cuya reforma o supresión ha convenido aquella mayoría.

Al Poder Ejecutivo.

Dado en la ciudad de San José, a los treinta días del mes de agosto de mil ochocientos cuarenta y ocho.

Juan Rafael Reyes, Vicepresidente.

Nazario Toledo, Diputado Secretario.

Santiago Fernández, Diputado Secretario.

Por tanto: Ejecútese.

San José, agosto treinta y uno de mil ochocientos cuarenta y ocho.

José María Castro.

Al Ministro de Relaciones y Gobernación, Señor Don Joaquín Bernardo Calvo.

DOCUMENTOS JUSTIFICATIVOS

NÚMERO 1
"El Presidente del Estado de Costa Rica a los habitantes de Cartago."

Compatriotas: vengo a sentarme en vuestro hogar; vengo a acompañaros en los días que consagráis a una religiosa festividad y al regocijo. Si fuesen días de calamidad y luto, habría corrido con más rapidez a colocarme entre vosotros.

Esa ley previsora, ese artículo 109 de la Carta que autoriza mi traslación, me impone el deber de inspeccionar las particulares exigencias de los pueblos. Este mismo me prescriben el grande amor que profeso a todas las secciones del Estado y la gratitud que me merecen aquellas que tantas pruebas me han dado de su confianza y su adhesión. Para cumplirlo hacia vosotros, he querido aprovechar la oportunidad que ofrecen las reuniones públicas de agosto. Con tal objeto, he acordado permanecer el mes próximo entrante en esta ciudad.

Si, tocando con mi propia mano sus necesidades, lograse la dicha de remediarlas, entonces me lisonjearé de haberla visitado, tanto como ahora me complazco de hallarme entre sus dignos y virtuosos moradores, a quienes saludo cordialmente.

Cartago, julio 31 de 1847.
José María Castro.

NÚMERO 2
"El Coronel Presidente del Estado de Costa Rica a las milicias del Departamento de San José, en la revista del 8 de agosto de 1847".

Soldados: en medio de la paz y del contento público os habéis reunido a llenar en este día uno de los solemnes actos de la disciplina.

No la destructora guerra, no la discordia, ni ningún acontecimiento infausto os ha congregado en este campo. A despecho de muy pocos perversos, que, fulminando de continuo falsas especies, provocan al trastorno con la infame mira de derramar vuestra sangre, que desprecian; asolar la patria y enriquecerse con sus despojos, un objeto harto diferente y lisonjero os ha traído a este lugar.

Habéis venido a exhibirme vuestras armas, que acabo de inspeccionar y que con tanta satisfacción mía dejo en vuestras manos. Yo, que os conozco, soldados; yo, que sé que sois valientes a la par que honrados, que respetáis la ley, que fieles a vuestro juramento sois sumisos al Gobierno, y que, llenos de un noble orgullo, detestáis la traición y el crimen para no llevar su afrenta ni convertir vuestro honroso carácter de hombres en la miserable y abyecta condición de instrumentos del genio perturbador, que sabré escarmentar, me congratulo de que seáis los escogidos para tan importante depósito.

Espero que jamás saldrá de vosotros ningún procedimiento abusivo que desdiga de las virtudes con que habéis podido merecerlo, ni de las cualidades relevantes con que, tanto como vuestros esclarecidos jefes y oficiales, os habéis hecho dignos de mi eterna y cordial estimación.

José María Castro.

NÚMERO 3

"Costarricenses."

Hoy, cuando me ocupaba personalmente de reconocer varios puntos del Río Grande para dictar las providencias consiguientes a la franquicia del comercio en Punta Arenas, los enemigos del Gobierno, del orden y de las leyes, aprovechando mi ausencia, tramaban una conspiración para apoderarse de las armas y del poder público.

El celo de los militares y de las autoridades locales, así como la decisión de todos los vecinos honrados, era imposible que fuesen burlados: varios partes y avisos se me dieron por expresos dirigidos al camino, y pude apresurar mi marcha y cortar del momento, a mi llegada, los hilos de la oscura y menguada sedición de unos pocos hambrientos y ciegos ambiciosos, cuyos planes van a patentizarse en el sumario que activamente se está practicando.

NÚMERO 4

"Costarricenses:"

El Gobierno tiene fuerzas respetables y abundantes recursos para imponer a los perversos. La opinión pública, pronunciada en su apoyo, y el interés de todos los propietarios y padres de familia que le rodean, hará ver a los que abrigan esperanzas de desorden que su empresa es temeraria.

Descansad entre tanto: nada temáis; el que hoy es depositario de vuestras confianzas vela por vuestra seguridad y bienestar, y mientras que algún riesgo pueda amenazaros, será el primero en exponer su vida en vuestra defensa, como amigo y compatriota vuestro.

José María Castro.
San José, septiembre 10 de 1847.

NÚMERO 5
"N. 175 - Ministerio de Hacienda, Guerra y Marina - Casa de Gobierno - San José, septiembre 12 de 1847.

Señor Comandante General:
Para que en adelante no sea precaria la posesión que los Departamentos de Cartago, San José, Heredia y Alajuela tienen de las armas que se les han concedido para la conservación del orden y la defensa del Gobierno y de la ley, el Señor Presidente del Estado se ha servido acordar: que el fusil que cada soldado tenga en mano por disposiciones legales, corresponda con el propio destino a su respectivo pueblo y sea una propiedad particular de este, en virtud de formal cesión que el mismo Gobierno le hace como testimonio de su alta confianza.

Dígolo a U. para su inteligencia y efectos consiguientes, suscribiéndome su atento servidor,

Zéspedes.

NÚMERO 6
El Presidente del Estado.
A los habitantes del Departamento de Alajuela.

Compatriotas: Ayer ha sido amenazada la existencia del Gobierno y el sostenimiento del orden público por un puñado de perversos que pretenden elevar, sobre la ruina de Costa Rica, el edificio de su propio engrandecimiento. Algunos que pertenecen a esa turba os han ultrajado fijando sus esperanzas sobre las armas que el Gobierno os confiara para la defensa de la Constitución y de la ley, y queriendo convertiros en instrumentos suyos han dado pasos tan atrevidos, que han concitado sobre sí la animadversión general, de la que quieren haceros partícipes.

Honrados alajuelenses:

El Gobierno se halla hoy rodeado de todos los pueblos del Estado y de los recursos de todos los propietarios que fincan su existencia en la del poder. Coadyuvad por vuestra parte a coronar la causa más justa, y no deis oídos ni apoyéis las miras de hombres que preparan, sobre vuestras cabezas, una tormenta que el Gobierno a todo trance desea conjurar por vuestro bien y el de todo el Estado.

Obedeced al Gobierno y no lo obliguéis, a su pesar, a tomar medidas dolorosas a costa de vuestras propiedades.

José María Castro.

San José, septiembre 12 de 1847.

NÚMERO 7
Sr. Presidente del Estado.

Alajuela, septiembre 15 de 1847, a las tres de la tarde.

Son muy tristes y lamentables las consecuencias que resultan de los males que causa la guerra, azote de la humanidad. Esta justa consideración hizo al General Sr. Don Florentino Alfaro, que suscribe la presente, ser deferente a que se entregasen los elementos de guerra que existían en el almacén de esta ciudad, cuyo cumplimiento se principió a dar con el envío del día de ayer.

Triste es, Señor, como he dicho, y para evitar males que no solo afectan a los habitantes de este pueblo, sino a todo el Estado, hemos dispuesto manifestarle a U. Señor Presidente, que la orden suprema en que se piden todos los elementos de guerra será exactamente cumplida en términos que, si fuese necesario, se darán en rehenes las personas más allegadas a los principales, como son sus hijos, y aseguran con sus bienes la responsabilidad que puede haber en la falta de cumplimiento de lo dicho.

El Señor Presidente del Estado estará persuadido de que se le habla de muy buena fe, y para ello, tan luego como calmen las presentes circunstancias, puede mandar seis, ocho o diez personas para que se satisfagan de que en Alajuela no queda un cartucho indebidamente y que, mientras tanto, estará seguro con las personas que en rehenes se le ofrecen, pero no se le excepcione a ninguno de los vecinos de este pueblo.

Padres de familia, hombres propietarios e hijos de Costa Rica que desean su felicidad, le hacen a U. estos ofrecimientos que son hijos puramente de su buen corazón y sin nada de malicia, pues como antes se ha dicho, no apetecen más que la felicidad del Estado.

Dispense U., Señor Presidente, la franqueza con que nos tomamos la libertad de hablarle, pues la presente la ocasionan los rumores de que las fuerzas de ese departamento se quieren venir sobre esta ciudad con el objeto de tomar las armas que legalmente poseen sus habitantes, lo que los ha hecho ponerse en alarma y cuyos pormenores se los desenlazará a U. la adjunta.

Manuel Castro – Florentino Alfaro – José María Alfaro – Juan J. Lara – Miguel Herrera – Francisco González – Pedro Saborío – Domingo González – Juan Sandoval – Sisto Arias – Pedro Muñoz – Evaristo Gutiérrez – Tomás Sandoval – Marcos Ruiz – Benito Rojas.

NÚMERO 8
"El Presidente del Estado de Costa Rica a las fuerzas reunidas en la Capital."

Josefinos, Cartagineses, Heredianos:

Amenazados el Gobierno, la ley y la existencia de la Patria por una conjuración desatinada y vergonzosa, os llamé a las armas y volasteis a colocaros a mi alrededor. Habéis dado con esto la más relevante prueba de que sois valientes, fieles y subordinados, y habéis sancionado con vuestra decisión la justicia y rectitud del grito que os convocó.

¡VALIENTES DEFENSORES DEL ORDEN!

El Gobierno ha podido aterrar y escarmentar a los que osaran levantar el brazo contra el Poder público, pero ha preferido los medios suaves del convencimiento. Vuestro ardor guerrero y patriótico, vuestra sumisión y respeto a las leyes, y la justicia de nuestra causa, favorecida por la más decidida cooperación de los propietarios y padres de familia, me prometían la victoria más completa; pero esa victoria iba a mancharnos con la sangre de nuestros hermanos, y la gloria de nuestras armas había de eclipsarse con sus desgracias.

Cuando el estruendo del cañón y el calor del combate nos hubiesen permitido contemplar con calma los miembros palpitantes de nuestros deudos, amigos y compatriotas, y la discordia que íbamos a legar a nuestros sucesores, tendríamos que deplorar un triunfo tan triste y tan costoso. Hemos vencido la oposición y hemos salvado los riesgos de nuestro mismo celo y entusiasmo.

¡SOLDADOS!

Habéis hecho respetar al Gobierno y las leyes, y habéis despertado el juicio de los que en su desvarío querían arruinar su Patria. Volvéis al seno de vuestras familias y a vuestras pacíficas ocupaciones, con la satisfacción de haber triunfado sin el costo de una sola gota de sangre.

¡ESTE ES EL VERDADERO TRIUNFO: HACER BIENES QUE NO CUESTEN DESGRACIAS!

El honrado pueblo de Alajuela pudo entender oportunamente que se le quería sacrificar a la ambición, al odio y a la venganza de unos pocos desgraciados que pretendían apoyarse en sus armas; y volviendo a la senda del honor, se sujetó a las órdenes del Gobierno y puso a su disposición las fuerzas del Departamento.

Todo está, pues, terminado felizmente: los depósitos de armas y pertrechos de guerra han comenzado a entregarse y el resto se halla en camino para esta Capital.

Olvidad el error de vuestros hermanos; ellos os aman como siempre, y mañana, si por desgracia fuese amenazado nuestro territorio, los veréis unidos a nosotros en la defensa común.

¡COMPATRIOTAS!

El Gobierno hoy más que nunca vela por vuestra dicha y seguridad. Sois acreedores a su amor y a su consideración, y os ofrece que no descansará por procuraros bienes que, en la paz, os hagan olvidar estas desgracias y por acreditaros de todas maneras que es vuestro más fiel amigo y compatriota.

José María Castro.

San José, septiembre 17 de 1847.

NÚMERO 9

"Cuartel General en la Asunción, Octubre 7 de 1847."

Señor Comandante de la Plaza de San José:

Las dos divisiones que componen las fuerzas de mi mando se han reunido en esta hacienda y han gozado ya la satisfacción de ver huir cobardemente una parte de los enemigos, pues que seis soldados al mando del oficial Juan Quiroz han derrotado una compañía de cien hombres que, situados cerca del Río Segundo, sobre terrenos del padre Umaña, se encontraba al mando del faccioso Juan Arias.

Esta fuerza desbaratada, de la cual se tomaron cuatro soldados con fusiles, se escapó en desorden al favor de los bosques, dejando los caballos y monturas de sus oficiales, cuyos despojos contemplan risueños los valientes defensores de la ley.

Haga U. público este feliz incidente, y reciba las protestas de mi distinguido aprecio.

Castro.

NÚMERO 10

"Cuartel General en la Asunción, Octubre 7 de 1847."

Señor Comandante de la Plaza de San José:

Se acaba de recibir parte seguro de la avanzada del Río Segundo de que toda la caballería del enemigo suplica se le proteja en la traslación que intenta hacer para incorporarse en las filas del Gobierno, bajo cuyas órdenes se pone; y en consecuencia, se ha dado orden para que se reconozca, desarme y admita, tratando a los individuos que la componen con la mayor consideración.

Tal suceso prueba evidentemente que los cabecillas de la rebelión no tienen apoyo alguno en las fuerzas con que contaban.

Me doy la honra de participar a U. este acontecimiento, firmándome su atento servidor.

Castro.

NÚMERO 11

"Cuartel General en la Asunción, Octubre 7 de 1847."

Señor Comandante de la Plaza de San José:

A las siete de esta noche se han presentado en el Cuartel General el oficial y soldados que formaban una de las avanzadas que el enemigo tenía situadas sobre el Río Segundo. Han implorado la protección del Gobierno y entregado el primero su espada y los últimos sus fusiles y municiones.

Este acto es una manifestación evidente de que las fuerzas con que el enemigo cuenta van entrando en el conocimiento de la superioridad de las del Gobierno, así como del castigo a que se han hecho acreedores por su enorme crimen.

Me es satisfactorio participarlo a U. por orden del Señor General en Jefe, para que inmediatamente le dé U. la mayor publicidad por la imprenta.

Soy su atento servidor.

Carazo.

NÚMERO 12

"Cuartel General en Alajuela, Octubre 8 de 1847."

Señor Comandante de la Plaza de San José:

Ahora que son las diez y media de la mañana, el Ejército de mi mando ha tomado posesión de esta Plaza sin que por el enemigo se haya hecho otra resistencia que unos pocos tiros dirigidos a la vanguardia.

Un pequeño número de las fuerzas rebeladas se ha replegado con pavor y cobardemente en las montañas de Poás, pero ya comienzan a desertarse porque el convencimiento de la mala causa que defienden, la presencia de tan respetable Ejército y el entusiasmo y decisión de los valientes que lo componen los ha aterrado y confundido.

Este suceso, que debe ser muy plausible a los Pueblos de ese Departamento, debe publicarse con rapidez y asegurarles que muy pronto verán realizado el completo triunfo del Gobierno y sellada la paz del Estado.

Tan grata ocasión me proporciona la de asegurarle que soy de U. su atento servidor y amigo.

Castro.

NÚMERO 13

"José María Castro, Presidente del Estado y General en Jefe del Ejército Protector."

CONSIDERANDO:

1.° Que las medidas suaves que se han dictado con el objeto de recoger todo el armamento y pertrechos de guerra que existían en el Departamento de Alajuela, no han surtido el completo efecto que se apeteciera.

2.° Que, según los conocimientos encontrados en el archivo de la Comandancia del mismo Departamento, e informes privados que ha recibido el Gobierno, falta todavía un número considerable de armas y pertrechos que no se han entregado y están ocultos.

DECRETO:

Art. 1.° Todo habitante del Departamento de Alajuela que, teniendo fusiles o elementos de guerra al tiempo de la ocupación de aquella plaza por las fuerzas del Gobierno, no los haya presentado a la autoridad que para este efecto se designó por disposiciones anteriores, es obligado a entregarlos al Gobernador Político y Comandante del Departamento dentro del término de ocho días, contados desde la publicación de este Decreto.

NÚMERO 14
"José María Castro, Presidente del Estado y General en Jefe del Ejército Protector de la Ley."

CONSIDERANDO:

1.° Que por consecuencia de la rebelión del Departamento de Alajuela, en que tomaron parte todas las fuerzas veteranas y milicianas del mismo, se ha concentrado en la Capital todo el armamento que allí existía.

2.° Que en tal concepto, no es conveniente que en aquel Departamento existan, por ahora, fuerzas de ninguna clase; y mientras se reglamentan de nuevo las milicias del Estado.

DECRETO:

Artículo único. Quedan disueltas las fuerzas milicianas y suprimidas todas las plazas veteranas del Departamento de Alajuela; y en consecuencia, todos sus habitantes, sin excepción alguna, sujetos al fuero común.

Lo tendrá entendido mi Secretario de la Guerra y lo hará imprimir, publicar y circular para su cumplimiento.

Dado en la Ciudad de San José a los quince días del mes de octubre de mil ochocientos cuarenta y siete.

José María Castro.

Y lo comunico a U. para su cumplimiento, firmándome su atento servidor.

San José, octubre 15 de 1847.

Carazo.

NÚMERO 15

"Art. 1.° Se confinan los reos José María Alfaro y Florentino Alfaro al pueblo de Térraba, el primero por seis años y el segundo por uno: estarán sujetos allí a la vigilancia especial de las autoridades, y quedan fuera de la protección de las leyes y responsables con sus bienes si quebrantasen el confinamiento.

Art. 2.° Se confina al reo Juan Pablo Castro (a) Pencas al pueblo de Orosi por dos años, bajo la vigilancia especial de aquellas autoridades; siendo responsable con su persona y bienes si quebranta el confinamiento.

Art. 3.° Se presentarán a ser juzgados en el término de nueve días los reos Francisco Arias y Santiago Ramos bajo las penas que establece el Decreto número 12 de 5 del corriente y a que está sujeto el criminal Francisco Emigdio Aqueche.

Lo tendrá entendido mi Secretario de la Guerra y hará que se imprima, publique y circule para su puntual cumplimiento.

Dado en la Ciudad de San José a los quince días del mes de octubre de mil ochocientos cuarenta y siete.

José María Castro.

Y lo comunico a U. para su conocimiento y demás efectos, asegurándole que soy su obediente servidor.

San José, octubre 15 de 1847.

Carazo.

NÚMERO 16

"El Vicepresidente del Estado de Costa Rica en ejercicio del Supremo Poder Ejecutivo, a sus conciudadanos."

Costarricenses:

Enorgullecido de vuestro valor, yo, en nombre de la Patria que habéis salvado, os doy gracias... Todos habéis mostrado ser dignos hijos del suelo en que nacisteis... A pesar de la sorpresa sufrida por una traición que nos era imposible imaginar, las fuerzas reunidas de improviso, en corto número, y desprevenidas para la cruda lucha sostenida contra los rebeldes (preparados mucho tiempo ha), han colmado nuestra esperanza.

Nuestros bravos soldados, al mando de su valiente General, después de haber desalojado al enemigo a viva fuerza de sus ventajosas posiciones en Río Segundo, Los Molinos, Las Ciruelas y El Arroyo, ocuparon ayer a las cuatro y media de la tarde la ciudad de Alajuela, no obstante el desesperado arrojo con que los facciosos defendieron la plaza.

Posesionado el Ejército Expedicionario de todos los atrincheramientos, persiguió al enemigo, que se dispersó aterrorizado en distintas direcciones.

En los partes recibidos del General en Jefe, se recomienda el denuedo, bizarría y decisión de los Jefes, Oficiales y Soldados que pelearon en defensa del orden y de la ley.

Leales defensores de la Patria:

Yo os lo repito en nombre de ella: habéis cumplido vuestro deber ya peleando en el campo del honor, ya rodeándome en los momentos del peligro.

Os juro corresponder a vuestro noble comportamiento, a la confianza que en mí habéis depositado: están tomadas ya las medidas más enérgicas, y me lisonjeo de poder aseguraros que este último sacrificio os valdrá paz y seguridad, tal vez eternas.

Este es mi deseo, esta es la esperanza que creo será cumplida, gracias a vuestra abnegación y patriotismo.

NÚMERO 17
CONSIDERANDO:

Que en la gloriosa jornada del día de ayer, en que el Ejército del Estado dispersó a los rebeldes atrincherados dentro de la plaza de Alajuela, tomando por asalto sus acantonamientos y batiéndolos por todas direcciones, el Jefe de Estado Mayor, Coronel Don Simón

Orozco, coronó su carrera de heroísmo y de inmarcesibles servicios prestados a la causa del orden, combatiendo intrépidamente al frente de la División de Vanguardia.

Que esta pérdida tan irreparable para el Estado ha llenado de luto a todos los corazones, y que al Gobierno corresponde expresar el sentimiento general.

Y finalmente, que aquel ilustre caudillo deja una familia en la orfandad, siendo un deber de la Patria premiar a la virtud y recompensar los servicios de sus valientes defensores; en uso de las facultades con que se halla investido, ha tenido a bien decretar lo siguiente:

DECRETA:

Art. 1.° El Gobierno dispondrá oportunamente, por un decreto particular, que se hagan las exequias correspondientes al cadáver del invicto Jefe, Coronel Don Simón Orozco, con todas las solemnidades posibles; que se levante un mausoleo a su memoria y que su retrato se coloque en el salón del Despacho del Ejecutivo.

Art. 2.° El Estado adopta al niño Leonidas Orozco, hijo único varón del finado, y cuidará de su educación, la cual deberá ser distinguida, desde que cumpla la edad de diez años hasta la de veinticinco.

Art. 3.° La señora Doña Josefa Escalante, viuda del difunto, disfrutará, mientras viva, la pensión mensual de cincuenta pesos que le será cubierta de preferencia por la Tesorería General del Estado, para el sostenimiento de su familia; y después de sus días, quedará la misma pensión a beneficio de la hija o hijas del difunto que permanezcan solteras.

Art. 4.° El presente decreto será puesto oportunamente en conocimiento del Excelentísimo Congreso.

Dado en la Ciudad de San José, a los treinta días del mes de marzo de mil ochocientos cuarenta y ocho.

Juan Rafael Mora.

Al Ministro de Hacienda y Guerra, Sr. Don Manuel José Carazo.

NÚMERO 18

En la Ciudad de Alajuela, a las once de la mañana del día doce de mayo de mil ochocientos cuarenta y ocho, constituido el Señor Gobernador Político en esta Sala Municipal con el respetable clero y un gran número de vecinos, con el loable fin de manifestar a Su Excelencia el Benemérito General Presidente del Estado los sentimientos de gratitud que animan a este vecindario por las demostraciones de aprecio con que en los días siete y ocho del corriente se sirvió distinguirnos, llenando así de confianza y adhesión hacia su persona a todos los hijos de este pueblo.

Tomado el negocio en consideración, y discutido con la madurez propia de las circunstancias, con unanimidad se acordó hacer presente a S.E. que, si en épocas pasadas el genio del mal, con sus instigaciones malignas, había difundido en este Departamento especies muy ajenas a la digna persona que rige los destinos del Estado, hoy este pueblo, íntimamente penetrado del error en que yacía, ofrece a la faz del mundo entero que en lo sucesivo su sangre será la primera que se vea verter en defensa de la ley y por la conservación de las Supremas Autoridades.

Igualmente se acordó que la presente acta, en copia, sea a la mayor posible brevedad puesta en manos de S.E. por una comisión que la compondrán el Cura de esta Parroquia, Presbítero Sr. Don Nereo Bonilla, y el Sr. Don Juan J. Lara.

Con lo que se terminó la sesión.

Antolín Quezada, Presidente.

Nereo Bonilla.

José María Arias.

Pedro Muñoz.

Ramón Saborio.

Ramón González.

Anastacio González.

Francisco Ledesma.

Juan J. Lara.

José A. Soto.

Pío Castro.

Bernardo Soto.

Miguel Herrera.

Roque Sibaja.

Francisco Barquero.

Juan Alfaro.

Felipe Muñoz.

Por el Alcalde de Cuartel: Pío Quinto Molina, Nazario Ocampo.

Por los Cuarteleros: Ciriaco Orozco, Ramón Sánchez, José Álvarez, Damacio Monge, Nicolás Solano y por mí, Juan Acevedo.

José Soto.

Ramón González.

Francisco González.

Evaristo Gutiérrez.

Leandro Sáenz.

Catarino Méndez.

Cristóbal Mondragón.

José Campos.

Reyes Ledesma.

Pablo Castillo.

Juan Manuel Cruz.

Por los señores Pedro González, Tomás Chavarría y por mí, Manuel María Rodríguez.

Por los señores Rafael Murillo y Joaquín Chávez - Manuel Murillo.

Por los señores Rosa Artavia y Juan Alvarado y por mí, Marcos Ruiz.

Por los señores Juan María Rojas y Ramón Molina y por mí, Juan Vicente Ruiz.

Por los señores Jerónimo Vega, Manuel Arguedas y por mí, Asisclo Ramos.

Por Gabino Álvarez, Juan Arias.

Por el señor José Manuel Castillo y por mí, Carmen Ávila.

José Calvo.

José de Jesús García.

Vicente Alfaro.

Adriano Rojas.

José N. García.

Rafael Vásquez.

Enrique Alfaro.

Juan de Jesús Alfaro.

José Soto.

Leandro Quezada.

Manuel Francisco Soto.

Pantino Soto.

Santana Rojas.

Pedro Loría.

Darío Orozco.

Rafael Orozco.

Por el señor Domingo Solano y demás que no saben firmar:
José Urbina.

Juan Ubaldo Soto, Secretario accidental.

NÚMERO 19

S. E. el Benemérito General Presidente del Estado se ha servido expedir el decreto que sigue:

El General Presidente del Estado de Costa Rica

Con presencia de la causa instruida contra los autores y cómplices de la conjuración estallada en la Ciudad de Alajuela el 28 de marzo último, y considerando:

1.° Que de la sentencia pronunciada por el Consejo de Guerra Ordinario en 6 de este mes resultan condenados a pena capital los reos Plácido Suárez, Ignacio Saborío, Ramón Fernández, Lorenzo Solórzano, Juan Rafael Ramos y Rafael Ugalde; y a destierro por tiempo, José Antonio Angulo, Sisto Arias, Manuel Alfaro y Julián Ocampo.

2.° Que aunque este fallo, del cual el Consejo, estrechado por la ley, no podía prescindir, es conforme en un todo con las disposiciones del derecho, no se ajusta a los principios en que está basada la presente Administración, ni al programa de su filantrópica conducta; y

3.° Que entre 25 reos ausentes, que están por sentenciarse, hay muchos que, por la gravedad de su crimen comprobado, es segura su condenación a muerte. Para evitar tan terrible castigo y dar a la causa el término más pronto y más compatible con la lenidad adoptada; en uso de sus amplias facultades,

DECRETA:

Art. 1.° Se corta la causa seguida por consecuencia de la conjuración de marzo último, y la pena capital aplicada por el Consejo de Guerra Ordinario en sentencia de 6 del corriente se conmuta en extrañamiento del territorio del Estado, que sufrirán: Plácido Suárez por siempre; Ignacio Saborío y Ramón Fernández por ocho años; y Juan Rafael Ramos y Rafael Ugalde por tres. La misma pena se conmuta respecto de Lorenzo Solórzano en cinco años de confinamiento en Puntarenas.

Art. 2.° Por igual tiempo se confinan a la Ciudad de Esparza Rafael Solórzano y Pedro Saborío, siempre que se presenten al Supremo Gobierno dentro del perentorio término de cuarenta días; quedando en caso contrario sujetos al resultado de un nuevo juicio.

Art. 3.° Saldrán del territorio del Estado en el preciso término de diez días Gregorio Barrantes y Nieves González, a quienes se expulsa por cinco años, lo mismo que a José Antonio Angulo.

Art. 4.° No podrán volver al Estado en ningún tiempo Napoleón Benítez y Francisco González, colombianos; ni antes de diez años Juan Alfaro Ruiz y Benito Rojas; ni antes de cinco, Domingo González.

Art. 5.° Se indultan los reos Sisto Arias, Manuel Alfaro, Julián Ocampo, Salvador Solórzano, Casimiro Ruiz, Luciano Alfaro, Anselmo Alfaro, Juan Rafael Paniagua, Cristóbal Mondragón, Antonio Castrillo, Juan Méndez, Ramón Portuguez, Julián Jiménez, Felipe Muñoz, Juan Muñoz y Ramón Padilla; pero tanto los bienes de estos como los de los demás comprendidos en los artículos anteriores, son mancomunada y solidariamente responsables a la indemnización de los gastos hechos por el Tesoro Público con motivo de la conjuración indicada.

Art. 6.° Así los confinados, que sin previo permiso del Gobierno salieren del lugar del confinamiento, como los desterrados que sin la misma formalidad se internasen al Estado, y los que debiendo salir de él no lo verificaren en el término respectivo, quedarán por el mismo hecho fuera de la protección de la ley.

Dado en la Ciudad de San José, a la una de la mañana del día trece de mayo de mil ochocientos cuarenta y ocho.

José María Castro.

Al Jefe de Sección encargado del Ministerio de Hacienda y Guerra, Sr. Don Modesto Guevara.

NÚMERO 20

"Habiéndose apaciguado el Departamento de Alajuela y dado testimonios de sumisión que lo recomiendan a la consideración del Gobierno, en uso de sus amplias facultades

DECRETA:

Art. 1.° Se exime a los propietarios del Departamento de Alajuela de satisfacer el último tercio de la contribución que les señaló el decreto número 18 de 15 de octubre del año próximo pasado.

Art. 2.° Se indulta de la pena de confinamiento a Francisco López y Patricio Ortiz, quedando por consiguiente restablecidos en el pleno goce de sus derechos.

Art. 3.° El Presbítero Luis Francisco Pérez continuará cumpliendo su confinamiento en la Ciudad de Cartago bajo la vigilancia especial del Sr. Vicario del Estado, ante quien se presentará cada cuatro días.

Dado en la Ciudad de San José a los dieciséis días del mes de mayo de mil ochocientos cuarenta y ocho.

José María Castro.

Al Ministro de Hacienda y Guerra, Sr. Don Manuel José Carazo.

NÚMERO 21

Excelentísimo Congreso Constitucional.

La Comisión Especial encargada de dictaminar en la renuncia del Excelentísimo Presidente del Estado, Señor Doctor Don José María Castro, respetando vuestro acuerdo de 14 del corriente que revocó el dictamen de la comisión, el cual tenía por objeto oír el voto de las Municipalidades y de los vecinos principales, pasa a ofreceros su opinión fundada en las razones siguientes:

En la fecha en que la renuncia citada se leyó en este augusto Cuerpo, las opiniones vacilaban observando por todas partes los obstáculos y riesgos que oponía la confusión. En el vértigo que se produce por el encuentro de diversas pasiones agitadas no es extraño ver la irresolución que en el presente negocio ha ocurrido. Pero al cabo, si la calma preside, si domina la buena fe y si guía el interés público, el negocio se decide sin estrépito y se resuelve el problema eligiendo el mejor término. Por esta razón, los individuos que suscriben se hallan satisfechos de haber ofrecido una digresión que sirvió de paréntesis al confuso murmullo de las ideas, dando lugar al buen sentido para que un juicio exacto y maduro presidiese en la deliberación.

Felizmente, el horizonte se ha aclarado, la ansiedad ha desaparecido y la opinión pública se ha fijado de modo que la comisión ha podido advertir mejor el camino que debiera adoptar.

Consideraciones de diversa clase se agolpan hoy a la mente para probar que no es conveniente, no es legal, no es útil al interés público y, por último, que no es un buen ejemplo para los sucesos futuros el acceder a la solicitud del primer Magistrado de Costa Rica.

No es conveniente porque se opone a la conveniencia de los pueblos y al buen nombre del mandatario, y porque el desacuerdo y confusión de ideas que por tantos motivos está en el día ofreciendo la crisis de todas las sociedades, no es una razón satisfactoria para que las personas a quienes ha tocado la suerte de encontrarse al frente de la administración pública se retiren de su centro, dando lugar así a que la dislocación se haga más completa.

No es legal porque no aparecen en la renuncia que se os ha presentado causas graves de las que la ley fundamental habla, capaces de pesar en vuestra consideración, ni con respecto a la persona que ocupa el asiento del Gobierno ni con respecto a la sociedad, porque ni una ni otra demandan ese divorcio.

No es de interés público: el interés público demanda la estabilidad de los funcionarios durante el período que les está designado por la ley; el interés público demanda que continúe en su silla todo el que con esfuerzos y sacrificios ha sostenido el orden aun a expensas de su vida y tranquilidad; el interés público demanda que se conserve la unidad en los momentos de agitación.

Es un triste ejemplo el que se ofrece a los pueblos cuando se cede al imperio de las circunstancias contra el poder de las leyes, cuando se arrollan los principios por la excitación de causas transitorias. Ese continuo balance que estamos notando depende de la continua atracción y repulsión de principios desorganizadores. Ya es tiempo de oponerse a ese torrente haciendo que resista cada funcionario en el lugar que los pueblos le colocaron, las oleadas de la inexperiencia. Ya es tiempo que el egoísmo y la ambición se refundan en el crisol de la patria y que cada uno haga los sacrificios que demandan el orden y la tranquilidad del país.

Más madurez en la emisión de las leyes, más rigidez y exactitud en su ejecución, más sencillez en la organización y más estabilidad en los funcionarios son las exigencias del país, y la comisión no puede menos que hacerlo ahora presente, puesto que a estas causas y no a otras se debe el que ningún mandatario pueda estar tranquilo en su asiento para cumplir la importante misión que los pueblos le han conferido.

La comisión ha dicho por último que no es un buen ejemplo el que se ofrecería a Costa Rica con admitir la dimisión del cargo de la Presidencia del Estado que hace el Señor Doctor Don José María Castro, porque nos opondríamos al curso feliz que en sentido contrario nos ofrece la República de Chile en las Américas, que fueron colonias españolas, y la Inglaterra entre las potencias europeas.

El principio de estabilidad ha sostenido en una y otra parte el orden público. La Inglaterra, cuyo poder colosal se levanta majestuoso en medio de las oleadas revolucionarias de todo el continente, ha hecho hoy más que nunca fijar la atención de todos en la firmeza de su marcha progresiva: los principios son los que allí gobiernan, y son los principios los únicos que rigen, porque todos se han propuesto mantener la estabilidad del Gobierno y de las leyes a todo trance.

Verdad es que nuestra fibra movible, que nuestro clima variable y que nuestras instituciones y costumbres no se prestan hoy a esa subsistencia tan deseada, pero es preciso que nos resignemos, que cada uno se resuelva a sostener el principio de vida, es decir, la estabilidad de las cosas: coloquémonos en una posición natural y sostengámonos en ella contra todo el torrente de las pasiones y así tendremos buenos mandatarios, buenas leyes, y por resultado de uno y otro, paz y prosperidad pública.

Recapitulando todo lo que ha dicho la comisión, concluye proponiéndoos que no accedáis a la renuncia que del cargo de la Presidencia del Estado os presenta el Benemérito General Dr. D. José M. Castro, por no ser útil, legal ni conveniente el admitirla.

Excitad su patriotismo para que continúe prestando sus servicios y meditad los medios para que la marcha de la administración en lo sucesivo no encuentre tantos obstáculos para hacer el bien a que está llamada.

Este es el sentir de la Comisión, esperando que vos, Sr., resolveréis como siempre, con más acierto y seguridad.

Sala de la Comisión. San José, julio 20 de 1848.

E. C. C.
Juan José Lara.
Nicolás Ulloa.
Telésforo Peralta.
Santiago Fernández.

Secretaría del Excelentísimo Congreso Constitucional. San José, julio 20 de 1848.

Tomado en consideración el anterior dictamen, fue unánimemente aprobado.

García Fernández.

NÚMERO 22
Señor Ministro de Relaciones.

En la sesión de hoy se ha servido el Excelentísimo Congreso del Estado tomar en consideración la renuncia que elevó a su conocimiento S. E. el Benemérito General Presidente del mismo. Discutido el dictamen de una comisión especial, este augusto cuerpo tuvo a bien aprobarlo con unanimidad de votos.

El dictamen se reduce esencialmente a que no se admita dicha renuncia por no ser legal, conveniente ni útil al interés público; y que antes bien, se excite el patriotismo de la digna persona que ocupa la silla del Ejecutivo, para que continúe prestando sus servicios, bajo la base de que la Representación del Estado se desvelará por remover los obstáculos que se opongan a la marcha expedita de la administración.

Tenemos el honor de poner tan plausible resolución en conocimiento de U., para que ella sea elevada por su medio al Excelentísimo General Presidente del Estado, cabiéndonos asimismo la satisfacción de suscribirnos de U. atentos servidores.

Firmado:
Pedro García
Santiago Fernández

NÚMERO 23

Excelentísimo y Benemérito Señor General Presidente.

Los Jefes y Oficiales que suscribimos, por sí y en nombre de nuestros respectivos Cuerpos, a V. E. con el debido acatamiento elevamos el presente memorial.

Excelentísimo Señor:

Con profundo dolor hemos sabido que los pocos enemigos del Estado, que quisieran su trastorno y absoluta dislocación, afirman que vuestro Gobierno ha perdido hasta entre la lista militar mucho del concepto de que gozaba, y que afectada la delicadeza y lastimado el corazón de V. E. con esta impostura, ha hecho ante el Excelentísimo Congreso dimisión del mando, protestando no variar de resolución.

Este acontecimiento, Benemérito Señor, ha llenado de pesar a los leales miembros de vuestro Ejército, porque bajo todos los aspectos es muy funesto y degradante para los pueblos del Estado.

Una superchería infame, una falsedad terrible, no es más que la aseveración que ha causado tanto mal.

Vuestra Excelencia, que por sus relevantes cualidades personales, así como por el tino admirable, la fidelidad y rectitud con que gobierna, ha llegado a reunir tanta opinión y a merecer la estimación más general, nada ha hecho para haber perdido estos bienes.

Muy al contrario, nuevos puntos luminosos marcan día a día vuestra conducta administrativa a la gratitud pública, y el número de vuestros adictos se aumenta con prodigio y vuestro Gobierno más y más se afianza.

Testimonios de esta verdad son el disgusto y la inquietud que a todas las clases de la sociedad ha causado vuestra renuncia y la exaltación peligrosa con que tanto el Ejército como los barrios de esta Capital rehúsan vuestra separación del mando.

Si esta se efectúa, estad cierto, Señor, que el edificio se desploma, siendo vos el responsable.

Sois el centro de unidad de todos los costarricenses, el punto de contacto de todos los pueblos y partidos, el eslabón que los enlaza y el hombre del prestigio y del poder en este suelo.

Si soltáis el timón, el equilibrio se pierde, y tal vez las maquinaciones llegan a devorar el país.

Permitidnos decirlo, Señor: no os preocupe vuestra excesiva delicadeza; considerad los riesgos en que vais a colocar el Estado por ser vos tan sensible al dardo emponzoñado de unos pocos y desvalidos enemigos.

La opinión os favorece, el pueblo os ama con ardor, los ciudadanos más distinguidos os rodean, y el Ejército que os apoya y defiende está dispuesto a perecer a vuestro lado y por la ley.

Consideradlo todo, Señor.

Los que han soñado que estáis débil y vuestro poder desplomado no merecen más que compasión.

No tenéis, pues, motivos para abandonar la suerte de vuestra patria, ni para desoír ese clamor público que exige vuestra permanencia en la silla del Ejecutivo, ni para negar vuestros servicios a un pueblo que tantas pruebas os ha dado de su adhesión, ni para desairar a los que por sostener vuestro Gobierno han derramado su sangre, y jurado derramarla siempre.

Por todas estas razones, vuestros subalternos, en obsequio de la paz y ventura del Estado, y de conformidad con los sentimientos más puros de su corazón y el sentir de los pueblos, humildemente os suplican retiréis vuestro escrito de renuncia, para que vuestra diestra y benéfica mano continúe conjurando las tempestades políticas y haciendo la felicidad del patrio suelo.

Cuartel Principal de San José, Julio 16 de 1848.-E. B. J. P. B. L. M. de V. E.

José M. Quiroz - Antonio Pinto - Salvador Mora - José M. Cañas - Lorenzo Salazar - Rafael Chávez - José A. Ramírez - Valentín G.

Castro - José Esquivel - Manuel Esquivel - Manuel Borbón - E. Carazo - Juan Madriz - Fulgencio Ocaña - Clodomiro Escalante - J. María Villaseñor - Por mí y mi compañía y Oficial - Gregorio Sibaja - José M. Vargas - R. Esquivel - Juan Manuel Aguilar - Marcelino Pacheco - A. Escalante - Gabriel Pacheco - Anastacio Calderón - Mariano Trinidad Salazar - Por mí y por el Oficial Señor Salvador Guevara - Aureliano Fernández - José M. Castro y Blanco - Liborio Pinto - Juan M. Madriz - Ramón Quiroz - Higinio Carranza - Carlos Vásquez - Vicente Chacón - Matías Valverde - Adriano Portuguez - Federico Fernández - Anselmo Castro - J. F. Corral - Sabas Lizano - Félix Guzmán - Francisco Quiroz - Por mí y el Oficial Mateo Marín - Máximo Blanco - Juan M. Quiroz - J. A. Pinto - Manuel Cordero - Carlos Alvarado.

NÚMERO 24.
"En el nombre del autor del Universo.

Las fuerzas unidas de Cartago, parte integral del Ejército Costarricense, dolorosamente impuestas de la dimisión que formalmente ha hecho ante el Excelentísimo Congreso, S. E. el Benemérito Señor General Presidente del destino que honrosa y diestramente ejerce y estando convencidos de que tan lamentable procedimiento solo ha tenido lugar por especies falaces difundidas por el genio del mal, queriendo hacer creer que los Pueblos repugnan su Administración, los infrascritos, penetrados de tan horrible crimen que se les imputa; y teniendo presente: que la conducta pública de S. Excelencia hasta la fecha no está manchada con ningún hecho que desdore ni mancille el buen crédito que hasta ahora conserva el Estado; que en tiempos borrascosos ha sabido con demasiado tino y prudencia conducirlo por el sendero de la prosperidad; que en toda la serie de disturbios políticos que sin interrupción han tenido desgraciadamente lugar en el país, con demasiada sagacidad nos ha conducido a la victoria, y dado a nuestro Pabellón un nombre inmarchitable; que, ciego observador de las leyes y demasiado estricto a su sentido literal, ha sabido premiar a los virtuosos y castigar a los malvados, presentando a la faz del Estado entero una Administración limpia; cuyo territorio no ha sido fertilizado ni sobre las ruinas del inocente, ni con lágrimas ni sangre, y finalmente que haciéndonos aparecer hoy el aspirantismo como los principales descontentos, dándonos un color que desdora nuestra profesión, nos vemos en el deber de presentar a la faz del público costarricense un documento auténtico que compruebe robustamente la fidelidad que nos es característica y nuestra decidida adhesión al Gobierno, en cuya consecuencia solemnemente declaramos:

Art. 1.°- Gustosos y contentos como estamos con la Administración actual, pues ella nos da garantías, paz y confianza, la acataremos en la persona del Señor Doctor Don José María Castro y obedeceremos, sea cualquiera el modo como se porte, aunque hasta la vez se ha manejado con pureza, buen crédito y sin levantar cadalsos en ocasiones que la ley lo obligaba a ello.

Art. 2.°- Habiendo este Departamento dado sus votos sin fuerza para que el Señor Doctor Don José María Castro tomase las riendas del Gobierno y manifestándole su amistad y adhesión de nuevo ahora, protestamos de la falsedad del crimen de traición que se nos levanta, le repetimos que sostendremos su Administración con las armas hasta perder nuestra existencia.

Art. 3.°- La expuesta franqueza de nuestros sentimientos no tiende a declararnos enemigos de ningún Pueblo del Estado, pues con todos tenemos relaciones íntimas, sino a manifestar por ella que acatamos la Administración y desmentir a los que han levantado especies contra este Departamento, evitando por consiguiente que en nuestro Estado se encienda el fuego devorador de la anarquía.

Art. 4.°- La presente acta será puesta en manos del Excelentísimo Sr. General Presidente del Estado para que, enterándose de nuestros sentimientos y convenciéndose de que jamás hemos querido que otra sea la mano que nos rija, se sirva retirar la renuncia que de su destino tiene puesta ante el Excelentísimo Congreso, y que aun dado caso que la haya hecho por conveniencia a sus intereses particulares, le suplicamos haga el sacrificio de no dejarnos abandonados, principalmente en el tiempo presente en que el aspirantismo ha apurado la copa.

Art. 5.° y último.- Finalmente, es tanta la confianza que tiene la división de este pueblo y vecindario en la persona del actual mandatario, que si estuviera en sus manos lo declararía perpetuo e inamovible mandatario del Estado; pero acata y respeta las leyes que nos rigen.

Esta es la expresión franca y libre de los que suscriben la presente en Cartago, a las once de la mañana del 16 de julio de 1848.

Pedro Mayorga, Comandante - Pedro García, Teniente Coronel - José Montero, Teniente Coronel - Pedro Iglesias, Teniente Coronel - Juan M. Carazo, Capitán - Venancio Coronado, Ayudante - Telésforo Peralta - Francisco Figueroa, Teniente - José María Oreamuno, Teniente - Juan F. Neco, Coronel - José María Rojas, Teniente - Zenón Mayorga, Capitán - Luis María Peralta, Teniente - B. Rivera, Teniente Coronel - J. Manuel Peralta, Subteniente - Gregorio Bonilla, Subteniente - Vicente Aguilar, Subteniente - Jesús Guevara, Teniente - J. Rafael Oreamuno, Capitán - Eusebio Ortiz, Teniente - Francisco Bonilla, Subteniente - Diego Arana, Subteniente - Ramón Quezada, Teniente - Nereo Macís, Capitán - Valerio Frutos, Subteniente."

NÚMERO 25.

En la Ciudad de Cartago, a las doce del día diez y seis de julio de mil ochocientos cuarenta y ocho, reunidos los vecinos del recinto de esta Ciudad a Cabildo abierto, por excitación del Sr. Gobernador Departamental, con objeto de que el vecindario exprese la opinión que tiene acerca de la actual Administración.

Todos los vecinos unánimemente manifestaron: que este Departamento se halla en completa paz, y que estando contentos con la sabia Administración del Excelentísimo Presidente, temen solamente que este gran bien pueda faltarles; por lo que sus positivos deseos son porque se perpetúe en la silla Presidencial. Semejante opinión la tiene manifestada este vecindario con las aclamaciones y vivas dirigidos a la persona del Sr. Presidente, cuando el pueblo reunido ha celebrado su aparecimiento ante el público. Así es que la vaga voz que ha corrido de no tener opinión en los pueblos el Sr. Presidente, solo es una invención de los revolucionarios para turbar la armonía que felizmente reina en todo el Estado. Estos son los votos y sentimientos del vecindario de Cartago, los que consignarán siempre, no solo con su firma, sino también con su sangre.

Juan de Dios Marchena, Presidente - Francisco M. Oreamuno - Eusebio Prieto - Nicolás Sáenz - José María Alfaro - J. Joaquín Porras - Manuel Zabaleta - Pedro Iglesias - Francisco de P. Gutiérrez - Nicolás Quesada - Gregorio Alvarado - Anselmo Sáenz - J. María García - J. Cayetano Alvarado - Manuel Ulloa - Juan F. Neco - Joaquín E. Carazo - Felipe Prieto - F. M. Carazo - Nicomedes Chaves - Juan F. Alvarado - Ramón Ramírez - Miguel Baraona - Pilar Escalante - Pedro Maestre - José Joaquín Prieto - Manuel Marchena - Joaquín Quijano - Pedro Oreamuno - Jesús Quezada - Manuel Hidalgo - Rafael Durán - Ramón Echavarría - Benito Montoya - Tomás Brenes - Francisco Figueroa - Santiago Orozco - Sixto Matamoros - Guadalupe Baraona - Juan de Dios Fuentes - Ildefonso Alfaro - Victoriano Rivera - Jesús Guevara.

NÚMERO 26.

"En la Ciudad de Cartago, a las diez de la mañana del día diecinueve de julio de mil ochocientos cuarenta y ocho. Reunido en el Despacho de esta Vicaría Eclesiástica el respetable Clero de esta Ciudad, con el importante objeto de acordar el modo con que debe manifestarse al Excelentísimo Señor Presidente, la buena armonía con que se recibe el Gobierno de nuestro Estado. De unánime conformidad ha dispuesto decir al ilustre Patriota que lleva las riendas del S.P. Ejecutivo: que los suscritos, constituidos en el deber de procurar la paz, no han vacilado en recomendarla al Pueblo en la Cátedra de la Verdad, recordándole la obediencia que debe darse a las Autoridades, y la unión en que deben existir y, por lo mismo, protestamos de la manera más solemne: que, Volente Deus, esta felicidad será duradera en el Pueblo Cartaginés, y resplandecerá en todo el Estado a merced de estos mismos principios; y, ceñidos estrictamente al espíritu de nuestras Leyes, se prometen las felicidades más prósperas en lo sucesivo.

Esta es la voluntad del Clero, y la buena intención con que quiere depositar en el Gabinete de S. Excelencia este acuerdo, como un testimonio de su mayor confianza.

Excelentísimo Señor General Presidente del Estado.

Rafael del Carmen Calvo - José Gabriel del Campo - Juan Manuel Carazo - Fernando Echavarría - Lorenzo Alvarado - Juan Andrés

Bonilla - Diego M. Ramírez - Luis Francisco Pérez - Manteísta Bruno Córdova - Fray José Eugenio Quezada - Joaquín Alvarado - Por imposibilidad del P. Fray Aniceto Chacón y por mí, Matías Zabaleta - Rafael J. Brenes - Manteísta Pedro Saborío - Ante mí, Joaquín E. Carazo, Notario Público."

NÚMERO 27.

En la ciudad de Cartago, Cuartel de San Rafael, a los dieciséis días del mes de julio de mil ochocientos cuarenta y ocho.

Con noticia de que espíritus inquietos informaron al Doctor General Don José María Castro de que este Departamento era descontento con su Administración, se reunió el Barrio en su totalidad y, unánimes, acordaron decir al Sr. Doctor: que, muy lejos de estar descontentos con su sabia y benévola Administración, están decididos a sostenerla a costa de su propia existencia y que desean se perpetúe en un destino que tan dignamente ejerce; lo que se le dice por conducto del Sr. Gobernador Político.

Manuel Mora - Ramón Guillén - Pedro Quiroz - Albino Álvarez - Joaquín Quiroz y, por los que no saben, Ramón Solano.

CAPÍTULO IV: GUATEMALA. PRESIDENCIA DE JUAN A. MARTÍNEZ

SUMARIO.

1. Nota de los secretarios de la Asamblea al Presidente Carrera. 2. Elección de don Juan Antonio Martínez. 3. Renuncia del Ministerio. 4. Es nombrado Ministro don Manuel Dardón. 5. Bases de arreglo presentadas por la montaña. 6. Decreto gubernativo acerca de ellas. 7. Un escándalo en la Asamblea. 8. Entrada de Nuño. 9. Llega Dueñas a Guatemala y toman asiento en la Asamblea dos liberales. 10. La situación. 11. Varios decretos de la Asamblea. 12. Cuestión con Chatfield. 13. Cuestión con la Francia. 14. Decreto de República. 15. Termina la misión de Dueñas. 16. El doctor Gálvez. 17. Los Altos. 18. Renuncia de Lorenzana. 19. Entran al Ministerio Vidaurre y Molina. 20. La Montaña. 21. Honores a Nuño. 22. Catolicismo del Gobierno. 23. Se dan facultades extraordinarias al poder Ejecutivo. 24. Observaciones. 25. Misión a Méjico. 26. Consejo de Estado. 27. Elección de Presidente. 28. Movimiento militar. 29. Invasión a los Altos. 30. Situación del Cuerpo Legislativo. 31. Resoluciones del poder Ejecutivo. 32. Medidas dictadas por el Gobierno. 33. Renuncia de don Juan Antonio Martínez.

La Asamblea y Carrera se hacían recíprocas manifestaciones de atención, de aprecio y de respeto.

En el poder Constituyente había una mayoría que hacía esfuerzos para que no escasearan los miramientos a Carrera, a quien consideraban como su héroe y salvador.

El 16 de agosto, los secretarios dirigieron a Carrera la respetuosa comunicación siguiente:

"Secretaría de la Asamblea Representativa – Señor Presidente de la República Don Rafael Carrera – Guatemala, Agosto 16 de 1848.

Sensible ha sido a la Asamblea que el Señor Presidente no haya podido asistir al acto de su instalación.

Ha recibido con agrado la felicitación que por escrito le ha dirigido desde el despacho del gobierno; y acepta, llena de esperanza, los votos del Señor Presidente para que la Divina Providencia la favorezca en sus deliberaciones.

El Señor Presidente debe haber recibido ayer la contestación que el de la Asamblea le dio, de orden de este alto poder, respecto a su renuncia, cuya urgencia se tomó en consideración.

Quiera el Señor Presidente de Guatemala aceptar el respeto y consideración con que nos ofrecemos sus muy atentos y seguros servidores.

José Mariano Vidaurre - Luis Molina, Secretarios".

La juventud preguntaba: "¿Dónde están los liberales? ¿Será posible que a Carrera se le deje salir impune bajo el peso de tantos crímenes?".

En lo que menos se pensaba era en detener a Carrera y en sujetarlo a juicio.

Solo se aspiraba a que saliera del país.

El mismo día 16 se admitió la renuncia a Carrera como se podía haber admitido una renuncia a un jefe sin mancilla, y habiendo producido ciento por uno las semillas que sembraba Durán, fue electo Presidente interino don Juan Antonio Martínez.

A Martínez jamás se le había visto figurar en primera línea en la arena política.

Su método de vida lo llamaba a la tranquilidad y al reposo.

Siempre estaba rodeado por los más ricos comerciantes. En sus tertulias se hablaba de la grana y del añil con maestría.

Se discutían con acierto las alzas y bajas de nuestros frutos en los mercados de Europa.

Se calculaba en los pedidos de efectos para que las mercancías llegaran a Guatemala en el tiempo en que el público más las necesitase, y en la manera de expenderlas con mayor provecho, y los cálculos resultaban exactos; pero no se hablaba una palabra de la índole política del siglo, del porvenir de la América, ni de las instituciones que debían adoptarse para que Guatemala tomara el puesto que le conviene en el movimiento universal.

Una conversación de este género habría parecido incomprensible en el círculo de aquellos comerciantes; la habrían calificado como un delirio de jóvenes inexpertos o como chocheras de ancianos decrépitos.

Entre los tertulianos de don Juan Antonio Martínez había muchos de aquellos hombres que todo lo subordinan al valor de sus efectos.

La elección de don Juan Antonio Martínez fue un golpe para los Cruces, que habían sido los opositores que con más energía, más constancia y más éxito, habían contribuido a la revolución.

Los serviles se llenaron de júbilo, porque comprendían que las escisiones de los liberales iban a ser continuas y profundas y que el honrado comerciante y venerable padre de familia que subía al poder no era el hombre capaz de formar un centro de unidad, ni de encaminar los acontecimientos y hacer venturosa la revolución de agosto.

La mayor parte de las ideas de los liberales eran para don Juan Antonio Martínez menos aceptables que las ideas de don Luis Batres, cuya conducta solo censuraba en parte.

Martínez no solo era hombre de edad avanzada, sino enfermizo, lo que imposibilitaba que soportase un género de vida que exigía actividad, perspicacia y acertados cálculos políticos.

El decreto de que se habla se halla al fin de este capítulo. (Documento núm. 1.)

Don José Nájera, Ministro de Relaciones Exteriores, don Luis Batres, Ministro de Gobernación, y don Joaquín Durán, Ministro de Hacienda, presentaron su renuncia ante Carrera, quien la admitió antes de poner el cúmplase al decreto de elección de Martínez.

Durán podía alabarse de haber electo al sucesor de Carrera antes de abandonar el Ministerio.

Este decreto fue presentado a Carrera por una comisión de la Asamblea, a cuyo frente iba el doctor Andréu.

Andréu hizo uso de sus dotes oratorias diciendo en su discurso de 16 de agosto de 48 todo lo contrario de lo que dijo en su discurso de 2 de febrero de 45.

El orador del 2 de febrero presenta a Carrera como un monstruo.

El orador del 16 de agosto lo presenta como un hombre admirable.

¿Habrá quien tenga fe en lo que dicen esos políticos?

Carrera, Batres, Nájera y Durán salieron de palacio el 16 de agosto, persuadidos de que pronto volverían a entrar en palacio, porque estaba electo el Presidente que el mismo Durán había indicado.

Martínez publicó una proclama el 17. (Documento núm. 2.)

Aquel mismo día dirigió otra proclama al ejército. (Documento núm. 3.).

La municipalidad, compuesta de serviles, entre los cuales figuraban don Juan José Bárcarcel y don Juan Piñol, permaneció como estaba en tiempo de Carrera.

Aquellos respetables munícipes felicitaron a la Asamblea el 18 de agosto.

Procedían muy bien porque esa felicitación hacía creer a los liberales que los individuos que componían el ayuntamiento se habían convertido al liberalismo y aseguraban sus puestos en los bancos de la ciudad.

Bolaños permaneció en alta, José Clara Lorenzana permaneció también en alta, y casi todos los jefes de Carrera continuaron con las armas en la mano.

Todo el tren de Carrera existía; solo faltaba Carrera, a quien la Asamblea dio una guardia que puede llamarse de honor, compuesta de personas elegidas por el mismo Carrera para que lo acompañaran hasta la frontera de Chiapas.

Don José María Palomo y Montúfar, más adicto al partido reaccionario que el mismo don Luis Batres, permaneció al lado de don Juan Antonio Martínez en calidad de Oficial Mayor y funcionó como Ministro hasta el 29 de agosto.

De manera que en la casa de don Luis Batres se sabía mejor lo que hacía y lo que pensaba Martínez que en las casas de Barrundia y de Molina.

El 28 de agosto fue nombrado Ministro de Gobernación, Justicia y Negocios Eclesiásticos el Lic. don Manuel Dardón, quien se hallaba desempeñando el cargo de juez de 1ª instancia y fue subrogado en la judicatura por don Pedro Vicente Batres.

¿Qué fue lo que produjo el nombramiento de Dardón?

Debe decirse en honor de la verdad y de la justicia, que Dardón fue uno de los jóvenes que se distinguieron en la Academia de Ciencias.

Mucho se esperaba de él por sus antecedentes de familia.

Es hijo de don Andrés Dardón, procesado el año de 1813 por un proyecto de independencia.

El Fiscal pidió que fueran condenados a la pena de garrote los hijosdalgo que intervinieron en aquella conspiración, entre los cuales se menciona el nombre de Barrundia; y a la pena de horca los que no gozaban del privilegio de hidalguía, entre los cuales estaba don Andrés Dardón, padre de don Manuel.

Si este no es un motivo para pertenecer a la democracia y al pueblo con decisión, es preciso convenir que ya no hay vínculos capaces de ligar a la juventud con el partido liberal.

El doctor Molina, por su edad, había decaído mucho.

Ante el público no era tan notable esta decadencia como ante la familia de Molina; ¡la dirección de los negocios políticos no la llevaba ya don Pedro en aquella casa, sino don Luis!

Dardón era amigo de Luis Molina. Eran también amigos de Molina don Vicente y don Andrés Dardón, hermanos de don Manuel.

Otro vínculo los unía. El Licdo. don Manuel Zerón, hermano de Paredes, era amigo íntimo de los Dardones y de Molina. Por medio de Zerón se creía poder disponer, en determinados momentos, como se quisiera de la espada de Paredes.

Don Manuel Dardón tenía otra cualidad que entonces se tuvo presente: estaba casado con una hija del Presidente de El Salvador, don Doroteo Vasconcelos, e importaba entonces mucho mantener buenas relaciones con el Gobierno salvadoreño.

El 29 de agosto, don Manuel Dardón tomó posesión del Ministerio y, como Ministro que produce un círculo político, discutía las resoluciones gubernativas con los hombres de su círculo.

En el ánimo de don Juan Antonio Martínez influía entonces poderosamente el diputado don Manuel Larrave, hombre de inteligencia, de maneras suaves y muy interesado en la política.

El verdadero Presidente era Larrave. Cuando se hablaba a Martínez de la necesidad de alguna medida, él contestaba que iba a meditar sobre el asunto, y la meditación era una conferencia con Larrave.

Cuando se quería obtener algo con celeridad, se iba directamente a Larrave.

Cuando Martínez se enfermaba, lo cual acaecía con frecuencia, ningún liberal podía hablar con el Presidente de la República, aunque el asunto fuera de alta importancia y exigiera pronta resolución; pero don Manuel Larrave penetraba a la alcoba del enfermo y hablaba sobre todo extensamente con él a la cabecera de la cama.

La elección de Presidente no satisfizo a la montaña y permanecían armados Francisco Carrillo, Serapio Cruz, Roberto Reyes y Agustín Pérez.

Esto era precisamente lo que el partido servil aristocrático deseaba.

Había dicho la prensa liberal que los montañeses se levantaban por los excesos de Carrera.

Carrera había salido y los montañeses no entregaban las armas: luego había otros móviles para la revolución.

Esta idea era la salvación de los serviles y la base de su futuro triunfo.

Ellos desplegaron entonces una actividad sin igual, por todos los medios posibles, para que continuara la insurrección.

Tenían mayoría en la Asamblea, era Presidente la persona que ellos indicaron por medio de Durán, y todo marchaba como a ellos convenía; querían ratificar el decreto de 21 de marzo y podían hacerlo con su mayoría; pero deseaban que la iniciativa procediera de uno de los jefes del partido liberal, y a ese fin se dirigían sus maquinaciones. Obtener ese resultado, como obtuvieron la elección de Martínez, era el segundo triunfo que debía eternizar el servilismo.

Vista la debilidad del Gobierno y los escollos que se le presentaban, esa nube de hombres que se ven en todas partes, y que no hacen más que calcular la situación de los gobiernos para unirse a ellos o separarse, comenzaron a adular otra vez a los jefes del partido servil aristocrático, quienes se hallaban en sus casas, gozando de plenas garantías y revolucionando a sus anchas por medio de sus antiguos y sempiternos colaboradores.

Al Gobierno presentaron el general de división don Nicolás Angulo, los tenientes coroneles don Manuel Zepeda y don Dámaso Micheo, y don Luciano Luna, un documento fechado en lo de Batres, a 27 de agosto de 48, y suscrito por Carrillo, Cruz, Reyes, Pérez y Nuño. Son bases para un arreglo de paz y dicen literalmente lo siguiente:

1.º- Todas las fuerzas que componen el ejército protector de los derechos del pueblo, reconocen al Gobierno provisorio del Estado de Guatemala y le tributan obediencia y respeto.

2.º- Para que no pueda alegarse ilegalidad en los actos del actual Congreso por tener su origen de una autoridad usurpadora y sin misión, y porque las elecciones fueron practicadas en los momentos más críticos, de lo cual resulta que varios pueblos no están representados, se convocará un nuevo Cuerpo Constituyente para que reorganice y constituya al Estado bajo los principios de un Gobierno popular representativo.

3.º- La convocatoria comprenderá la elección del nuevo Presidente que deba regir al Estado, y se dará lo más pronto posible, sin pasar de ocho días.

4.º- Se reconoce la soberanía e independencia del Estado de Los Altos, tal como lo dispone la ley nacional de su erección.

5.º- Siendo de vital interés la reaparición de la República de Centroamérica y el ardiente deseo de los pueblos, el Gobierno provisorio excitará del modo más eficaz a los Gobiernos de los Estados de la antigua Unión, con el fin de que se unan y cooperen a la reorganización de la República; y, mediante a que el Gobierno de El Salvador está convenido en esto, en caso de que los de Honduras, Nicaragua y Costa Rica se negasen, ya sea directa o indirectamente, o de alguna manera retardasen tan importante paso, Guatemala, Los Altos y El Salvador formarán por sí solos una República, bajo los mismos principios de un Gobierno popular representativo.

6.º- Ratificado que sea el presente convenio, el ejército protector ingresará a la capital. El Gobierno provisorio designará el día de su entrada y los puntos que deban ocupar las divisiones. El ejército se compondrá de las fuerzas que actualmente se hallan armadas.

7.º- El Gobierno provisorio mandará entregar a los jefes del ejército 100 mil pesos para gratificar a sus individuos, exceptuando a la división de Chiquimula, que renuncia este privilegio y que se compromete a dejar sus armas y municiones de guerra en los almacenes de la capital, como lo harán las fuerzas que se licencien.

8.º- El Gobierno designará el número de tropa que deba componer la guarnición, no bajando de mil hombres del ejército libertador.

9.º- A todos los jefes y oficiales que se licencien y no tengan despachos, se les librarán los que correspondan al grado que representan actualmente como individuos de la milicia nacional o urbana.

10.º- El Gobierno se compromete a representar a la Legislatura la necesidad que tienen algunos pueblos de tierras para sus labranzas, a fin de que se sirva decretar se les dé la necesaria, con vista de sus circunstancias y número de habitantes.

11.º- Los jefes, oficiales y tropa veterana que existen en la plaza serán licenciados y disueltos los cuerpos, pudiendo pasar a los del ejército los individuos que buenamente quieran, de sargento inclusive abajo.

12.º- Los generales y jefes del ejército se comprometen del modo más solemne a guardar y hacer guardar en sus individuos la más rigurosa disciplina e impedir los desórdenes y excesos contra los habitantes pacíficos de la capital y de sus intereses.

13.º- El Gobierno acordará que se haga efectiva la responsabilidad prevenida en el decreto de 1840 contra los funcionarios públicos por el exceso en el cumplimiento de su deber.

14.º- Todos los daños y perjuicios que Rafael y Sotero Carrera, con sus principales agentes, hayan causado a los particulares persiguiéndolos y destruyéndoles sus propiedades, serán indemnizados con los bienes de aquellos. El Gobierno acordará la manera más legal de hacer efectiva la responsabilidad e indemnización.

15.º- Serán desterradas fuera del Estado las personas que la opinión pública señala como enemigos natos de la libertad del pueblo, como origen de infinitos males, y que en la guerra presente han obrado como principales agentes del usurpador.

16.º- Se excitará al Gobierno Eclesiástico para que coloque, de preferencia, en los curatos, a los sacerdotes hijos del país, cuyas virtudes y moralidad los haga recomendables.

17.º- Siendo tan perjudicial a los pueblos de Centroamérica la conducta e injerencia del Cónsul inglés, Sr. Federico Chatfield, en los disturbios del país; convencidos los mismos pueblos de que él fomenta la guerra civil e insulta de un modo sin ejemplo a los Gobiernos de los Estados de la Unión Centroamericana con reclamos y pretensiones injustas, el de Guatemala ocurrirá al gabinete de San James con los comprobantes de su mal comportamiento, para que se le destituya y reemplace, poniéndose de acuerdo para esto, si fuere necesario, con los Gobiernos de los Estados, interin se organiza el nacional.

18.º- El presente convenio será ratificado y canjeado dentro de veinticuatro horas, e ínterin tanto permanecerán suspensas las hostilidades, que quedarán rotas veinticuatro horas después, caso de no tener efecto.

Cuartel general en lo de Batres, agosto 27 de 1848. En fe &-

Por los Sres. Jefes:

D. Francisco Carrillo, D. Serapio Cruz, Roberto Reyes, A. Pérez, José D. Nuño.

Artículos agregados:

18.º- El Gobierno acordará que en lo sucesivo ningún extranjero pueda comprar en el país bienes raíces, si no es con su conocimiento.

19.º- Queda abolida la pena de muerte en causas políticas.

Estas bases encontraron una grande oposición.

El artículo 4.º era, a los ojos de muchos liberales, una herejía, un delito de lesa patria.

El artículo 5.º era considerado como una utopía, como una teoría impracticable, como un delirio.

Se pusieron en juego cuantas consideraciones mezquinas el espíritu de localismo sugiere, y esa mezquindad se presentaba al público como altas consideraciones de un excelso patriotismo.

El que no opinaba como los círculos localistas era un desnaturalizado, era un indigno hijo de Guatemala.

Terribles experimentos han desmentido a esos localistas de entonces.

El 3 de septiembre el Gobierno dictó el decreto siguiente:

"El Presidente interino de la República se ha servido emitir

DECRETO
El Presidente interino de la República de Guatemala.

Teniendo en consideración:

1.º Que hasta ahora ha sido imposible concluir el arreglo pacífico que se deseaba con las fuerzas que no se han puesto de hecho a las órdenes del Gobierno, a pesar de que ha empleado cuantos medios prudentes se hallan en sus facultades, sin omitir sacrificio de ninguna clase, consecuente a su principio de que todos son pequeños con tal de que se consiga una paz sólida y duradera.

2.º Que en las repetidas conferencias a que han asistido los cinco señores comisionados, que acreditó el mismo Gobierno para celebrar dicho arreglo, se ha puesto en claro, en el proyecto de los Jefes del ejército unido, que propusieron sus comisionados, que no se atiende a las causas de la revolución, ni a los intereses generales del ejército y pueblos a que pertenece, ocupándose de los particulares o de medidas ajenas del mismo arreglo y correspondientes en su mayor parte a los tribunales establecidos, o al Congreso en quien los pueblos han depositado su confianza.

3.º Que las principales causas que impelen a la guerra a los habitantes de los distritos de Jutiapa, Jalapa y Santa Rosa, y de algunos de este departamento, son la falta o escasez de los terrenos que necesitan para sus labranzas o ganados, que los reduce a la condición siempre triste de colonos o arrendantes, que en la hacienda de Palencia les fue tan gravosa; la diseminación de los mismos habitantes en rancherías no sujetas a la influencia inmediata del poder benéfico de la autoridad y privadas de los consuelos, luces, moralidad y buenos ejemplos que las poblaciones arregladas reciben de los buenos ministros de la religión que tenemos la felicidad de profesar, y de maestros aptos para formar ciudadanos útiles a sí mismos y a la patria, que a todos llama igualmente a los cargos públicos, siempre que tengan ciertas capacidades que solo puede perfeccionar el estudio; y, en fin, la exasperación a que llevaron estos males algunos agentes desmoralizados de la administración pasada, que, fiando en el favoritismo y despótico poder militar, y sin ninguna aptitud, oprimieron a los infelices habitantes, causándoles todos los daños consiguientes al desorden y desenfreno de empleados que se convirtieron en señores feudales de los mismos que los elevaron.

4.° Que si en otras ocasiones se procuró remover la segunda de estas causas, no se consideró desde su verdadero punto de vista, unida a las demás, ni se emplearon los medios justos, únicos que pueden producir el resultado que se propusieron los gobernantes, y es evitar los males de la insurrección y guerra de montañas, que también pudieran promover hombres corrompidos o extraviados contra un Gobierno benéfico y obediente a las leyes.

5.° Que aun el bien, para ser aceptable, supone la libertad en el que lo ha de recibir, y se desvirtúa desde que se intenta imponerlo por la fuerza.

6.° Que los jefes, oficiales y soldados son acreedores a que se les gratifique de la manera posible y al mismo tiempo útil a la nación, los servicios que hubieren prestado en la última campaña, a la causa del orden y de la libertad.

7.° Que la división de Chiquimula, consecuente a su pronunciamiento y tratados, renuncia toda gratificación pecuniaria y está de hecho y de derecho a las órdenes del Gobierno.

8.° Que, guiado por igual sentimiento y penetrado del principio de todo Gobierno legítimo, el de Guatemala se propone en el presente decreto promover el bienestar y prosperidad de los habitantes de los distritos mencionados, que de buena fe hayan tomado las armas, resuelto a emplear vigorosamente todos sus recursos para reprimir a los que, desconociendo su conducta paternal, tengan la temeridad de rebelarse contra la autoridad legítima que le ha sido confiada.

9.° y último: Que es preciso poner término a la posición dudosa en que se encuentran las fuerzas que se levantaron contra Carrera y deberían ya haber reconocido explícita y solemnemente al Gobierno legítimo, para que se manifiesten y distingan los que de buena fe se levantaron contra la administración pasada y los que se mezclaron en la revolución malintencionadamente, sin dejar lugar a estos para engañar a los pueblos en cuyo bien no han pensado, sino para que les sirva de máscara.

Ha venido en decretar y

DECRETA:

1.º Los caudillos, Señores Francisco Carrillo, Serapio Cruz y Agustín Pérez, con todas las fuerzas que están bajo su mando, reconocerán al Congreso y al Poder Ejecutivo explícita y solemnemente, jurándoles fidelidad y obediencia.

2.º Mediante a que la guerra ha concluido, y no hay enemigo contra quien hacer uso de las armas, deberán entregarse a la persona y en el lugar que el Gobierno disponga, todas las que tienen en mano los individuos del ejército libertador, así como todos los elementos de guerra; y se satisfará a los tenedores diez pesos por cada fusil, seis por cada escopeta, y por cualquiera otra arma la cantidad que se gradúe con vista de su estado.

3.º Siempre que los tres jefes nominados obedezcan, conforme deben, el presente decreto, evitando la dispersión del armamento, se satisfará al inmediato jefe, por cada arma de su división que mandare entregar, igual suma que al tenedor, para que, reunida la cantidad total correspondiente al número y calidad de armas de sus respectivos subordinados, gratifiquen a estos en proporción a sus servicios, ya sea que hayan recibido gratificación y que merezcan mayor cantidad, o que no hayan recibido nada, por no haber presentado arma y, sin embargo, sean acreedores a que se les gratifique, por haber prestado servicios anteriormente con ellas en la mano o de otra manera.

4.º A los pueblos que no tengan ejidos, o que los tengan incompletos o inútiles, se les designarán y adjudicarán en propiedad las tierras que necesiten, aun cuando ellos no hagan formal solicitud, como llegue a noticia del Gobierno.

5.º Se mandarán designar otros terrenos de los que ya tienen un número considerable de habitantes, para formar en ellos poblaciones con las familias que los ocupan, y con las que voluntariamente quieran trasladarse a ocupar alguno de los sitios de la población que se delineará. Se adquirirá la propiedad de un sitio por el mero hecho de fabricar una casa en él, y al dueño deberá librársele el título correspondiente. Solo las familias que formen la población tienen derecho a usar de los terrenos, sin pagar arrendamiento, pues deberán pagarlo aun los que habiten en las tierras, pero fuera de la población. El Gobierno auxiliará para la fábrica de iglesias, casas parroquiales y municipales, y cárceles, mientras se crían o establecen fondos para estos y los demás objetos de utilidad común en cada población.

6.° A efecto de que los mencionados jefes reduzcan al orden a las partidas que se hubieren sustraído a su obediencia, o se levantaren en lo sucesivo; de que persigan a las de ladrones, que a su sombra y para su descrédito andan cometiendo excesos en los caminos y poblaciones; y de que recojan las armas dispersas entre los habitantes de los distritos conmovidos, atrayéndolos a la regularidad de la vida social; el Supremo Gobierno nombra al Sr. Francisco Carrillo, Corregidor y Comandante de armas del distrito de Jalapa; al Sr. Agustín Pérez, del de Jutiapa; y al Sr. Serapio Cruz, del de Santa Rosa; y les dará un Secretario con funciones de ayudante mayor, nombrado en la terna que le propusieren.

7.° A todos los jefes y oficiales que sirvieron en la campaña hasta la desaparición de Carrera, y tengan despachos de autoridad competente, los tomará el Gobierno a su servicio, reconociéndoles sus respectivos grados; y los que carezcan de despachos militares, serán empleados de preferencia, según sus capacidades, en la milicia o en los otros ramos de la administración.

8.° Serán admitidos todos los demás individuos del ejército de los pueblos que espontáneamente quieran sentar plaza como veteranos, en los términos que previenen las ordenanzas.

9.° El Gobierno mandará socorrer, por una sola vez, a las viudas y huérfanos de los que en la pasada campaña perecieron en las filas del ejército de los pueblos, con las cantidades que el mismo Gobierno fijará en vista de los informes que darán sobre el particular los jefes de división y del número de solicitantes que se presentaren.

10.° Si por desgracia los enemigos del orden logran que los repetidos jefes, o alguno de ellos, no obedezcan este decreto, sus disposiciones deberán cumplirse con el que o los que obedecieren; y los individuos de la división del jefe desobediente, que presentaren sus fusiles, recibirán íntegra la doble gratificación designada.

11.° El Poder Ejecutivo admitirá y obsequiará todas las solicitudes justas que se le presentaren, y elevará al Congreso o pasará a los tribunales las que no fueren de su resorte.

12.° El Gobierno tratará como enemigos a todos los que se opongan al cumplimiento de este decreto; y en tanto que una gran mayoría no haya entregado las armas, no se considera obligado a cumplir los artículos 4.°, 5.° y 9.°

13.° El presente decreto queda sujeto a la resolución de la Asamblea Representativa, cuya autorización solicitará, para poder ejecutar aquellos de sus artículos, que el Poder Ejecutivo considera fuera de sus atribuciones.

14.° El Secretario del Interior cuidará de que se publique y cumpla el presente decreto, comunicándolo directamente a los jefes del ejército de los pueblos, para que pongan al pie su obedecimiento.

Dado en el Palacio del Supremo Gobierno, a tres de septiembre de mil ochocientos cuarenta y ocho.

J. Antonio Martínez.

Ministro de Gobernación Manuel J. Dardon

Serapio Cruz no había hecho una ruda, prolongada y cruenta campaña para ser corregidor de Santa Rosa a las órdenes de don Manuel Larrave y de los Molinas.

El decreto no podía satisfacerlo y no lo satisfizo.

Los mismos hombres a quienes Cruz atacaba se llenaron de júbilo al saber que resistía sujetarse al Gobierno, y redoblaron sus esfuerzos para que continuara la guerra, grande esperanza de los serviles.

El 3 de septiembre por la tarde, el convenio celebrado secretamente por Dueñas y Angulo, comisionados del Gobierno de El Salvador, y el coronel José Dolores Nuño, circuló manuscrito entre algunos diputados y exaltó a los serviles.

Ellos dieron aviso al instante a don Luis Batres, de quien los representantes reaccionarios recibieron instrucciones.

El orador del 2 de febrero y del 26 de agosto preparó un discurso violento para la sesión de aquella noche.

Los serviles citaron gente a la galería e instruyeron a determinadas personas para que dieran voces, palmotearan estrepitosamente e hicieran escandalosas demostraciones de aplauso cuando el doctor Andreu, con más entusiasmo, combatiera en la tribuna el convenio suscrito por Nuño.

El momento era solemne para el partido servil de Guatemala.

Al día siguiente entraba Nuño a la capital al frente de las fuerzas de Chiquimula, y si su programa era el cumplimiento del convenio de Chiquimula, los montañeses aseguraban la paz, se organizaba una república compuesta de El Salvador, Los Altos y Guatemala, y el programa servil quedaba destrozado.

Andreu interpeló al Gobierno en la sesión del 3 de septiembre. Don Manuel Dardón se presentó en ella e hizo una relación sucinta de lo acaecido.

El doctor Andreu habló violentamente contra los salvadoreños, desahogando en aquel instante añejos odios.

En Guatemala, como tantas veces se ha dicho, no hubo nobleza; pero sí hubo aristocracia, porque la aristocracia es el gobierno de pocos privilegiados.

Los hombres que estrictamente pertenecían a ese círculo eran defensores acérrimos de sus privilegios; pero las personas que a ese círculo no pertenecían, que con ahínco deseaban pertenecer a él y que se consideraban honradas andando por la calle con don Luis Batres o con don Manuel Francisco Pavón, defendían con más ardor las doctrinas de la reacción.

En este número se hallaba el doctor Andreu. Servil en toda la extensión de la palabra, jamás obtuvo un Ministerio. Los nobles lo tenían como un instrumento, pero siempre lo conservaron a una respetuosa distancia.

La noche del 3 de septiembre dijo el doctor Andreu que las provincias eran la causa de todos los males de Guatemala.

Él llamaba provincias a todos los Estados, imaginándose tal vez que no hablaba como representante del pueblo guatemalteco, sino como consejero áulico de Urrutia o de Bustamante.

Andreu se admiraba de la ignorancia de Dueñas, de la ignorancia de Angulo, de la ignorancia de Vasconcelos, que habían celebrado un convenio con Nuño, que no era jefe del Estado.

Aquella lumbrera parlamentaria ignoraba que, en Derecho Internacional, tratados de esa clase existen y se llaman esponsiones.

La galería aplaudió como estaba previsto. Andreu se exaltaba con los aplausos. Llamó ladrones a todos los opositores, locos a todos los liberales y descamisados a todos los que habían nacido más allá de las garitas de la ciudad de Guatemala.

Los aplausos eran incesantes, comenzando por los mismos soldados de la guardia, que palmoteaban y gritaban todos, excepto los centinelas, porque así se les había mandado que lo hicieran.

El doctor Molina presidía: varias veces llamó al orden para hacer respetar el reglamento y no pudo.

Por último, en un momento en que Andreu injuriaba más, Molina le dirigió con energía estas palabras: "Es falso", y levantó la sesión.

Barrundia, en La revista de los partidos, refiere la salida de Carrera y todos los sucesos hasta este escándalo de Andreu de la manera siguiente:

"Dejáronse obrando los resortes más fuertes de la tiranía en el mecanismo nuevo y del todo contrario de la regeneración social. Agentes antiguos y avezados del régimen oligárquico-salvaje venían a representar en un sistema de libertad y justicia. Hombres hostiles a las instituciones, doblegados pero jamás convencidos, debían venir a apoyarlas y ejecutarlas. Funcionarios del orden civil, oficiales y jefes cómplices y partícipes de Carrera tenían en su mano la fuerza pública, las rentas y la autoridad. ¿Cómo una tal combinación había de dar un resultado de orden y de paz? ¿Cómo hubieran las leyes ni las reformas de marchar sin embarazo contra el interés individual y constante de los que debían activarlas? ¿Cómo podía cumplirse la renovación de todo un sistema y la reorganización de la sociedad con sus más fuertes enemigos apoderados de la revolución?"

"De esta manera la revolución a medias se vuelve siempre contra sí misma. Comienza trémula y vacilante. Marcha por entre embarazos y transacciones. Se apoya siempre ora en uno, ora en otro partido. Descubre todos sus flancos, y se confía en sus más irreconciliables adversarios. Desarrolla todos los odios y antipatías, sin tener valor de reprimirlos; y al fin, lánguida, desalentada en su marcha, tiene que postrarse a los pies de sus arrogantes contrarios y pedirles de gracia que empuñen el mando y restablezcan su antiguo régimen, recrudecido ya con venganzas y disposiciones preventivas, por lo regular crueles y sanguinarias.

"He aquí el resultado que han tenido siempre estos grandes movimientos regeneradores, cuando la revolución no se completa, cuando se viene a mezclar la voz de la tribuna legislativa con el grito sedicioso de la facción tolerada, y la acción benéfica de la ley con el movimiento subterráneo de la reacción. Tal aconteció en Viena por dos veces, siendo víctima cruenta aquel heroico patriotismo, del espíritu débil y transador de su Asamblea Legislativa; y tal ha sido entre nosotros el espantoso resultado de esta revolución pálida y sin energías.

"La posición de la Asamblea fue desde luego una lucha continua de principios y pasión entre los dos partidos que la componían. El partido del progreso tendía a abolir los decretos existentes de la administración Batres-Carrera, que habían conculcado los derechos populares, y obrado un retroceso de los más ciegos y precipitados. Proclamaba la libertad de la prensa, las elecciones populares, las garantías individuales. Tenía por base la soberanía del pueblo. El partido conservador quería, estúpido y frenético, conservar en todo el régimen de Carrera. En la Asamblea estaban los que habían sido sus ministros, y los hombres más hábiles de su bando. Ellos desplegaron la mayor destreza, locuacidad y táctica para sostenerlo. Combatieron con vigor la libertad de imprenta, la elección pública del presidente, el nombramiento por el pueblo de las municipalidades, la reforma del sistema de enseñanza, y todo cuanto tendiera a salir de la pasada ruta tenebrosa y entrar de nuevo en la marcha del progreso.

"Hicieron befa e irrisión del gobierno representativo y de la soberanía del pueblo; sostenían a todo trance que era una farsa ridícula y una mentira. Distinguíase entre los oradores más entusiastas del absolutismo el Dr. Andreu. Él tenía todo el elocuente servilismo de un brillante cortesano y de un adepto del gabinete Carrera. Se hacía oír, y llenaba las galerías de sus partidarios para aturdir con sus repetidos aplausos. Sin embargo, la mayoría liberal prevalecía, pero moderadamente y no con la energía y decisión que hubiera convenido, aprovechando la oportunidad de establecer instituciones y afianzar con buenas leyes la regeneración y el progreso.

"Chiquimula se había pronunciado antes por una acta solemne y de la manera más popular, contra la administración tiránica de Guatemala. Había convenido formalmente con el gobierno de El Salvador en que lo auxiliara bajo el programa de convocar una Asamblea Constituyente y nombrar para el Ejecutivo un acreditado patriota, de concurrir a la formación de un gobierno nacional, de reconocer el Estado de Los Altos. Al divulgarse este convenio, estalló contra él en la Asamblea toda la indignación del servilismo. Se increpó a El Salvador fuertemente por esta intervención. Se dijo que siempre había procurado la ruina de Guatemala y dividirse sus restos. Se trató de traidores a los afectos a este Estado, y esto se hizo en términos tan violentos, que el presidente del Cuerpo Legislativo, Dr. Don Pedro Molina, interrumpió al orador Andreu diciéndole: 'Es muy falso', y la sesión se levantó tumultuariamente, a tiempo que se preparaban a contestar los representantes que veían calumniar con atrocidad el patriotismo; y cuando en las galerías, preparadas de antemano por Andreu para ostentar el aparato de su exaltación por Guatemala, iba a producirse un violento choque. Este importante negocio quedó pues sin resolución."

El escándalo de Andreu, preparado por la comunión política a que Milla se refiere, fue muy provechoso para ella.

Aquella noche se marcó una escisión que ya existía entre el partido liberal.

Barrundia y Molina desde el año 30 discrepaban.

La caída del doctor Molina de la Jefatura del Estado produjo odios que siempre estaban latentes y de cuando en cuando se exhibían con violencia.

Otros acontecimientos muy infaustos habían marcado aún más la escisión, y solo en determinados momentos Barrundia y Molina podían estar completamente de acuerdo.

No lo estaban respecto a la esponsión de Nuño.

El doctor Molina era patriota en el concepto de que el Estado de Guatemala debía ser uno e indivisible, y preponderar en la Unión Centroamericana por su mayor población y magnitud.

Para Barrundia, la patria no estaba limitada por el río de Paz, sino por los Estados que antes formaban la Gran Colombia, y le importaba poco que esta patria estuviera dividida en dos o tres secciones.

Don Luis Molina, que no figuraba en el año 30, que había oído referir lo que entonces sufrió su padre y que había experimentado con su propia frente las consecuencias de esos sufrimientos, se hallaba muy dispuesto a entrar en choque con Barrundia y con don Bernardo Escobar, a quien odiaba.

El cadalso de Manuel Ángel Molina en Punta Arenas era un recuerdo fatal para don Luis.

Ni Barrundia ni Escobar acompañaban entonces a Morazán; pero eran sus admiradores y sus panegiristas y tenían a su lado a determinadas personas de las que formaron el consejo de guerra que condenó a muerte a Manuel Ángel Molina.

Todos estos precedentes y la diferente manera que tenían de mirar la política centroamericana, el doctor don Pedro Molina y don José Francisco Barrundia, produjeron en don Luis Molina el pensamiento de formar un tercer partido.

Pertenecían a ese partido los diputados doctor Molina, José Mariano Vidaurre, Manuel Larrave, Vicente Dardón, Mariano Trabanino, Manuel Zerón y Luis Molina.

Este nuevo partido se llamó moderado.

Su aparecimiento fue un gran bien para los serviles, porque ellos ganaban fraccionándose otra vez el partido liberal.

Quedaban al lado de Barrundia en la Asamblea Escobar, Gándara, Pineda de Mont y Gálvez Yrungaray.

Don Manuel Yrungaray tenía convicciones propias; pero no estaba en todo de acuerdo con Barrundia.

Don Luis Arrivillaga, hombre que por organización esquivaba compromisos, se abstenía de tomar la palabra y solo pasaba trabajos en el acto de votar.

Don Juan Bautista Asturias, que desde el año 28 había manifestado afecto al partido liberal, casi siempre votaba entonces con Barrundia y Escobar.

Los serviles estaban divididos en apariencia, pero no en la esencia.

En la esencia, el partido reaccionario estaba perfectamente unido y compacto.

La división era solo aparente y puede dar lugar a estas denominaciones: serviles manifiestos y serviles solapados.

Eran serviles manifiestos Andreu, Arriaga, Rodríguez, Tejada, Ponce, Ubico, Rivera Paz, Urruela (Juan Francisco) y Llorente.

Los demás serviles de la Asamblea, que eran entonces unos seis o siete diputados, cubrían su servilismo con determinadas formas que no eran más que apariencias; pero votaban con los serviles netos en los asuntos más graves, formando con ellos una completa mayoría.

Es un error histórico muy grande decir que el partido liberal triunfó en 1848.

El partido liberal no triunfó entonces.

La conciencia pública lo comprende, y por eso, al tratarse del Gobierno de los nobles, se habla hoy del Gobierno de los treinta años.

¿Dónde está el triunfo liberal de 1848?

No existe.

La Asamblea, cuyos diputados habían sido electos bajo el régimen de Carrera, tenía una completa mayoría de serviles.

Formado el tercer partido que don Luis Molina organizó, los liberales quedaron en exigua y miserable minoría.

El Presidente Martínez, como se ha dicho en el capítulo anterior, fue nombrado por indicación de los serviles.

Martínez conservó con las armas en la mano a José Clara Lorenzana, a Manuel María Bolaños, a los jefes y oficiales de Carrera

Solo faltaba el mismo Carrera, a quien se había dado una guardia de honor para que lo condujera hasta la frontera.

En agosto de 1848 la situación de Guatemala estaba en manos de los nobles y así permaneció hasta el 7 de agosto de 1849, día en que volvió a entrar Carrera.

Solo una idea inquietaba a los reaccionarios: las buenas relaciones de la exigua minoría liberal de la Asamblea con el Presidente Vasconcelos.

Los Altos se habían separado de Guatemala; Vasconcelos los apoyaba para formar la nacionalidad, a lo menos con tres Estados.

Los Cruces y Nuño coincidían con este pensamiento.

Era preciso separar de él a los Cruces y a Nuño y hacer chocar a Vasconcelos con la minoría liberal de la Asamblea.

La elección de Martínez, que fue un golpe mortal para el Vicepresidente Cruz, preparaba el campo a lo primero.

Los nobles, por medio del clero, rodeaban a los Cruces para separarlos de aquel programa.

El partido político nuevamente puesto en escena por don Luis Molina se encargó de disuadir a Nuño.

Profundas maquinaciones serviles se pusieron en juego para que la Asamblea emitiera un decreto semejante al que Carrera dio el 21 de marzo de 1847.

Este era entonces el gran trabajo y la grande aspiración de los serviles.

Ellos podían dar ese decreto el día que lo tuvieran por conveniente, porque disponían de completa mayoría en la Asamblea; pero propuesto y emitido por ellos no colmaba sus aspiraciones.

Era preciso que lo propusiera un liberal de primer orden y que a nombre de él se emitiese para que se verificara el choque apetecido, para que los liberales ya no tuvieran el apoyo de Vasconcelos y quedaran reducidos a la impotencia política, a la miseria, al ridículo y al escarnio.

Los serviles desplegaban sus maniobras y maquinaciones a fin de que continuara la guerra y no se hiciera la paz.

Continuando la guerra se necesitaba dinero.

La mayor parte de los hombres que podían prestarlo eran de la escuela recalcitrante.

A estos se les hizo decir que no darían un peso al Gobierno si no se ratificaba el decreto de 21 de marzo y, en el círculo liberal, se hicieron correr con mañosidad y persistencia estas voces: "Si no hay plata, la guerra sigue y vuelve Carrera."

Al cabo de repetirse estas palabras se escuchaban estas otras: "Es preciso hacer sacrificios para que haya dinero y no vuelva Carrera."

El 4 de septiembre entró Nuño a Guatemala con las fuerzas de Chiquimula.

La entrada de aquel jefe y de aquella fuerza parecía un grande apoyo del partido liberal; pero no lo era.

Nuño, sin ideas, sin instrucción y sin talento, no era un general Morazán que con su brillante espada salvara la democracia.

Nuño no inspiraba respeto y estaba a merced de cualquier hombre inteligente que intentara seducirlo.

La célebre expansión que produjo el escándalo parlamentario no agradaba a don Luis Molina, verdadero jefe entonces del partido que se llamaba moderado, y se ejercía influencia en el ánimo inculto de aquel militar para disuadirlo del cumplimiento de los compromisos que con los salvadoreños había contraído.

El Presidente Vasconcelos tuvo a bien conferir plenos poderes a don Francisco Dueñas para que viniera a Guatemala a entenderse con el Gobierno de 16 de agosto, a fin de que se realizara el gran pensamiento de nacionalidad.

La víspera de la salida de Dueñas de San Salvador, hubo un espléndido banquete en casa de don Yanuario Blanco.

Concurrió a él el Presidente Vasconcelos, todos los altos funcionarios del Estado y muchas personas de alta reputación, entre las cuales se distinguía el presbítero doctor don Pedro Menéndez.

En aquella mesa hubo expansión y se vio brillar el centroamericanismo más puro.

Hubo muchos discursos y en todos ellos se revelaba la esperanza más completa de unidad centroamericana, o por lo menos, de que se formara una República compuesta de El Salvador, Los Altos y Guatemala.

Todos creían el grande objeto ya realizado, y todos esperaban que la llegada de Dueñas a Guatemala no sería más que la colocación de la última piedra en el bello edificio de la nueva República.

No se sabía entonces en San Salvador lo ocurrido en la Asamblea de Guatemala en la noche del 3 de septiembre, ni podía creerse que una escisión en el partido liberal iba a producir nuevos obstáculos.

Al día siguiente, Dueñas, Padilla y Montúfar salieron de San Salvador con dirección a Guatemala.

Dueñas venía en calidad de Enviado, Padilla regresaba a su país natal investido del cargo de diputado por la Antigua, y Montúfar también volvía y estaba electo diputado por Guatemala.

No había entonces vapores ni líneas de diligencias y se viajaba por tierra y a caballo.

Las lluvias hacían esos caminos casi intransitables en los meses de agosto y septiembre.

Pero nada significaba el fango ni los pantanos; había un obstáculo más grave que se experimentó de este lado del río de Paz: las partidas de malhechores que se veían por todas partes.

Dueñas traía una cantidad de dinero en metálico que le había encomendado don Yanuario Blanco; la cuidaba con sumo esmero, manifestando un gran temor de que aquel dinero le fuera sustraído y de tener, en consecuencia, necesidad de dar malas cuentas de él al señor Blanco.

En el paraje llamado Oratorio se creyó, a vista de partidas que por ahí pasaban y de lo que decían, que las cuentas a Blanco no serían satisfactorias.

Padilla tenía más valor como médico a la cabecera de un enfermo, que en un camino rodeado de facinerosos.

Estaba pálido, casi no podía hablar.

En un pequeño rancho que sirve de posada, es imposible que se oculten pasajeros que llevan cargas y criados.

Los lucíos, y algunos que tenían el nombre de estos sin serlo, tuvieron deseo de saber quiénes eran los caminantes y llegaban a preguntar.

Padilla contestaba unas veces que eran salvadoreños, que venían a Guatemala, y otras que buscaban al general y les pedía le indicaran dónde se hallaría este.

Muchas veces los lucíos preguntaban cuál era el general a quien se buscaba, y Padilla tenía que dar una contestación evasiva, porque aquellas partidas se hallaban a las órdenes de diferentes jefes, y no era prudente suponer amistad con alguno que fuera enemigo de los interlocutores.

Era imposible seguir adelante, porque el sol se ponía y los caminos estaban muy malos. Fue preciso pernoctar allí.

Dueñas y Padilla deben de haber pasado muy mala noche, porque cada ladrido de perros, cada ruido que oían, les hacía creer que una partida de malhechores los asaltaba, haciendo por lo menos desaparecer el dinero del señor Blanco.

A la madrugada, los caminantes continuaron su viaje, encontrando todo el día gente sospechosa que no les llegó a ofender.

El diplomático salvadoreño comprendió en el camino la situación de la capital.

Carrera ya había salido y los montañeses continuaban rebelados.

¿Qué significaba esto?

Significaba que los liberales no habían dominado la situación.

Los caminantes llegaron a Guatemala el 7 de septiembre por la tarde. Dueñas se alojó en casa del doctor Padilla, donde fue visitado por muchas personas de todos los credos políticos.

El día siguiente era festivo; sin embargo, se reunió la Asamblea porque las circunstancias políticas demandaban su actividad, y en aquella sesión tomaron asiento los diputados Padilla y Montúfar y al instante el doctor Molina los agregó a la comisión de Gobernación.

Lo primero que vieron en la Asamblea fue escasez de fondos.

Se había dado un decreto autorizando al Gobierno para negociar hasta la cantidad de cien mil pesos en metálico, ya fuese por medio de préstamos voluntarios con el rédito de ley o bien por contratas en que se admitiese parte de la deuda pública reconocida.

Se había nombrado a don Marcos Dardón corregidor de la capital, en subrogación de don Mariano Rivera Paz, de quien se decía no poder seguir en aquel destino por haber tomado asiento en la Asamblea.

Montúfar, sin darse por entendido de que los liberales se habían dividido, dijo al doctor Molina, Presidente del Poder Legislativo:

—Nada se consigue con que el señor Rivera Paz deje el Corregimiento, si permanecen con las armas en la mano Bolaños, Lorenzana y casi todos los jefes y oficiales de Carrera.

El doctor Molina contestó:

—Estamos muy débiles: hay muchos serviles en la Asamblea; es preciso ganar las elecciones de diputados que se han mandado hacer por renuncia de algunos y que se hagan por vicios en determinadas credenciales, y cuando estemos más fuertes se darán disposiciones más enérgicas.

Esta contestación del doctor Molina trajo a Montúfar desagradables cuestiones políticas, que se prolongaron con virulencia hasta el mes de diciembre de 1848 y cuyas consecuencias ha experimentado hasta ahora.

Si en la Asamblea había una mayoría servil, y si el único medio que ocurría al doctor Molina, presidente de aquella corporación, para que los liberales triunfaran era que se declararan nulas las elecciones hechas viciosamente, debían combatirse estas sin tardanza.

Aparecían como más viciosas e irregulares las de Rabinal, practicadas por orden del corregidor de Verapaz, don Ignacio García Granados, hermano de don Miguel, diputado por Tactic.

Los diputados de Rabinal eran don Manuel Ubico y don Atanasio Urrutia.

Al combatirse estas elecciones se hería, pues, a todo el partido servil.

Montúfar las combatió censurando la conducta arbitraria del corregidor don Ignacio García Granados.

Tenía en sus manos una exposición dirigida al Gobierno y a la Asamblea contra el corregidor García, con motivo de esas elecciones (Documento núm. 4).

Don Ignacio García se hallaba entonces en Guatemala, desde las galerías del Cuerpo Legislativo oyó lo que contra él se decía, y hubo fuera de la Asamblea amenazas y escándalos.

Don Ignacio García hablaba y amenazaba como si Carrera estuviera bajo el dosel, porque comprendía el valimiento de los serviles y la nulidad de los liberales.

Montúfar continuó combatiendo con más fuerza las elecciones de Rabinal, pero sin otro resultado que excitar contra él nuevos odios.

Una comisión compuesta de los diputados Gálvez Yrungaray, Gándara, Rodríguez (Manuel), Rivera Paz y Urruela (Juan Francisco) debía dictaminar acerca de si las elecciones de Urrutia y Ubico eran válidas o nulas.

Gálvez, Gándara y Rodríguez opinaron por la nulidad.

Estos tres representantes formaban mayoría.

Rivera Paz salvó su voto.

Urruela (Juan Francisco) se abstuvo de votar, diciendo que era pariente por afinidad de don Manuel Ubico (Documento núm. 5).

Rivera Paz presentó por escrito un voto particular que no tenía por fin combatir las acusaciones contra don Ignacio García, sino mantener en sus puestos a los representantes Ubico y Urruela (Documento núm. 6).

Dice Rivera Paz que las elecciones deben tenerse por válidas por hallarse los electos investidos de todas las cualidades que se necesitan para ser representantes, quedando el corregidor que cometió las faltas sujeto a responsabilidad.

De manera que, en concepto de Rivera Paz, si un corregidor cachureco a machetazos obligaba a los pueblos a votar en favor de un hombre respetable, la elección era válida y el corregidor debía ser castigado.

Es increíble que un hombre como Rivera Paz pensara de una manera tan absurda.

Una elección legal emana de la espontaneidad del sufragio.

La violencia no solo hace responsable al funcionario que la ejerce, sino también nulo el acto verificado bajo su presión.

Pero más increíble es todavía que la Asamblea haya rechazado el dictamen de la mayoría y aprobado el voto de don Mariano Rivera Paz.

Urrutia y Ubico, ilegalmente electos, permanecieron en sus puestos.

Lo que se dijo contra las elecciones de Rabinal dio también lugar a que se hablara contra la elección hecha en Tactic por don Ignacio García Granados en favor de su hermano don Miguel.

Hubo entonces papeles públicos llenos de acrimonia que bien revelan la posición dominante en que se creían los serviles.

El diputado Gálvez Yrungaray escribió un papel que dio al público bajo el seudónimo "Suavis".

Ese papel pone en claro muchos hechos y se halla al fin de este capítulo (Documento núm. 7).

Por el pronunciamiento de Chiquimula, aquel departamento quedó sin autoridad política y había sido nombrado corregidor don Gregorio Trabanino.

Solían verse desórdenes hasta en las calles de Guatemala.

Una patrulla había matado al soldado José Tórtola y al hecho se daban diversas y muy siniestras interpretaciones.

El Gobierno mandó a la Comandancia General seguir la correspondiente información.

La firma de la respuesta asombra, es la siguiente: José Clara Lorenzana.

¿Quién podía creer en la libertad si el Gobierno se hallaba bajo la custodia de Lorenzana?

La Asamblea decretó que su primer deber era dar una ley fundamental a Guatemala y que en esto se ocuparía de preferencia.

Expidió un decreto concediendo indulto general a todos los reos que tuviesen causa o condena pendiente, exceptuando a los perpetradores de adulterio, violación, rapto o fuerza, incendio, asalto en despoblado, hurto calificado, abigeato, hurto doméstico, homicidio premeditado seguro o alevoso y homicidio simple, si en él habían concurrido circunstancias agravantes a juicio del tribunal a quien competía la declaratoria del indulto.

La Asamblea autorizó al Gobierno, a consecuencia de iniciativa de este, para consignar la tercera parte del ramo de aguardiente en los mismos términos que la de alcabala marítima; para reglamentar el orden de los pagos a los prestamistas y de los enteros en la Tesorería, y para hacer un préstamo forzoso en todos los pueblos.

Este decreto fue muy mal recibido y produjo dificultades al Ejecutivo.

El Cónsul inglés Federico Chatfield se enojó con motivo del artículo 17 de las bases que se hallan en el número 5 de este capítulo y por haberse publicado sin refutación, con el decreto que se encuentra en el núm. 6 del mismo capítulo.

Chatfield dirigió al Gobierno una nota pidiéndole satisfacción (núm. 24 página 23 de la Gaceta).

El Gobierno de don Juan Antonio Martínez creyó conveniente acceder a la solicitud del Cónsul inglés y le dio satisfacción.

Chatfield, no complacido aún, pidió más amplias satisfacciones y se le dieron las que apetecía.

Barrundia estaba indignado contra la administración pasada por toda su conducta y también por los insultos a la República Francesa que produjeron la caída del mástil de la bandera del Cónsul, e hizo una proposición, brillante por su forma, a la Asamblea Constituyente para que se saludara a la Francia republicana.

Esta proposición irritó al partido servil aristocrático y muchos diputados reaccionarios dispusieron combatirla.

Al público preocupó la cuestión y se hablaba de ella con calor por todas partes.

El respetable público suele preocuparse de lo pequeño, olvidando lo grande, y sin comprender formidables peligros que le amenazan.

Se asemeja a muchos navegantes inexpertos a quienes, en un mar sin escollos, preocupa una ráfaga de viento y van tranquilos cuando el agua cristalina no se agita, aunque bajo sus pies haya formidables peñones que casi tocan la quilla del buque y de los cuales el capitán salva la nave en virtud de hábiles maniobras que los pasajeros no comprenden.

A cada diputado liberal se le hizo un círculo servil para predisponerlo contra la posición de Barrundia, pero ninguno cedió; por el contrario, hicieron prosélitos entre los serviles solapados y, habiendo podido obtener que se les agregara para esta determinación el partido de Molina, se emitió un acuerdo que dice así:

"La Asamblea Constituyente, en sesión ordinaria de esta fecha, uniendo sus sentimientos a los del Sr. representante José Barrundia, que le presentó proposición para que este alto cuerpo, mediando en las desavenencias ocurridas en meses pasados con el Sr. Cónsul de la República Francesa, se sirviese adoptar un expediente que cortase todo motivo que pudiera ser causa de que siguieran interrumpidas las relaciones que deben existir entre la gran nación francesa y la nueva República de Guatemala, se ha servido acordar lo siguiente:

1.°- Que el Gobierno diga al consulado francés:

Que la Asamblea Constituyente, representando debidamente al pueblo soberano de Guatemala, saluda a la Francia republicana por su regeneración social, por su alta posición al frente de los pueblos libres de Europa, por la última gran victoria que ha conseguido contra la anarquía y haber afianzado así las triunfantes instituciones de la democracia.

2.°- Que desea ver tremolar de nuevo en su capital el pabellón republicano de la Francia, y unir sus colores con los de esta joven República de Guatemala, bajo los augustos auspicios de la libertad y fraternidad.

Y que Dios prospere al gran pueblo regenerador de los pueblos.

Y lo decimos a U. en conformidad de lo acordado, para inteligencia del Gobierno y efectos que se expresan.

José Mariano Vidaurre, Secretario.

Luis Molina, Secretario.

La bandera francesa volvió a tremolar en Guatemala y, al izarse, fue saludada con veintiún cañonazos.

El 14 de septiembre se emitió un decreto sobre el cual es preciso hacer algunas observaciones.

La guerra de montaña continuaba, porque los serviles, por medio del clero y de cuantos agentes tenían a sus órdenes, impedían que hubiera un arreglo con los montañeses.

El partido servil procedía con una lógica que en los momentos más solemnes de la patria faltó al partido liberal.

Si había un arreglo entre la montaña y el Gobierno y todo quedaba en paz, la salida de Carrera aparecía motivada y justa.

Si la guerra seguía, como cuando Carrera se hallaba en la silla del poder Ejecutivo, la revolución que lo obligó a salir aparecía inmotivada y caprichosa; y esto era lo que deseaban los serviles que apareciera.

Martínez, indicado por don Joaquín Durán para la presidencia, recibía las impresiones que el partido servil aristocrático quería comunicarle.

Ambos partidos habían colocado a Martínez en la precisión de hacer la guerra, y para ella necesitaba dinero.

En la Tesorería no había un peso.

¿Qué podía hacer en esta dificultad don Juan Antonio Martínez?

Pedir dinero.

¿A quién?

No podía pedirlo ni a Barrundia, ni a Escobar, ni a otras personas del círculo de estos señores, porque no tenían un centavo.

Si hubieran tenido dinero, lo habrían dado todo al Gobierno; si se les hubiera hablado de intereses y de seguridad, habrían contestado que no daban su dinero para hacer negocio, sino para salvar a la patria, y que harta seguridad tenían con una firma.

Era preciso pedir a los ricos, y estos eran agiotistas reaccionarios. A los mismos serviles les prestaban, haciendo los prestamistas enormes ganancias que arruinaban aún más el tesoro nacional.

Tenemos para comprobar esto, entre otros justificantes, lo acaecido al Gobierno Pavón-Carrera durante la guerra con Malespín.

Le prestaron dinero los ricos reaccionarios, pero estafando al Estado para aumentar ellos sus capitales.

Si tales hombres aniquilaban el tesoro nacional en son de contratas o de empréstitos cuando se trataba de sostener a Carrera y a Pavón, ¿cuánto exigirían pidiéndoseles dinero para combatir a Carrera y a Pavón?

Ellos, al frente de sus cajas de hierro, eran dueños y señores de la patria.

En su concepto, solo el oro eleva al hombre. Valle era respetable a juicio de ellos porque tuvo unas fincas y no porque era sabio.

Barrundia, sin dinero, era para ellos despreciable, aunque le faltara dinero por no haber cometido jamás el crimen de peculado y por haber cedido miles de pesos en favor de la enseñanza pública.

Los agiotistas de que hablamos eran venerados por el respetable público guatemalteco.

El público ilustrado los juzgaba patriotas esclarecidos sin cuyo amparo era imposible existir.

Esos negociantes eran, pues, los hombres que bajo todos los Gobiernos y en todas las circunstancias dictaban la ley a los guatemaltecos.

Ellos dijeron, o a ellos se les hizo decir, que no darían un peso al Gobierno si no se ratificaba el decreto que dio Carrera el 21 de marzo de 1847.

El Gobierno, en tal concepto, quedaba sitiado por hambre.

Los serviles no necesitaban mucho de la cooperación del partido liberal para ratificar ese decreto execrable, porque al efecto tenían un gran número de diputados en la Asamblea, como lo demuestran los catálogos siguientes:

Diputados serviles.	Diputados liberales.
Urruela (Juan Francisco.)	Molina (Pedro.)
Urruela (José Maria.)	Larrave.
Arriaga.	Barrundia.
Arrivillaga (Luis.)	Escobar.
Lambur.	Padilla.
Rodriguez.	Trabanino.
Rodesno.	Montúfar.
Llorente.	Rosales.
Matheu.	Dardón (Vicente.)
Garcia Granados (Miguel.)	Irungaray.
Andren.	Dardón (Marcos.)
Rivera Paz.	Vidaurre.
Saravia.	Molina (Luis.)
Urrutia.	Galvez (Mariano.)
Ubico.	Zeron.
Ponce.	Pineda de Mont.
Tejada.	Gándara.

Don Juan Bautista Asturias no estaba en realidad afiliado en el partido servil; pero tampoco lo estaba decididamente en el partido liberal.

Votaba en la Asamblea según sus propias convicciones; pero vínculos de familia lo ligaban estrechamente con la aristocracia.

Orantes (Gregorio), ningún antecedente notable liberal tenía.

Era muy amigo de Padilla, pero el mismo Padilla apenas podía colocarse en la lista del partido liberal, por tímido, porque aspiraba a guardar el equilibrio y porque algunas veces abandonaba a sus copartidarios, como sucedió en la agitadísima cuestión de las elecciones de Rabinal.

El partido liberal solo podía triunfar en la Asamblea estando muy unidos sus diputados y concurriendo todos a sus asientos.

El representante Arrazola (Vicente) faltaba mucho y Muñoz (Domingo) tuvo que retirarse por las cuestiones de Quezaltenango.

El tercer partido, creado por don Luis Molina y compuesto de los señores Molina (Pedro), Larrave, Padilla, Trabanino, Dardón (Vicente), Vidaurre, Molina (Luis) y Zerón, y algunos otros, desconcertó completamente al partido liberal en la Asamblea.

Desde la escisión de don Luis Molina, ya no hubo esperanza para el partido liberal; todo para él anunciaba la muerte.

Bajo estos auspicios, los serviles no necesitaban a Barrundia para el decreto que anhelaban sobre declaratoria de República; pero querían que fuera iniciado por un liberal de primer orden para producir un choque entre liberales de Guatemala y liberales del resto de Centroamérica, a fin de que, no encontrando aquellos apoyo en los Estados, se anonadaran por completo y jamás pudieran levantar la frente.

En la intriga estaba el diputado don Miguel García Granados, amigo íntimo e inseparable de Arrivillaga.

La situación era anómala porque Guatemala no podía tratar de igual a igual con ninguna nación del mundo, porque no podía acreditar un Ministro en ninguna parte, pero ni siquiera expedir una patente de Cónsul.

La independencia de Los Altos, que tanto apoyaba el Gobierno de Vasconcelos, dividía a los liberales, porque muchos de estos no transigían con ella.

Los enemigos de aquella independencia aspiraban a la declaratoria de República, porque Guatemala, para ser una República, necesitaba la mayor población posible, y era lógico que, siendo República, no admitiera la segregación de los pueblos de Los Altos.

Barrundia contestó negativamente a don Manuel Arrivillaga.

Arrivillaga, en unión de su hermano don Luis, con quien tenía prolongadas conferencias don Joaquín Durán, volvió a instar a Barrundia, se esforzó en hacerle ver que la opinión pública reclamaba aquel decreto, que sería la salvación de los principios liberales y el pedestal de las instituciones democráticas.

Puede ser que los Arrivillagas hablaran de buena fe; pero es indudable que no la tenían buena muchos hombres que los rodeaban día y noche, y que los habían convertido en instrumentos del servilismo.

Barrundia respondía que Dueñas estaba aquí como representante de El Salvador, que venía a verificar arreglos de nacionalidad y que no era oportuno en esos momentos dar un decreto que produciría gran sensación.

Los Arrivillagas y otros muchos decían a Barrundia que el decreto en perspectiva no cerraba la puerta a la nacionalidad y que bien podía decirse así terminantemente en el mismo decreto, que era una medida transitoria para salvar la situación del momento y para que todos los hombres de importancia se agruparan al Gobierno y prescindieran por completo de Carrera.

En esos momentos se hizo más necesario el dinero, que los agiotistas reaccionarios solo prestarían si se dictaba el decreto, y esto sirvió de base para que las argumentaciones en favor de él tuvieran más apoyo.

Barrundia cedió al fin.

Guardó un profundo silencio.

No quiso hablar del asunto ni a los representantes con quienes más ligado se hallaba y redactó, sin la cooperación de nadie, la proposición que se le pedía.

Fuera de la Asamblea no se ignoraba lo que iba a pasar. Lo sabían los hombres que en aquella secreta trama estaban, y sordamente condujeron gente a las galerías y prepararon un escándalo, sin contar para esto con Barrundia.

En la sesión del 10 de septiembre de 1848, don José Francisco Barrundia pidió la palabra, sacó de la faldriquera un papel y no lo entregó a los secretarios para que lo leyeran, sino que él mismo lo leyó. Ese papel dice literalmente lo que sigue:

"Proposición que hizo el ciudadano Representante José Barrundia a la Asamblea Constituyente en la sesión de 11 del que rige.

Asamblea Constituyente.- Habiendo el gobierno de Carrera declarado al Estado de Guatemala una República soberana.

Siendo esta declaratoria eminentemente legislativa, y perteneciendo en realidad a un Poder Constituyente, y de ninguna manera a un Gobierno que jamás podía arrogarse las facultades de establecer nada sobre la ley fundamental del país.

Hallándose por lo mismo en una posición equívoca la suerte del Pueblo Soberano de Guatemala, y conviniendo ya declarar su perfecta soberanía e independencia ante los demás pueblos y naciones, para establecer de igual a igual sus relaciones con las potencias extranjeras y para entrar en el uso completo de su dignidad y prerrogativa nacional; ahora que existe un Cuerpo representativo popular constituyente, emanado del Pueblo de Guatemala, cuyos altos derechos y legitimidad no pueden disputarse; ahora que la declaratoria de existencia de una República no será un acto de irrisión y de mofa, porque de hecho existirá un Gobierno de leyes, y no un régimen militar, tiránico y absurdo, como el que llamara antes República a una sociedad abyecta y oprimida; ahora que el mundo entero verá una verdad, y una ventaja efectiva en la erección de la República de Guatemala, pido que, de preferencia, se dé este gran decreto,

ESTABLECIENDO AL MISMO TIEMPO LAS MÁS ÍNTIMAS RELACIONES CON LOS DEMÁS ESTADOS, Y DEJANDO ABIERTO EL CAMINO PARA ENTRAR EN LA FEDERACIÓN CON TODOS O ALGUNOS DE ELLOS, TAN LUEGO COMO SE HALLE RESTABLECIDO ESTE LAZO SOCIAL Y SE PRESENTEN A GUATEMALA CONDICIONES ESTABLES, JUSTAS Y DIGNAS DE TAN GRANDE OBJETO.

Gran Palacio de la Asamblea Constituyente, septiembre 10 de 1848 – José Barrundia".

Al leer Barrundia la última palabra, hubo un aplauso estrepitoso y prolongado.

Cansados los que aplaudían, suspendieron por muy pocos segundos y continuaron aplaudiendo estrepitosamente y victoriando la República.

Tan pronto como se pudo oír una voz en las tribunas, don Miguel García Granados se levantó y dijo:

—Pido que a la proposición se dispensen todos los trámites de reglamento y que en el acto sea aprobada por aclamación ¡Viva la República!

La proposición quedó aprobada sin trámites y un nuevo y estrepitoso aplauso se oyó por todas partes.

Al instante, y como si del salón de sesiones hubieran salido telegramas, se oyó la esquila de la catedral, el toque de diana en todos los cuarteles, salvas de artillería y un repique general.

Los comerciantes egoístas que habían procurado aquel decreto estaban de júbilo; algunos de ellos subieron a los bancos de los diputados para abrazarlos e invitarlos a tomar copas de champagne. Se dijo que aquel día no era de trabajo sino de júbilo y de gala.

Algunos jefes del ejército, de los más cachurecos, invitaron a los diputados para hacer un paseo militar en aquel mismo momento. Estos aceptaron.

Al salir del edificio de la Asamblea encontraron todas las ventanas engalanadas. Se dirigió la Asamblea al castillo por la calle que se llamaba Real (6ª avenida) y era saludada con demostraciones de júbilo en muchos balcones.

Al llegar al castillo se repitió la salva.

Con el mismo aparato regresaron los diputados y no se les dejó de hacer honores militares hasta que se disolvieron aquel día.

El 10 de septiembre cualquiera hubiera dicho que habían desaparecido los partidos porque no se oían más que estas voces: "¡Viva la República, viva la Asamblea Constituyente!"

Pero un día después, la división se volvió a marcar en el seno de la misma Asamblea.

Se trataba de redactar el decreto que había producido la proposición de Barrundia, y sobre esto, el Cuerpo Legislativo se dividió completamente.

Los serviles querían que la Asamblea se limitara a decir que estaba muy bueno el decreto que dio Carrera el 21 de marzo de 1847.

Los liberales querían otro nuevo, porque Carrera había carecido de las facultades legislativas, y más todavía, de las facultades constituyentes que se necesitaban para emitirlo.

Esta división, que tanto acaloró a los diputados, fue vista con desdén por los salvadoreños y por todos los amantes de la nacionalidad.

Para ellos, no importaba que se ratificara el decreto de Carrera o que se diera otro nuevo, si este había de decir lo mismo que aquel decía.

El decreto quedó redactado y suscrito en los términos siguientes:

"El Presidente interino de la República de Guatemala:

Por cuanto la Asamblea Constituyente se ha servido emitir el siguiente decreto número 7.

La Constituyente de la República de Guatemala,

Teniendo presente el decreto de 27 de enero de 1833 de la Asamblea Legislativa de Guatemala, que oportunamente declaró que el Estado de Guatemala, tan luego como faltase la Federación Centroamericana, recobraría el uso completo de su soberanía e independencia nacional.

Considerando que hace diez años que dejó de existir la Federación de Centroamérica, y entre tanto los Estados que entraron a formar el pacto se han mantenido en una posición equívoca, sin poder establecer relaciones útiles e indispensables con las demás potencias y sin basar de una manera sólida y bien determinada sus leyes fundamentales, en la expectativa de un gobierno nacional que no ha podido reorganizarse.

Hallándose con los elementos necesarios y la capacidad suficiente para constituirse en nación, y siendo de hecho reconocida por algunas potencias extranjeras.

Habiendo sido esta Asamblea Constituyente nombrada por el pueblo para establecer el pacto social y darle instituciones fundamentales, que fueron destruidas por una larga y desastrosa revolución en que se abismaron las leyes y la libertad pública.

Usando ahora de los inconcusos e imprescriptibles derechos de una sociedad libre,

DECRETA:

Art. 1.° El Estado de Guatemala es una nación soberana, una República libre e independiente.

Art. 2.° A nombre de la República, y solo por la República, serán dadas las leyes, los decretos y sentencias, y se establecerán pactos y tratados con las naciones extranjeras.

Art. 3.° La ley fundamental establecerá a la República sobre el fundamento de una independencia absoluta, y ordenará los poderes públicos bajo las bases de la libertad popular y nacional.

Art. 4.° La República mantendrá y cultivará esmeradamente con los demás Estados de Centroamérica íntimas relaciones de familia y reciprocidad. Y siempre que se proponga una nacionalidad centroamericana de una manera estable, justa, popular y conveniente, la República de Guatemala estará pronta a reincorporarse en ella.

Art. 5.° Por el presente decreto solamente se aprueban los actos de obligaciones o deudas contraídas a nombre de la República, las iniciativas de pactos o tratados con los gobiernos de Centroamérica y con las potencias extranjeras, sujetándolos a la ratificación del Cuerpo Legislativo, y todos los que hayan sido verificados dentro de la órbita constitucional de las facultades del gobierno y sin infracción de las leyes.

Art. 6.° El Poder Ejecutivo solemnizará el presente decreto, como corresponde a su alta importancia, el 15 DE SEPTIEMBRE, DÍA DE LA PATRIA Y DE NUESTRA PRIMITIVA INDEPENDENCIA.

Dado en el salón de sesiones en Guatemala, a catorce de septiembre de mil ochocientos cuarenta y ocho.

Pedro Molina, Diputado por Guatemala, Presidente.

José M. Urruela, Diputado por Guatemala, Vicepresidente.

Manuel Larrave, Diputado por Cobán, Vicepresidente.

José Barrundia, Diputado por la Antigua Guatemala.

Luis Arrivillaga, Diputado por Santa Rosa.

Buenaventura Lambur, Diputado por Patzum.

Pedro N. Arriaga, Diputado por San Juan Sacatepéquez.

José Bernardo Escobar, Diputado por Guatemala.

José Mariano Rodríguez, Diputado por Chiquimulilla.

Mariano Padilla, Diputado por la Antigua Guatemala.

Juan Nepomuceno Rodesno, Diputado por Salamá.

Mariano Trabanino, Diputado por San Agustín.

Lorenzo Montúfar, Diputado por Guatemala.

Anselmo Llorente, Diputado por Atitlán.

José Gregorio Rosales, Diputado por Guatemala.

Juan Matheu, Diputado por Guatemala.

Miguel García Granados, Diputado por Tactic.

Andrés Andreu, Diputado por Chiquimula.

Mariano Rivera Paz, Diputado por el Petén.

Vicente Dardón, Diputado por Malacatán.

Gregorio Orantes, Diputado por Chimaltenango.

José María Saravia, Diputado por Amatitlán.

Juan Bautista Asturias, Diputado por Guatemala.

Vicente Arrazola, Diputado por Zumpango.

Atanasio Urrutia, Diputado por Rabinal.

Domingo Muñoz, Diputado por Quezaltenango.

M. Irungaray, Diputado por Amatitlán.

Marcos Dardón, Diputado por San Martín.

Juan F. Urruela, Diputado por San Juan Sacatepéquez.

José Mariano Vidaurre, Diputado por la Antigua Guatemala, Secretario.

Luis Molina, Diputado por Chimaltenango, Secretario.

Mariano Gálvez, Diputado por la Antigua Guatemala, Secretario.

M. Zerón, Diputado por Cobán, Secretario.

"Palacio Nacional del Supremo Gobierno. Guatemala, septiembre 15 de mil ochocientos cuarenta y ocho.-

Por tanto: ejecútese y publíquese solemnemente en todos los pueblos de la República.

Juan Antonio Martínez.- El Ministro del Interior.- Manuel J. Dardón".

Hace honor a dos diputados el no haberlo firmado: Gándara y Pineda de Mont.

Los jefes del partido liberal que lo suscribían tranquilizaron a los jóvenes que también habían suscrito, diciéndoles que el decreto dejaba abierta la puerta a la nacionalidad; que era transitorio para salvar la situación anormal en que el país se hallaba, y aun se decía: "Nos separamos momentáneamente de la unión para volver más pronto a la unión".

La fascinación fue tan grande que el representante por Quezaltenango, Domingo Muñoz, que había declamado en la Asamblea contra las atrocidades que en 1840 ejecutó Carrera para sojuzgar a Los Altos, es signatario de ese decreto.

No es cierto que este decreto fraccionó a Centroamérica, como no es cierto que el que nace hoy haya podido quitar la vida al que murió algunos años antes.

Milla ha dicho que el fraccionamiento se verificó de hecho y de derecho el año de 1839.

Él llama hecho al triunfo que el partido servil obtuvo aquel año, y llama derecho a los decretos de fraccionamiento emitidos el 17 de abril y el 14 de junio de 1839.

El 21 de marzo de 1847, el fraccionamiento quedó completamente consumado por los serviles.

No pudo, pues, verificarlo el decreto del 14 de septiembre de 1848.

Pero sí es cierto y verdadero que los serviles, ya por medio de los agiotistas que no querían dar dinero para la guerra, ya por medio de Durán, ya por medio de los Arrivillaga y de otras personas, pudieron obtener que la iniciativa la hiciera un liberal.

De manera que el decreto del 14 de septiembre procede del partido reaccionario, y la culpa de los liberales solamente está en haberse dejado sorprender.

Sin la cooperación de Barrundia y de Molina, aquel decreto hubiera sido emitido porque los serviles estaban decididos a que se emitiera; solo esperaban la absoluta negativa de Barrundia para emitirlo ellos, para lo cual contaban en la Asamblea con una mayoría.

Dueñas estaba en Guatemala desde el 7 de septiembre, pero no se había podido presentar oficialmente al Gobierno, porque venía acreditado cerca del Gobierno del Estado y no cerca del Gobierno de la República de Guatemala.

El Salvador no había reconocido la República, como lo prueba el mal éxito de la misión de don José Montúfar.

Esa conducta había indignado a los serviles y a muchos liberales, quienes pretendían que Dueñas debía reconocer previamente la República antes de su recepción.

Don Juan Antonio Martínez estaba rodeado por los mismos hombres que habían contribuido al decreto del 21 de marzo de 1847, y estos le aconsejaban mantenerse firme.

Don José Mariano Rodríguez tenía entonces una gran reputación y se le consultaba como a un oráculo en materias internacionales.

Martínez consultaba sobre el asunto a Rodríguez, y las notas que se dirigieron a Dueñas no solo estaban inspiradas por Rodríguez, sino que fueron escritas por el mismo Rodríguez, según aseguraba entonces Dueñas, y repite ahora.

El decreto del 14 de septiembre resolvía la cuestión.

La República estaba declarada y Dueñas no tenía credenciales cerca de ella.

Tuvo necesidad de retirarse y salió de Guatemala.

El disgusto de Dueñas se comunicó al Presidente Vasconcelos y a todo el partido liberal salvadoreño.

Vasconcelos unas veces manifestaba profundo pesar, otras exhibía una violenta agitación de ánimo, y otras, decaimiento.

Hubo momentos en que pensara declarar francamente la guerra; pero la Constitución del Estado no lo permitía.

Era preciso que se reunieran las Cámaras y los diputados y senadores no tenían en su totalidad los mismos sentimientos que el Presidente.

Vasconcelos vio desde entonces con placer la guerra de montaña que al Gobierno de Guatemala se hacía, y la agitación de Los Altos, aunque ya desconfiaba del éxito del nuevo Estado.

Viendo los serviles al partido liberal en tan penosa situación, se empeñaron en herirlo explotando la antigua división entre Barrundia y Molina.

Diariamente recibía cada una de las secciones del partido liberal noticias detalladas de los cargos que la otra sección le hacía, y de cuantas conversaciones había de unos contra otros.

El doctor Gálvez había caído por el triunfo efímero de la oposición liberal en febrero de 1838; pero permaneció en el país y libremente andaba por las calles y visitaba a sus amigos.

Él volvió a inspirar recelos a los serviles, y el 13 de abril de 1839 tuvo que abandonar el país.

Salió entonces junto con Barrundia, y se unieron en el camino.

Era un espectáculo de alta enseñanza el que presentaban Gálvez y Barrundia entonces.

El jefe de la oposición huía; el jefe contra quien aquella oposición se hizo huía también, y marchaban juntos por la senda de la adversidad, perseguidos por un enemigo común.

Si Gálvez había salido a consecuencia de la entrada de Carrera, debía esperarse que volviera a consecuencia de la salida del mismo Carrera.

El doctor Gálvez había hecho una fortuna en México; tenía asegurado allá el porvenir de su familia y muchas personas no creían que estaría dispuesto a regresar a Guatemala para caminar segunda vez a un calvario por la prolongada calle de la amargura.

Mas sea de esto lo que fuere, la revolución al triunfar debió saludar a Gálvez.

Los jóvenes de la Asamblea eran nuevos en política; no habían tenido parte en la lucha del partido ministerial y el de la oposición y no abrigaban los odios que aquella lucha dejó.

Montúfar tuvo conferencias secretas con Gálvez Irungaray para procurar el llamamiento del doctor Gálvez, pero calculado el número de personas con quienes podía contarse, se palpó que un resultado favorable era imposible.

En la Gaceta del Salvador apareció un artículo que dice así:

"A última hora".

"Por el ordinario llegado de Guatemala a esta capital se nos comunica: que la situación política de aquel Estado sigue todavía difícil: que el general Pérez, con la división de su mando y una gran parte de la del general Carrillo, se había retirado a Jalapa por haber desechado el Gobierno varios de los artículos propuestos en el convenio que se había iniciado, siendo entre estos el reconocimiento de la soberanía del Estado de Los Altos; nuevas elecciones de las autoridades supremas y locales; y la licencia de los jefes y soldados que sostuvieron la administración de Carrera; que el general Vicente Cruz había negado su obediencia al Presidente provisorio en razón de que, habiéndosele admitido la renuncia a Carrera en concepto de

Presidente, él es el llamado a ejercer el Poder Ejecutivo como Vice Jefe de Guatemala; que la Asamblea era una Babilonia y que entre sus miembros había una infinidad de opiniones opuestas y desenfrenadas; que existían los partidos luchando con calor y procurando cada uno apoyarse en las armas. ¡Nada bueno puede prometerse de un desacuerdo semejante!".

Este artículo produjo una sensación desagradable al Gobierno y a la mayoría de la Asamblea de Guatemala, y los odios contra El Salvador aumentaron.

Se organizó en Quezaltenango un Gobierno compuesto de los señores presbítero don Fernando Antonio Dávila, don Rafael de la Torre y don José Velasco.

El 5 de septiembre se dictó el decreto siguiente:

"Habiéndose verificado en la Casa Municipal de esta Ciudad el día de ayer la reunión de los comisionados de las Municipalidades de los Departamentos de Los Altos, canjeados sus poderes y acordado que la administración del Estado se encomiende a un Gobierno interino de tres individuos, habiendo sido electos los señores Presbítero D. Fernando Antonio Dávila, D. Rafael de la Torre y Licenciado D. José Velasco, los cuales en el acto fueron llamados y prestaron el juramento de ley.

Considerando que de dicha manera y con el nombramiento de Secretario General hecho en el Sr. D. Manuel J. Fuentes, está organizado el Gobierno interino,

DECRETA:

1.°- Queda constituido legalmente el Gobierno interino del Estado de Los Altos.

2.°- Que se haga imprimir, publicar y circular el presente decreto.

Dado en la Casa de Gobierno del Estado, en la Ciudad de Quezaltenango, a cinco de septiembre de mil ochocientos cuarenta y ocho.

Fernando Antonio Dávila.- José Velasco.- Rafael de la Torre.- El Ministro General del Despacho, Manuel J. Fuentes.

Y de orden del Supremo Gobierno lo comunico a U. para su inteligencia y fines consiguientes, acompañándole suficiente número de ejemplares, de lo que espero me dé recibo."

D.U.L.- Quezaltenango, septiembre 5 de 1848.

Manuel F. Fuentes.

El Gobierno de El Salvador reconoció inmediatamente la nueva entidad política.

El presbítero doctor don Isidro Menéndez fue acreditado Representante de Los Altos cerca del Gobierno salvadoreño y hubo notas expresivas y cordiales entre ambas administraciones.

Sin embargo, el Gobierno salvadoreño dice al de Los Altos que lo sostendría en lo posible, sin ofrecerle más.

Es probable que Vasconcelos no haya podido hacer otra cosa, ya por falta de elementos, ya por falta de autorización del Cuerpo Legislativo; pero Los Altos esperaban más, porque siempre que a los liberales de El Salvador se pidió auxilio para derribar a Carrera, se contestaba lo siguiente:

"Que Los Altos se hagan independientes, que pidan auxilio a los Estados hermanos y caerá Carrera".

Verdad es que Carrera había salido; pero no se trataba de un hombre, sino de una idea, y debía suponerse que no se abandonaba la idea de formar una República contándose con la autonomía de Los Altos.

Digno es de averiguarse cómo recibió el Gobierno de don Juan Antonio Martínez el movimiento de Quezaltenango.

El Gobierno de Martínez dijo lo mismo que había dicho el Gobierno de Carrera.

En el número 25 de la Gaceta, correspondiente al 22 de septiembre de 1848, se encuentran estas palabras:

"Habiendo pasado el Gobierno a conocimiento de la Asamblea Constituyente el expediente instruido sobre los últimos acontecimientos de Quezaltenango, en este periódico no era prudente hablar sobre tales hechos; pero ahora justamente seríamos tachados si por más tiempo guardásemos silencio, manteniendo en duda al público sobre asuntos de consecuencias tan trascendentales a toda la República.

"El 26 de agosto próximo pasado, nueve individuos de la municipalidad de Quezaltenango dieron el grito de rebelión contra las autoridades legítimamente constituidas en la República; para llevar adelante sus miras ambiciosas y de interés personal, se valieron no solo del engaño y de la seducción, sino de la violencia, ejercitada tanto por la municipalidad misma como por el llamado gobierno provisorio de Los Altos, y apoderándose de las guarniciones y de las rentas públicas de aquellos departamentos, forzaron a los funcionarios públicos a resignar la autoridad de que estaban investidos, compeliendo asimismo a la mayor parte de los pueblos a sufrir en silencio una violencia tan atroz".

"Este escandaloso atentado a la soberanía del pueblo no ha podido ser visto con indiferencia por el Supremo Gobierno; antes, por el contrario, con el más profundo dolor ha oído la relación de las vejaciones cometidas en una parte tan interesante del territorio de la República; y decidido, como está, a dar auxilio y protección a todos sus súbditos y a conservar ileso el territorio de la nación, no dejará que los trastornadores continúen molestando a aquellos pacíficos y honrados habitantes".

"Pero firme en los principios de humanidad que han guiado su conducta, quiere, antes de usar de las medidas de rigor, emplear las que la prudencia y la conveniencia aconsejan, no porque se crea sin la fuerza necesaria para sofocar una facción, porque le sobran elementos para ello, siendo además de esto demasiado pronunciada la opinión pública contra la facción de Quezaltenango".

"Son muy dignas de notarse las circunstancias que se han adoptado para tal pronunciamiento. En el momento en que se constituían las supremas autoridades que eligiera el pueblo, cuando estas invitaban a todos los habitantes a que les dirigiesen las solicitudes que fuesen justas y razonables, y cuando se prometía a todos, sin distinción de personas ni partidos, respetar en ellos las garantías constitucionales, es el tiempo elegido para hacer el pronunciamiento de Quezaltenango. ¡No es esta una prueba suficiente para juzgar del espíritu de desorden que ha animado a los autores de semejante revolución? ¿No indica de una manera clara que lo que se desea es la anarquía de los pueblos de Los Altos, para que comunicándose a los otros departamentos desaparezca nuestra naciente República?".

"La insurrección es un derecho terrible, que compete al pueblo en un caso solamente, y es cuando un gobierno, a pesar de las leyes y a despecho de la voluntad pública, se erige en despótico, y cuando, además, se han empleado infructuosamente los razonamientos y las representaciones para atraer al orden legal a los depositarios de la autoridad. ¡Oh! Sí; entonces la insurrección no es un crimen de alta traición, sino el derecho más sagrado del pueblo y el verdadero baluarte de su soberanía".

"¿Y el puñado de insurgentes de la ciudad de Quezaltenango se hallará en el caso indicado? ¿El grito de nueve municipales, que olvidando la misión que la ley les diera, se han arrogado unas facultades ajenas a sus destinos, será acaso el eco de trescientos mil habitantes, que aún no han expresado otra voluntad que la de permanecer en una sociedad que tantos bienes les reporta? Suponiendo, sin conceder, que esta fuese la voluntad de todos los pueblos de Los Altos; ¿se han empleado las peticiones, los reclamos y las representaciones para que sus deseos fuesen obsequiados? ¿Se alegará por ventura que no tienen libertad cuando se invita a todos para que hablen y dirijan sus solicitudes a las autoridades legítimamente constituidas? ¿Se procederá de buena fe cuando teniéndose expeditas las vías legales se ocurre a las de hecho?

Si todos los pueblos de la República son acreedores a la protección del Gobierno, aquellos que con tanta heroicidad han despreciado las seducciones y violencias de los amotinados, merecen ciertamente la consideración de la autoridad y con especial empeño serán protegidos en su libertad y propiedades".

El nuevo Gobierno miraba a los indios que combatían el Estado como amigos y colaboradores. Miraba a Dávila, a la Torre y a Velazco como criminales y a todo su círculo como rebeldes a la autoridad legítima.

Desde luego, el Gobierno concibió la idea de atacar a Los Altos.

Para tener dinero, se decretó un empréstito forzoso de $70,000, dividido entre los departamentos de Guatemala, Sacatepéquez, Amatitlán y Chimaltenango.

Hasta entonces, el Gobierno palpó que era malo tener a José Clara Lorenzana, agente de Carrera y fiel servidor de este, con las armas en la mano, y se procuró que renunciara para subrogarlo con el coronel José Dolores Nufio.

Nufio renunció diciendo que la política del Gobierno no era la política de la revolución que triunfó en agosto.

Dijo que él estaba comprometido a sostener el pronunciamiento de Quezaltenango y a contribuir a que se formara una nueva República contándose con la autonomía de Los Altos.

Aseguró que la nueva política no era política y que defenderla sería ponerse en pugna con sus antecedentes.

Esta nota se cuidó mucho de que no apareciera en la Gaceta de Guatemala; pero apareció en la Gaceta de El Salvador.

El partido que organizó don Luis Molina dio un banquete a Nufio y se le hicieron multitud de argumentos sofísticos que el pobre hombre no pudo contestar y, creyendo probablemente que su deber lo llamaba a hollar lo que antes defendía y a sostener lo que antes hollaba, continuó sirviendo.

El partido de Molina creía que teniendo a Nufio, lo tenía todo y se figuró triunfante y vencedor.

El Gobierno pidió a la Asamblea facultad para nombrar Ministros a individuos de la misma Asamblea y se le contestó afirmativamente.

A consecuencia de este acuerdo, fue nombrado Ministro de Hacienda y Guerra, don José Mariano Vidaurre y Ministro de Relaciones Exteriores, don Luis Molina, conservándose en el Ministerio de Gobernación y Justicia, don Manuel J. Dardón.

Mientras que los liberales se dividían, los serviles se ligaban con vínculos más fuertes y todos compactos trataban de que no terminara la revolución de la montaña.

Tenían razón.

Si la revolución de la montaña desaparecía, los liberales, a pesar de sus continuos e incesantes desaciertos, quedaban triunfantes.

Si la guerra de montaña seguía, Carrera en apariencia quedaba justificado y así tenían pretexto para llamarlo, diciéndose que solo él podía sujetar a los montañeses y dar garantías al país.

Un papel público anunció que el doctor Andreu, don Luis Batres y el padre Raull dificultaban los arreglos entre el Gobierno y los jefes de la montaña.

Andreu dirigió a la Gaceta un remitido en que procura vindicarse.

El padre Raull fue detenido por Nufio.

Un servil llamado Juan Barcarcel solicitó de la Corte auto de exhibición.

Se pidió informe a Nufio, quien no pudo evacuarlo en el momento, porque no sabía dictar ni conocía las leyes.

Don Luis Molina redactó un extenso informe lleno de citas, ya de las leyes de Castilla, ya de los expositores del derecho canónico, ya de la historia de algunos países.

Prescindiendo de todas esas citas, muy del gusto de la época y muy inconducentes, es preciso que se vean los hechos.

El autor del informe firmado por Nufio los presentó de esta manera.

Desde fines del mes de agosto próximo pasado se han recibido en este despacho repetidas denuncias del partícipe que el Presbítero D. Juan Raull ha tomado en la insurrección de la montaña. Para evitar el escándalo que necesariamente debe producir en el público la injerencia de una persona de la categoría del Presbítero Raull, la Comandancia, antes de dictar providencia alguna judicial, quiso ver si se atraía al orden a este señor, por lo que puso en conocimiento del Ministerio de Gobernación todo lo que había llegado a su noticia. Este interpuso sus respetos con el Ilmo. Sr. Arzobispo, quien, accediendo a los buenos oficios del Sr. Ministro, dictó sus órdenes para que el Sr. Raull se presentase en esta capital, no a ser juzgado, como debiera, sino a vivir quieta y pacíficamente y a ejercer su sagrado ministerio.

De parte del Supremo Gobierno había los más ardientes deseos porque una causa, como la que ahora se está instruyendo, no tuviese efecto; y fiel a este principio, le expidió el salvoconducto, que para mayor seguridad del interesado fue suscrito por la autoridad militar y se registra en el expediente levantado por la eclesiástica.

Empero, el Sr. Raull, desoyendo el llamamiento que tanto su Prelado como la autoridad secular le hacían, les desairó devolviendo el pasaporte, y en vez de apartarse de una facción, que tan poco lo honra, siguió no solo promoviendo el descontento en las partidas disidentes, sino que se ocupaba de realizar planes en extremo trascendentales al orden público.

Estas noticias, como se ha dicho, por diversos conductos llegaban a la autoridad militar. No podía por más tiempo, sin faltar a su deber, ver con indiferencia la escandalosa conducta de aquel sacerdote; se convenció de que la tolerancia que con él se había usado, muy lejos de reformarlo, refluiría en perjuicio de la tranquilidad pública, por la que tantos sacrificios ha hecho el Poder Ejecutivo.

Por cuyo motivo, aunque con pesar, se vio en la necesidad de asegurar la persona del Presbítero Raull, que se hallaba en el paraje llamado Don Bernardo, a cuatro leguas de esta ciudad.

He aquí los motivos que la Comandancia ha tenido para proceder contra el Presbítero Raull; cree que en nada ha excedido de las facultades que las leyes le conceden, sino que por el contrario tiene la íntima persuasión de haber obrado con arreglo a derecho."**

La Corte puso en libertad al Padre Raull.

Los hombres que rodeaban a Nufio se indignaron de este procedimiento y escribieron una exposición que firmó el mismo Nufio y fue publicada en el número 28 de la Gaceta.

Esa exposición es un ataque violento, acre y severo contra la Corte; pero contiene verdades históricas de alta importancia.

Todo lo que se hizo firmar a Nufio acababa de pasar a presencia de la nación entera, y la Corte no podía negarlo.

He aquí la publicación de que se trata:

"ADMINISTRACIÓN DE JUSTICIA"

SS. EE. de la Gaceta Oficial.- Comandancia General de las Armas de la República.- Guatemala, Octubre 9 de 1848.

Habiéndose abocado la Corte Suprema de Justicia el conocimiento de la causa criminal instruida por sedición contra el Presbítero Raull, a consecuencia del auto de exhibición que se libró, don Juan Barcarcel presentó en 5 del corriente el escrito que corre impreso, sobre cuyo contenido se me pidió informe.

Pero como estaba alistando la División de Operaciones que debe obrar sobre Los Altos y aún tenía que encaminarla hasta la ciudad de La Antigua, manifesté al Tribunal de Justicia que el informe que se me pedía, debiendo ser largo y fundado, y por las razones que he expuesto, no me era posible emitirlo el mismo sábado siete, pero que lo haría sin falta alguna en la próxima audiencia del lunes.

Ayer que he vuelto a esta ciudad, he sabido, con sorpresa, que la Corte de Justicia, sin aguardar el informe que me pidió, en la audiencia nocturna del siete, determinó el negocio mandando poner en libertad bajo la fianza de non offendendo al Presbítero Raull.

No ha podido menos que llamarme altamente la atención la conducta del Tribunal de Justicia, cuando son públicos y sabidos los esfuerzos y sacrificios que hace el Gobierno, por tal de conseguir el restablecimiento del orden y la pacificación de los pueblos, y no solo no encuentra de parte de las autoridades la cooperación y auxilio debido, a que están obligadas en cumplimiento de su deber y por conveniencia propia, sino que por el contrario procuran y se empeñan en poner trabas y estropiezos para dejar burladas y en ridículo las providencias gubernativas mejor meditadas.

Demasiado pública y notoria es la parte que ha tomado el Presbítero Raull en la facción de la montaña, él mismo lo ha confesado por escrito y de palabra; pero la Corte de Justicia, acaso atemorizada por los libelos infamatorios y por la amenaza que privadamente se le hizo de acusarla ante la Asamblea, formuló el auto en que manda poner al reo en libertad, fundando aquel procedimiento tortuoso en sutilezas y cavilaciones de derecho que no tienen ningún apoyo sólido ni legal.

Es tanto más de extrañarse la conducta del Tribunal de Justicia, cuanto que apenas hace cuatro o cinco meses que se le pidió auto de exhibición en favor de los patriotas Dr. don Pedro Molina, don José Mariano Vidaurre y don Luciano Luna, que fueron tan inicua como ilegalmente sepultados en las bóvedas subterráneas del Castillo, y en vez de cumplir con su deber, como la ley se lo prevenía, mandó una comisión compuesta de tres magistrados a pedir permiso al General Carrera y a explorar su voluntad para que esta le sirviese de regla en sus procedimientos.

A pesar de que el mismo Carrera aseguró a la comisión que las prisiones se habían ejecutado por orden suya, la Corte creyó prudente dirigir el auto primero al comandante del departamento, en seguida al alcaide del Castillo y por último al juez fiscal, quedando en los tres casos burladas las providencias evasivas que tuvo a bien dictar.

Aunque las personas que solicitaron el auto de exhibición le manifestaron repetidas veces que, por el propio decoro y dignidad del Tribunal, estaba en el caso de hacer efectivas sus medidas en favor de los oprimidos, o de retirarse inmediatamente si aquellas quedaban burladas, los dignos magistrados prefirieron faltar al sagrado juramento que prestaron de cumplir y hacer cumplir la ley, al temor de verse privados de sus asientos y sueldos.

Así es que la Corte prefirió ser espectadora impasible de los ultrajes y atentados que se cometían en aquellos tres ilustres e inocentes ciudadanos; y por último, su libertad no se la debieron al Tribunal Supremo de la República, sino al mismo General Carrera, que, aterrorizado del atentado que cometió y, aunque a su pesar, se vio en la necesidad de sacarlos de las mazmorras del Castillo.

El día que se cumplimentó el auto de exhibición, dado en favor del Presbítero Raull, me presenté como Comandante General de las Armas de la República, y a pesar de la moderación y decoro que guardé en aquel acto, como es público y notorio, se me ultrajó e insultó de la manera más atroz, y el Tribunal de Justicia toleró y sufrió cuando era de su deber impedir aquellas faltas, tanto por su propia dignidad como por la consideración debida al destino que ejerzo.

Acaso no se habrá olvidado que en cierto negocio judicial muy ruidoso, uno de los abogados se excedió algún tanto en su alegato y se le tocó la campanilla para llamarlo al orden, pues el Tribunal no podía oír con indiferencia que se le faltase.

Creo tanto más digna de censura la conducta del Tribunal de Justicia, cuanto que la actual administración es la única que, lejos de haberle sido hostil, como las anteriores, por el contrario, le ha prestado auxilio y cooperación guardándole todas las consideraciones debidas.

Pues en la pasada llegó el ultraje que se hizo a la Corte hasta el extremo de que, no habiendo evacuado en el acto cierto informe que se le pidió, el gobernante mandó suspender a los magistrados el pago de sus sueldos, y, por temor de perderlos, emitieron el informe que se deseaba.

Como la Corte de Justicia se sirvió determinar en la causa del Padre Raull, sin aguardar el informe que me había pedido, el que, por los justos motivos que he expresado, no pude emitir en el acto, espero que UU. se sirvan insertar en su periódico dicho informe y la presente nota, para que el público vea la diferencia de procedimientos que en casos idénticos observa el Tribunal Supremo de la República.

Soy de UU. atento servidor.

José D. Nufio

¿Qué podía esperarse de la situación si el primer tribunal de la República era atacado con tanta violencia y si no se podía rechazar el ataque por contener verdades de que todo el país era testigo?

La gran aspiración de los magistrados era no perder sus sueldos.

El sistema lo supieron llevar adelante y quedaron sentados en sus sillas aun después del regreso de Carrera.

Para que todo en aquel período fuera contradicciones y ridículas anomalías, Nufio se excusa de no haber evacuado pronto el informe de la Corte diciendo que estaba preparando la expedición que debía marchar sobre Los Altos.

Nufio se olvida de que es el signatario de la esponsión de Chiquimula, se olvida de sus graves compromisos con el presbítero don Fernando Dávila, con don Rafael de la Torre, con don José Velazco, con don Manuel J. Fuentes y con todos los hombres que se hallaban al frente del nuevo Estado.

Varios diputados propusieron que se expidiese el despacho de Brigadier al señor José Dolores Nufio, y que también se le diera una espada de honor con esta inscripción:

"Al ciudadano general José Dolores Nufio, la Asamblea Constituyente de la República de Guatemala. Año de 1848".

Se pidió informe al Gobierno y el señor Vidaurre, Ministro de la Guerra, lo dio satisfactorio.

Entre las grandes cualidades de Nufio, presenta Vidaurre los servicios prestados a Carrera y las manifestaciones que el mismo Carrera hacía en favor de Nufio. De manera que los servicios prestados a Carrera eran un título de merecimiento a los ojos del Gobierno, y las palabras de Carrera un texto tan respetable para Vidaurre como las palabras de San Mateo lo son para los teólogos.

Algunos serviles se opusieron en la Asamblea a que se decretara la espada de honor.

Por poco salvan al Gobierno y a la Asamblea del ridículo que pesa sobre ellos por haber decretado esa espada.

Es verdad que, aunque el decreto se emitió, no tuvo cumplimiento en cuanto a la espada, porque después de la emisión de la ley, Nufio fue derrotado, corrió e hizo ver que desempeñaría mejor papel como lego de un convento, que como Brigadier de la República.

Pero la falta de tino del Gobierno y del Cuerpo Legislativo quedó comprobada una vez más con toda evidencia.

El gobierno de don Juan Antonio Martínez, lo mismo que el Gobierno de Carrera, contemplaba al clero y lo miraba como parte esencial o integrante de la máquina política.

En el gabinete de don Juan Antonio Martínez, Barrundia, que expulsó a los frailes el año de 1829, era considerado como desorganizador y anarquista.

Los pocos hombres que en la Asamblea formaban el círculo de Barrundia, eran mal mirados por los señores ministros y la Gaceta del Gobierno, redactada por don Andrés Dardón, hermano de don Manuel, los atacaba francamente.

Puede aducirse como prueba de este aserto el editorial del núm. 32.

El Gobierno acariciaba al clero, daba el título de personas de merecimiento a los eclesiásticos de más nombradía y aseguraba que se complacía altamente en el esplendor y en el buen servicio de la Catedral.

Los canónigos habían tenido cuestiones y disputas acaloradas porque todos querían estar en primer lugar, y ninguno de ellos se conformaba con el segundo ni con el tercer puesto.

De todo lo ocurrido da parte al Gobierno el Arzobispo García Peláez en una nota que dice así:

"Curia Metropolitana de Santiago de Guatemala.-Sr. Secretario del despacho de Gobernación, Justicia y Negocios Eclesiásticos.-En el expediente de que aquí se hará mención, he proveído el día de hoy el decreto que dice así:

"Visto este expediente, de que resulta, primero: que nuestro inmediato predecesor, el Exmo. e Ilmo. Sr. Arzobispo, ya hoy finado, Dr. y Maestro Don Fray Ramón Casaus y Torres, como delegado apostólico para la ejecución del decreto Pontificio que impetró con fecha once de marzo de mil ochocientos cuarenta y tres, se sirvió nombrar a las diez personas que expresa en oficio de tres de agosto del mismo año, para todas las dignidades y canonjías de esta Santa Iglesia Metropolitana.-Segundo: que a ninguno de los nombrados se llegó a dar colocación, porque contra aquella providencia recurrieron a su Santidad el venerable cabildo, y en apelación los tres Señores Canónigos, que se sintieron agraviados de ella, y fueron los propietarios Don José Antonio Alvarado y Don Tomás Rodríguez, y el honorario Don José Ignacio Figueroa, de los cuales han fallecido los dos primeros.-Tercero: que por letras de nueve de mayo de mil ochocientos cuarenta y seis, la Santa Sede Apostólica se ha dignado expresar su deseo de que se procurase conciliar, de consentimiento de las partes, las controversias suscitadas sobre este gravísimo asunto, dándonos formal comisión y oportunas facultades para el efecto; y no habiéndose podido hacer uso de ellas, por el fallecimiento del sumo Pontífice Gregorio XVI de feliz memoria, que sobrevino re integra la delegación; nuestro muy santo padre el Sr. Pío IX, que felizmente reina, ha sido muy servido de reiterarnos este encargo, por letras del día doce del último febrero, consultando a la concordia, que debe haber, principalmente entre personas eclesiásticas: con la declaratoria sí, de que la provisión de las prebendas de oficio, hecha sin concurso, y sin especial dispensa apostólica de este requisito, no puede tenerse por valedera.-Cuarto: que bajo este concepto; el de no quedar ya en el cabildo otro prebendado, que su Ilmo. actual Presidente, por fallecimiento de los demás; y el de que, para el servicio del altar, del coro y de la iglesia en todos conceptos, es necesario el aumento del número de sus individuos, ya que su total complemento no es posible, por las difíciles circunstancias del día; no rehúsa este cuerpo, que surta efecto, en cuanto puede tenerlo, la provisión hecha por el Exmo. Sr. Casaus, y proponen se hagan las demás que corresponden, guardando las disposiciones de los sagrados cánones, y leyes de la materia: venimos en declarar y determinamos lo siguiente".

Artículo primero: Confirmamos el nombramiento, que para Deán de esta Santa Iglesia Metropolitana verificó el Sr. Casaus, como tal delegado Apostólico, en la persona del Ilmo. Sr. Dr. Don Antonio Larrazábal, Obispo electo de Comana in partibus, actual Canónigo Penitenciario, y Presidente de nuestro muy Ilustre y venerable cabildo, sin admitirle la renuncia que de esta dignidad hizo desde luego ante S. E. Ilma., quien la dejó sin resolución; y declaramos que para el Deanato queda vigente a favor suyo, como hasta hoy lo está para la prebenda de Penitenciario, el auto que en expediente por separado proveímos en cinco de septiembre de mil ochocientos cuarenta y cinco, sobre no obligarle la asistencia a las funciones ceremoniales, y poder sin este requisito percibir su renta, por razón de su avanzada edad, y en justa consideración a sus distinguidos méritos y servicios.

Artículo segundo: Nombramos para Arcediano, por fallecimiento del Sr. Canónigo Dr. Don José María Castilla, nombrado por el Exmo. Sr. Casaus, al Sr. Don José Ignacio Figueroa, Canónigo honorario en actual ejercicio, instituido con los derechos de futura sucesión, que estableció el decreto Pontificio de veinte de febrero de mil ochocientos treinta y nueve.

Artículo tercero: Admitimos la renuncia que de su nombramiento para Chantre, verificado por el Exmo. Sr. Casaus, hace el Sr. Don Manuel María Zeceña, actual Provisor y Vicario General del obispado de San Salvador; y para subrogarle, nombramos al Sr. Licenciado Don José María Barrutia, nuestro actual Provisor y Vicario General de este Arzobispado.

Artículo cuarto: Declaramos que quedan hoy subsistentes los nombramientos hechos por el Exmo. Sr. Casaus en los Sres. Doctores Don Juan José Aycinena para Maestre-Escuela, y Don Antonio González para Tesorero.

Artículo quinto: Igual declaratoria hacemos respecto al Sr. Dr. Don José Mariano Méndez, nombrado por el Exmo. Sr. Casaus para la Primera Canonjía de Gracia; y a la cual quedará promovido, si previamente hiciere renuncia del beneficio que obtiene de Cura Propio de la Parroquia Rectoral del Sagrario de esta Santa Iglesia.

Artículo sexto: Nombramos para Segundo Canónigo de Gracia, al Sr. Don José Mariano Ocaña.

Artículo séptimo: Finalmente, en caso de renuncia, anterior a la colocación de alguno de los Sres. nombrados, verificaremos la subrogación correspondiente, con la facultad Apostólica que al efecto nos compete, y cuyo uso nos reservamos.

Comuníquese por oficio con inserción, a nuestro muy ilustre y venerable cabildo, y a todos los Sres. nombrados, a quienes constando su aceptación, se librarán los respectivos títulos, y oportunamente se señalará día para la colación canónica, que deben tomar. Dése al Sr. Zeceña, por la parte que le toca, la noticia necesaria. Póngase todo en la del Supremo Gobierno. Y a su debido tiempo se dará cuenta de ello a Su Santidad.

Francisco, Arzobispo de Guatemala.

Antonio Letona, Notario Público.

"Tengo el honor de trascribirlo a U. S. para noticia del Supremo Gobierno, ofreciéndole mis respetos.-Dios guarde a U. S. muchos años.-Palacio Arzobispal de Guatemala, octubre 6 de 1848.-Francisco, Arzobispo de Guatemala.".

El ministro de Gobernación contestó al Arzobispo de Guatemala en la forma siguiente:

"Ministerio de Gobernación, Justicia y Negocios Eclesiásticos.-Ilmo. Sr. Arzobispo de esta S. I. Metropolitana.-Palacio Nacional del Supremo Gobierno.-Guatemala, octubre 10 de 1848.

"He tenido el honor de recibir la estimable nota de V. S. I., en que se inserta el decreto de 6 del corriente por el cual, usando de la facultad que el Santísimo Pontífice actual se sirvió concederle, nombra Deán de esta S. I. al Ilmo. Sr. Dr. Don José Antonio Larrazábal, Arcediano al Sr. Canónigo honorario Don Ignacio Figueroa, Chantre, por renuncia del Sr. Dr. Don Manuel María Zeceña, al Sr. Ldo. Don J. María Barrutia; Maestre-escuela, al Sr. Dr. Don Juan José Aycinena; Tesorero, al Sr. Dr. Don Antonio González; primer Canónigo de Merced, al Sr. Dr. Don José Mariano Méndez, previa renuncia del curato del Sagrario; y segundo, al Sr. Don Mariano Ocaña.

"Impuesto el Sr. Presidente de dicho decreto, me ordena contestar a V. S. I. que le ha sido sumamente satisfactorio, tanto por el merecimiento de las personas nombradas, cuanto por haberse llenado una necesidad urgente para esta S. I., en cuyo esplendor y buen servicio se complace altamente el Gobierno. Tengo el honor de repetirme de V. S. I. obediente servidor.-Manuel J. Dardón".

La insurrección de la montaña parecía interminable.

Era preciso que así fuera porque el clero y todo el partido servil aristocrático la fomentaban.

La paz habría sido entonces la muerte de los serviles.

Ellos necesitaban la guerra para desacreditar la revolución de agosto.

Necesitaban la guerra para vindicar a Carrera y a los nobles.

La revolución se había hecho por los abusos de Carrera y de la aristocracia.

Si caído Carrera y caída la aristocracia la insurrección continuaba, era preciso dar a esta otro origen.

Los jefes insurrectos no tenían programa fijo.

Entre ellos había algunos dignos de consideración y de respeto, pero su único móvil era subir al poder.

Ellos hablaban de la separación de los Altos, no porque la anhelaran, sino para no perder las simpatías del Gobierno de Vasconcelos.

Ellos hablaban otras veces en términos monacales para contar siempre con el apoyo del clero.

Declamaban contra la Asamblea; y en esto tenían razón, porque fue formada bajo los auspicios de Carrera y bajo la presión de las bayonetas.

Pero la renovación que proponían era insensata.

So pretexto de que los diputados debían conocer los departamentos, pretendían que estos fueran naturales de cada distrito electoral, lo cual hubiera conducido a la Asamblea una colección de ignorantes manejados por el primer hombre audaz que hubiera podido aprovechar la situación.

So pretexto de experiencia y de tino, querían arrojar de los Cuerpos Legislativos a los jóvenes, y exigían la edad de treinta años para la elección de los diputados.

En la montaña no había programa, ni podía haberlo, porque se desconocía completamente allí el derecho público, la economía política, la ciencia de la legislación y cuanto puede dar luz para guiar a los pueblos.

Los montañeses estaban, como hubiera estado la Asamblea compuesta de vecinos de cada distrito electoral, a merced del primer intrigante atrevido que lograra obtener ascendiente sobre ella.

Algunos de los jefes de la montaña exhiben la barbarie que en la insurrección dominaba de una manera que asombra.

Entre los documentos que presentó el Gobierno a la Asamblea se encuentra un bando de buen Gobierno de León Raimundo, que no se reproduce íntegro por respeto a los lectores.

Pero puede copiarse omitiéndose algunas palabras en obsequio de la decencia. Dice así:

"Bando de buen Gobierno.-De orden del Señor General ordeno a Ud. que no me estreche a ningún arrendante de esta hacienda en arrendamientos y repastos porque estos hombres pelean la religión, acierto a Dios y bien a todos los pobres, pues es lo que Dios ama: no se pelea ambición, ni puestos, y el hijo....... que cobre, que lo cobre a la gran 1.................. ó a mí, lo que ordeno a Ud. se ejecute con la más grande responsabilidad.-León Raimundo.-Posdata.-Lo mando al público y a presencia de él que se comunique, sino se cumple entonces operaré con el que no obedezca.-Vale.-Raimundo."

Este documento se halla certificado en debida forma en el archivo de la Asamblea, año de 1848, ramo de guerra, expediente número 43, página 26.

En este documento se exhiben, sin embargo de su barbarie, dos objetos: la intervención del clero y la mala división de la propiedad territorial.

El Gobierno no tenía un hombre de espada de quien disponer.

La mayor parte de los jefes eran cachurecos y no se podía contar ni con valor ni con la pericia de Núfio, porque de uno y otro carecía.

El Ministerio pidió facultades extraordinarias.

Se discutían en la Asamblea y la discusión fue interrumpida por haber sido anunciado el Ministro de la Guerra.

Entró el señor Vidaurre y dijo que iba a dar cuenta de un asunto importante.

A continuación leyó dos notas en lenguaje bárbaro, firmadas por Carrera en territorio chiapaneco.

En ellas, Carrera ultraja y amenaza a todo el partido liberal.

A continuación se emitió el decreto que se halla en las páginas 253 y 254, tomo 2.°

En la Asamblea había tres partidos: el servil aristocrático, el de Molina y el de Barrundia.

Pero cuando se trataba de emitir el decreto citado, los dos círculos liberales se unieron, los serviles quedaron momentáneamente en minoría y el decreto se expidió.

Al emitirse, se oyeron muchas voces serviles que se atropellaban e interrumpían.

Era que cada uno de los serviles salvaba su voto y pedía que constara en el acta.

Cada uno de ellos se imaginaba ya al caudillo adorado de los pueblos volviendo a Guatemala lleno de gloria y majestad y dando a cada uno lo que le correspondiera según sus obras.

Se presentaron al día siguiente por escrito votos salvados, y uno de los que con más empeño pidieron que se agregara el suyo fue don Luis Arrivillaga; lo cual produjo un prolongado debate porque los secretarios, a la hora de la votación, no oyeron que Arrivillaga salvara su voto.

El doctor Padilla era primer secretario y debió haber firmado el decreto; pero entre la votación y el momento de firmar la ley, corrió un tiempo que los serviles aprovecharon para inspirar terror y Padilla, con varios pretextos, se negó a firmar y no firmó.

La Gaceta anunció con júbilo que don Felipe Neri del Barrio había sido recibido en México en calidad de Enviado Extraordinario y Ministro Plenipotenciario de Guatemala.

Si este júbilo lo hubiera manifestado La Gaceta, redactada por Milla y por Pavón, sería lógico; pero en una Gaceta que se decía liberal es incomprensible.

Don Felipe Neri del Barrio pertenecía a la aristocracia. Era pariente del canónigo Larrazábal, Obispo de Comana, y amigo íntimo de don Luis Batres, de Pavón y de los Aycinenas.

Estaba casado en México con la condesa de Alcaraz y deseaba con vehemencia la monarquía. ¿Sería este señor aparente para representar en México a un Gobierno cuyo descrédito apetecía? El doctor Molina dijo en El Álbum y repitió en la Asamblea que los gobiernos deben nombrar empleados que le sean afectos.

Si así pensaba el doctor Molina, extraña que su hijo, don Luis, siendo Ministro de Relaciones, haya nombrado Ministro

Plenipotenciario o conservado a don Felipe Neri del Barrio en calidad de Representante de Guatemala.

Se debía internar a Carrera en México, según el decreto de que se ha hablado. La internación debía pedirla el Ministro de Guatemala.

¿La solicitaría de buena fe un amigo de Carrera, uno de los hombres que más deseaban colocar otra vez al mismo Carrera bajo el dosel de los capitanes generales?

Gálvez estaba en México y pudo haber sido nombrado Ministro de Guatemala; pero aún vivían los odios que produjeron los partidos en 1837 y 38 y era preciso mantener en el olvido a uno de los hombres más notables de la patria.

Barrundia presentó a la Asamblea la proposición siguiente:

"A. C.- Pido que la Asamblea organice un consejo que auxilie al Gobierno, teniendo presente las anteriores creaciones de esta cuerda institución, y escogiendo entre ellas la que se considere más a propósito en los actuales conflictos de nuestro Gobierno, o reformándola o acomodándola a las circunstancias. De esta manera el Ejecutivo tendrá un cuerpo de confianza que le ayude a sobrellevar el peso de los negocios, y quede más consideración y respetabilidad a sus acuerdos importantes.

Guatemala, septiembre 11 de 1848.

José Barrundia".

La solicitud pasó a la comisión encargada de formar la ley fundamental y emitió un dictamen eminentemente democrático (Documento núm. 8).

No debe extrañar que el dictamen lo suscriban Barrundia, Molina y don Marcos Dardón; pero admira que no haya salvado su voto don José María Urruela.

Ese dictamen fue combatido violentamente por todos los serviles y por algunos diputados del círculo del doctor Molina, entre los cuales se hizo notable don Manuel Larrave.

El señor Larrave dijo que organizar el consejo de la manera que se proyectaba era lo mismo que pretender aumentar la luz apagando las velas.

En vez del consejo proyectado se formó otro muy diferente (Documento núm. 9).

Por decreto de 26 de septiembre se había mandado hacer elección popular de Presidente de la República y en muchos distritos se habían comenzado las inscripciones; pero el Gobierno creyó que debían suspenderse por el estado de la insurrección de los pueblos.

Barrundia se opuso; pero su voz no fue oída y sucumbió como había sucumbido en la organización del consejo (Documento número 10).

En el pueblo de Jilotepeque, el teniente coronel Francisco Brenes dispersó, con una pequeña fuerza de Chiquimula, el 5 de octubre a doscientos sublevados, según dice el Boletín, quedando en el campo 29 hombres muertos.

Es natural que Brenes haya tenido pérdidas; pero nada dice de ellas.

Los fundamentos que los Altos tuvieron para erigirse en Estado se hallan en el acta de 28 de agosto, que se ve al fin de este capítulo (Documento núm. 11).

El Gobierno de don Juan Antonio Martínez quería sojuzgarlos; pero necesitaba el apoyo de la Asamblea, donde había opiniones diversas.

Algunos dictámenes de comisiones fueron reprobados; por último, se formó una comisión especial que abrió dictamen el 19 de septiembre de 1848.

Ese dictamen dice:

Que la voluntad general libremente expresada por los pueblos de los Altos sería respetada, y decidiría de su suerte cuando se obtuviera legalmente.

Que para reglamentar la manera de lograrlo como correspondía era muy urgente la concurrencia de los diputados de todos los distritos de los Altos.

Que el Gobierno explorase la voluntad de los pueblos ya manifestada en muchos documentos.

Que empleara todos los medios suaves que dicta la prudencia y, si no fuesen bastantes para obtener el resultado que se deseaba, que usara de sus facultades ordinarias conforme lo prescribían las leyes vigentes.

Este dictamen se halla en el archivo de la Asamblea correspondiente al año de 1848, legajo que lleva el nombre de Especial, cuaderno núm. 25, página 50 y 50 vuelta.

Los señores Barrundia y Pineda de Mont presentaron votos particulares que pueden verse al fin de este capítulo (Documentos números 12 y 13).

El dictamen fue aprobado aquel mismo día en todas sus partes y debió ser desde entonces la regla, la brújula y la guía del Gobierno de don Juan Antonio Martínez; pero no fue así.

La Asamblea ordenó que la voluntad de aquellos pueblos se explorara y el Gobierno no la exploró.

La Asamblea dijo que para explorar esa voluntad era urgente la concurrencia de los diputados de todos los distritos de los Altos; y el Gobierno no pensó en esto.

La Asamblea dijo que se emplearan todos los medios suaves que dictase la prudencia; y se mandó un ejército.

La Asamblea dijo que en último caso se podía hacer uso de las leyes vigentes, y el Gobierno, no en el último sino en el primer caso, hizo uso de la fuerza.

Las leyes vigentes no eran la bala rasa y la metralla.

La Asamblea de Guatemala emitió el 12 de febrero de 1838 un decreto que dice así:

"La resolución de este negocio (independencia de los Altos) se reserva al Congreso federal, a quien corresponde con arreglo a la Constitución".

El Congreso federal emitió en junio de 1838 un decreto que erige en Estado independiente los departamentos de Quezaltenango, Totonicapán y Sololá.

El Congreso federal desapareció y no había autoridad que lo representara, ni poder que tuviera facultad para derogar sus decretos.

El decreto dictado por Rivera Paz el 17 de abril de 1839 declara que el Estado de Guatemala se componía de los departamentos de Guatemala, Sacatepéquez, Verapaz y Chiquimula.

El decreto de la Asamblea Constituyente emitido el 14 de julio de 1839 aprueba el anterior.

El decreto de la misma Asamblea emitido el 9 de septiembre del mismo año dice:

"El Estado de Guatemala se divide en siete departamentos, a saber: el de Guatemala, el de Sacatepéquez, el de Chimaltenango, el de Escuintla, el de Mita, el de Chiquimula y el de Verapaz".

Después de todas estas leyes no había más acerca de los Altos que la sangrienta expedición de Carrera en el año de 1840 y las disposiciones que fueron consecuencia de ella.

En Quezaltenango se organizó una junta llamada electoral constitutiva, compuesta de los señores:

Joaquín Ligorría, representante por Quezaltenango.

Francisco Sánchez, representante por Totonicapán.

José María Díaz, representante por Huehuetenango.

Presbítero Francisco Esteban López, representante por San Marcos.

Manuel Aparicio, representante por Quezaltenango.

Secundino Llerena, representante por Suchitepéquez.

Nicolás Argueta, representante por Huehuetenango.

Diego Juárez, representante por Sololá.

Juan Ignacio Toledo, representante por San Marcos.

Fermín Enríquez, representante por Totonicapán.

Esta junta electoral constitutiva dictó acuerdos importantes y enérgicos para sostener la independencia del Estado; pero el ejército con que los Altos contaban no correspondió ni a los deseos y decisión de la junta, ni a los esfuerzos del poder Ejecutivo, compuesto de los triunviros:

Presbítero Fernando Antonio Dávila.

Rafael de la Torre.

José Velazco.

Se organizó la expedición contra los Altos.

Paredes marchó al frente de ella.

A su lado iban el licenciado don Luis Molina, Ministro de Relaciones Exteriores, y el licenciado don Manuel Zerón, medio hermano de Paredes, diputado a la Asamblea Constituyente y amigo íntimo de Molina.

Se decía que estos letrados marchaban con el ejército para dar cumplimiento al acuerdo de la Asamblea que dispuso que se procurara algún avenimiento por todos los medios posibles.

No se tiene noticia de los esfuerzos que hayan hecho aquellos letrados para cumplir este acuerdo; pero se sabe que se deseaba concluir el asunto militarmente.

En el número 30 de la Gaceta y bajo el rubro de Boletín núm. 2.°, se encuentra una nota de don Luis Molina que dice así:

"Sr. Ministro de Hacienda y Guerra".

San Andrés, octubre 21 de 1848

"Habiendo agotado en vano todos los medios pacíficos, hasta el último momento, para volver al orden a la facción de Quezaltenango, hoy, aunque con sumo pesar, el señor general Mariano Paredes se vio en la precisión de atacar la fuerza quezalteca, que estaba situada en este pueblo. La atacó en efecto, y después de media hora de fuego, triunfó completamente; sin embargo, ha continuado persiguiendo por la línea de Panajachel a los restos del enemigo que huían.

Por nuestra parte hubo muy pocos heridos y ningún muerto, y muchos, según parece, del enemigo. Hasta ahora se ha recogido el cadáver de don Gertrudis Robles, general de la división batida, el del señor Rafael Latorre, el del presbítero señor Vicente de León, el del señor Diego Ariza y otros que no me es dado puntualizar, porque con suma urgencia, estando de marcha, pongo este parte, para mientras se da el detallado que corresponde.

Sírvase usted, señor Ministro, aceptar las consideraciones de mi aprecio con que me suscribo de usted, atento y obediente servidor.

Luis Molina.

A continuación se halla esta respuesta de Vidaurre:

"Sr. Ministro de Relaciones Exteriores Ldo. don Luis Molina.

Guatemala, octubre 23 de 1848.

Ayer a las dos y media de la tarde se recibió en esta Secretaría la apreciable comunicación de U. de 21 del corriente, en que da parte de la gloriosa jornada del mismo día. Sensible ha sido para el Gobierno que fuese necesario hacer uso de las armas para poder dar la debida protección a las poblaciones de los Altos, que tan inicuamente se violentaban; pero este era su deber, y ve con satisfacción el feliz éxito de su resultado, previendo que con él se terminará la facción que dominaba en esos departamentos. Sírvase U. desde luego, como representante del Gobierno, manifestar al Sr. Comandante de la división y a los valientes que la componen, su gratitud por el servicio tan importante que han prestado a la patria.

Ayer mismo se mandó imprimir para conocimiento del público la nota de U., de la que le acompaño suficiente número de ejemplares, y se hará lo mismo con el parte detallado que el Gobierno espera se le dará cuanto antes.

Soy de U. atento s. s.

José Mariano Vidaurre.".

No contento el señor Molina con estas noticias funestísimas, tuvo a bien explicar sus detalles por medio de una nota que se publicó en el núm. 3 del Boletín. (Documento núm. 14.)

También Paredes habló. (Documento núm. 15.)

El partido liberal se hallaba dividido por la sangre de Robles y Latorre, de Ariza, de Juárez, de Arango, de León y de González, y esta escisión es profunda.

Del Salvador no debía esperarse más que ataques, porque Vasconcelos había auxiliado a los liberales para formar una nacionalidad centroamericana contando con los Altos, y no había ya ni nacionalidad ni independencia de los Altos.

Vasconcelos no era enemigo de Carrera porque este caudillo se llamaba Rafael, sino porque seguía una política de aislamiento, localista y anticentroamericana.

Si el Gobierno de 16 de agosto seguía la misma política, Vasconcelos debía mirarlo, como miraba a la administración anterior, cualquiera que fuera el nombre del nuevo gobernante.

El Gobierno de don Juan Antonio Martínez había ofendido a muchos liberales sin poderse atraer a los serviles.

Estos aplaudían el triunfo de San Andrés, no porque el Gobierno hubiera tenido una victoria, sino porque caía la revolución de agosto.

Los serviles redoblaron sus esfuerzos para que los jefes de la insurrección no celebraran ningún arreglo con el Gobierno.

Después del funesto triunfo de San Andrés, la situación del poder Ejecutivo fue más aflictiva.

Don José Francisco Barrundia hizo proposición a la Asamblea para que se pusiera en libertad a los prisioneros que se hicieron en la acción de San Andrés; para que un velo cubriera los sucesos de los Altos y ninguno fuera perseguido; para que se llamara a los diputados de los Altos a ocupar sus asientos sin que ninguna de estas disposiciones se hicieran extensivas a los montañeses. (Documento núm. 16.)

La Asamblea pidió informe al Gobierno, y el Señor Ministro de Gobernación, Licdo. don Manuel J. Dardón, lo dio extensísimo con fecha 8 de noviembre de 1848.

En ese informe, el señor Dardón hace un relato de todos los sucesos que manifiestan el antiguo deseo de los pueblos de los Altos de hacerse independientes; increpa a los que tales aspiraciones han abrigado; censura con acrimonia a la Junta Electoral Constitutiva; dice que si se diera un indulto o amnistía en favor de los culpables, estos volverían a intentar una desmembración de la República de Guatemala; asegura que algunos habían ido a los Estados a suscitar dificultades al Gobierno de Martínez y otros a la montaña.

Citando el señor Ministro la Constitución del antiguo Estado de Guatemala, que por desgracia no estaba vigente, presenta restricciones a la facultad de otorgar amnistías, siendo una de estas que se pida la gracia por iniciativa del Gobierno, argumento muy fuerte si hubiera estado vigente la ley fundamental que se citaba y si el Ministro se hubiera dirigido a una Asamblea constituida y no al Poder Constituyente.

El señor Dardón concluye con estas palabras:

"Reasumiendo todo lo expuesto, diré que el Gobierno, por los motivos indicados, y por las razones que de palabra me propongo desarrollar el día de la discusión, (a que espero se me llame) no solo no hace iniciativa para conceder amnistía, sino que por el contrario cree que este paso compromete indudablemente la tranquilidad y seguridad pública, y será causa de una nueva rebelión: que también opina, que los Diputados comprometidos no deben ocupar sus asientos, sino declararse vacantes y mandar practicar nuevas elecciones. En estos términos me ha prevenido el Gobierno evacuar el presente informe.

M. J. Dardón".

El señor Barrundia no obtuvo la amnistía para los quezaltecos; pero obtuvo la indignación de los montañeses, porque en su solicitud estaban exceptuados de la gracia que pedía.

Con este motivo, uno de los jefes de la montaña dijo después que no habría garantías para el señor Barrundia si la insurrección triunfaba, como no las habría para otras personas, entre las cuales muy particularmente se designaba al señor don Manuel Joaquín Dardón.

Un cargamento de mercaderías venía de Europa y, por el camino del golfo, se dirigía a la capital.

El Gobierno envió al célebre general Núfio con una fuerza para proteger la entrada del cargamento.

Núfio fue derrotado por los Cruces completamente en la Lagunilla y tuvo necesidad de salvar su persona a uña de caballo.

El señor Ministro Dardón informó de este suceso a la Asamblea. (Documento núm. 17.)

El señor Ministro Vidaurre dio otro informe más circunstanciado. (Documento núm. 18.)

El doctor Molina hizo, el 11 de noviembre, una proposición a la Asamblea para que se declarara la ciudad en estado de sitio, para que se facultara omnímodamente al Gobierno y el Cuerpo Legislativo cerrase sus sesiones por dos meses.

A consecuencia, se dieron al Gobierno las facultades que Molina pedía, y con rapidez se dictaron varias disposiciones.

Fueron nombrados consejeros los señores:

José Antonio Azmitia
Pedro Molina
Dámaso Angulo
Juan Matheu
José Francisco Barrundia
Pedro Nolasco Arriaga

Se organizó una comisión permanente compuesta por los señores:
Bernardo Escobar
José Barrundia
Pedro Molina
Manuel Irungaray

Un incidente ocurrió entonces. Vicente Cruz, Vicepresidente de la República, hizo dimisión de su destino, y la Asamblea admitió su renuncia.

Aquel alto Cuerpo acordó que, durante su receso, en caso de muerte o falta absoluta del Presidente, tomara el mando:

Don Bernardo Escobar
Don José Antonio Azmitia
Don Manuel Arrivillaga

Haciéndose por suerte la designación de uno de estos tres ciudadanos.

Dadas estas disposiciones y otras de menor importancia, la Asamblea cerró sus sesiones el 15 de noviembre para abrirlas el 1.° de enero del siguiente año.

La derrota de Núfio consternó a Martínez, quien solo pensó en renunciar.

La prensa del Salvador hizo terribles comentarios contra Núfio y puso en exhibición sus inconsecuencias.

Don Luis Molina ya no podía deificar al jefe que corrió en la Lagunilla y pretendía subrogarlo con Paredes, héroe de San Andrés; pero este personaje se hallaba ocupado en los Altos y no podía venir a Guatemala.

Molina lo tenía reservado para más altos destinos.

El Gobierno dio decretos que ponen en exhibición sus conflictos.

Uno ordena que todo habitante de la capital, desde la edad de dieciséis años hasta los cincuenta, con muy pocas excepciones, se presente a tomar las armas.

Otro prescribe que todo caminante lleve un pasaporte en que conste su filiación, el lugar a donde se dirige y el término por el que se da, todo bajo severas penas.

Otro conmina con varios castigos a los que, teniendo armas, no las presentaren, y a los que estuvieren en relaciones con los facciosos.

Pero entre lo más notable que apareció entonces se halla un batallón de empleados y funcionarios públicos.

Fueron llamados los empleados y funcionarios no como simples ciudadanos, despojando a cada uno de su rango oficial, sino en virtud de su posición oficial.

Resultaba que los magistrados eran soldados rasos y se hallaban bajo las órdenes del Escribano de Cámara, que era oficial.

Muchos diputados eran soldados y se hallaban bajo las órdenes de sus porteros, que eran cabos o sargentos.

Este batallón monstruo no pudo sostenerse y cayó bajo el peso del ridículo.

El padre Llorente, después Obispo de Costa Rica, fue comisionado por el Gobierno para ir a la Antigua, donde se hallaba el exvicepresidente Vicente Cruz.

Llorente y Cruz entraron en conferencias que jamás hubieran dado buen resultado y que fueron interrumpidas por el general Carrascosa.

Carrascosa marchaba con alguna fuerza y ocupó la Antigua, de donde había salido Cruz con dirección a Ciudad Vieja.

En seguida, Cruz se aproximó a la capital y en Villa Nueva, sin disparar un solo tiro, tomó algunas armas.

Carrascosa da un parte de todo esto. (Documento núm. 19.)

El 22 de noviembre, el Gobierno convocó a la Asamblea.

Esta se reunió el 27.

Ante ella, renunció Martínez y la renuncia fue admitida.

En seguida, fue electo don Bernardo Escobar.

El decreto dice así:

"La Asamblea Constituyente de la República de Guatemala,

Considerando:

Que son justas las causas en que el Sr. Juan Antonio Martínez funda la renuncia del cargo de Presidente interino de la República; ha tenido a bien decretar y

DECRETA:

Art. 1.° - Se admite la renuncia que del cargo de Presidente interino de la República hace el señor Juan Antonio Martínez.

Art. 2.° - En consecuencia, se nombra en su lugar al Sr. Bernardo Escobar.

Art. 3.° - Las funciones del Presidente nuevamente electo deberán cesar cuando esté declarado por esta Asamblea quién es la persona que deberá hacerse cargo del Ejecutivo, en conformidad con el decreto de 26 de septiembre del corriente año.

Art. 4.° - La Asamblea da las gracias al Sr. Martínez por sus muy importantes servicios durante el tiempo que ha ejercido el Poder Ejecutivo de la República.

Pase al Gobierno para su publicación y cumplimiento.

Dado en el salón de sesiones en Guatemala, a veintiocho de noviembre de mil ochocientos cuarenta y ocho.

DOCUMENTOS JUSTIFICATIVOS

NÚMERO 1.

"El Presidente de la República de Guatemala, por cuanto la Asamblea Representativa ha tenido a bien emitir el siguiente:

DECRETO.

"La Asamblea Representativa del Pueblo Soberano de Guatemala,

"Habiendo tomado en consideración la renuncia que de la presidencia a que fue llamado por decreto de 11 de diciembre de 1844 le ha presentado el señor general Rafael Carrera: estimando justas las razones en que la funda: y debiendo proveer a la organización del Gobierno, nombrando la persona que debe reemplazarlo: previos los trámites de ley, ha tenido a bien decretar y,

DECRETA:

"1.° Se admite la renuncia que de la presidencia de la República hace el señor general Rafael Carrera.

"2.° Se nombra para que provisionalmente ejerza el Poder Ejecutivo al señor Juan Antonio Martínez, entre tanto que el pueblo elige la persona que deba reemplazarlo, a cuyo efecto será convocado oportunamente.

"Pase al Gobierno para su cumplimiento y publicación.

"Dado en el salón de sesiones, en Guatemala a 16 de agosto de 1848.-Pedro Molina, Presidente.--José Mariano Vidaurre, Secretario.-Luis Molina, Secretario.

"Palacio del Gobierno en Guatemala, agosto 16 de 1848.-Por tanto: ejecútese.-Rafael Carrera.-El oficial mayor encargado del despacho, J. M. Palomo".

NÚMERO 2.

El Presidente interino de la República, a sus habitantes.

"La Asamblea Constituyente de la República ha tenido a bien llamarme al desempeño del Poder Ejecutivo. Sin ambición ni aspiraciones, solo el honor y el deber han podido obligarme a aceptar el puesto delicado en que me veis. No tengo la presunción de creerme con las capacidades necesarias para llenarlo dignamente, ni se me ocultarían las extraordinarias y difíciles circunstancias que me rodean al recibir la autoridad suprema; pero no debía desoír la voz de la representación nacional, ni rehusar mis sacrificios cuando se me reclamaban en momentos de peligro."

"Grande es sin duda el peso que echo sobre mis débiles hombros, pero descanso en mis rectas intenciones, que no dejarán de secundar todos los hombres honrados y de luces, y cuento con el apoyo de todas las clases pacíficas y laboriosas que hoy, más que nunca, deben sentir la necesidad de poner un dique al torrente que amenaza sumergirlo todo".

"Trabajemos de consuno en este grandioso objeto, y sin duda lo conseguiremos. Que no haya divergencias; que no haya desaliento cuando se trata de salvar al país de inmensos desastres, y de prevenir tal vez su completa ruina. Este interés es de todos, es un interés vital: no lo desatendamos, si queremos aún tener una patria.

"Guatemaltecos: rodead al Gobierno, prestadle todo vuestro apoyo: con él no duda triunfar de las dificultades que se han acumulado para entorpecer su marcha: dispuesto está a escuchar las quejas de los pueblos, a atenderlas, de toda preferencia, y satisfacerlas en todo lo que sea justo: nada omitirá para dar el lleno a la difícil misión de que está encargado; nada por ver restablecidos el orden y la paz".

"Guatemala, Agosto 17 de 1881.-Juan Antonio Martínez".

NÚMERO 3.
El Presidente interino de la República, al ejército.

¡SOLDADOS!

"Ya me he dirigido hoy a vosotros como a habitantes de la República; pero quiero hablaros más especialmente como a encargados de su defensa. Sabed que si yo me he resignado a aceptar la autoridad suprema, en momentos tan difíciles, ha sido bajo la confianza de que el Gobierno tiene en su apoyo hombres como vosotros, decididos a defender su patria".

"Jefes, oficiales y soldados: mis ardientes deseos son el restablecimiento de la paz y la conservación de lo que existe: tengo la mayor confianza en cada uno de vosotros, y espero que con el auxilio de la Divina Providencia lograremos salvar a Guatemala. El Gobierno cuenta para esto con vuestro valor, disciplina y subordinación. Yo cuidaré de vosotros, vuestros sacrificios no serán desatendidos, y a mí me será glorioso devolver la autoridad que se me ha confiado, dejando restablecida la concordia".

"Guatemala, agosto 17 de 1848.-Juan Antonio Martínez."

NÚMERO 4.
Señor Secretario de la junta preparatoria del Cuerpo Representativo de la República de Guatemala.

"Los que suscribimos hemos dirigido al Supremo Gobierno una exposición manifestando las infracciones de ley que ha cometido el señor Corregidor don Ignacio García Granados en asunto de elecciones, cuya exposición está en los términos siguientes:

"Supremo Gobierno: Los infrascritos propietarios, creyendo que hoy que la patria está convulsa, es un crimen la apatía, y que sería muy punible que nosotros no notásemos al Supremo Gobernante algunos acontecimientos que dan margen al descontento en los pueblos pacíficos, que fomentarían el desorden en los que ya lo hay y alejarían la paz general tan anhelada; venimos respetuosamente a denunciar a V. E. los muchos atentados, que con respecto a las elecciones recientemente ha cometido y comete en este Departamento de Verapaz su Corregidor don Ignacio García Granados".

"El Supremo Gobierno, propendiendo a la pacificación de los pueblos conmovidos y queriendo llenar el voto público generalmente pronunciado, convocó por decreto de 5 de mayo del corriente año, un Cuerpo Representativo. Para que tal medida produjese aquellos fines laudables, era necesario que se acatase y cumpliese exacta y puntualmente el reglamento de elecciones: era preciso que se favoreciese en todo lo posible la libertad de votar: era urgente que el acto de elegir, que es de los ciudadanos, se le dejase a solo los ciudadanos: era debido que en el mismo acto en el cual el pueblo es soberano, obrase por sí mismo sin sujeción a los funcionarios; pero en este Departamento desgraciadamente no ha sucedido así".

"Una vez, sin duda, en que el Corregidor por casualidad se levantó de la mesa de juego con que ha sustituido la de despacho, formó el catálogo de las personas que quiso que legislasen por Verapaz, concibió resueltamente el proyecto de que saliesen elegidas y procedió a influir de cuantas maneras le parecieron adecuadas, sin embozo, sin respetar garantías, sin atender a las leyes, sin oír las prescripciones del honor".

"Tuvo a bien señalar para Rabinal a los señores licenciados Atanasio Urrutia y Manuel Ubico, personas beneméritas, a la verdad, pero que no podían ser de la confianza del Distrito porque no son conocidas o recordadas por él. Para conseguir este fin hizo prevenir al vecino señor Bonifacio Ericastilla que influyese al efecto, y le ordenó al Alcalde primero señor Salvador Blanco que nombrase a Ericastilla miembro de las juntas electorales. Este señor, aunque repudió el segundo encargo, tomó sobre sí el primero con tal ardor que después de no perdonar fatiga alguna por cohechar a los electores de la cabecera del Distrito, descaradamente estuvo en atalaya en la entrada de Cubulco y allí varió astutamente las cédulas de algunos electores de dicho punto, por cuyo motivo no queriendo los demás exponerse a igual arbitrariedad, se han retraído de dar sus votos".

"A pesar de esas vergonzosas y criminales maniobras llevaban la mayoría en la elección el señor Sargento Mayor don Francisco Martínez y el señor don Manuel Rubio Asturias. Irritado por esto el Corregidor llamó perentoriamente al señor Alcalde y le intimó prisión con el pretexto de que porque no había nombrado como le tenía prevenido individuo de las juntas electorales al señor Ericastilla y porque no había dado boletas de calificación aunque hubiese transcurrido el término asignado por la ley para extenderlas, viendo que no llevaban la mayoría de sufragios sus recomendados; pero mostrándose indulgente dispensó por último al señor Blanco de la prisión con tal de que se portara de mejor manera en el porvenir, con tal de que secundase sus miras".

"En seguida el mismo Corregidor citó apresuradamente al Alcalde de Cubulco, señor Yanuario Rivera, y solo porque sabía que ese recto y honrado vecino no había de tener colusión en su superchería, pretextando que tenía noticia de que había dado cédulas a algunos electores, lo puso preso en el cuartel, y después, en virtud de algunas reflexiones que le hicieron, lo sacó de allí previniéndole que reconociese la ciudad por cárcel, cuya restricción a su libertad hasta hoy le ha levantado, hoy penúltimo día de elección. Y todo esto sin seguir ninguna información, sin dar una plumada. Aún suponiendo que todo el pueblo de Cubulco, teniendo confianza en el señor Rivera por ser propietario y por haber obtenido distinciones del Supremo Gobierno, le hubiese pedido consejo para elegir y él les hubiese dado cédulas, ¿qué habría en ello de punible? Preséntese un solo elector que, bajo juramento, diga que lo cohechó el Alcalde de Cubulco y callaremos en este punto".

"No contento aún el señor García con las maquinaciones dichas, mandó precipitadamente a Rabinal al oficial Antonio Galvez y a un soldado, de los cuales, este, con divisas y siempre en facción, intimidaba a los electores, aquel, influyendo directamente en la mesa del señor Ericastilla, daba a entender con franqueza los deseos del Corregidor, y los sufragios resultaban por consiguiente al colmo del proyecto".

"Para llevar a cabo sus miras con más expedición y seguridad, el 5 de julio hizo que se abriera de nuevo el registro de calificación, y la junta procedió al mismo tiempo recibiendo sufragios y calificando vecinos, de manera que si se iba perdiendo por él la elección, podían improvisarse nuevos sufragantes que hiciesen contrapeso. Mañana se cerrarán esas juntas que escandalosamente han sido coetáneas, o por mejor decir, una ha desempeñado los dos oficios a un tiempo: calificar y recibir elección".

"Para ordenar la dicha reapertura de la junta ha querido escudarse con el artículo 44 del reglamento de 5 de agosto de 1838; pero esto es muy infundado. Según tal artículo, se habría podido abrir en otros días que no fuesen los asignados por la ley si hubiera habido inconveniente para verificarlo en aquellos; mas no aconteció de esa manera: la junta estuvo calificando en el período legal después de haber convocado para este fin y por bando a todos los vecinos. El mismo artículo exige que para su aplicación se justifique previamente causa, lo que no se hizo en el prenotado caso; y lo que es más, debe presuponerse que, a la vez de hacer uso de él, ha de ser conformándose con todos los otros del reglamento, siguiendo las demás reglas establecidas, haciendo que la junta de calificación y la electoral duren los términos o plazos asignados, y nunca existan a un tiempo. Decir que en virtud del citado artículo puede una junta al mismo tiempo calificar y recibir la elección, es un absurdo, absurdo que se ha practicado en Rabinal".

"Tenemos aún que denunciar otro exceso del señor García referente al mismo asunto. Él le dio orden verbal al oficial Gálvez para que no consintiese en la sala de elección al señor Francisco Martínez, persona de propiedades y de honradez, y a quien la junta le notificó esa orden, amonestándole para que la cumpliese, quebrantando así los artículos 13 y 22 del muy repetido reglamento".

"En Salamá, valiéndose de muchas intrigas y artificios, quiso que fuese electo diputado su hermano don Miguel; pero no lo conseguirá porque, como en Rabinal, lucha con la opinión pública".

"Para que fuese elegido el mismo señor en Tactic, comisionó a su Ayudante el señor Bernardo Aparicio, quien con un soldado se constituyó en dicho punto".

"En Cobán ha hecho recomendar a su amigo y pariente don Víctor Zavala, y a otra persona que ignoramos. No sabemos aún si ellos obtendrán la mayoría de sufragios".

"Desde que el señor García Granados está de Corregidor, yace el departamento en el mayor abandono. Nunca se reciben notas en los pueblos; jamás dicta aquel una medida de policía. Superficial e indolente por carácter, y consagrado solo al juego, no se recordaría que es la primera autoridad de Verapaz si no fuera por los golpes de mano que da de cuando en cuando. Hace poco que, por imputaciones no probadas en alguna manera y antes de principiar el proceso, de acuerdo con el cura de Cajabón, hizo sacar de dicho punto al estanquero señor Pedro Valencia: lo mandó conducir preso a la cabecera, hizo que se le vendiesen sus bienes sin ni aún dar tiempo para que pudiesen encontrar buenos postores, y permanece en Salamá reconociendo la ciudad por cárcel."

"Tanto despotismo y tiranía, tantas arbitrariedades y avances de autoridad, y aquellos ataques al primer derecho de ciudadanos, al derecho electoral, no pueden menos de alarmar al patriotismo y de llenar de disgusto a los amantes de la quietud pública que la ven alejarse al observar las transgresiones repetidas a las leyes".

POR TANTO:

"A V. E. pedimos se sirva tomar en consideración tanto los cargos que anteriormente le hemos hecho al señor García Granados cuanto los que le hizo a principios de mayo último el señor don Martín Enríquez, y que tenga a bien aplicarle el castigo que corresponde a unos y otros".

Y la transcribimos a Ud., señor secretario, para que se sirva ponerla en conocimiento del alto Cuerpo Representativo tan luego como se instale".

"Somos de Ud. atentos servidores.-Julián María Reyes.- Romualdo López.-Apolonio Dubón.-Buenaventura Valle.-J. Mariano Coronado.-Luis García.-J. Desiderio Rivera.-Ciriaco Guerra.-Vicente Reyes.-Tomás Didz.-F. Martínez.-José Yanuario Rivera":

NÚMERO 5.

"La comisión de poderes ha examinado la reclamación que desde 25 del último julio dirigió a la junta preparatoria de este alto cuerpo el Sr. Francisco Martínez, vecino de Rabinal, diciendo de nulidad en las elecciones de diputados que se verificaron en el referido distrito de Rabinal, y recayeron en los señores licenciados Atanasio Urrutia y Manuel Ubico. Funda su reclamación en las intrigas y medidas de seducción y de fuerza, que según dice, empleó el Corregidor de Verapaz, señor Ignacio García Granados, para conseguir que dicha elección recayese en los expresados señores".

"En treinta del próximo pasado, la propia junta electoral remitió un atestado en forma, certificando ser ciertos los hechos y la violencia empleados por el señor García, y denunciados por el señor Martínez, en virtud de los cuales se privó a los ciudadanos de aquel distrito de su justa libertad para sufragar. La comisión omite repetirlos y se remite en un todo a la propia certificación de la junta electoral, en cuya vista propone a la Asamblea se sirva acordar lo siguiente":

"No es legal la elección verificada en los señores licenciados Atanasio Urrutia y Manuel Ubico; la junta del distrito de Rabinal proceda a elegir sus dos representantes con entero arreglo a la ley de la materia".

"Esto parece a la comisión, pero la Asamblea resolverá como siempre lo mejor."

"Guatemala, octubre 27 de 1848.-Gálvez.-Gándara.-Rodríguez (Manuel).--Salvo el voto.--Rivera Paz.

"Me abstengo de conocer en este asunto por recaer en mi primo el señor Ubico.-Urruela".

NÚMERO 6.

"Siento mucho no opinar de conformidad con mis más dignos compañeros de comisión: 1.° porque su opinión no la fundan en alguno de los artículos de la ley de elecciones, que es la única que puede regir en esta materia; 2.° porque aunque quisieran traer al caso presente alguno de sus artículos, no encontrarían ninguno, sino es para hacer responsable al funcionario que cometió las faltas, atribución propia del Poder Judicial.

El único artículo que podría citarse es el 33 del título VI de las disposiciones generales, que dice:

"Solo a la Asamblea corresponde calificar las condiciones de la elegibilidad. De consiguiente, siempre que alguna persona sea tachada, bien sea entre el período de las elecciones o después de concluidas, de no reunir las calidades que la ley exige para ser diputado, el presidente de la junta se limitará a recibir la declaración que se le dirija, y a remitirla a la Asamblea con los documentos comprobantes que deberá acompañar el reclamante".

"Se ve, pues, que este artículo solo se contrae a las condiciones de elegibilidad, es decir: cuando la persona por quien se vota no tiene las calidades que la ley previene y que, por esto, es tachada. Cosa que absolutamente no concurre en el caso de que se trata; antes, por el contrario, los mismos protestantes confiesan que las personas electas son beneméritas y que no tienen más defecto que no las conocen en aquellos pueblos".

"Por todo lo expuesto, particularmente opino que los licenciados don Atanasio Urrutia y don Manuel Ubico representan legalmente al distrito de Rabinal por donde fueron electos diputados".

"Guatemala, octubre 28 de 1848.-Rivera Paz".

NÚMERO 7.
"La Asamblea".

"Este alto Cuerpo, en sesión de nueve del corriente, no tuvo a bien aprobar el dictamen de la comisión de credenciales en que pedía se declarase nula la elección de diputados, verificada en el distrito de Rabinal, por haber intervenido en ella la autoridad del departamento, ejerciendo actos arbitrarios, despóticos y violentos, bien comprobados en una exposición dirigida a la Asamblea, confirmada y ratificada por la junta electoral del distrito.

Dicha exposición corrió impresa en esta ciudad, y jamás fue contestada, ni menos fueron desmentidos los cargos que contuviese. Este silencio lo tuvo el público por una confesión de los hechos denunciados; luego la comisión pidió bien, pidió en justicia, proponiendo se declarase nula una elección practicada militarmente, y en la que se ejecutaron a mano armada los actos más escandalosos.

¿Y tuvo defensores esta causa?! Los tuvo, sí, y para serlo fingieron creer que los hechos no estaban bien comprobados.

¡Qué mísera es la humanidad! ¡Qué pobre y débil es nuestra raza!

Por mezquinos intereses, por miedo tal vez, por un compromiso de amistad, o por no perder el equilibrio en que nos hemos puesto, ¡cometemos una injusticia, desoyendo nuestra razón y nuestra conciencia!".

Pero volvamos a Rabinal, donde aún nos queda algo que hacer. La Asamblea, al reprobar el dictamen de la comisión, no declaró que fuesen válidas las elecciones. Los Diputados que hicieron la oposición, sostuvieron siempre que los hechos denunciados no se probaban en bastante forma: que los acusadores y declarantes no tenían la imparcialidad necesaria para ser creídos, y que la Asamblea no debía pronunciar su juicio sin poner el negocio en un estado de verdadera claridad.

Esta fue la opinión de los Sres. Licenciados D. José Mariano Rodríguez y D. José María Urruela, y la misma manifestó en el acto apurado de votar el Sr. Dr. D. Mariano Padilla. En este sentido votó también la mayoría de la Asamblea; y, de consiguiente, al reprobar el dictamen, no ha querido legitimar la elección de Rabinal, sino dar un paso de circunspección y justicia, disponiendo que se esclarezcan los hechos denunciados.

"Si, pues, la Asamblea es consecuente con sus votos, si se arregla al espíritu que se manifestó en la discusión, debe acordar los artículos siguientes:

1.° La Secretaría pasará al Gobierno la queja que han dirigido a la Asamblea algunos vecinos de Rabinal, diciendo de nulidad en la elección de Diputados verificada en aquel distrito.

2.° El Gobierno hará instruir una información sobre los hechos que se mencionan en dicha queja, y la remitirá a esta Asamblea para hacer en su vista la declaratoria conveniente".

"Solo así llenará su deber el cuerpo constituyente y solo así podrá satisfacer la opinión pública, interesada en saber si dos Diputados ocupan legítima o ilegítimamente sus asientos. Entre tanto, permanecerá esta gran duda (si es que la ha habido), y nosotros ofrecemos dar al público la resolución que sobre el particular dictare la Asamblea".

Entre tanto, salgamos de Rabinal y pasemos a Tactic, donde también tenemos alguna diligencia que evacuar. Se dice terminantemente en la exposición que corre impresa, que la elección de Tactic se verificó ni más ni menos por los mismos medios, y bajo las mismas reglas establecidas para las de Rabinal; luego tiene los mismos vicios, luego la Asamblea está en la estrecha obligación de averiguarlos; luego la resolución que dicte respecto de las elecciones de Rabinal debe comprender las de Tactic.

Esto es tan claro como la luz del mediodía, tan demostrado como tres y dos son cinco, aunque tan desagradable como una buena dosis de cañafístola.

Mas no se entienda por esto que es nuestro ánimo inclinar a la Asamblea a que de veras tome la resolución indicada. No, señor, no hay nada de esto, y lo dicho no pasa de una observación. Tampoco se crea que queremos poner en duda la legitimidad con que representa el Sr. Diputado de Tactic, pues esto nos haría correr el riesgo de que dejase su asiento; y entonces... ¡Qué frías y desabridas serían nuestras discusiones! ¡El silencio de las tumbas sucedería al calor de los debates, a la elocuencia de la tribuna!

¡Ni cómo privar a nuestra augusta Asamblea de su maestro de ceremonias, y dejar al Presidente la facultad discrecionaria de dar trámite a los negocios sin réplica ni contradicción alguna! Este sería un designio muy poco patriótico, y probaría que lo que se quiere es dejarnos a oscuras, sin guía y sin luz en las grandes deliberaciones públicas, y entregados a una mayoría de Diputados que más parecen testigos de asistencia, que encargados del pueblo para promover su bienestar.

¡Bien haya Tactic! Loado sea el pueblo de Tactic, que al delegar sus poderes, dijo a su apoderado: tú eres la luz del mundo; ilustra y enseña, y ten presente que tu misión no puede quedar reducida, como la de otros, a ver, oír y callar.

Tampoco se tengan nuestras observaciones por indirectas del Padre Cobos para obligar al Diputado de Tactic a renunciar su destino, o pedir él mismo que se esclarezca el hecho de su elección. ¡No, señor! Lo repetimos, no cabe en nuestros pechos tan innoble mira, y lo declaramos con toda franqueza, no solo con el fin de publicar nuestra intención, sino con el de ponernos a cubierto de una lluvia de interpelaciones, con que pudiéramos ser atacados, como sucede a los pobres Ministros del Gobierno cuando tienen la desgracia de presentarse ante la Representación Nacional.

Guatemala, diciembre 10 de 1840.

Por los exponentes que no saben firmar.

Suavis".

NÚMERO 8.

La comisión de constitución cree conveniente y aun necesaria la formación de un consejo de gobierno, adoptando la proposición del Sr. Barrundia, siempre que este Consejo represente a la sociedad en sus elementos más vitales.

Desechamos, por tanto, para su formación, el nombramiento de funcionarios que no son más que los agentes de la administración misma, o el de clases cuyo interés de corporación es por lo regular más fuerte en ellas que el interés general del público.

Queremos, pues, poner en contacto con el Gobierno a las tres grandes fuentes de la producción y de la riqueza, a las clases directamente productoras, al trabajo útil y fecundo que da vida y prosperidad a las naciones, que moraliza al pueblo y engendra costumbres y virtudes republicanas.

No queremos que se represente solo la propiedad, sino el trabajo y la industria que la producen. La propiedad sola puede ser adquirida por casualidad o por medios desaprobados. Pero la condición de agricultores, comerciantes e industriales para intervenir en el

Gobierno, es siempre una base segura, que representa un mérito y la gran mayoría interesante y ventajosa de la sociedad.

Escogemos, pues, entre estas clases precisamente el personal del Consejo del Gobierno. Desearíamos que cada clase nombrara entre sus individuos; pero este pensamiento popular tendrá acaso por ahora dificultades en la práctica. Nosotros lo reservamos para presentarlo en la constitución como elemento de una cámara legislativa. Ponemos su elección en manos del Poder Legislativo. Hacemos a los ministros miembros del Consejo, porque en ellos consideramos representada la inteligencia, y además el interés del Gobierno.

La comisión propone a la Asamblea:

Art. 1.° El Consejo de Gobierno se compondrá de cuatro agricultores, tres comerciantes y dos industriales, nombrados por el Cuerpo Legislativo, acompañado siempre de los Ministros del Gobierno, quienes tendrán también voto igual en sus acuerdos.

Art. 2.° El Cuerpo Legislativo nombrará en tres actos diferentes y con la separación debida, por el modo ordinario de sus elecciones: primero a los cuatro consejeros agricultores, después a los tres comerciantes, y por último, a los dos industriales.

Art. 3.° Para que haya Consejo se necesita la concurrencia de siete miembros por lo menos, incluidos en este número alguno u algunos ministros.

Art. 4.° En la primera sesión, el Consejo elegirá entre sus individuos el Presidente y Secretario.

Art. 5.° El Consejo tendrá precisamente una sesión ordinaria los jueves de cada semana.

Art. 6.° Se reunirá siempre que lo convoque el Gobierno, y cada uno de sus miembros, a excepción de los Ministros, será gratificado con tres pesos por cada sesión a que concurra.

Art. 7.° Corresponde a este Cuerpo aconsejar al Poder Ejecutivo:

1.° Acerca de las dudas que ofrezca la ejecución de las resoluciones del Cuerpo Legislativo.

2.° En los asuntos que provengan de relaciones y tratados con los Estados y con las potencias extranjeras.

3.° En los del gobierno interior de la República.

Art. 8.° El Ejecutivo deberá consultar al Consejo sobre las dudas y dificultades que ofrezca la ejecución de la ley. Debe en este caso conformarse con su dictamen y cesa su responsabilidad.

Art. 9.° Entablará, consultando al Consejo, las negociaciones y tratados con los Estados y Potencias extranjeras; le consultará así mismo sobre los negocios que provengan de estas relaciones; pero en ninguno de los dos casos está obligado a conformarse con su dictamen y es responsable en sus acuerdos.

Art. 10.° Podrá, si le pareciere conveniente, consultar igualmente al Consejo en los negocios graves del gobierno interior de la República y en los de guerra o insurrección, siendo responsable también en sus acuerdos.

Art. 11.° Consultará al Consejo sobre el nombramiento de los jefes principales de la administración y del ejército; pero es libre en su elección. Podrá, con acuerdo del Consejo, deponer a los funcionarios civiles y militares por ineptitud o desobediencia comprobadas a juicio del mismo Consejo.

Sala de comisiones, a 28 de septiembre de 1848.-J. Barrundia.-Molina (P.).-Urruela (J. M.).-Dardón (M.)."

NÚMERO 9.

Art. 1.° Se establece provisionalmente un Consejo consultivo de Gobierno, el cual deberá componerse de los Secretarios del despacho, y de seis individuos más, electos por los tres poderes reunidos en la Asamblea. Al efecto, votarán incorporados con los Diputados, los Ministros del Gobierno y los Magistrados de la Corte de Justicia.

Art. 2.° Para ser Consejero se requieren las calidades siguientes:

1.° Ser ciudadano en el ejercicio de sus derechos.

2.° Mayor de treinta años.

3.° Notoria moralidad y buen concepto público.

Art. 3.° Los Consejeros permanecerán en sus funciones mientras dure su buena conducta, o no se emita algún decreto legislativo que altere la organización del Consejo.

Art. 4.° Para que haya Consejo se necesita la concurrencia, por lo menos, de cinco de sus miembros; y en la primera sesión elegirán un Presidente y un Secretario; debiendo reunirse todas las veces que el Gobierno lo convoque.

Art. 5.° Corresponde a este Cuerpo:

1.° Aconsejar al Poder Ejecutivo acerca de las dudas que ofrezca la ejecución de las leyes y resoluciones del Cuerpo Legislativo.

2.° En los asuntos que provengan de relaciones exteriores con las potencias extranjeras, y tratados con los Estados de la antigua federación.

3.° En los del gobierno interior de la República.

4.° En todos los negocios graves de interés público en que sea consultado.

Art. 6.° Los individuos que componen el Consejo consultivo serán responsables de mancomún con el Presidente de la República, por los votos que emitieren en las deliberaciones, y con cuyo parecer se conformare el Gobierno.

Art. 7.° El Gobierno deberá pedir dictamen al Consejo sobre las dudas y dificultades que ofrezca la ejecución de la ley; sobre las negociaciones y tratados con los Estados y potencias extranjeras; sobre los negocios que provengan de estas relaciones; y sobre el nombramiento de los jefes de la administración y del ejército.

Art. 8.° Con acuerdo del Consejo, podrá el Gobierno deponer a los empleados civiles y militares, de su nombramiento, sin perjuicio de lo que haya lugar conforme a las leyes.

Art. 9.° La remoción de los Consejeros corresponde a la Asamblea, o en su receso a la comisión permanente de la misma; pero a virtud de iniciativa del Gobierno.

Art. 10.° También corresponde a la comisión permanente, en receso de la Asamblea, hacer el nombramiento de alguno o algunos miembros del Consejo, que sea necesario reponer, concurriendo a la elección los mismos poderes de que habla el artículo 1.°

Pase al Gobierno para su publicación y cumplimiento.

Dado en el salón de sesiones, en Guatemala, a veintiséis de octubre de mil ochocientos cuarenta y ocho.-José Bernardo Escobar, Presidente.-Francisco Albúrez, Srio.-Manuel Pineda de Mont, Srio.

NÚMERO 10.

Art. 1.° Se suspenden los efectos del decreto de elecciones para Presidente de la República (de 26 de septiembre), hasta el domingo 3 de diciembre próximo venidero, que comenzarán a verificarse, según lo prevenido en la citada ley.

Art. 2.° En los Distritos en que se haya comenzado la inscripción, se continuará hasta concluir los registros con arreglo al decreto de 26 de septiembre último.

Art. 3.° En los Distritos donde haya principiado la elección, continuará hasta el término que previene la misma ley, y la junta mantendrá en depósito los votos para remitirlos a su tiempo.

Art. 4.° En los Distritos de los Altos, y en cualquiera otro donde no se hayan comenzado las inscripciones, se comenzarán el último domingo del próximo entrante noviembre, y se cerrarán el 2 de diciembre inmediato.

Art. 5.° Todos los términos que fija la ley dicha de 26 de septiembre, que no estén variados en la presente, se prorrogan en proporción a lo que queda dispuesto en el artículo 1.°

Pase al Gobierno para su publicación y cumplimiento.

Dado en el salón de sesiones en Guatemala, a treinta y uno de octubre de mil ochocientos cuarenta y ocho.-José Bernardo Escobar, Presidente.-Francisco Alburéz, Secretario.-José Gándara, Secretario.

NÚMERO 11.

Jacinto Alegría, Secretario de la Municipalidad de la Ciudad de Quezaltenango.

Certifico: que en el libro de actas de la misma Corporación se halla a fojas treinta y tres la que literalmente copio.-Sesión extraordinaria del sábado veinte y seis de agosto del año de 1848, a que concurrieron los Señores Municipales que al margen se expresan.

Reunida extraordinariamente esta Corporación con el objeto de felicitar al Vicepresidente Sr. D. Vicente Cruz, de poner en su conocimiento la representación de que habla el acta anterior y la opinión general de estos pueblos y de este vecindario, pronunciada por la libertad e independencia de los Departamentos de los Altos, del Gobierno de Guatemala; presidida por el mismo Señor Vicepresidente; rodeada de un numeroso concurso, y después de una larga reminiscencia y discusión, considerando:

Primero: que los Departamentos de los Altos, teniendo el número de habitantes y demás elementos prevenidos por el artículo 198 de la ley fundamental de la República de Centroamérica, se erigieron en un nuevo Estado de la misma República por decreto de 15 de junio de 1838 del Congreso Federal.

Segundo: que este respetable Cuerpo tenía facultades para declararlo así, y su declaratoria, además de ser una ley para los Estados de la Unión Centroamericana, fue por sus Asambleas aprobada expresamente.

Tercero: que erigido esto en nuevo Estado, no solo fue reconocido por el de Guatemala, sino que este solicitó y recibió su auxilio en tal concepto, para sofocar la facción de Carrera.

Cuarto: que por otra parte, y además del reconocimiento expresado de los demás Estados, se celebraron entre este de los Altos y el del Salvador, tratados de alianza.

Quinto: que Carrera, con infracción de los tratados celebrados con el General del Estado de los Altos, auxiliar del de Guatemala, aprobado por el Presidente de la República, y del mismo Estado de Guatemala, ocupó la Capital de este, y mientras el Gobierno establecido por él mantenía con el de este Estado relaciones fraternales, el expresado General Carrera, sin autorización alguna legal, ocupó militarmente estos Departamentos, y bajo el poder de las bayonetas y de la conmoción de algunos pueblos de indígenas, seducidos con promesas bárbaras y atentatorias a todos los principios de la asociación civil, los reincorporó a Guatemala.

Sexto: que esta violenta reincorporación de hecho, sostenida después constantemente por la fuerza, no pudo producir efecto alguno moral, ni considerarse legalizada por un tácito asentimiento, ni ha sido reconocida por Gobierno alguno, por cuyas poderosas consideraciones, la última Asamblea de Guatemala no se consideró facultada más que para conceptuarlos como acogidos a su protección.

Séptimo: que tal reincorporación fue un efecto de la fuerza y del terror, y que la única autoridad competente para derogarla, la precitada ley de 1838 sería, cuando hubiesen justos motivos que lo demandaran, una Asamblea Nacional, pues un hecho de armas arbitrario y bárbaro no ha podido dar derecho alguno.

Octavo: que habiendo desaparecido Carrera; esto es, el hombre que de hecho mantenía en la opresión a estos Departamentos, bajo un sistema de sangre y barbarismo; por el mismo hecho han quedado repuestos en el libre ejercicio de su soberanía e independencia.

Noveno: que habiéndose constituido ahora últimamente en Guatemala un Gobierno de leyes, este, por su naturaleza, está comprometido a respetar las que sostienen este Estado.

Décimo: que las fuerzas de las montañas que han hecho desaparecer al predicho General Carrera, han proclamado por medio de su General Don Francisco Carrillo la libertad de estos pueblos, y en su consecuencia salió el General Don Serapio Cruz con una División que ocupó esta Comandancia General el 9 del próximo pasado julio y autorizó los pronunciamientos que hicieron, como por extenso se comunicará a los pueblos de todos los Estados por medio de un manifiesto, en que además se desarrollarán los principios insinuados en esta acta.

Undécimo: que la división de los partidos en la Capital de Guatemala sería trascendental a estos Departamentos, y siendo uno entre los otros motivos que sostienen la guerra de las montañas sobre aquella Capital, la libertad de estos pueblos, proclamándola se concurriría a la terminación de tan sangrientas como dilatadas hostilidades.

Duodécimo: que el Sr. General de Brigada Don Vicente Cruz, ofrece además interponer su mediación respetable y buenos oficios, a fin de que se reconozcan los principios de justicia que quedan enunciados.

Decimotercio; y finalmente: que la opinión universal de estos pueblos, pronunciada abiertamente y fundada en principios de eterna justicia, como las leyes que de ella dimanan; se acuerda:

1.° Esta Municipalidad proclama solemnemente la reorganización del Estado de los Altos, y su restablecimiento al ser que tenía en el año de mil ochocientos treinta y nueve, en que desaparecieron sus Autoridades por la invasión que se ha indicado; ratificando a mayor abundamiento los pronunciamientos de los años de mil ochocientos cuarenta, y diez de julio próximo pasado.

2.° Que a efecto de que los demás Departamentos manifiesten sus sentimientos francamente en orden a la reposición proclamada del Estado, se les transmita sin dilación copia de la presente acta, recomendándoles la urgencia de que, por medio de los Comisionados que corresponden, nombren las Municipalidades de las Cabeceras, y concurran al nombramiento del Gobierno Provisional que debe elegirse sin pérdida de tiempo.

3.º Que igualmente se transcriba esta acta al Señor Corregidor Mariscal de Campo Don Francisco Cáscara, quien hasta el día ha gobernado este Departamento con el tino y prudencia que le es característica y que reconoce la Municipalidad, tributándole en consecuencia las más expresivas gracias.

4.º Que al Señor General de Brigada Don Vicente Cruz, por su generosa y patriótica mediación, se le manifieste la gratitud de todo este vecindario y presente Corporación, sin perjuicio de hacer presente oportunamente sus servicios al Gobierno que se restablezca, a fin de que su nombre se inscriba entre los Padres de nuestra libertad.

5.º Que de la misma manera se reconozcan los nombres de las demás personas ilustres que se han servido cooperar a nuestra causa, bajo cuya protección se ha hecho este pronunciamiento.

6.º y último. Que se transmita para su conocimiento al Gobierno de Guatemala la presente acta por los Comisionados que al efecto nombre la Junta de estos Departamentos.

Con lo que se suspendió la sesión y firmaron.

Dionisio Gálvez.-Marcos Valenzuela.-José Gabriel Sáenz.-Manuel José Ayau.-José Peláez.-Bernardino Herrarte.-José María Mancilla.-Mariano Fuentes.-Pascual Anguiano.-Jacinto Alegría, Secretario.

Y a efecto de dirigirla al Supremo Gobierno de Guatemala, conforme está mandado, extiendo la presente en la Ciudad de Quezaltenango, a veinte y seis de agosto de mil ochocientos cuarenta y ocho.

Jacinto Alegría.

NÚMERO 12.

En el acuerdo tenido ayer sobre el asunto de la separación de los Altos, me he separado con el mayor disgusto de la opinión de mis dignos compañeros. Mi voto ha sido diferente, pero mi sumisión y mi respeto a los derechos de la Asamblea serán siempre decididos.

Quiero, pues, consignar mi pensamiento sobre tan grave asunto en breves términos.

Los Altos formaron un sexto Estado en la federación centroamericana. El Congreso lo estableció, la Asamblea de Guatemala lo aprobó, los demás Estados lo reconocieron. Las fuerzas de Carrera lo invadieron después. Por dos ocasiones, un rastro de sangre inocente y libre marcó la destrucción de su gobierno; una persecución a muerte fue luego el estado normal de su administración. Un miserable departamento bajo el régimen militar, con un corregidor absoluto, multitud de ciudadanos prófugos y expatriados, fue después la suerte y la organización de los Altos.

¿Haremos nosotros ahora la guerra a estas poblaciones desgraciadas que lanzan un grito de libertad acaso desarreglado e importuno? ¿No presentan los principios de un gobierno representativo los medios eficaces de reorganizar un país sin ocurrir a la violencia y a la fuerza?

Creo que no debe el gobierno libre de Guatemala seguir la senda de tinieblas y de fango que le ha precedido.

¿A qué conduciría la guerra? A provocar una resistencia obstinada, a uniformar en los Altos una voluntad de separación que probablemente no existe, a mantener unido a nuestro cuerpo social un miembro ya gangrenado por el despotismo, y por una curación desatinada y violenta con el uso vicioso de la fuerza.

¿Y estamos seguros de tener siempre allí una fuerza que comprima la elasticidad constante y siempre renaciente del pueblo que lucha contra la violencia? ¿Cuáles son las ventajas que resultarían a Guatemala de un departamento populoso siempre hostil a su gobierno?

Mantenernos en un estado de guerra; aniquilar nuestras rentas, nuestra agricultura, nuestros recursos. Vejar y destruir las poblaciones, volver a un régimen militar, y alejar tal vez por otros diez años o por veinte el aura de libertad que comenzamos a respirar.

La guerra, además, se complicaría con la de la montaña. Daría también apoyo y tal vez suscitaría la reacción del mando opresor.

La causa de los Altos presentaría acaso un foco de acción hostil sobre nuestro gobierno, donde obrasen los montañeses refractarios al orden y a la pacificación, donde se desplegasen ambiciones insensatas y hombres que pretenden revestirse de un nuevo despotismo y gobernar como herederos de Carrera.

El centro y la circunferencia de la República se agitarían, trastornándose las leyes, los principios y la libertad."

Apelamos, pues, en tales conflictos, al principio social, al principio republicano. Consultemos la voluntad pública por el medio representativo, no la prevengamos ni la sofoquemos por medidas arbitrarias o violentas.

Propongo, pues, se diga al gobierno de los Altos:

1.° Que la Asamblea Constituyente espera se establezca una convención representativa, elegida libremente por todos los pueblos de los Altos, compuesta y formada por el mismo reglamento y con el mismo número de representantes que le tocaron para su representación en esta Asamblea. Que sea instalada en un punto donde obre sin influencias, como por ejemplo, en la ciudad de Totonicapam, sin la intervención de ninguna fuerza armada, y mucho menos de la de las partidas de los montañeses que se han sustraído a la pacificación.

Que se proclame antes al pueblo que va a elegir representantes, precisa y únicamente para que declaren si conviene o no a los Altos la separación de la república de Guatemala.

Que esta convención deliberará libre y tranquila sobre los elementos y capacidad de los Altos para establecer su independencia absoluta, considerando al mismo tiempo que, no habiendo actualmente un gobierno nacional que proteja y regularice a la federación, los Estados son ahora verdaderamente naciones y deben tener toda la capacidad de tales.

2.° Que nuestro gobierno mande a esta convención dos comisionados que lo representen y asistan a sus discusiones, competentemente instruidos para exponer los graves motivos que hay para mantener la unidad e integridad de nuestra república; las ventajas y fuerza que resultan a los mismos Altos y a los demás departamentos de Guatemala de su asociación en un mismo gobierno, libre, justo y grande; y, por otra parte, las dificultades y embarazos inmensos unidos a la falta de elementos en población y en riqueza en que se hallan los Altos, agravada en mucho por diez años de un mal gobierno; agregando a estas otras razones fuertes que deben hacerse presentes a la convención para ilustrar tan importante y vital acuerdo.

3.° Que si a pesar de la exposición hecha por los comisionados de nuestro gobierno, la convención de los Altos, libre y regularmente establecida, declarase su erección de Estado por más de tres cuartas partes de votos, nuestro gobierno reconocerá su independencia bajo la condición de que los Altos reputarán por enemigos propios a los que lo fueren de la república de Guatemala; no abrigarán en su seno las partidas rebeldes que nos hostilicen, y antes bien, darán los auxilios que pudieren prestar a nuestro gobierno.

4.° Que entretanto se determine este negocio de la manera dicha, los Altos harán concurrir a sus diputados electos a esta Asamblea, junto con los cuales se acordarán los demás puntos y materias que pueden ocurrir sobre este asunto, cooperando al mismo tiempo con los demás representantes de la Asamblea a la regeneración del país.

5.° Que el gobierno dé cuenta a la Asamblea Constituyente de todos sus procedimientos en este negocio, y de su resultado, para el conocimiento y aprobación o ratificación del cuerpo legislativo.

Tal es y ha sido mi opinión en esta materia, en que fluctuó tanto tiempo la resolución de la Asamblea.

Yo repito a los representantes del pueblo, que aunque con un pensamiento diferente, me someto y respeto gustoso sus acuerdos."

Guatemala, 18 de septiembre de 1848.

J. Barrundia.

NÚMERO 13.

A. C.- En la sesión pública de ayer, al discutirse el cuarto dictamen de la comisión especial, relativa a los movimientos de los pueblos de los Altos, he votado contra él por razones que creí debía exponer, con buena fe y sinceridad, y con la mira de que se acelerase la cuestión, según vi el estado de nuestras cosas.

La Asamblea tuvo a bien aprobar el dictamen de la comisión, cuyo resultado había de ser llevar la guerra a aquellos departamentos.

Yo respeto, como todos debemos respetar, el acuerdo de la mayoría que forma Asamblea, porque creo que esto es lo legal.

Pero así mismo creo deber exponer las razones en que fundé mi voto, para que no se haga uso de la fuerza material de las armas; y son las siguientes:

Pienso que los departamentos de los Altos formaban Estado, porque el Congreso General de Centroamérica, en ejercicio de la facultad que le concedía el título 14 de la Constitución federal, pudo hacerlo, como lo hizo, por su decreto de 3 de junio de 1838, el cual fue comunicado a todos los Estados de la federación: fue obedecido por ellos, y cumplido por los Altos, organizando su administración interior, como los demás de Centroamérica.

Vi que los diputados del Estado de Guatemala en el Congreso federal, el año citado, hicieron la proposición para que se erigieran en Estado los departamentos de los Altos, y la firmaron el 20 de abril; que discutido el dictamen de la respectiva comisión (el 1.° de junio), de toda conformidad con la proposición, fue suscrita por el Sr. José Basilio Porras, guatemalteco, y fue aprobada por diez diputados guatemaltecos, según aparece de la votación nominal que corre impresa desde el año citado de 838.

Y vi entre los diputados que votaron por la separación de los Altos y su erección en Estado, los nombres de los Sres. Presbítero Dr. D. Juan J. Aycinena, D. Basilio Porras, D. Rafael Arévalo, actual individuo de la municipalidad de esta capital, D. Juan Bautista Flores, D. Manuel Arango y otros, que pudieran ser sindicados de poco adictos a la causa de Guatemala.

Vi que la administración pública de Guatemala reconoció en todo el año de 1838 el nuevo Estado de los Altos, y le pidió auxilios para defender a esta capital, y que aquel gobierno los facilitó por dos veces.

Cambiada aquí la administración pública el 13 de abril de 1839, también reconoció la soberanía de aquel Estado: la Asamblea Constituyente expidió muchos decretos en este sentido, tales como el número 32 de 8 de agosto de aquel año sobre exención de derechos a las manufacturas de lana de los Altos; el núm. 43 de 9 de septiembre sobre división del territorio de Guatemala en siete departamentos.

Posteriormente, el gobierno del Estado de Guatemala celebró con el de los Altos, por medio de comisionados, un tratado solemne en 18 de diciembre del propio año de 839, el cual fue ratificado el 23 del mismo mes por el Sr. Presidente D. Mariano Rivera Paz.

Consideré que aunque en febrero de 840 fueron aquellos pueblos reincorporados a estos, fue a consecuencia de una guerra y sus infortunios, que por ser tan notorios omito especificarlos; que aunque este gobierno los tomó bajo su protección por decreto de 26 de febrero de aquel año, y ratificado por otro de la Asamblea de 13 de agosto siguiente, dejó su decisión a la autoridad a que correspondiese, porque en aquella época se trataba con calor de reunir una convención nacional; y esto prueba que aquella Asamblea no se consideró con autoridad competente para decidir."**

"Otra de las razones que creí tener para votar contra el dictamen de la comisión, y que no se haga uso del rigor de las armas, es porque constantemente oigo repetir que la fuerza no da derecho, y que ya pasó el siglo de las conquistas; porque esta misma Asamblea, apenas hace doce días que declaró no ser justo hacer la guerra a los pueblos de los Altos, en vista de las sólidas razones que en una de las discusiones expuso el Sr. diputado D. José Mariano Rodríguez, y que entonces apoyaron otros Sres.; y porque estando así acordado, no podía proponerse lo contrario sin quebrantar el art. 38 del reglamento interior.

Yo respeto y siempre he respetado la opinión de los Sres. diputados que la tienen contraria a la mía, porque profeso el principio de la tolerancia, pues tengo la fortuna de no suponer infalible la que he adoptado: mayormente cuando oigo hablar a hombres que, por su sabiduría, su edad y su crédito, merecen consideración.

Por eso, cuando he tomado la palabra, las pocas veces que lo hago por necesidad, para exponer mi sentir, he cuidado de no usar nunca de términos acres, ni jocosidades poco dignas de producirse en un cuerpo legislativo.

Reconozco la buena intención de los Sres. diputados que aprobaron el dictamen, porque sé que ninguno hay que no quiera el bien de su patria y el acierto en las deliberaciones; pero unos lo buscan por un camino, y otros por otro distinto, como los que impugnamos ayer el dictamen de la comisión, y votamos contra él.

Creo equivocadamente que la medida dicha va a producir el efecto contrario del que, con tan buenas intenciones, se propusieron sus autores, como sucede casi siempre en política, según ha enseñado la experiencia.

Porque sancionando ahora la regla de hacer uso de la fuerza material en lugar de la razón, hay el peligro de que, cuando en los otros Estados haya una administración hostil, pues no podemos asegurar que siempre hemos de tener la garantía que nos dan hoy sus gobernadores, pudieran querer aprovecharse de estas máximas políticas para dañarnos y esclavizarnos.

Así, pues, el recelo de que no llegue este caso, y porque no quiero el mal de mi patria; porque soy guatemalteco y no quiero que se aumente el pretexto de odiosidad contra Guatemala, no he aprobado el dictamen de la comisión.

También tuve presente el estado de la opinión pública, manifestada en el particular, por el departamento de Chiquimula, por los pueblos de la montaña y por otros de Centroamérica, para meditar sus consecuencias.

Sobre todo, consideré que físicamente no es posible, en las actuales circunstancias, emprender una nueva guerra contra los pueblos de los Altos, no estando todavía apagada la de las montañas ni la de Verapaz, como es notorio, y que no sería remoto que se complicase más y más la crítica situación de Guatemala.

Por tanto, y creyendo, como de buena fe creo, que la paz con todos los pueblos es útil a Guatemala, y que por el contrario, querer llevar la guerra a los Altos va a producir solo males a Guatemala; he votado contra el dictamen.

Guatemala, septiembre 20 de 1848.

Manuel Pineda de Mont.

NÚMERO 14.
Señor Ministro de Gobernación del Supremo Gobierno de la República.

Panajachel, octubre 21 de 1848.

A consecuencia de la revolución hube de suspender mis comunicaciones con los que fungen como jefes de estos departamentos, por haberme persuadido de su obstinación invencible en sostener los actos desaprobados altamente por la Asamblea Constituyente de la República; el señor general don Mariano Paredes dispuso marchar sin más demoras sobre los rebeldes, y al efecto se levantó el campo de Patzum a Tepán el 19 del que corre, según hemos tenido el honor de ponerlo en conocimiento del Supremo Gobierno, desarrollando los motivos que hacían urgente la cesación de un estado de cosas de que ningún bien se podía esperar y sí el aumento de riesgos para la República.

Con la satisfacción de haberse dignado el Supremo Gobierno aprobar nuestra conducta, en el oficio que Ud. se sirvió dirigirme con fecha 18, el cual recibí hasta las 11 de la noche del 19, nos pusimos en marcha el 20 por un camino de travesía que llaman del Sucúm, y llegamos, después de haber andado todo el día de seis a siete leguas por un terreno muy quebrado, a situarnos sobre unas lomas que dominan a Godines y a San Andrés, y distan de aquel punto una legua y media y de éste como tres cuartos de legua.

Las fuerzas de los rebeldes no tuvieron presente aquella entrada o no le dieron la importancia que merece, puesto que no la cubrieron ni aumentaron los obstáculos que por sí sola opone la naturaleza. También parece que se engañaron respecto al camino que el ejército del Supremo Gobierno se proponía seguir, motivo que el señor general tuvo presente para preferirlo, después de haber dirigido un derrotero a Santo Tomás Chichicastenango.

El infrascripto, fiel a su misión de paz, quiso dar nueva prueba de generosidad y franqueza, y proporcionar a los jefes situados en la frontera otra ocasión de entrar en un arreglo, y dirigió al señor Gertrudis Robles, de acuerdo con el señor general Paredes, un oficio (de que oportunamente dirigiré copia a ese Ministerio) en que le comunicaba que el ejército se movía, no a tiranizar a los pueblos de los Altos, sino a impartir la eficaz protección del Supremo Gobierno a los que la habían reclamado.

Habiendo llegado al caer de la tarde a las indicadas cumbres, el señor general dispuso pasar en ellas la noche, aunque no prestan el menor abrigo y hay un frío rigoroso; y el día de hoy, al salir el sol, el ejército se puso en marcha para San Andrés. El señor general le dirigió una arenga breve y enérgica que fue recibida con el mayor entusiasmo y contestada con repetidos gritos de "¡Viva la República de Guatemala!", "¡Viva el general Paredes!".

Bajamos de la sierra más elevada en que nos hallábamos por una vereda casi intransitable a unas lomas que todavía dominan hacia el oriente de dicho pueblo. Se vieron entonces venir tropas por el camino, también dominado, de Godines a la plaza amenazada, y moverse las fuerzas en esta y en los campos adyacentes, preparándose al combate.

Entretanto, el ejército del Supremo Gobierno acabó de bajar, dejando cubierta la retaguardia, y se formó en orden de batalla dividido en tres secciones: vanguardia, centro y reserva; recibiendo la hermosa orden general de "muerte a los cobardes si los hubiera en nuestras filas, y piedad al vencido".

A las nueve y media todo estaba dispuesto y las avanzadas de una y otra parte se hablaban perfectamente; se oyeron muchos gritos y expresiones insultantes y de amenaza dados por las tropas de San Andrés: nuestra banda tocó varias piezas en el borde de la loma, cuyas faldas terminan a la orilla de aquel pueblo, y la tropa toda victoreaba al general Paredes y al intrépido batallón número 1.°, que formaba la vanguardia.

Convine en estos momentos con el digno señor general en hacer la última intimación a las tropas contrarias, para que en obsequio de la humanidad y con vista de la superioridad de nuestras fuerzas, se sometiesen a las disposiciones del Supremo Gobierno, ofreciéndoles garantías en su nombre.

Se ponía en el campo la correspondiente comunicación, cuando noté que el señor general, acercándose por la loma, provocaba verbalmente un arreglo con el señor comandante quezalteco don Gertrudis Robles.

Reunido con el señor general, determinamos mandar un oficial, acompañado de un corneta, para que arreglase el lugar en que se pudiese tener una conferencia, y seguirlo desde luego, para inspirar confianza al jefe de los quezaltecos y a un señor oficial que lo acompañaba, los cuales también se aproximaron, de manera que al reunirse a ellos nuestro parlamentario, nos encontrábamos tan cerca, que sin esperar la respuesta llegamos a donde estaban y regresó nuestro oficial.

Más de media hora conferenciamos en tono amistoso, aunque no sin alguna exaltación de una y otra parte, habiéndose reunido a nosotros el representante comisionado señor licenciado don Manuel Zerón; y como el señor Robles exigiese por condición sine qua non para entrar en cualquier arreglo, el reconocimiento de la independencia del Estado de los Altos, y que nuestras tropas evacuasen previamente el territorio, que decía violado; tuvimos el sentimiento de separarnos sin poder convenir en nada, protestando sí que procuraríamos disminuir los males de la guerra a que se nos compele; y que, estando libres de toda enemistad o resentimiento personal, no permitiremos venganzas ni atentados contrarios a las leyes cuyo imperio procuramos restablecer.

Así perdimos del todo nuestra esperanza de obtener una paz justa sin derramamiento de sangre. Se nos puso por alternativa el deshonor y la infamia o la guerra, y nuestra elección no podía ser dudosa: regresamos al campo conmovidos profundamente y compadeciendo la ceguedad de los pronunciados de Quezaltenango; pero resueltos a entregarnos a la suerte de las armas, sin sufrir nuevas dilaciones.

El señor general dio sus últimas órdenes, y se comenzó el ataque a las once y diez minutos de la mañana. La intrepidez de nuestros soldados no dio lugar a un momento de indecisión, y antes de media hora de un fuego bastante bien sostenido por los de San Andrés, estaba tomada la plaza y los rebeldes, completamente derrotados, huían en todas direcciones; pero la mayor parte hacia este pueblo, en cuyo camino tenían situado un escuadrón, que se puso en fuga desordenadamente, aún antes de combatir.

Nuestra caballería los persiguió con el batallón número 1.º hasta esta plaza, bajo las órdenes del señor general en jefe de la división, quien da el parte detallado que corresponde de la acción y sus resultados; por lo que me abstengo yo de entrar en pormenores que no me competen.

No obstante, debo comunicar a Ud. que se han tomado papeles interesantes, por los cuales consta de un pronunciamiento contra el Estado y en favor de Guatemala, verificado en el Departamento de Huehuetenango, el cual se sostuvo contra una fuerza de 25 hombres que el llamado Gobierno Provisorio mandó a sofocarlo; y que han marchado el día de ayer con el mismo objeto 125 hombres a las órdenes del señor Mariano Fernández Durán, quien se dice mayor general. Contienen también dichos papeles otras varias especies dignas de comunicarse; mas la premura del tiempo no me lo permite ahora, y tan luego como fuere posible, cuidaré de remitir a Ud. copias certificadas de todos, pues considero necesario conservarlos para arreglar mi conducta en estos pueblos a los datos que suministran.

También es de mi deber elevar al conocimiento del Supremo Gobierno que he visto con satisfacción la bravura incomparable de nuestros soldados, y la manera con que los señores jefes y oficiales del ejército han sabido cumplir con sus respectivas obligaciones.

Pero la conducta digna, enérgica y humana del señor comandante general don Mariano Paredes y la calma con que dictó sus disposiciones acertadas, reclaman de mí una mención muy particular; y que lo recomiende a la consideración del Supremo Gobierno de la República, como uno de sus jefes más justamente acreditados, en quien siempre encontrará un firme apoyo la causa de la verdadera libertad.

Esta brillante victoria, más sensible por la muerte de personas que hubieran podido ser útiles al país, me ha hecho ver de cerca los estragos de la guerra y confirmado en el propósito de hacer todo lo posible para evitarlos, conforme a las instrucciones del Supremo Gobierno.

Sírvase Ud., señor Ministro, elevar las expresiones de mi respeto al señor Presidente y aceptar las del muy particular aprecio y consideración de su más atento S. S.

Luis Molina.

NÚMERO 15.

Comandancia general del ejército expedicionario del ejército de los Altos.

Señor Comandante General del ejército de la República.

Panajachel, octubre 22 de 1848.

Desde que el señor Ministro de Relaciones Exteriores, encargado por el Supremo Gobierno para corregir por medios pacíficos y suaves la disidencia de algunos quezaltecos que apareció el 26 de agosto último, llegó a Patzum, en donde me hallaba a la sazón con la tropa de mi mando; desde entonces se afanó y esforzó por llenar su misión; pero aun en las primeras contestaciones que tuvo, se percibió que esto no sería posible, lo que cada día se hacía más y más patente.

Agotados, en fin, todos los medios pacíficos de volver al orden a los pronunciados en Quezaltenango, de acuerdo con el señor Ministro, de conformidad con mis instrucciones y autorizado por la nota que el

Supremo Gobierno dirigió al mismo señor Ministro con fecha 18 del actual, determiné levantar el campo del prenotado pueblo de Patzum, para internarme en los Altos y penetrar a Quezaltenango.

Después de meditar la ruta que debiera seguir con todo el detenimiento y circunspección que por su importancia merecía el asunto, me decidí por la de Sucúm, en razón de que no estaba tan vigilada como las otras, y de que no había sido cortada ni fortificada; y el 19 del actual emprendí mi marcha; el 20 pernocté en cumbres de San Andrés, en cuyo pueblo estaba situado el cuartel general de los quezaltecos; y ayer 21 a las 8 de la mañana avisté al enemigo que permanecía en tal punto, y que se aprestaba a la batalla: continuamente y a mi presencia, afluían tropas que sin duda habrían estado destacadas en otros parajes, hasta completar el número de 600 hombres entre caballería e infantería: en esos momentos estaban tan próximas ambas fuerzas, que las voces de "¡Janna!" eran percibidas con distinción por la otra.

Por insinuación del Sr. Ministro, provoqué una conferencia con el Sr. Gertrudis Robles, General de la división enemiga, la que se verificó con la concurrencia del Sr. Ministro; pero fueron vanos todos los argumentos, todos los razonamientos y esfuerzos que hicimos por disuadir a dicho jefe de su temeraria y caprichosa empresa: siempre insistía éste en que no tenía facultades para tratar, que no convendría en que se aguardase un comisionado de su llamado Gobierno, si mis fuerzas no retrocedían desde luego, hasta desocupar el territorio de los Altos; y no pudiendo consentir en esa condición tan degradante y peligrosa para nuestra causa, cerramos la conferencia y volví a mi campo.

Ocupaba yo una loma, y en el llano que está en su base me aguardaba el enemigo. Cubrí la retaguardia, desplegué guerrillas por ambos costados, y por el centro hice descender una columna: principió el fuego que muy pronto cundió por todas partes y en todas ellas se hacía viva la acción. Pero mis soldados, que sin detenerse y sin titubear un momento avanzaban con notable arreglo y con una decisión digna de citarse, y que hacían tiros con tanta asiduidad como certeza, desconcertaron en un cuarto de hora al enemigo: se retiraron de él algunas guerrillas; la primera, al ataque del Capitán señor José María Rivera: comenzó su dispersión y en seguida quedó consumada su derrota, y huyó despavorida por el rumbo de este pueblo y de Concepción.

El fuego de San Andrés dilató media hora. Quedaron muertos de parte del enemigo, el Comandante General señor Gertrudis Robles; el señor Rafael Latorre, miembro del Gobierno provisorio de los Altos; el Presbítero don Vicente de León; los oficiales señores Diego Ariza, Diego Juárez, Margarito Arango y Ciriaco González; tres sargentos; cuarenta soldados; un clarín y un tambor; y además como veinte dispersos que se están ahora recogiendo.

Se hicieron prisioneros treinta y dos soldados y dos oficiales; y se avanzaron cuarenta y nueve fusiles útiles, doce inútiles, cuarenta y seis lanzas, veinte bayonetas, veintiocho cartucheras, un zurrón, piedras de chispa, cuatro cajas de parque, cinco morriones, una bandera nacional, veinticinco caballos, veinticinco monturas, igual número de bridas, doce cañones de fusil colocados sobre un cuadro de madera, con diferentes oídos dispuestos de tal manera, que pudieran dispararse a un tiempo, y una escopeta.

De nuestra parte fue muerto un tambor y herido el oficial señor Felipe Gómez, un sargento 2.º del primer Batallón, un soldado del mismo y otro del tercero.

En la acción, los prisioneros fueron respetados y se han tratado hasta hoy con todas las consideraciones que se le deben a un vencido. La batalla se ensangrentó en los momentos de la lucha, y no en la persecución a los derrotados, como que casi todos los muertos quedaron en el pueblo de San Andrés.

Todos los señores jefes, oficiales y soldados que me acompañaron y lidiaron ayer, son muy dignos del aprecio y distinción del Supremo Gobierno, por su sufrimiento, su valor, su disciplina y generosidad, que son las virtudes que pueden desearse en un militar.

Ayer llegué a esta población, inmediatamente después de la derrota; y hoy salgo de ella, con dirección a Quezaltenango.

Sírvase U. S. admitir los sinceros votos del aprecio con que tengo el honor de repetirme su atento S. S.

Mariano Paredes.

NÚMERO 16.

A. C.- Habiéndose determinado en la última sesión que se suspendiera el decreto de elección de Presidente, y tomándose por uno de los principales motivos en la discusión, la ocupación de los Altos por las fuerzas del Gobierno; pudiera interpretarse acaso que la intención de la Asamblea era que aún continuasen los Altos bajo un régimen excepcional y represivo, y que no convenía restablecer en aquellos pueblos el derecho electivo hasta asegurar mejor su sumisión a la República.

Y como el Gobierno consultase sobre esta materia, indicando la posibilidad de que entraran al uso de este alto derecho, y la contestación debe ser la suspensión del decreto, lo cual pudiera indicar desconfianza de la posición actual de los Altos, y prolongar en ellos los males de una ocupación militar y de un régimen de represión, que en un Gobierno libre debe cesar lo más pronto posible.

Por el honor de la República y para hacer patentes la generosidad y liberalidad de sus principios, propongo: que en la contestación al Gobierno sobre la referida consulta se agregue:

1.° Que deben ser puestos en libertad todos los prisioneros que se hayan hecho en la acción de San Andrés y en la persecución de sus tropas o en la ocupación de cualquier punto de los Altos.

2.° Que la República cubre con un velo la disidencia de sus hijos y los llama a su seno a gozar todos igualmente de sus derechos individuales y públicos. Y en consecuencia, cesa todo procedimiento por hechos y opiniones políticas y una libertad y seguridad general es ofrecida a todos en una patria común para calmar los males de la guerra.

3.° Que sean llamados a la Asamblea Constituyente todos los representantes que fueron electos y aprobadas sus credenciales, mandándose hacer de nuevo las de los diputados que faltaren por muerte o imposibilidad física. Asegurándoles que la Asamblea Constituyente prestará la mayor consideración a sus proposiciones relativas a la organización o mejoras de los pueblos sus comitentes.

4.° Que ninguno de estos artículos puede hacerse extensivo a las personas que en los Altos alteren en lo de adelante el orden establecido o hayan cometido delitos comunes.

Guatemala, octubre 30 de 1848.-J. Barrundia.-S.P.O. octubre 30 de 1848.-A la comisión de Gobernación.-Guatemala, noviembre 4 de 1848.-La comisión de Gobernación acuerda pedir informe al Gobierno remitiéndole original la anterior proposición.--Andreu.-Escobar.-Pineda.-Padilla.-Montúfar."

NÚMERO 17.

Señor Presidente de la Asamblea Constituyente.

Palacio Nacional del Supremo Gobierno de Guatemala, noviembre 10 de 1848, a las doce de la noche.

El señor Comandante General de las armas de la República, General don José Dolores Niño, salió el día de ayer a la cabeza de una división de doscientos hombres, por el camino del Golfo, con el objeto de proteger al cargamento que viene de Izabal.

Por las noticias que desde las ocho y media de la noche han dado algunos soldados dispersos, se sabe que dicha fuerza ha sido batida por los bandidos de la montaña, en el lugar llamado la Lagunilla, en la mañana del día de hoy. Aunque hasta esta hora han continuado entrando algunos derrotados, se ignora la suerte del general y del resto de la división.

De orden del señor Presidente, tengo el honor de decirlo a Ud., para que si lo juzgare conveniente, se sirva acordar que se reúna la Asamblea antes de la hora acostumbrada, a efecto de que, tomando este desgraciado incidente en consideración, resuelva lo que estime conveniente.

Debiendo, así mismo, manifestar a Ud. que el Gobierno ha dictado y está dictando incesantemente las más activas providencias, para poner en seguridad a esta capital, a pesar de la muy corta guarnición que hay en esta plaza.

Protesto a Ud. las consideraciones de aprecio y respeto, con que me suscribo su obediente servidor.

M. J. Dardón.

NÚMERO 18.

Señores Secretarios de la Asamblea Constituyente.

Palacio del Supremo Gobierno: Guatemala, noviembre 10 de 1848.

El Gobierno había tenido repetidos partes de que una fuerza de facciosos, comandada por Vicente Cruz, había ocupado los valles de Chiché y Chinique, departamento de Sololá. Con este motivo hizo marchar una fuerza de doscientos hombres por el rumbo de San Martín, combinándola con las que existen en los Altos, a cuyo comandante se pusieron los avisos correspondientes. Mas, tanto por partes del comandante de los doscientos hombres que marcharon de esta ciudad a San Martín, como por otros particulares, se supo que dicho Cruz había regresado hacia el Trapiche Grande, con dirección a San José.

Venida esta fuerza, se repitieron los partes, tanto de Chimaltenango como de Comalapa y Sololá, de que una fuerza de facciosos estaba en la Garrucha, había ocupado Totonicapam y se dirigía hacia Comalapa.

Esta disparidad en las noticias hizo dudar al Gobierno de su probabilidad, lo que se corroboraba con las que antes había recibido de haber pasado Cruz por el Trapiche Grande.

Pero anoche, a la una, se tuvieron partes ciertos de que Vicente Cruz había ocupado el pueblo de Comalapam desde la noche del 7 y se dirigía por el rumbo de Balanyá, con dirección a la Antigua, según parecía.

Con este motivo, sobre las medidas de precaución que se habían ya tomado por el Ejecutivo, dictó en aquel momento y fueron ejecutadas las que creyó necesarias para poner a cubierto a la Antigua de un golpe de mano, y aún para batir la fuerza facciosa.

El Gobierno ha creído conveniente poner estos particulares en noticia de la Representación Nacional y lo hará de las demás ocurrencias que se sucedan según vaya recibiendo los avisos.

Sírvanse ustedes poner lo expuesto en conocimiento de la Asamblea y aceptar las muestras de atención con que me suscribo S.S. S.

José Mariano Vidaurre.

NÚMERO 19.
Parte del Coronel Carrascosa a la Comandancia General de las armas de la República.
Guatemala, noviembre 22 de 1848.

Sr. Comandante General.

El 17 del corriente, a las 12 de la noche, recibí orden de U.S. y las respectivas instrucciones para marchar inmediatamente sobre Vicente Cruz, que se decía haber ocupado la Antigua; debiendo llevar de esta ciudad la fuerza que hubiera de Sacatepéquez, la cual constaba de ochenta hombres. Llevé además catorce plazas del Núm. 2 y verifiqué mi marcha a las cuatro de la mañana, por haber sido preciso relevar de las avanzadas dicha fuerza.

Como a las nueve y media llegué a la cumbre de las Cañas, en donde encontré al Sr. Corregidor de aquel Departamento situado con un piquete de veinticinco patriotas montados, y como ciento ochenta a pie con fusiles, distribuidos entre la cumbre, el río y la garita de las Ánimas.

Conforme a mis instrucciones, los replegué todos a la cabeza de la cuesta para esperar allí el auxilio del Corregidor de Amatitlán, a quien, a mi paso por Mixco, oficié para que, conforme a lo dispuesto por la Comandancia General, violentara la marcha; pero en una nota que recibí a las once de la mañana, me dice serle imposible auxiliarme con un solo hombre. Le oficié de nuevo, haciéndole responsable de las resultas si no cumplía con lo mandado por la Comandancia General, y entonces me remitió treinta y dos patriotas de Villa Nueva, que recibí al ponerse el sol.

A continuación ocupé la plaza de la Antigua a las siete de la noche: la fuerza de Cruz ocupaba Ciudad Vieja. En la garita de las Ánimas encontré al Sr. Presbítero Llorente, quien me exigía que suspendiera mi marcha por haber entrado en ciertos arreglos con Vicente Cruz, manifestándome vivos deseos por ver establecida la paz; mas como yo no sé, hasta ahora, si el Sr. Llorente tenía misión del Supremo Gobierno para el caso, y por otra parte, acababa de recibir orden terminante de U.S. para atacar a Cruz, le manifesté que aplaudía sus buenos deseos, pero que no podía dejar de cumplir lo que me estaba mandado.

Me establecí en la plaza con las precauciones ordinarias, y a medianoche apareció un incendio en casa del Sr. Aceña, que amenazaba a toda la manzana del edificio municipal, al cual acudí con la gente de que podía disponer, y fue cortado.

Al amanecer, y habiendo estado a la vista durante la noche mis avanzadas con las de Cruz, desfilé sobre Ciudad Vieja, cuya plaza ocupaban las fuerzas de éste, en número como de trescientos hombres, según diversos partes que recibí; y al aproximarme, dirigí una descubierta de catorce hombres al mando del Capitán Barrientos, y ochenta que componían la vanguardia a las órdenes del Teniente Coronel Aquino, con instrucciones de que atacaran, replegándose inmediatamente a ocupar la línea en que había parapetado el resto de la fuerza, para atraer a ella al enemigo.

Ciudad Vieja es un punto militar en donde se encuentran muchos cercados de paredes bajas, que son parapetos formales, y tanto por mis instrucciones como por mi propio deber, yo no podía entregar una fuerza extremadamente bisoña y mal equipada a dar un ataque sin las precauciones que dicta la prudencia, no digo ya el arte militar casi desconocido en el país.

Cruz no esperó mi ataque, se puso en fuga violenta, lo perseguí con mi fuerza de a pie hasta la garita de Alotenango, en donde le hice alto, y continué con un piquete de caballería hasta los cerros que están de aquel lado de Dueñas.

Contramarché por no ser posible dar alcance a Cruz, y según los informes de los prácticos de aquellos lugares, entendí que se volvía a Acatenango, punto donde ocho días antes había estado y del cual se dirigió a la Costa.

En el acto de regresar a la plaza de la Antigua, puse comunicaciones a esta Comandancia General, al Corregidor de Amatitlán y Escuintla, y al Comandante de la vanguardia de la fuerza que se retira de los Altos, para que, por cualquier lado, Cruz encontrase fuerzas del Gobierno.

A las once de la noche tuve parte del alcalde 1.° de Chimaltenango, de que aquel había pasado por dicho pueblo con dirección a San Martín.

Al amanecer me puse en marcha para San Juan Sacatepéquez, por donde creí cortarlo; pero al llegar a Zumpango, supe que tres horas antes había pasado por allí con dirección a Santiago; continué mi marcha casi al trote, y en fin, llegué a Villa Nueva a las cuatro y media de la tarde, en donde había tocado Cruz al mediodía, llevándose algunas armas; el piquete de la Villa siguió hasta Santa Inés y regresó a las siete de la noche, unido con el Corregidor y vecinos de Amatitlán, que por Guillén salieron a cortar a Cruz, y se retiraron una hora después.

A las nueve y media de la mañana de ayer, asegurado de que Cruz, de Tepestenango, se dirigía al Canchón, me puse en marcha para esta plaza, y la mayor parte de la fuerza que ha estado a mis órdenes se halla acuartelada en el Cuño, donde puede examinarse su calidad y circunstancias, sin embargo de las cuales ha servido como cualquiera otra de las que se llaman de línea.

El encargado de la Comandancia General, en estos días, al regresar yo a esta plaza, me ha dicho, y aun hoy a presencia de U.S. me ha repetido, que por mi honor había mandado seguir ciertas informaciones porque en el vulgo se hablaba contra mis procedimientos militares; mas ni mi honor ni mi conducta como militar la someto al vulgo, que tiene libertad de hablar lo que quiera por no estar al cabo de lo que pasa, ni menos a procedimientos arbitrarios, a los cuales se quiere sujetar la reputación de un jefe que sirve sin charlatanismo, sin ignorancia, con actividad y vivos deseos de ser útil a su patria.

Un Consejo de Guerra es mi único juez si la Comandancia General tiene motivos para dudar de que yo haya llenado mi deber, y desconozco cualquier otro procedimiento que no sea conforme al Código Militar, ya que, por desgracia lo soy, sin estar a cubierto, de que cuando sirvo con más exactitud, sin pedirme un informe como correspondía, se quieran aprovechar vulgaridades, y acomodar nuevos procedimientos que hasta ahora veo para deprimirme, todo lo cual produce la sorda prevención que hay contra mí en ciertos funcionarios.

Los jefes y oficiales que me han acompañado y los documentos a que me refiero son demasiado garantes para mi honor; y entre tanto se me juzga, quedo separado del Despacho de que he estado encargado y a disposición de la Comandancia General, en mi alojamiento.

Soy de U.S. con el mayor respeto su atento y obediente servidor.
M. Carrascosa.

CAPÍTULO V: EN UN CALLEJÓN SIN SALIDA

SUMARIO.

1. Situación de Vasconcelos. 2. Primer golpe de algunos liberales de Guatemala al Presidente Vasconcelos. 3. Segundo golpe al mismo. 4. Tercer golpe a Vasconcelos. 5. Mitra del Salvador. 6. Cadáver del General Morazán. 7. Observaciones. 8. Nota del Gobernador de Sonsonate. 9. Cámaras Legislativas. 10. Decreto acerca de los restos de Morazán. 11. Restos de don Braulio Carrillo y don Manuel Aguilar. 12. Varias disposiciones de las Cámaras. 13. Un decreto notable. 14. Derogatoria del artículo 44 de la Constitución. 15. Observaciones.

Vasconcelos no era un hombre sin principios ni sin programa.

Él no se lanzaba a la revolución sin cálculo y sin guía.

Sus procedimientos emanaban de serias meditaciones y se dirigían a la ejecución de proyectos combinados con los hombres más distinguidos de Centroamérica.

La política de Pavón y de Chatfield hería el corazón de los verdaderos centroamericanos.

Algunos guatemaltecos, educados en la escuela de los nobles, veían con la más fría indiferencia la pérdida del vasto territorio que se llamaba Mosquitia.

Otros no podían pensar lo mismo y aspiraban a mantener la integridad de Centroamérica por medio de la unión.

Al frente de los hombres que con más vehemencia deseaban la unidad se hallaba don Doroteo Vasconcelos.

Él no quería igualdad absoluta en los Estados que fedcralmente debían unirse en un cuerpo de nación; pero sí que no hubiera diferencias tan vastas como las que presentaba la Constitución de 1824.

En este concepto, Vasconcelos se proponía por el momento una federación de tres Estados: Guatemala, El Salvador y Los Altos.

Vasconcelos decía:

Una vez establecida esta federación, a ella se unirán Nicaragua y Honduras; y Costa Rica vendrá después, atraída por el progreso de la nueva nacionalidad.

He aquí lo que creía el señor Vasconcelos.

Esta creencia no fue combatida por los liberales antes de la revolución de agosto de 1848.

Algunos de ellos halagaron a Vasconcelos, le ofrecieron apoyarlo y contribuir a que diera cima a su grande pensamiento.

Vasconcelos, confiado en estas ofertas, dio instrucciones a Dueñas y al general Angulo para que celebraran con Núño la expansión de Chiquimula, e hizo esfuerzos extraordinarios para apoyar los acontecimientos que dieron por resultado la renuncia de Carrera el 15 de agosto de 1848.

Pero algunos de los liberales, cuando se vieron libres de Carrera, olvidaron a Vasconcelos como el copero de Faraón olvidó a José.

He aquí otra división del partido liberal.

Se creyó que Vasconcelos, en lugar de ser un cooperador, debía recibir la ley sin traspasar con sus miradas las fronteras de su propio Estado.

Si Vasconcelos estaba errado en sus cálculos, ¿por qué no se le hizo notar su error antes de aceptarse su cooperación?

Él no hubiera insistido en sostener proyectos que rechazaban los liberales de Guatemala y los habría modificado en cambio de que se obtuviera un triunfo contra Carrera, contra las tendencias de la aristocracia dominante y contra las usurpaciones de Chatfield.

La primera noticia que Vasconcelos tuvo del resultado de la expansión de Chiquimula fue fatal para él.

Se colocó ese documento en manos del diputado don José Mariano Vidaurre, quien tuvo a bien entregarlo al orador del 2 de febrero de 1845, para que hubiera en la Asamblea el escándalo de que se ha hablado en otro capítulo.

Sin embargo, el golpe no fue tan vehemente para Vasconcelos porque también supo que muchos liberales habían combatido al doctor Andreu y que el Presidente de la Asamblea, doctor Molina, no pudiendo poner coto al orador del 2 de febrero, levantó la sesión.

Vasconcelos envió a Guatemala, con plenos poderes y amplias instrucciones, a don Francisco Dueñas para que se procediera a la reorganización de la República de Centroamérica, y Dueñas volvió desairado.

Durante su permanencia en Guatemala se dictó el decreto de 14 de septiembre de 1848, según el cual Guatemala es una nación soberana, una República independiente.

Es verdad que el fraccionamiento de la patria lo realizaron los serviles por medio de Carrera.

Es verdad que por la consumación de ese desventurado fraccionamiento, los serviles llaman a Carrera fundador de la República.

Es verdad que, por ese acontecimiento desgraciado, cuyas fatales consecuencias se experimentan diariamente y continuarán experimentándose hasta sufrirse grandes infortunios, los serviles acuñaron moneda con el busto de Carrera.

Es verdad que no se podía tratar con ninguna nación extranjera porque, suponiéndose como era de esperarse, que los liberales declararan insubsistente el decreto de 21 de marzo firmado por Carrera, a Guatemala no le quedaba personalidad jurídica ante el extranjero.

Es verdad que el decreto de 14 de septiembre es transitorio, y que su artículo segundo dice:

"Art. 2.° A nombre de la República, y solo por la República, serán dadas las leyes, los decretos y sentencias, y se establecerán pactos y tratados con las naciones extranjeras."

Pero Vasconcelos no contaba con esa medida.

Es verdad que el decreto de 14 de septiembre lo sugirieron los serviles por medio de agentes activos que incesantemente trabajaron para que se dictara.

Es verdad que, dadas estas circunstancias, el decreto de 14 de septiembre tiene el mismo origen servil que el decreto de 21 de marzo, y que ambos deben imputarse esencialmente al partido reaccionario.

Pero no debe desconocerse que los liberales deben mirar a los serviles, cuando aspiran a que se dicte una resolución importante, como a la serpiente del Génesis.

Los primeros hombres del partido liberal en El Salvador eran Vasconcelos, Menéndez (el doctor), Barrios, Cabañas, Angulo (el general), Aguilar y algunos otros.

Estos señores censuraron el decreto de 14 de septiembre; de manera que no se puede imputar al partido liberal salvadoreño.

Don Dionisio y don Justo Herrera, Ruiz, los Vigiles y demás liberales hondureños increparon ese decreto tanto como los salvadoreños; de manera que no se puede imputar al partido liberal de Honduras.

Del mismo modo, lo increparon en Nicaragua Castellón, Jerez y todo su círculo; de manera que no puede imputarse al partido liberal nicaragüense.

Pineda de Mont pertenecía al partido liberal guatemalteco y tuvo la resolución necesaria para votar contra el decreto de 14 de septiembre, enfrente de una muchedumbre que aplaudía la República con frenesí desde las galerías.

Rivera Cabezas, viejo patriota que tanto había figurado en las filas del partido liberal, que tan encumbrados puestos ocupó y que tanto daño hizo a los serviles con su pluma, se hallaba todavía en actitud de figurar y estaba publicando los últimos números de Don Anselmito.

Rivera Cabezas desaprobó el decreto de 14 de septiembre.

Gándara era diputado y no lo suscribió.

Don Doroteo Vasconcelos confiaba en la reorganización de Los Altos y al efecto tenía una serie de razones que aparecen consignadas en el manifiesto de Quezaltenango.

No podía imaginarse el Presidente del Estado de El Salvador que el Gobierno llamado liberal de don Juan Antonio Martínez, siguiendo paso a paso las huellas de Carrera, empapara los campos de San Andrés con la sangre de hombres libres.

A Vasconcelos se le había faltado en todo, y no era un santo Job para no indignarse con tanta inconsecuencia.

Vasconcelos, herido en su amor propio y vejado de todas maneras, no podía menos que burlarse de los fracasos de Núño, de la división de la Asamblea de Guatemala, de la liga del partido molinista con el partido servil y del caos en que se hallaban hombres que no tuvieron resolución para llevar adelante un programa centroamericano, regenerador y liberal.

En octubre de 1848 la bandera de los libres se había aferrado en el palacio del Poder Ejecutivo y en el edificio de la Asamblea de Guatemala, y se la veía ondear sobre la modesta casa de Vasconcelos y en el edificio del Poder Ejecutivo de El Salvador.

Esa inmortal bandera jamás nos ha abandonado.

Aun en los días más lúgubres en que los cinco Estados centroamericanos han aparecido bajo el manto negro del servilismo, se ha encontrado siempre un pueblo, una aldea, una cabaña en que el pabellón de la libertad tremole con orgullo.

Vasconcelos, con todo su liberalismo y al frente de un pueblo que amaba la libertad y la democracia, se hallaba bajo el peso de las tradiciones que nos dejó el Gobierno de los trescientos años.

Tres siglos de errores, de enseñanzas absurdas y doctrinas ultramontanas penetran en un pueblo, dominan los ánimos, anonadan la razón humana y forman una segunda naturaleza opuesta a la naturaleza primitiva que el hombre no hubiera perdido sin que se violentara desde la cuna el corazón y la mente.

Los períodos de libertad que El Salvador había tenido desde la independencia no bastaban para destruir la enseñanza de tres siglos.

Los salvadoreños miraban a los Estados Unidos y, admirándose de su esplendor y grandeza, exclamaban: "¡Qué maravilla!"

Pero no se atrevían a seguir sus huellas.

Los Estados Unidos no tienen iglesia oficial, y las leyes salvadoreñas establecían la iglesia oficial como base constitutiva.

El Gobierno envió un Ministro cerca del Papa.

La misión fue confiada al licenciado don Ignacio Gómez, salvadoreño de origen.

El objeto era separar de la Iglesia del Salvador al sanguinario del 12 de julio, obtener un obispo virtuoso y celebrar un concordato.

Gómez era un hombre instruido, se había educado en el extranjero, poseía extensos conocimientos en ciencias políticas y en bella literatura, aunque se le acusaba de alguna versatilidad y de poca firmeza de carácter.

Gómez desempeñó en Roma su misión perfectamente, y el 3 de julio de 1848, el presbítero don Tomás Miguel Zaldaña fue preconizado obispo in partibus de Antígona y gobernador de la Iglesia salvadoreña.

Aquella noticia se recibió con júbilo y Vasconcelos pensaba que se había salvado el Estado.

Él atribuía a Viteri un mal que estaba en la mitra.

Era imposible que el padre Zaldaña no coincidiera más con don Luis Batres y con don Manuel Francisco Pavón que con don Doroteo Vasconcelos.

Zaldaña halagaba a Vasconcelos porque tenía necesidad de él para atrapar la mitra, reservándose in pectore la facultad de herirlo a muerte cuando le fuera útil.

¿Cómo podía imaginarse Vasconcelos que el padre Zaldaña tendría más consideraciones por él y por su partido que por el arzobispo García Peláez, a quien dominaba el canónigo Larrazábal, órgano de la aristocracia guatemalteca?

El padre Zaldaña, cerca de Vasconcelos, era un agente secreto los enemigos del Presidente del Estado del Salvador.

Zaldaña debía considerarse más peligroso que Viteri.

El obispo Viteri se lanzaba al mal a vista de todos, el obispo Zaldaña iba a sus fines con hipocresía y, como dice el Evangelio, con piel de oveja y corazón de lobo.

Acontecimientos posteriores nos presentarán al virtuoso obispo Zaldaña lanzando a la guerra civil a los salvadoreños y llevando del brazo al cadalso al general Barrios.

El Gobierno del Salvador anunció la preconización al padre Zaldaña.

El nuevo obispo se hallaba en Izalco y contestó en términos que revelan la más refinada hipocresía. (Documento núm. 1.)

Gómez, como literato, se hizo notable en algunos círculos romanos y los Arcades de Roma lo inscribieron en su número. (Documento núm. 2.)

El Gobierno de Costa Rica quiso cumplir la última voluntad del general Morazán, manifestada marchando al cadalso.

Morazán, en esos supremos momentos, legó sus restos no a Honduras, su país natal, cuya oligarquía lo trató peor que España a Colón, sino al Estado del Salvador.

El Gobierno costarricense dio un decreto mandando exhumar los restos de Morazán. Dice así:

José María Castro, Presidente de Costa Rica &. &.

Teniendo en consideración:

1.° Que es un deber de los gobiernos civilizados honrar la memoria de los varones célebres.

2.° Que el General Francisco Morazán legó sus restos mortales al Estado del Salvador; y

3.° Que el Gobierno de Costa Rica, fiel amigo y aliado del de aquel país hermano, desea darle claros testimonios de distinguida consideración y aprecio.

DECRETO:

Art. 1.° Los restos mortales del General Francisco Morazán serán exhumados el día 27 del presente mes, y puestos en una urna funeraria, que será depositada en la Iglesia Matriz de esta capital.

Art. 2.° Se harán exequias de cuerpo presente, en la ante dicha Iglesia Matriz el día 4 de diciembre próximo, a las cuales concurrirán el Supremo Gobierno, las corporaciones y empleados.

Art. 3.° Los restos mortales del General Morazán serán oportunamente entregados con solemnidad al Gobierno del Salvador.

Dado en la ciudad de San José a los seis días del mes de noviembre de mil ochocientos cuarenta y ocho.

José María Castro.

El Ministro de Relaciones y Gobernación.

Joaquín Bernardo Calvo.

Ese mismo Gobierno dirigió al Salvador una nota en que le anuncia que iban en el bergantín goleta Chambon los señores Coronel José María Cañas y presbítero Ramón María González, quienes llevaban la comisión de entregar al Gobierno del Salvador los restos de Morazán y un documento que comprueba la identidad del cadáver. (Documento núm. 3.)

El buque llegó al puerto de Acajutla y Cañas envió al Gobierno del Salvador una nota que anuncia su importante misión y su arribo. (Documento núm. 4.)

A Vasconcelos tocó la honra de dictar el siguiente decreto:

El Presidente Constitucional del Estado del Salvador,

TENIENDO PRESENTE:

Que con fecha 27 de este mes el Sr. Coronel D. José María Cañas participa haber llegado al puerto de Acajutla, trayendo a bordo del bergantín Chambon los venerables restos del ILUSTRE GENERAL

FRANCISCO MORAZÁN, con el exclusivo objeto de entregarlos al Gobierno del Salvador por órdenes del de Costa Rica; y considerando que éste, con tan generoso proceder, se ha hecho acreedor a la eterna gratitud del Gobierno y Pueblo Salvadoreño, que tantas y tan repetidas pruebas ha dado de su ardiente deseo por conservar en su territorio las cenizas de aquel BENEMÉRITO GENERAL; que es necesario expresar estos gratos sentimientos de la manera más solemne que sea posible y que también conviene arreglar ad ínterin las demostraciones con que debe verificarse su recibo y traslación; se ha servido decretar y

DECRETA:

Art. 1.° Se darán, por el órgano correspondiente, al Supremo Gobierno de Costa Rica las gracias más expresivas por la emisión de su decreto de 6 de noviembre último, mandando exhumar los restos mortales del ILUSTRE GENERAL FRANCISCO MORAZÁN y por su espontánea y generosa remisión a este Estado.

Art. 2.° Serán recibidos dichos restos en el puerto de Acajutla por el Gobernador y Municipalidad de Sonsonate, asociándose de todos los jefes y oficiales que residen en aquella ciudad.

Art. 3.° En el momento de su recibo, el comandante del puerto de Acajutla los saludará con 21 cañonazos, y serán trasladados a la iglesia principal de Sonsonate, en donde permanecerán depositados, mientras que por decreto especial se arregla la manera y forma en que deban ser conducidos a esta capital para colocarlos en el mausoleo correspondiente.

Art. 4.° Por el órgano respectivo se darán también las debidas gracias a los señores comisionados conductores, Coronel D. José María Cañas y Presbítero D. Ramón M. González.

Art. 5.° No siendo justo que el filantrópico Gobierno de Costa Rica, al obsequiar los deseos del Gobierno y Pueblo Salvadoreño facilitándole la posesión de tan preciosos restos, se grave con ninguna clase de gastos, la Tesorería General pagará todos los que se hayan impendido, tan luego como los señores comisionados de Costa Rica avisen la suma a que asciendan.

San Salvador, enero 29 de 1849.

Doroteo Vasconcelos.

Al Sr. Juan José Bonilla.

Se contestó a Cañas dando las gracias y poniendo en su conocimiento las prescripciones de este decreto. (Documento núm. 5.)

En pequeña escala y comparando pueblos chicos con pueblos grandes, la noticia de la llegada de los restos de Morazán al territorio salvadoreño produjo en San Salvador la misma sensación que en París, la noticia de que, desde la isla de Santa Elena, iban a Francia los restos de Napoleón.

Todo el partido liberal se animó. Parecía que llegaba, no un cadáver, sino un espíritu redentor a librar a Centroamérica de la tiranía de Carrera y de las garras de la aristocracia.

Morazán muerto inspiraba miedo a los nobles, y estos redoblaron sus esfuerzos para combatir a Vasconcelos.

El virtuoso don Tomás Miguel Zaldaña, obispo gobernador, con los ojos bajos, las manos unidas y el semblante apacible, aplaudía en apariencia la llegada de aquel cadáver venerando y, en el fondo de su corazón, maldecía la urna que encerraba los restos del jefe que con tanto brillo manejó la espada en 1829 y quebrantó después la cabeza al partido reaccionario de Cornejo y San Martín.

El Gobernador del Departamento de Sonsonate dirigió al Gobierno una comunicación manifestando lo practicado en cumplimiento de sus órdenes. (Documento núm. 6.)

Las Cámaras Legislativas se reunieron el 3 de febrero. (Documento núm. 7.)

El presidente Vasconcelos dirigió al Cuerpo Legislativo un mensaje importantísimo.

Vasconcelos presenta la situación tocando todos los acontecimientos notables de aquel período histórico, digno de eterna memoria. (Documento núm. 8.)

En el acto, el Presidente de la Asamblea y ex Presidente del Estado, don Eugenio Aguilar, leyó una contestación laudatoria.

Las Cámaras dieron un decreto facultando al Gobierno para que, a la mayor brevedad posible y a nombre del Cuerpo Legislativo, dirigiera al Presidente de Costa Rica una manifestación dándole las gracias más expresivas por su decreto de 5 de noviembre y por la espontánea y generosa remisión de los restos del general Morazán.

Facultaron igualmente al Gobierno para mandar hacer el retrato de Morazán a fin de que fuera colocado en el salón de sesiones.

Cuando el general Sajet arribó a los puertos del Salvador a bordo de la Coquimbo, que traía a los partidarios de Morazán que habían sucumbido en Costa Rica, se les dificultó la entrada porque eran morazanistas, y ahora entran en triunfo al Salvador los restos de Morazán.

Don Joaquín Rivera ya no vio esta entrada triunfal.

La oligarquía hondureña había derramado su sangre en el cadalso para que expiara el crimen de ser liberal y de haber pertenecido a las filas del vencedor de Gualcho.

Los hombres que en el año de 1842 se oponían a que tuvieran albergue en el territorio centroamericano los proscritos de Costa Rica, son los mismos que ahora maldicen el arribo al Salvador de los restos de Morazán.

La oposición que en el Salvador se hizo en el año 42 a la entrada de los coquimbos descansaba sobre bases deleznables.

El Gobierno de don Juan José Guzmán no era independiente sino en la apariencia y en el nombre.

Dependía de Carrera y de la aristocracia de Guatemala, y estaba acribillado por Honduras.

Don Juan José Guzmán, arrastrado por los sentimientos de justicia y por la voluntad del pueblo salvadoreño, abrió a los coquimbos las puertas del Estado.

El Gobierno de los nobles se creyó ofendido y, de acuerdo con Viteri, derribó a Guzmán.

En 1849 no había en el Salvador oposición para la entrada de los restos de Morazán, ni detractores del partido al que perteneció la ilustre víctima.

Entonces era una virtud haber sido morazanista, y los viejos soldados del Espíritu Santo y de Perulapán se miraban como glorias de la patria.

Pero en Guatemala se había aumentado la oposición al partido de la víctima del 15 de septiembre.

Muchos de los hombres que sirvieron bajo la administración de Juan Antonio Martínez, con motivo de algunas disposiciones que se calificaron de antiliberales y especialmente las que produjeron los desastres de San Andrés, entraron en pugna con el partido del general Morazán y vieron con disgusto y hostilidad cuanto hacía, cuanto pensaba Vasconcelos y cuanto podía ser grato a su política y a su Gobierno.

El Presidente del Salvador decretó la exhumación de los restos de los señores Licenciados Braulio Carrillo y Manuel Aguilar, y que, colocados con separación en urnas funerarias, se entregaran oportuna y solemnemente al Gobierno de Costa Rica.

He aquí una de las más grandes peripecias de la política centroamericana.

Aguilar y Carrillo eran enemigos.

Carrillo derribó del poder a don Manuel Aguilar el 27 de mayo de 1838 por medio de una sublevación militar.

Aguilar salió desterrado.

A la caída de Carrillo regresó a su patria.

Fue enviado más tarde por los costarricenses a la Dieta de Sonsonate y murió en territorio salvadoreño.

Carrillo salió de Costa Rica a la entrada de Morazán en cumplimiento de los tratados del Jocote, y en 1849 se exhuman los restos de Aguilar y de Carrillo; se les hacen idénticos honores y se decreta su envío a Costa Rica.

En 1842, el doctor Castro, Ministro de Alfaro, autorizó decretos contra Carrillo.

En 1843, el Ministro Castro solicitó y obtuvo de la Constituyente de Costa Rica que aprobara las medidas dictadas por Alfaro contra el mismo Carrillo y su partido; y en febrero de 1849, para obsequiar a Castro, que es ya Presidente de Costa Rica, se exhuman y envían a San José los restos de Carrillo.

La muerte opera asombrosas transformaciones.

La Comuna en Francia respetó la urna de Pórfido, que se halla cerca del Sena.

Pero el sepulcro de Morazán, como oportunamente se verá, fue ultrajado un día en San Salvador por las huestes invasoras de Carrera.

Las Cámaras nombraron designados para ejercer el Poder Ejecutivo a los señores José María San Martín, Fermín Paredes y Elías Delgado.

Para proteger la enseñanza, dispusieron que todos los herederos que no fueran forzosos debían pagar un dos por ciento del caudal inventariado, deducidos los créditos pasivos.

Autorizaron al Gobierno para rebajar el impuesto de bodegaje establecido en los puertos del Estado sobre los frutos y efectos manufacturados en el país.

Se facultó al Gobierno para que procurara mejorar los puertos, para hacer de ruedas los caminos que a ellos conducen y para habilitar el puerto de Jaltepeque.

Se le facultó igualmente para el establecimiento de un cuño en la capital.

Se dictaron varias disposiciones relativas al ramo de Hacienda.

Mandando Vasconcelos y estando en su apogeo el partido liberal en el Estado del Salvador, era imposible que subsistiera el decreto de don Juan José Guzmán, que mandó se diera a don Antonio Pinto una espada guarnecida de oro y que le otorgaba el grado de General de División por haber quitado la vida al general Morazán.

Guzmán, tímido ante Malespín, ante el obispo Viteri y ante los nobles de Guatemala, infringió la ley fundamental para halagarlos.

Esos halagos no le valieron, porque al fin fue víctima de Malespín, del obispo y de los nobles.

Por la Constitución del Salvador, solo las Cámaras podían conceder premios honoríficos y grados militares de coronel en adelante.

Sin embargo de estas disposiciones terminantes, don Juan José Guzmán, por sí solo, emitió un decreto dando a Pinto el grado de General de División y una espada guarnecida de oro, que jamás se le mandó.

Las Cámaras, en los momentos en que honraban los restos de Morazán, declaraban nulo ese decreto que tanto empaña la memoria de Guzmán.

He aquí la resolución de que se trata:

La Cámara de Diputados del Estado del Salvador,

CONSIDERANDO:

Que el decreto del Gobierno de 12 de octubre de 1842, en que se concede a D. Antonio Pinto una espada guarnecida de oro y el grado de General de División, es opuesto a los artículos 23 y 25 de la Constitución, pues que, según ellos, la facultad de conceder premios honoríficos y grados militares de coronel en adelante es peculiar del Cuerpo Legislativo, y que por tal razón es nulo y no debe producir efecto alguno.

DECRETA:

Art. único – Se declara nulo en todas sus partes el decreto del Gobierno de 12 de Octubre de 1842, por el que se concede a don Antonio Pinto una espada guarnecida de oro y el grado de General de División del ejército de este Estado.

Dado en San Salvador a 21 de Febrero de 1849.

Eugenio Aguilar, Dip. Presidente

Ángel Quiroz, Dip. Secretario

M. Castellanos, Dip. Vicesecretario

Cámara de Senadores:

San Salvador, Febrero 26 de 1849.

Al Poder Ejecutivo:

José M. San Martín, V. P.

Elías Delgado, S. S.

M. Santín, S. S.

Por tanto: Ejecútese.

San Salvador, Febrero 26 de 1849.

Doroteo Vasconcelos.

El Jefe de Sección encargado del Ministerio de Relaciones y Gobernación.

Juan José Bonilla.

El partido liberal, después de una serie de infortunios, se hallaba en El Salvador fuerte, compacto y vigoroso.

Eran muy pocos los progresistas disidentes.

Las inconsecuencias del partido liberal guatemalteco no habían hecho más que unir a los liberales salvadoreños, haciéndoles creer que la obra de regeneración pertenecía a ellos y que tendrían la gloria de llevarla a cabo por sí mismos.

Pero la desgracia perseguía a los liberales en cualquier parte donde se encontrasen y una nueva y profunda escisión los aguardaba.

La ley fundamental había fijado dos años al período del Presidente y no permitía la reelección.

Vasconcelos concluía su período al comenzar el año de 1850 y no podía ser reelecto.

Sus amigos proyectaron la reelección y, para obtenerla, era preciso que las Cámaras de 1849 reformaran la ley fundamental.

Los señores Zelaya y Ayón, nicaragüenses y amigos de Vasconcelos, trabajaban en el sentido de la reforma. Los apoyaban los Delgado y otros muchos ciudadanos.

A la reforma se oponían el doctor Menéndez, Dueñas, San Martín y sus respectivos círculos y amigos.

Los enemigos de la reforma sostenían el período corto como un medio de evitar revoluciones.

Ellos decían: "En el primer año no se hace revolución al Presidente porque se halla con los prestigios de la novedad; en el segundo tampoco hay revolución porque el Presidente se está disponiendo a entregar el mando al sucesor".

Los partidarios de la reelección decían que dos años es un período muy corto; que apenas basta para que el jefe se imponga de los negocios y, cuando comienza a imponerse, tiene que entregar el mando a manos inexpertas.

A esto respondían los enemigos de la reelección que los presidentes no son hombres que vienen de la China, sino ciudadanos que están al corriente de los negocios de su patria; que más negocios que el Estado del Salvador tenía la República romana y los cónsules duraban menos.

Se decía que el decreto de las Cámaras que se proyectaba sería retroactivo porque los electores habían elevado a Vasconcelos en la fe de que no podía ser reelecto; que el gobernante tiene muchos medios para dominar la situación y hacerse reelegir.

El doctor Menéndez combatía la reelección de buena fe.

Menéndez ni aspiraba al mando ni podía llegar a él porque era clérigo.

Don José María San Martín era hijo de don Joaquín San Martín y la administración de su padre le dejó muchos odios con motivo de ofensas de familia.

San Martín no ambicionaba el mando con grande empeño; pero lo lisonjeaba la idea de ascender a él por la senda constitucional.

Dueñas era ambicioso y apetecía el poder desde que salió del convento de Santo Domingo.

Él decía: "Todos quieren mandar, y para que no haya revolución es preciso satisfacer todas las legítimas ambiciones, lo cual no puede hacerse sino con un período corto presidencial y sin reelección."

Así hablaba mientras que podía atrapar el mando.

El círculo reeleccionista triunfó y las Cámaras emitieron el siguiente decreto:

La Cámara de Diputados del Estado del Salvador.

CONSIDERANDO:

Que es útil y conveniente reformar el artículo 44 de la Constitución, permitiendo al pueblo el derecho de reelegir por una sola vez al Presidente del Estado, lo que probablemente verificará en el caso de haberse recomendado por sus servicios el que haya servido un período; que es un poderoso estímulo para que las personas a quienes quepa el honor de ser electos se conduzcan bien y procuren llenar los deberes que les imponen la Constitución y las leyes, ha tenido a bien decretar, y por unanimidad.

DECRETA:

Art. 1.° – La duración del Presidente del Salvador será de dos años, y podrá ser reelecto una sola vez. Su período comienza y concluye el 1.° de febrero del año de la renovación, sin poder fungir un día más.

Art. 2.° – El artículo anterior sustituirá el 44 de la Constitución del Estado.

Dado en San Salvador, a 9 de marzo de 1849.

Eugenio Aguilar, D.P.

Rafael Miranda, D. S.

M. Castellanos, D. V. S.

Cámara de Senadores:

San Salvador, marzo 14 de 1849.

Al Poder Ejecutivo.

J. M. San Martín, S. P.

Elías Delgado, S. S.

Tomás Medina, S. S.

Se creyó un triunfo que lo firmara San Martín en calidad de Presidente del Senado porque aparecía el nombre de aquel distinguido ciudadano; pero no se ignoraba en los círculos de oposición que los presidentes de la Cámara de Diputados y del Senado firman las leyes aunque no hayan dado su voto en favor de ellas.

Los autores del decreto sobre reelección estaban dominados por un sentimiento tan justo como patriótico; pero les faltó el tino y el acierto.

Era justo y patriótico desear que se conservara en el mando un salvadoreño que pertenecía con lealtad a la escuela liberal.

Las intrigas de Batres y la gran combinación servil para el regreso de Carrera podían ocultarse a don Luis Molina en Guatemala; pero no se ocultaban a los liberales del Salvador.

Allí se veía con claridad lo que estaba pasando aquende el río de Paz, y los vencedores de Milingo no se resolvían a que la aristocracia de Guatemala impusiera sobre sus frentes el yugo de Carrera.

Había una lucha en perspectiva.

De ella iba a resultar el triunfo del partido reaccionario o del partido progresista en la América Central.

Era lógico, pues, que los salvadoreños que todo esto miraban y que todo esto presentían, quisieran mantener en el poder a un hombre que, por sus ideas y por sus sentimientos, se hallaba a la altura de la situación.

Pero el decreto de que se habla produjo el gran mal de fraccionar al partido liberal salvadoreño.

Ese fraccionamiento fomentó el amor al poder que a Dueñas devoraba.

Desde entonces aquel hombre, funesto para toda la América Central, redobló sus maquinaciones con tanta sagacidad como perfidia, para subir al poder, aunque a la silla del Ejecutivo fuera preciso que del brazo lo llevaran don Luis Batres y don Rafael Carrera.

Es muy fácil señalar los errores que se han cometido.

Es muy difícil hacer predicciones exactas y evitar errores futuros.

Hoy puede decirse con seguridad lo que entonces, dadas las circunstancias y las ideas dominantes, debió hacerse.

En vez de reformar la Constitución, debieron los liberales esforzarse para que de las urnas electorales saliera otro progresista que ocupara la silla del Ejecutivo en los años de 1850 y 1851.

Vasconcelos habría descendido del mando al terminar su período con los prestigios que a don Eugenio Aguilar rodearon.

Respetado por el sucesor, habría sido uno de los hombres de más influencia en la política de Centroamérica.

En las futuras elecciones habría vuelto al poder en caso de no presentarse un hombre nuevo de más prestigio, que, siguiendo las leyes del progreso, debiera subrogarlo para gloria de la patria.

DOCUMENTOS JUSTIFICATIVOS

NÚMERO 1
Izalco, octubre 17 de 1848.

Señor Ministro del Supremo Gobierno del Estado.

He recibido, señor Ministro, la muy respetable comunicación de usted de 13 del corriente, en que, de orden del Supremo Gobierno, se digna comunicarme haber tenido a bien el Sumo Pontífice preconizarme Obispo de Antígona in partibus, nombrándome con aquel carácter Gobernador de este obispado; y como prueba de este acontecimiento, tan inesperado para mí, me acompaña la carta autógrafa que, con tal motivo, benignamente me dirige el mismo Sumo Pontífice.

Señor Ministro: ¡Mi carácter es sincero y franco! Él no me permite afectar modestia: siempre digo lo que siento; y con respecto a mí, nadie puede conocerme mejor que yo mismo. Así es que, sin ocurrir a los lugares comunes con que algunas veces se disfraza la presunción, yo efectivamente confieso que carezco de las cualidades eminentes que, según el Apóstol, debe reunir el varón para ser elevado a la alta y sublime dignidad del obispado. Íntimamente convencido de esta verdad, pero animado sí de la gratitud más viva, suplicaría al muy digno señor Presidente del Estado, se dignase, por la compasión que debo inspirarle, no insistir por su parte en el asunto. Iría, señor Ministro, al mismo Roma, y postrado a las sagradas plantas del Sumo Pontífice, con la efusión de mis lágrimas más que con mis palabras, le suplicaría me exonerase de un peso tan enorme, tan superior a mis débiles fuerzas.

Pero, ¿deberé desairar los altos y muy profundos respetos de mi Gobierno? ¿El Santísimo Padre, que no me conoce, creerá que son sinceras mis lágrimas y que mis expresiones suplicantes son hijas de la persuasión de mi propia incapacidad? ¿Dejaré ilusorios tantos y tan grandes sacrificios que, de toda especie, se han hecho para ocurrir a Roma con el fin de proveer a esta Iglesia, aún naciente, de un nuevo Pastor? ¿Burlaré la piadosa ansiedad con que los fieles le esperan?

Estas y otras muchas consideraciones me obligan, señor Ministro, a resignarme, arrojándome en los brazos de la Divina Providencia y confiado solamente en Dios, que con su gracia fortalece a los débiles y que, para hacer ostentación de su poder infinito, obra prodigios valiéndose de los instrumentos más inadecuados al efecto.

Al manifestarme así al señor Presidente, por el honorable conducto de usted, no sé, señor Ministro, no encuentro expresiones con que significarle mi reconocimiento. Puedo sí, desde luego, asegurarle de la manera más positiva que si antes he sido fiel al Supremo Gobierno, que si antes he propendido por el orden, si he trabajado por adquirir y conservar la paz, y si, como pastor del segundo orden, he procurado el bien espiritual de los salvadoreños, mis amigos y queridos compatriotas, elevado ahora, sin mérito alguno mío, a la alta dignidad del obispado, me esforzaré aún más en unión de mis hermanos, los dignos y celosos párrocos del obispado; y el muy digno señor Presidente, que, como el más diestro piloto, dirige a puerto seguro en medio de la borrasca la nave del Estado, el muy digno señor Presidente, digo, deberá contar con mi eficaz cooperación para todo lo que crea conveniente al bien del mismo Estado.

Soy de usted, señor Ministro, tan apasionado como atento servidor y capellán.

Tomás Miguel Zaldaña.

NÚMERO 2

Filandro Geronteo, Presidente y Custodio general de la Academia de la Arcadia, al inestimabilísimo e ilustrado americano don Ignacio Gómez, miembro del Cuerpo Diplomático cerca de Su Santidad:

Teniendo noticia de los singulares talentos y óptimas prendas que en vos resplandecen y de los adornos de nobilísimas ciencias y escogida erudición que poseéis, este Sabio Colegio de la Arcadia os ha declarado en plena sesión Pastor suyo, con el nombre de Clitauro y con el honor de recitar en su Bosque Parrasio, juntamente con las demás honras de que sus miembros gozan; ordenando que vuestro nombre sea inscrito en el catálogo de los Arcades, con obligación de observar exactamente las leyes Arcádicas.

Y para dar el Sabio Colegio mayor prueba de estimación a vuestro mérito, inestimabilísimo e ilustrado Clitauro, ha decretado que en el mismo día en que sois admitido entre los Arcades, se transfiera a vos la posesión de las vacantes campiñas de Ítaca, por lo cual Clitauro

Itacense debéis en lo sucesivo denominaros entre nosotros; declarándoos Pastor Arcade del número, sin esperar el año a que para conseguir tal gracia tienen que sujetarse los demás Pastores de las campiñas investidas.

Todo lo que se pone en conocimiento vuestro para que veáis cuánto se honra y distingue por nosotros el mérito de los nobles y claros ingenios; y con el presente diploma se publican para perpetua memoria las supradichas cosas.

Dado en plena sesión en la Cabaña de la Arcadia, dentro del Bosque Parrasio, en la neomenía de Mamaterione, Olimpiada 624, año 3.° y de la restauración de la Arcadia, Olimpiada 41, año 1.°

Decretado por aclamación.

Filandro Geronteo, Presidente y Custodio general.
Fileno Antigoneo, Subcustodio.
Hay dos sellos.

NÚMERO 3

"CENTROAMÉRICA.—N.° 3.°—Ministerio de Relaciones de la República de Costa Rica.—Casa de Gobierno: San José, enero 8 de 1849.

Señor Ministro de Relaciones Exteriores del Supremo Gobierno del Estado del Salvador:

El General Presidente de esta República, deseoso de honrar la memoria del BENEMÉRITO GENERAL FRANCISCO MORAZÁN y de contribuir de alguna manera a que el Gobierno de ese Estado satisfaga su deseo de conservar en esa ciudad capital las cenizas de tan ilustre centroamericano, expidió el decreto adjunto.

Después de llenar debidamente lo dispuesto en el artículo 2.° de dicho decreto, de conformidad con lo prevenido en el artículo 3.°, S. E. ha acordado que el bergantín goleta Chambon zarpe de Puntarenas para el puerto de Acajutla, con el exclusivo objeto de conducir la urna que contiene los restos mortales del GENERAL MORAZÁN; y que los señores Coronel D. José María Cañas y Presbítero D. Ramón María González, comisionados con quien su Excelencia tiene a bien dirigirla, han de entregarla a ese S. G., junto con el expediente que compruebe la identidad de dichos restos.

Ruego a usted se sirva dar cuenta con esta nota al Excelentísimo señor Presidente de ese Estado, por quien el de esta República siente muy fuertes simpatías.

Dígnese aceptar usted las consideraciones del distinguido aprecio con que tengo la honra de suscribirme su atento y obediente servidor,

Joaquín Bernardo Calvo.

NÚMERO 4

Acajutla, enero 27 de 1849.—Sr. Ministro de Relaciones del S. G. del Salvador.

A bordo del bergantín goleta Chambon, que ancló ayer en la rada de este puerto, traigo los restos venerables del Benemérito e ilustre General Francisco Morazán, que el Supremo Gobierno de Costa Rica me ha encargado para entregarlos al Supremo Gobierno del Salvador.

Al intento, tengo el honor de acompañar a usted el adjunto pliego que contiene el aviso de mi comisión, y espero de usted que, después de dar cuenta de todo al señor Presidente de este Estado, se digne participarme sus órdenes para la entrega de la urna que contiene aquel sagrado depósito; no omitiendo agregarle que estoy dispuesto a hacerlo a bordo del referido buque, en tierra o en esa capital, según lo disponga el Supremo Gobierno.

Aprovecho, señor Ministro, la ocasión presente para ofrecer a usted el aprecio y sincero afecto con que me suscribo su muy atento servidor,

José M. Cañas.

NÚMERO 5

Señor Coronel D. José María Cañas.—Casa de Gobierno: San Salvador, enero 30 de 1849.

Adjunta a su muy estimable carta oficial de 27 del que fina, he tenido el honor de recibir la que, con fecha 8 del mismo, se sirvió dirigir a este ministerio el de Relaciones del Supremo Gobierno de Costa Rica, dando aviso de remitir con usted y el Presbítero señor D. Ramón M. González los venerables restos del ILUSTRE GENERAL FRANCISCO MORAZÁN, para contribuir de alguna manera a que este Supremo Gobierno satisfaga su deseo de conservar las cenizas de tan esclarecido centroamericano.

El señor Presidente del Estado, a quien di conocimiento de ambas comunicaciones, me ha prevenido dar a usted, en su nombre, las más expresivas gracias por el generoso ofrecimiento que se sirve hacerle de entregar tan precioso depósito en el punto que tenga a bien designarle, manifestándole al propio tiempo que, por no tener antecedente de este paso, que tanto aprecia, nada se había preparado para verificar el recibo de tan caras cenizas y su traslación a esta capital con toda la pompa y solemnidad debida a la memoria del héroe a que pertenecen.

Que por tal motivo, y por hallarse el señor Gobernador de ese Departamento en la ciudad de Santa Ana, ha comisionado a la municipalidad de Sonsonate para que, asociada del señor comandante de aquella plaza, pase a recibir a ese puerto la urna que contiene aquellos restos sagrados, esperando que usted tendrá la bondad de entregarlos con el expediente en que consta su identidad.

Como el Supremo Gobierno de Costa Rica expresa que el arribo del bergantín goleta Chambon a ese puerto no tiene otro objeto que el de dar al del Salvador este testimonio de su amistad y benevolencia, y no sería justo dejarlo gravado con los gastos ocasionados en el viaje de dicho buque, el señor Presidente espera que usted tendrá la bondad de manifestar la suma a que asciendan para acordar el pago y la manera de ponerlo en manos de usted.

Desea igualmente dar a los señores comisionados del Supremo Gobierno de Costa Rica un testimonio de su gratitud por el servicio importante que acaban de prestar al Salvador, y le sería muy grato llenar tan justo deseo si ustedes no tuviesen inconveniente para pasar a esta capital.

Aprovecho gustoso esta oportunidad para ofrecer a usted, por la primera vez, el aprecio y respetuosa consideración con que me hago el honor de suscribirme su muy atento y deferente servidor.

NÚMERO 6

Sonsonate, enero 31 de 1849.—Sr. Ministro de Relaciones del Supremo Gobierno del Estado.

Al momento que recibí una comunicación de los señores alcaldes de esta ciudad, participándome la llegada de los restos mortales del

BENEMÉRITO GENERAL FRANCISCO MORAZÁN, me puse en marcha para acá y encontré dichos restos que los conducían para esta parroquia. Como creía que deberían recibirse con la mayor solemnidad posible, a pesar de no tener órdenes para ello, los hice depositar en la capilla del Ángel, colocando una guardia de veinticinco hombres para la custodia, y de allá se trasladaron ayer a las cinco de la tarde a la Iglesia Parroquial, colocados en un carro fúnebre magníficamente adornado, acompañado de más de trescientas personas con sus correspondientes luces, y de una guarnición de veinticinco hombres que hizo las salvas de ordenanza. En la iglesia se celebraron las exequias anoche mismo y hoy se celebró la Misa con la mayor solemnidad posible.

Los restos quedaron depositados y custodiados por la guarnición en la Iglesia del Pilar, hasta que reciba las órdenes del Supremo Gobierno.

Como se ha seguido un expediente de todas las diligencias practicadas desde su desembarco, daré cuenta con ellas con la persona que venga a recibir las cenizas.

Sírvase usted elevarlo así al señor Presidente y aceptar las protestas de aprecio y respeto.

Rafael Padilla Durán.

NÚMERO 7

Los Representantes del pueblo salvadoreño, reunidos en el número designado por la ley,

DECRETAN:

Art. único—Se da por instalada solemnemente la Asamblea General del Estado del Salvador, y ambas Cámaras abrirán sus sesiones ordinarias el día 5 del corriente.

Comuníquese al P. E.—Dado en el Salón de sesiones: San Salvador, febrero 3 de 1849.

Eugenio Aguilar, Presidente.

José María San Martín, Vicepresidente.

Guadalupe Argueta.

Clemente Aparicio.

V. Rodríguez.

Ramón Rodríguez.
José Norberto Morán.
José M. Montoya.
José Antonio Peña.
José Ávila.
Y. Revelo.
Sixto Pineda.
M. Santín.
N. V. Angulo.
Elías Delgado.
Manuel Fernández.
Ponciano Castillo.
M. Andrade.
M. Castellanos.
Rafael Miranda, Diputado, Secretario.
Ángel Quiroz, Diputado, Secretario.

Por tanto: Ejecútese.—San Salvador, febrero 3 de 1849.

DOROTEO VASCONCELOS.
El Jefe de Sección encargado del despacho de Relaciones.
Juan J. Bonilla."

NÚMERO 8

Mensaje que el señor Presidente del Estado, don Doroteo Vasconcelos, dirigió al Cuerpo Legislativo al abrir sus sesiones el día 5 de este mes.

Lleno de satisfacción y complacencia, y cumpliendo mis deseos y deber, me presento ante vosotros, CC. RR.: os doy la bienvenida, y felicito cordialmente a los pueblos, y me felicito a mí mismo por vuestra aparición en el período constitucional. Este acto de vuestra reunión es un testimonio de la paz y tranquilidad que disfruta el Estado, bajo cuyos felices auspicios comenzáis vuestras tareas legislativas.

En todo el período que ha pasado, nada ha ocurrido en el Estado que haya podido alterar la tranquilidad y el orden, y me es sumamente satisfactorio manifestar al Cuerpo Legislativo la tendencia de todos los pueblos a conservar tan inestimable don, de lo cual recibo constantemente muestras positivas. En consonancia con estos deseos y con mis sentimientos, he dirigido mi administración convencido de que la paz es la puerta que abre lugar a toda mejora y al bienestar de la sociedad. Si la paz es un beneficio del cielo con que protege al hombre, los salvadoreños la han disfrutado en plena libertad, y con el uso y ejercicio de sus garantías. En esta posición he conservado al Estado. Nada he omitido para cimentar y afianzar esta situación afortunada. No se ha visto la lágrima triste de la esposa, del padre, del hermano, ni del tierno amigo, ni una sola gota de sangre ha manchado el suelo salvadoreño que haya derramado el trastorno. En vez de estos objetos de amargura, os presento al Estado todo, quieto, unido y tranquilo.

Si en el interior se disfruta de una paz envidiable, no por esto el Gobierno se ha concentrado en este objeto ni ha adoptado una política o sistema mezquino de aislamiento, sino que ha extendido sus miras y conatos a robustecer su existencia y manera de ser, promoviendo en cuanto ha estado en su posibilidad la unión nacional, y que Centroamérica reaparezca cual fue, formando una sola nación, estableciéndose para esto un gobierno general. Con tan importante fin ha dado todos los pasos que ha considerado oportunos; y aunque los gobiernos de Honduras y Nicaragua se han manifestado anuentes y animados con los mismos sentimientos, se han presentado inconvenientes secundarios que han dificultado la unión, pero que pueden vencerse. Más no ha sucedido lo mismo respecto del de Guatemala, quien ha repulsado la reorganización nacional en un decreto concéntrico y de aislamiento absoluto, erigiéndose en República y ratificando el emitido por la administración anterior el año de 47.

No era de esperarse una negativa semejante en virtud de los principios que se proclamaban y del interés y convencimiento con que se hablaba a los pueblos por la prensa sobre la necesidad urgente de adoptar aquella medida salvadora para asegurar la independencia de Centroamérica y la integridad de su territorio. La misión expedida cerca del expresado Gobierno de Guatemala no tuvo otro resultado que el desengaño lamentable y el convencimiento de que la medida referida no entraba en la política ni intereses de su administración. Por lo demás, se han conservado las relaciones en armonía hasta cierto punto, pues han ocurrido incidentes promovidos por dicha administración que las han resentido y que el Gobierno del Salvador ha visto con bastante sentimiento y obligado a pedir las debidas explicaciones.

Me es muy satisfactorio, así como honroso al buen sentido de los salvadoreños, el que, a pesar de la conflagración anárquica en que están envueltos los pueblos de Guatemala y lo relacionados por su comercio principalmente con los limítrofes, las ideas del trastorno no hayan podido penetrar en ellos, lo que comprueba más su decisión por el orden, y que las causas que producen el sacudimiento existen en aquel Estado y no tienen analogías en el Salvador; y en verdad que no debía ser de otra manera.

Se hallaban en esta situación las cosas cuando los pueblos de Los Altos, que formaron el sexto Estado de la federación centroamericana y fueron agregados por la fuerza y la violencia al de Guatemala, se pronunciaron proclamando su libertad e independencia. El Gobierno provisorio que establecieron se dirigió al del Salvador para su reconocimiento, y éste, considerando justa, legal e incuestionable su reaparición, celebró un convenio, reconociéndolo en la capacidad de Estado soberano e independiente, renovando en esta parte el ajustado en agosto de 39. Pero a este tiempo, Guatemala mandó sus fuerzas sobre aquellos pueblos, y habiéndolos sometido de nuevo, no tuvo ningún resultado dicho convenio, que nada contiene de particular ni envuelve ninguna ventaja exclusiva en favor del Salvador, cuyo Gobierno tampoco quiere nada para él con perjuicio de sus demás hermanos.

Posteriormente han vuelto a pronunciarse dichos pueblos, y su gobernante se ha dirigido también por medio de un comisionado y con el mismo fin que lo hizo el anterior Gobierno provisorio, y la conducta del Salvador sobre este asunto será siempre basada en los principios de justicia y legalidad.

Costa Rica, a imitación de Guatemala, ha hecho la misma declaratoria de erigirse en República. Sin embargo, conserva su buena inteligencia con el Salvador. Como una prueba de esta amistad y armonía, ha recibido el Gobierno un testimonio digno de nuestra gratitud y eterno reconocimiento. Os hablo, CC. RR., del paso que acaba de dar el señor Presidente actual, mandando los restos mortales del ilustre General Morazán, el hijo de la patria y el constante defensor de sus derechos. Un tumulto rabioso y asesino inmoló en su furor la vida preciosa del amigo querido de los salvadoreños. Pero un gobernante filantrópico, obsequiando los deseos de estos pueblos, nos manda generoso sus caras cenizas, que legó a ellos como un recuerdo de su amor en los momentos mismos en que era conducido al sacrificio. Este presente inestimable, cuanto grato y doloroso en sí tiene; estos despojos tristes de nuestro caro amigo, serán luego conducidos de Sonsonate, con la pompa que nos sea posible, y depositados en un mausoleo mandado ya construir.

Si no existe ya, ciudadanos, el ilustre guerrero que condujo siempre al patriotismo a la defensa de la causa del pueblo, la libertad, poseemos al menos sus restos queridos, y él vivirá siempre en nuestro amor. La historia de su vida formará una sola con la del Salvador. Unido a este pueblo y a su libertad con una decisión constante, su memoria será también inseparable de este. Una losa fúnebre cubre sus cenizas.

La eternidad, interpuesta entre estas y nosotros, nos lo ha ocultado para siempre. El nombre de MORAZÁN pertenece a la historia; sus restos queridos, al pueblo salvadoreño. Los Estados de Honduras y Nicaragua han mantenido también las más amistosas relaciones, sin que hayan presentado el más pequeño motivo para que se alterase su fraternidad.

El asunto grave de la queja elevada a Su Santidad el inmortal Pío IX ha sido atendido, y el Gobierno está reconocido al celo ilustrado y eficacia de su comisionado, el señor licenciado don Ignacio Gómez, encargado de tan delicada e importante misión, que alcanzó su mejor despacho, y en consecuencia, el Smo. Padre, atendiendo las preces y súplicas del Gobierno, vino a llenar la ansiedad de su amada grey, nombrando Obispo de Antígona in partibus y Gobernador de esta Diócesis al muy recomendable y digno Ministro, el señor don Tomás Zaldaña, de ejemplar virtud.

El Gobierno ha experimentado toda la emoción que debía inspirar el pronto y feliz término de un asunto que tocaba las conciencias y que ha hecho desaparecer todo pensamiento que pudiera mortificarlas. Se promete del digno Obispo electo, acogido ya en el corazón de los salvadoreños, que será el apóstol de la paz, el consuelo de su grey y un apoyo firme y seguro para el mantenimiento del orden, conservando la más justa y debida armonía con la potestad civil. Su carácter de mansedumbre y humildad es una garantía de que se mantendrá inalterable. No se verá el escándalo de la profanación de la casa de Dios, ni la Cátedra de la verdad convertida en el lugar de los desahogos, y desde donde se aconseje la muerte de las ovejas y se concite la rebelión contra las autoridades legítimas.

Cree el Gobierno, como una evidencia que está al alcance de todos, que no se verán ya las escenas tristes que, por una desgracia lamentable, se representaron en los días 11 y 12 de julio de 1846, en que, convirtiéndose la caridad en furor y en rebelión la humildad, se pedía la sangre de los salvadoreños por quien debiera haber derramado la suya, predicando la paz y la unión. ¡Compatriotas! Tenemos ya a un apóstol, un padre, un amigo, que con la palabra y el ejemplo enseñe la moral del Cordero: no volverán más los días de luto que mancharon esta ciudad con la sangre de vuestros padres, de vuestros hijos y de vuestros hermanos. ¡Que la horrenda discordia y el genio del mal no nos envuelvan jamás en tanta desgracia!

En sus relaciones exteriores, el Gobierno espera serán acogidos benévolamente los agentes que ha acreditado cerca de los gabinetes de las Repúblicas de Francia y los Estados Unidos, y tiene datos para creerlo así, habiéndolo sido ya el nombrado cerca de la Santa Sede al retirarse nuestro enviado, el señor licenciado Gómez, con motivo de haber evacuado el objeto principal de su comisión.

En las de comercio, no se ha presentado motivo desagradable que las alterara, y nuestros puertos son concurridos por súbditos y comerciantes de todas las naciones, que son recibidos y acogidos con las debidas consideraciones de amistad.

Los reclamos del señor Cónsul inglés por créditos a algunos súbditos de su nación, aunque habían llegado a un punto desagradable y serio hasta ver bloqueado nuestro puerto de La Unión, el Gobierno ajustó un arreglo para el pago de la deuda y se terminó este asunto en armonía y de una manera razonable.

Los productos de la Hacienda pública han tenido un aumento, debido a la confianza que inspira la paz en las negociaciones comerciales y las economías que se han hecho, y el Gobierno tiene la satisfacción de informaros que la lista civil y militar ha sido cubierta constantemente, y que se ha amortizado una gran parte de la deuda interior.

Deseando dar el mejor arreglo a la ley de Hacienda, se nombró una comisión para este objeto, y otra para la reforma que demanda nuestra tarifa de aforos, atendido el valor que tienen las mercaderías en el comercio por las mejoras que han practicado las fábricas europeas en los efectos y tejidos. Oportunamente se presentarán al Cuerpo Legislativo los trabajos de dichas comisiones sobre tan importante objeto, para que acuerde lo que considere más conveniente.

La instrucción pública sigue en un progreso bastante satisfactorio, y dentro de pocos años saldrán de nuestra Universidad y Colegio jóvenes ilustrados que llenen los destinos y honrarán nuestra patria con sus luces. Las escuelas continúan con celo en todo el Estado, y si no se notan todos los adelantos que eran de desearse, es debido a la dificultad de conseguirse preceptores con las capacidades necesarias.

El Gobierno ha dado su atención a la compostura y mejoramiento de los caminos, y dictado al efecto las providencias que ha creído convenientes, teniendo la satisfacción de recibir de los gobernadores informes de haberse verificado en lo posible, empedrándose muchos y variándose donde ha sido necesario. Para hacer de rueda el que va de esta Ciudad al puerto de la Libertad, nombró el Gobierno un inteligente que hiciese su reconocimiento.

La obra es muy practicable, y se acortará además su distancia a dicho puerto, según informe del comisionado, pudiendo concluirse en el presente verano, y a poco costo. El comercio recibirá un impulso positivo, facilitándose el transporte de nuestros frutos, y el de los efectos y mercaderías que vengan del extranjero.

En La Unión, puerto principal y más concurrido que tenemos, se ha mandado construir un muelle, y establecido un presidio en el que los reos no serán brazos muertos y gravosos a la sociedad encerrados en las cárceles, pues auxiliarán en el trabajo, y el Gobierno se lisonjea de que lo más pronto posible sea concluida una obra tan útil y necesaria al comercio.

En el ramo de guerra nada ha habido notable. Las milicias se organizan, y el reglamento del ejército, para cuya formación se facultó al Gobierno, está concluido y se presentará al Cuerpo legislativo para su aprobación o reforma. La fuerza permanente no ha sido aumentada, porque el estado de paz que disfrutamos lo ha hecho innecesario, y lejos de esto, se han dado bajas que han dejado una cantidad de consideración, sin que el servicio haya padecido, ni el orden público quedase descuidado ni expuesto.

Se conservan en esta ciudad y en otros puntos del Estado las guarniciones en un número limitado e indispensable. Por lo demás, tenemos en los almacenes lo suficiente para su defensa y respetabilidad.

De los gastos hechos en este ramo, lo mismo que en todos los demás que abraza la administración, y de todas las providencias y decretos que ha emitido el Gobierno, será informado el Cuerpo legislativo por el ministerio correspondiente.

Si no puedo lisonjearme de presentaros un cuadro de prosperidad y de mejoras cual deseara mi corazón para nuestra patria, me cabe al menos la satisfacción dulce de haber conservado inalterable la paz y tranquilidad.

REPRESENTANTES: QUE LA PROVIDENCIA os lance un rayo de su sabiduría inmensa desde su trono de luz, para que llenéis vuestros deberes y deseos patrióticos. Dichosos los nacidos en el suelo de la patria, bañados por una misma luz y vivificados por un mismo sol; y más dichosos aún vosotros, sus hijos escogidos, si lográis acordar cuanto pueda contribuir a su prosperidad y bienestar.

¡Oh, cara libertad! Tú que armaste el brazo del griego y del romano y engrandeciste su patria dándole poder y gloria; tú que en nuestros días has presentado al mundo todo, el espectáculo más sorprendente y digno de vuestra natural y benéfica influencia, elevando a un rango de prosperidad admirable a la República del Norte, aproxímanos a ella, y haz que sigamos más de cerca su marcha prodigiosa. ¡Oh, paz! ¡Oh, libertad! que al solo nombraros animáis el corazón y hacéis sentir una sensación agradable y de consuelo, fijad, oh genios, vuestra mansión bienhechora entre nosotros: concedednos vuestro poder creador, y derramad en nuestros ánimos vuestra unción saludable.

Aceptad, CC. RR., la más cordial enhorabuena que os doy gustoso por vuestra elección, y mis ardientes votos por el acierto en todas vuestras deliberaciones. Como salvadoreño y como gobernante, me liga un juramento solemne que he prestado a mi patria para sostener con el poder que la ley ha depositado en mis débiles manos la Constitución y las resoluciones y decretos que acordéis, y ahora reitero cumplir este mismo juramento.

Doroteo Vasconcelos.

CAPÍTULO VI: ADMINISTRACIÓN DE DON BERNARDO ESCOBAR

SUMARIO.

1—Aspecto del país. 2—Motivos del nombramiento de Escobar. 3—Toma posesión el Presidente. 4—Proclamas. 5—Observaciones. 6—Una equivocación. 7—Felicitaciones. 8—Amnistía. 9—Ministerio de Porras. 10—Renuncia Escobar y la dimisión no es admitida. 11—Observaciones. 12—Medidas gubernativas. 13—Ministerio de Jonama y de Gálvez Yrungaray. 14—Renuncia de algunos Consejeros. 15—Inútiles medidas de pacificación. 16—Interpelaciones de don José María y don Juan Francisco Urruela y proposición de don Gregorio Orantes y don José Mariano Rodríguez. 17—Caída de Escobar. 18—Elección de Tejada. 19—Exposición en favor de Escobar y sus consecuencias.

El 15 de agosto de 1848 fue un día de júbilo. Un partido teocrático y reaccionario caía. Un jefe militar ignorante y sanguinario se veía obligado a salir del país. Una juventud oprimida por el clero y enseñada a obedecer por la aristocracia levantaba la cabeza, tanto tiempo sumisa y humillada.

Un pueblo acostumbrado a tirar como buey el carro de sus señores, era llamado a la administración y al Cuerpo Legislativo para que se ostentara la igualdad ante la ley y la soberanía de la nación. Todas las clases de la sociedad saludaban al Gobierno inaugurado el 16 de agosto, esperando de él los bienes que el salvajismo impedía realizar.

Los Estados vecinos felicitaban a la nueva administración guatemalteca y de ella aguardaban la unidad centroamericana para poder conservar la integridad del territorio y hacer resistencia a las pretensiones extranjeras.

El 28 de noviembre de 1848, día en que tomó posesión de la presidencia don Bernardo Escobar, todo había cambiado totalmente.

La Asamblea estaba desacreditada, porque en sus tribunas se había ultrajado al Salvador y a todos los Estados de Centroamérica; porque en ella se había decretado la desunión, en vez de decretarse la unidad apetecida; porque se hallaba dividida y subdividida en partidos que se hacían cruda guerra.

Estaba desacreditado el Gobierno que acababa de hundirse en lo pasado para comparecer más tarde ante el tribunal de la historia.

Estaba desacreditado Nuño por su ignorancia, por sus inconsecuencias políticas, por su carencia de dotes militares y por su ridícula derrota en Lagunilla.

Estaba desacreditado Carrascosa, militar antiguo y liberal fiel, por la expedición contra los Cruces en Sacatepéquez y sus fatales resultados.

Hasta las noticias que nos venían del extranjero eran malísimas. Había caído Lamartine en Francia. Los reaccionarios presentaban su caída como una falsa prueba de la imposibilidad de mantener los principios liberales aun en los grandes focos de civilización y de luz. Las noticias de Francia presentaban a la nación, tres veces vencedora de los reyes, bajo la dictadura militar del general Cavaignac.

En la Tesorería de Guatemala, el 28 de noviembre no había un peso. Los empleados no estaban pagados, ni la tropa había recibido su prest.

El clero, de quien la administración pasada no supo hacerse respetar, se presentaba activo y hostil, y las fuerzas de la montaña llegaban hasta las garitas de la capital.

He aquí la situación del país el día en que don Bernardo Escobar subió al poder.

No todos los votos que se dieron a Escobar en la Asamblea fueron sinceros. El círculo de Barrundia lo quería de buena fe. Los serviles lo detestaban. Don Luis Molina y los suyos no podían soportarlo.

Don Luis Molina aspiraba a elevar al poder a don Mariano Paredes, de quien había sido asesor en Chiquimula y a quien había conducido a los campos de San Andrés.

Pero Paredes carecía de prestigio.

Los serviles no lo querían porque en agosto los traicionó en Chiquimula.

Los liberales lo detestaban porque había sido esbirro de Carrera.

Luis Molina solo podía elevar a Paredes en circunstancias extraordinarias y anormales, que él buscaba, y cuando del todo faltaran hombres de prestigio.

Don Bernardo Escobar era un obstáculo para Molina, y se deseaba desacreditarlo colocándolo bajo el dosel, rodeándolo allí de obstáculos, cubriendo de abrojos su camino y haciéndolo caer, para que de esta caída surgiera el héroe de San Andrés.

Así fue elevado al poder el señor Escobar, hombre de gran reputación como orador, como liberal sincero y leal, y como verdadero demócrata.

El 28 de noviembre, a las cinco de la tarde, don Bernardo Escobar prestó juramento ante la Asamblea y se dirigió al palacio acompañado de una comisión del Cuerpo Legislativo, donde don Juan Antonio Martínez le entregó el mando, casi solo en la ciudad, pues todo el país estaba conmovido y las fuerzas de los sublevados llegaban hasta las garitas.

Los ministros Dardón, Molina y Vidaurre se retiraron, para no tener ninguna participación en el Gobierno que se inauguraba.

Era tan vehemente el deseo que el círculo de Molina abrigaba de romper todo vínculo con el nuevo Presidente, que don Andrés Dardón, hermano de don Manuel y molinista decidido, diputado ya y redactor de La Gaceta en el período de Martínez, consignó en el núm. 34, página 139, un artículo titulado "La Redacción", haciendo gala de que se retiraba de la imprenta y presentándonos el catálogo de artículos ya publicados que a su pluma debíamos.

Escobar dio esta proclama:

El Presidente interino de la República a los habitantes de la capital.

Obedeciendo a la voz soberana de nuestros Representantes, hoy me hice cargo del Gobierno. Conociendo mi insuficiencia para el desempeño de las funciones gravísimas de la administración, vi también que la patria exigía de mí este acto de sumisión, atendidas las circunstancias. Soy del pueblo por todos mis aspectos: sostener su causa fue siempre un grato deber mío. ¡Oh compatriotas! Reconocedlo, y completad la obra de vuestros Representantes, auxiliándome con vuestras luces y cooperación.

Por todas partes amagan los peligros; pero en mi administración encontrará el pueblo a un hombre decidido por conservarle sus derechos, y a sacrificarse por él. Solo os pido vuestro respeto a las autoridades constituidas, como prenda segura de fidelidad a las leyes y amor al orden; por el cual se interesa vuestro compatriota.

José Bernardo Escobar.

Guatemala, noviembre 28 de 1848.

En el mismo día publicó Escobar otra proclama que dice así:

El Presidente interino de la República a sus habitantes.

Elevado a la primera magistratura de la República por disposición de la augusta Asamblea Constituyente, debo dirigiros mi voz para hacer la franca confesión de los principios que me guiarán en la senda administrativa. No hay partidos para el Gobierno: no tiene desafectos, ni privilegiará amigos; serán reprimidos los que desobedezcan las leyes y alteren el orden público, y obtendrán la distinción que corresponde a su mérito los que lo sostengan.

Pronto una ley fundamental fijará nuestros destinos para siempre; entretanto, una perfecta obediencia a las leyes de nuestra Asamblea Constituyente nos restituirá la paz. ¿Por qué renunciarla? ¿Por qué no apresurar su venida, sometiendo a la decisión de aquella las cuestiones que nos dividen?

¡Venerable clero! He aquí el campo donde recogerá copiosos frutos vuestro celo apostólico.

¡Valientes militares! Esta es la oportunidad de dar glorioso lustre a vuestra profesión, poniéndoos con sinceridad de parte del Gobierno.

Cese, pues, el estruendo de las armas, suspéndanse las pretensiones de hecho, y vengan todos los que tengan cualesquiera demandas a presentarlas a nuestro soberano, con la confianza de que ellas serán atendidas por el Gobierno, elevadas a la Representación Nacional, y ejecutadas las resoluciones que ella dictare. Así os dará el más claro testimonio de amor vuestro compatriota.

José Bernardo Escobar.

Guatemala, noviembre 28 de 1848.

Los hombres de la administración de Martínez no pudieron soportar esta proclama.

El señor Vidaurre reconvino al Presidente de una manera severa por haber asegurado que el Gobierno no tenía partido y concluyó su reconvención con estas precisas palabras:

"Estará U. bajo el dosel mientras nosotros lo consintamos; el día que nos parezca conveniente iremos a la Asamblea a deponerlo."

Escobar contestó: "Ustedes harán lo que quieran, pero yo daré cumplimiento a mi programa."

Los serviles estaban unidos y compactos para desacreditar a Escobar.

La montaña lo combatía hasta en las garitas de la capital.

Los molinistas querían aniquilarlo.

¿Sería posible, bajo tales auspicios, que un hombre civil se mantuviera en el poder?

Don Bernardo Escobar creía que el malestar social venía del clero, en lo cual no se equivocaba; pero se equivocó en los medios de salvar la dificultad y combatir el mal.

Escobar decía: "Los clérigos piensan que se les hostiliza por placer; es preciso que vean lo contrario, y cuando comprendan que no somos sus enemigos, no nos harán daño."

A suavizar al clero tienden las palabras que le dirige en la segunda proclama del 28 de noviembre.

Con el mismo fin, dictó en favor del padre Raull el siguiente acuerdo:

"Ministerio de Gobernación.—Palacio Nacional del Supremo Gobierno.—Guatemala, diciembre 2 de 1848.

Deseando el Presidente de la República favorecer, por todos los medios que estén a su alcance, la pacificación de los pueblos; y considerando como uno de estos medios el olvido de las faltas que han podido cometerse respecto del orden público; mostrando así la disposición en que se halla el Gobierno no solo para perdonar aquellos extravíos, sino para entrar en un convenio que dé por resultado la paz y el bienestar de los pueblos: usando de las facultades de que está investido por el artículo 2.° §1.° del decreto de 13 de octubre último, acuerda:

Se sobresea en la causa que por la Comandancia General se instruye al presbítero don Juan Raull por atribuírsele complicidad con los sublevados de la montaña, quedando, en consecuencia, en absoluta libertad.

Comuníquese este acuerdo a la Comandancia General para su cumplimiento, al Gobierno Eclesiástico para los efectos que convengan, y a la Suprema Corte de Justicia para que pueda exonerar a los fiadores de dicho Sr. Raull de la responsabilidad que contrajeron por la fianza exigida en el acuerdo del Tribunal de 9 de octubre próximo pasado."

El acuerdo se comunicó al arzobispo, quien contestó en esta forma:

"Gobierno metropolitano de Santiago de Guatemala.—Al Sr. Ministro de Gobernación, Justicia y Negocios Eclesiásticos.— Guatemala, diciembre 2 de 1848.

He recibido la grata de U. de esta fecha, en que se sirve darme conocimiento del acuerdo del Supremo Gobierno, en que, a virtud de facultades con que se halla investido, ordena se sobresea por la Comandancia en la causa que se seguía contra el presbítero don Juan Raull y dispone asimismo se comunique a este Gobierno Eclesiástico para los efectos que le convengan, sin duda en razón del participio que el mismo Tribunal Eclesiástico tuvo en dicha causa: como también se ordena sea comunicado a la Suprema Corte para la exoneración de las fianzas.

Tan distinguidos rasgos de equidad, además de conducir a los fines de la pacificación, ellos mostrando el grado de consideración que se sirve guardar a un individuo del clero, excitan la gratitud y son por su naturaleza un motivo que aumenta los deberes de mi reconocimiento.

Se servirá U. significarlo así a Su Excelencia y al propio tiempo aceptar las consideraciones de aprecio de su atento servidor.

Francisco, Arzobispo de Guatemala.

El señor Escobar, para hacer ver que no tenía intención de hostilizar a los sacerdotes, nombró Ministro de Gobernación, Justicia y Negocios Eclesiásticos al presbítero don Narciso Monterrey, uno de los signatarios de los tratados de Quezada.

Este nombramiento produjo un verdadero disgusto a Barrundia y a sus amigos, y fue ridiculizado por el círculo de don Luis Molina y por los serviles mismos.

Estos decían: "Si cree Escobar que nos engaña, se equivoca", y repetían aquel conocido adagio español: "Moro viejo, mal cristiano."

Escobar, con todo su talento y con toda su experiencia, daba muestras de no conocer al clero católico.

El clero no cede por halagos; mientras más se le halaga, más pide, más exige, hasta llegar a una plena dominación teocrática.

El clero cede cuando se le impone, cuando se le intimida, cuando tiene miedo.

Sin embargo de la proclama, del nombramiento del padre Monterrey y de otras disposiciones piadosas que pusieron en ridículo al Gobierno, el clero cada día fue más hostil a Escobar y cada día se empeñó más en que no se hiciera la paz con los montañeses, y en que continuara la guerra para obtener el regreso de Carrera, que era el hombre que podía satisfacer plenamente las aspiraciones clericales.

Sin embargo de la situación aflictiva, la municipalidad de Guatemala, compuesta de los señores Manuel Vega, F. Padilla, Ramón Vasconcelos, Juan J. Piñol, Rafael Arévalo, Pablo Hernández, Dionisio Sánchez y Pedro Vicente Batres, felicitó al Presidente el 4 de diciembre de 1848.

La municipalidad de la villa de San Martín felicitó también expresivamente al señor Escobar.

Escobar había sufrido mucho con los asuntos de Quezaltenango y deseaba suavizar la suerte de los quezaltecos. Paredes seguía causas criminales en los Altos por asuntos políticos, perseguía por opiniones y hacía una completa ostentación de sus facultades y de la confianza que en él depositó el Gobierno de don Juan Antonio Martínez.

Escobar, con el fin de hacer más soportable la suerte de los quezaltecos, dictó el siguiente decreto:

"El Presidente interino de la República de Guatemala,

Teniendo en consideración el descontento en que yacen las familias de muchos habitantes de los pueblos de los Altos, por la participación que algunos de sus individuos tomaron en el pronunciamiento de la Municipalidad de Quezaltenango verificado el 27 de agosto último: atendiendo a que los extravíos que pueden traer su origen de la diversidad de opiniones, no tienen todo el carácter de injusticia intrínseca que marca los demás delitos; y deseando ir adelante en el camino que se ha propuesto seguir, de procurar la tranquilidad, sin escasear medida alguna de indulgencia: usando de la facultad extraordinaria con que la Representación Nacional se sirvió investir al Gobierno en decreto de once del próximo pasado; ha tenido a bien decretar y

DECRETA:

Art. 1.° Se concede una amnistía general a todas las personas que hayan tenido participación en el último movimiento de los pueblos de los Altos, dirigido a separarse de la República con el objeto de erigirse en Estado independiente.

Art. 2.° Los jueces de aquellos departamentos sobreseerán, por tanto, en las causas que estén instruyendo contra dichos individuos y las autoridades no los molestarán por la causa antedicha.

Art. 3.° Se exceptúan de esta gracia los que estén procesados por delitos comunes, sobre los cuales continuarán sus causas sin reagravárseles por aquel motivo; y también se exceptuarán los extranjeros no avecindados en aquellos pueblos, que vinieron a tomar parte en el referido movimiento.

Art. 4.° Con el presente decreto y sus resultas, dése cuenta a la Representación Nacional oportunamente; quedando, entre tanto, encargado de su cumplimiento el Sr. Ministro de Gobernación.

Dado en el Palacio Nacional de Guatemala, a seis de diciembre de mil ochocientos cuarenta y ocho.

JOSÉ BERNARDO ESCOBAR.

El Ministro de Gobernación:

Narciso Monterey.

Este decreto indignaba a los que habían preparado la guerra a los Altos, a los que la habían realizado y a todos los que empaparon en preciosa sangre los campos de San Andrés.

Indignaba a don Manuel Dardón y a sus hermanos, porque Dardón, además de haber sido Ministro de Martínez, se opuso, por medio de un extensísimo informe que la Asamblea le pidió, a esa amnistía solicitada por Barrundia.

Hubo interpelaciones en el Cuerpo Legislativo.

Era un espectáculo tristísimo y desconsolador las sesiones de la Asamblea.

El doctor Andreu, orador de los serviles, y don Luis Molina, unidos, combatían conjuntamente a don Bernardo Escobar, ¡una de las más grandes notabilidades del partido liberal!

Andreu quería que cayera Escobar para que regresara Carrera.

Molina deseaba que cayera Escobar para que subiera Paredes.

Algunos hombres decían a don Luis: "Paredes ha sido siempre un esbirro de Carrera y, en el poder, será cachureco como siempre."

A esto contestaba Molina: "Paredes tiene ideas liberales, la posición en que ha estado le ha impedido manifestarlas: tiene una alta idea de mi padre, y sus ministros serán los hombres que nosotros le presentemos."

Se le replicaba: "Paredes está en muy buenas relaciones con los reaccionarios. Se sabe que consulta con ellos."

A esto respondía don Luis Molina: "Zeroncito es hermano de Paredes, tiene una grande influencia en él, y por medio de Zeroncito tendremos siempre de nuestro lado al general Paredes."

Paredes era hijo natural de don Pedro José Zeron, el mismo que acusó en 1830 al Vicejefe del Estado de Guatemala, don Antonio Rivera Cabezas, y cuya acusación fue desechada por la Asamblea (Capítulo 19, Libro 2.° de esta Reseña).

El representante don Manuel Zeron, llamado Zeroncito por su pequeña estatura, era también hijo natural de don Pedro José Zeron.

Paredes y Zeroncito no vivían juntos ni se trataban íntimamente y apenas sabían que eran hermanos.

Circunstancias políticas los habían acercado como una navegación acerca a hombres que no se conocen, o como esos paseos que se llaman temporadas, que unen por pocos días a personas que jamás vuelven a saludarse.

Luis Molina y Zeron todo el día estaban juntos. A esta sociedad se agregaban los Dardones, especialmente don Vicente.

Luis Molina, hallándose ligado con Zeroncito, creía que lo estaba con el general Paredes, y que todo lo que Zeroncito aprobaba lo aprobaba también Paredes.

Don Antonio Rivera Cabezas, redactor de "Don Melitón" y de "Don Anselmito", estaba en los últimos años de su vida, enteramente retirado de los negocios públicos; pero no perdía su natural jocosidad.

Un diputado fue a visitarlo y le dijo: "Los Molinas tienen una alta idea de Paredes y quieren que sea Presidente de Guatemala."

Rivera Cabezas se levantó de su asiento y dijo con energía: "Es hijo de Pedro Zeron, es hijo de Pedro Zeron, es hijo de Pedro Zeron."

Triple afirmativa que indicaba el concepto que uno de los patriotas del tiempo de la independencia tenía del candidato de don Luis Molina.

El decreto de amnistía que tanto indignó a los serviles y a los molinistas fue aplaudido en El Salvador, y este aplauso produjo serios temores a los enemigos de Escobar, quienes deseaban tener al Gobierno solo, aislado y a merced de los dos hostiles círculos de oposición.

Escobar nombró Ministro de la Guerra a don Basilio Porras.

El ministerio de Porras indignó a don Luis Molina contra don Bernardo Escobar aún más de lo que ya estaba.

Un incidente demuestra hasta dónde llegaba la indignación de Molina. Se trató un día en la Asamblea de que el señor Porras desempeñara una misión en el extranjero.

La votación fue nominal y, al dar su voto, don Luis Molina dijo, pálido y trémulo de cólera: "No, porque no quiero que mi patria sea representada ridículamente."

Molina pudo haber dicho en el debate cuanto hubiera querido contra Porras; pero, estando cerrada la discusión y no debiendo decir al dar su voto cada diputado más que "sí" o "no", aquellas palabras agregadas al "no" de Molina fueron un desahogo que revelaba saña.

Escobar, teniendo esa ruda oposición en el Cuerpo Legislativo, solo podía seguir dos caminos: un golpe de Estado o una renuncia.

El golpe de Estado estaba indicado por la situación:

La Asamblea se hallaba desacreditadísima, y nadie creía ya que de su seno pudiera salir la salvación de la patria.

El Presidente contaba con el apoyo de los artesanos de la ciudad y con muchos militares.

La montaña, desde el principio, había pedido que se disolviera la Asamblea, porque las elecciones se habían hecho bajo el régimen de Carrera, y disolviéndose la Cámara se habría halagado a los sublevados.

Pero ni el carácter, ni el genio, ni las ideas de Escobar le permitían aceptar el pensamiento de un golpe de Estado.

Escobar adoptó el segundo medio y presentó a la Asamblea su renuncia. (Documento núm. 1.)

Por una de aquellas anomalías que se ven en política, la renuncia no fue admitida, y los secretarios de la Asamblea, Pineda de Mont y Gándara, que pertenecían a la exigua minoría combatida por los serviles y por los molinistas, dirigieron al Presidente una comunicación honorífica. (Documento núm. 2.)

¿Cómo es que, habiendo dos partidos en la Asamblea que formaban mayoría contra Escobar, la renuncia no fue admitida?

Esto se explica así:

Los serviles necesitaban para constituir mayoría la unión del partido molinista, y todavía no estaban los dos partidos de acuerdo en la persona que debiera subrogar a don Bernardo Escobar.

Se había pronunciado el nombre de Paredes; pero los serviles, aunque creían que Paredes podía traicionar a los molinistas y unirse a ellos, no estaban seguros de que se perpetraría esta nueva traición, y no se atrevían a votar por Paredes.

Los reaccionarios se limitaban entonces a conferenciar secretamente entre sí, a verificar investigaciones reservadas, para dictar una resolución definitiva más tarde.

Todo esto obligó a los dos partidos dominantes en la Asamblea a no admitir la renuncia de Escobar, a fin de proporcionarse una tregua, y permitió a dos amigos del Presidente redactar la honorífica nota de que se habla.

En esos días recibió Escobar noticia de que los montañeses habían entrado a Chiquimula y tomado el armamento.

Esta noticia y otras muchas que indicaban el progreso de la insurrección produjeron el decreto siguiente:

Art. 1.°—Se declara la Ciudad en estado de sitio; mas los juzgados y tribunales de justicia no se cerrarán sino cuando comience el ataque con que se amenaza a la Capital.

Art. 2.°—Todos los cuerpos militares formados con la denominación de empleados, Minerva y Urbanos, con las excepciones acordadas en el decreto de su creación, y los que se formaren por decretos posteriores, se presentarán al toque de alarma en el portal del cabildo a ponerse a la disposición de la Comandancia general, del mismo modo que los individuos que componen la compañía de honor, lo harán concurriendo al edificio de esta.

Art. 3.°—A fin de que los departamentos puedan prestar al Gobierno, en seguridad de ellos mismos, los auxilios de hombres y dinero que se les piden, y para que la acción de los Corregidores respectivos sea más expedita, se declaran bajo el régimen militar, de conformidad con el decreto federal de 17 de noviembre de 1832, mandado ponerse en observancia."

A continuación se mandó organizar una fuerza cívica en esta forma:

"Art. 1.°—Se restablece en todo su vigor y fuerza el decreto de 23 de agosto de 1823 sobre organización de la fuerza cívica, dado por la Asamblea Nacional Constituyente, con las modificaciones que contiene el presente decreto.

Art. 2.°—En el día de hoy y el de mañana, quedarán formados en esta Capital cuatro batallones: el 1.° se compondrá de los varones que habitan en las parroquias del Sagrario y Santo Domingo; el 2.° de los de los Remedios; el 3.° de los de San Sebastián; y el 4.° de los de la Merced y Candelaria.

Art. 3.°—Para facilitar la pronta organización de estos cuerpos, el Gobierno nombra comandantes de ellos; para el 1.° al Coronel Don José Piloña; para el 2.° al Coronel Don Manuel Abarca; para el 3.° al Sr. Arcadio Gatica; y para el 4.° al Sr. Cristino Irías; pero luego que estén organizados dichos cuerpos, nombrarán ellos sus comandantes en la forma que previene el reglamento citado.

Art. 4.°—Por ahora, la fuerza cívica solo será destinada a defender la ciudad de la invasión actual: pasado el peligro, quedará en el pie en que la constituye el reglamento referido, y recibirán sueldo únicamente los que presten el servicio de guardias y lo necesiten.

Art. 5.°—Los comandantes nombrados emplearán toda su energía para reunir en el término prefijado, todos los individuos de que ha de componerse su respectivo cuerpo, que son los llamados al alistamiento en el último bando publicado.

Art. 6.°—Los individuos que hoy componen la guardia Urbana y la de Minerva, se alistarán en sus respectivos cantones en la que hoy se denomina guardia Cívica; mas no se disolverán aquellos dos cuerpos hasta no estar organizados los cívicos; y con el objeto de dar al alistamiento más respetabilidad, los Señores Curas exhortarán a sus feligreses para que llenen este deber; cuyo servicio será considerado por el Gobierno como corresponde.

Art. 7.°—El Ministro de la Guerra queda encargado de la ejecución del presente decreto."

Don Bernardo Escobar hizo una alteración en el Ministerio: nombró a Porras Ministro de Relaciones y llamó a don Manuel Jonama al Ministerio de la Guerra.

Jonama era uno de los jefes que militaron con Morazán el año de 1829; pero hacía tiempo que se hallaba retirado a la vida privada y no pensaba más que en la agricultura.

Este retiro no lo salvaba del odio del partido servil, y al oír pronunciar su nombre los serviles repitieron los cargos que a Morazán y a su círculo hacían sin cesar desde el año de 1829.

Fue nombrado Ministro de Hacienda don Mariano Gálvez Irungaray, uno de los liberales más consecuentes y uno de los amigos más leales del Presidente.

El Ministerio de Gálvez Irungaray fue otro motivo de indignación para los molinistas, porque el nuevo Ministro opinaba que se fuera deshaciendo lentamente todo aquello que, hecho o ejecutado por el Gobierno de Martínez, había producido un rompimiento entre los liberales de Guatemala y los liberales del resto de Centroamérica.

El odio de los serviles a Escobar era igual al que le tenían los molinistas o tal vez menor.

Para no tener contacto con el Presidente, renunció el doctor Molina al cargo de Consejero de Estado, y también renunciaron los serviles don Pedro Nolasco Arriaga y don Dámaso Angulo.

La renuncia fue admitida por la Asamblea.

Escobar se proponía hacer la paz.

Con ese fin se hallaba en negociaciones con los jefes de la montaña y el 12 de diciembre recibió el Gobierno una nota datada ese mismo día en Pinula.

En ella pide el exvicepresidente Vicente Cruz que se le entregue la plaza, obligándose él a dar garantías a todos los habitantes de Guatemala con excepción de algunos ciudadanos.

Los exceptuados eran los siguientes:

Pedro y Luis Molina, Manuel y Luis Arrivillaga, Mariano Vidaurre, Manuel Dardón, José Barrundia, Lorenzo Zepeda y Juan Antonio Martínez. (Documento núm. 3.)

Es digno de notarse que en esta lista no se halla ni Batres, ni Pavón, ni Andreu, ni Arriaga, ni Aycinena, ni Piñol.

¿Y por qué?

Porque estos señores se entendían con los montañeses y dificultaban, fingiéndose sus amigos, las negociaciones de paz, para acabar de desacreditar la revolución de agosto y obtener, no el triunfo de Cruz, sino la vuelta de Carrera.

Vicente Cruz se hallaba en los Altos en agosto, era vicepresidente y esperaba de un momento a otro que por tercera vez se le llamara al Gobierno.

La Asamblea no lo hizo.

En vez de llamarlo eligió a Martínez.

He aquí el origen del gran enojo.

El 12 de diciembre sabía Cruz que los Arrivillagas se habían empeñado en la elección de Martínez; pero ignoraba que fue aquella elección una maniobra servil obtenida por medio de Durán.

Barrundia votó por Martínez y, además, pidió que los montañeses quedaran exceptuados de las gracias que él solicitaba para los Altos después de la acción de San Andrés.

Lorenzo Zepeda no tenía más crimen que ser primo hermano de Barrundia y de los Arrivillagas, y haber exigido como hacendado que le pagaran sus arrendatarios.

Esta lista es una grande enseñanza que no se supo aprovechar.

El partido que don Luis Molina levantó se llamaba moderado.

Ese partido creía que se había captado la benevolencia de los serviles, y estos en momentos solemnes inscribían a sus jefes en las listas de proscripción.

Escobar no podía entregar la plaza sobre tales bases y continuó la guerra, cuyo foco no estaba en Palencia ni en Pinula sino en el centro de la capital y en las casas de los ricos.

El Sr. Dr. Andreu, agente de los nobles, solía entusiasmarse, y en momentos de entusiasmo se le escapaban importantes verdades que tampoco se supo aprovechar.

El 13, Vicente Cruz repitió el contenido de la nota del día anterior. (Documento núm. 4.)

Escobar nombró una comisión de clérigos cerca de Cruz.

El Presidente se equivocaba.

Vicente Cruz tenía ya la necesaria ilustración para no ver en los clérigos más que farsantes.

El lenguaje religioso que Cruz empleaba en sus proclamas y documentos oficiales tenía por fin el no ser abandonado por bárbaros montañeses a quienes todavía agradaba el canto de la Salve.

Vicente Cruz miró la comisión de clérigos con disgusto, la tuvo como un insulto, y trató muy mal a los comisionados.

El Presidente envió otra comisión cerca de Serapio Cruz, en la cual iba un clérigo.

Esta fue mejor tratada; pero tampoco dio un resultado favorable.

Escobar decretó un empréstito de cincuenta mil pesos. (Documento núm. 5.)

Este empréstito fue muy combatido.

Tocar el bolsillo de ciertos ricos sin darles enormes seguridades y opíparas ganancias, es herir las fibras más delicadas de sus corazones.

Pedir dinero a los reaccionarios, para sostener a un Gobierno liberal, es contrariar todas sus inclinaciones; es hollar todas las doctrinas que les fueron inculcadas alrededor de la cuna, que ellos no tuvieron capacidad para rectificar y que serán su guía hasta la tumba.

El Presidente dio una proclama que tiene fecha 14 de diciembre, en que hace un relato de lo ocurrido.

Al día siguiente hubo pequeños ataques. (Documento núm. 6.)

El mismo día, el Arzobispo y algunos clérigos pasaron al campo de los montañeses, con el fin de arreglar la paz, según creía Escobar; pero nada se arregló.

El 18, designó el Presidente al Padre Monterey y a don Basilio Porras para que se dirigieran al campo enemigo con el fin de negociar la paz.

Cruz contestó que tan pronto como se le comunicara que había un armisticio, daría instrucciones a sus comisionados para tratar con Monterey y Porras.

El 19, Vicente Cruz pidió al Gobierno que permitiera pasar a su campo a su hermano don Manuel Cruz y al licenciado don Raymundo Arroyo para que le arreglaran sus peticiones; a lo cual se accedió.

Las peticiones formuladas fueron las siguientes:

1.°—El Gobierno reconoce y pagará todas las pérdidas, daños y perjuicios efectivos que hayan sufrido los habitantes de los pueblos que han sostenido la guerra contra las dos administraciones anteriores, ya sea que dichas pérdidas o perjuicios fuesen causados por las tropas de los mismos pueblos, o por las de dichas administraciones, a cuyo efecto se expedirá el reglamento que corresponde, así para la justificación de las pérdidas como para el modo de indemnizarlas.

2.°—El Ejército de los pueblos reconoce al Gobierno y a las demás autoridades legalmente constituidas, en el concepto de que el mismo Gobierno hará la iniciativa correspondiente a fin de que se expida por la Asamblea Constituyente el decreto de su disolución. Obtenida la pacificación de los Distritos conmovidos, el Gobierno convocará a los pueblos de la República para que, conforme a las leyes vigentes, procedan a elegir sus Representantes; debiendo nombrar por lo menos uno que sea vecino del Departamento o Distrito respectivo, y todos deberán ser mayores de treinta años.

3.°—Las fuerzas del Gobierno y las de los pueblos son unas mismas, y reunidas constituyen el Ejército de la República. El General en Jefe de las fuerzas de los pueblos, D. Serapio Cruz, se encarga de la completa pacificación de los Distritos conmovidos, y con tal objeto obtendrá la Comandancia General de las armas de la República. El Gobierno pondrá a disposición del Comandante General los fondos necesarios para gratificar a los individuos del Ejército de los Pueblos.

4.°—El Gobierno retirará la fuerza armada que exista en los Altos, a fin de que aquellos pueblos puedan manifestar espontánea y libremente su voluntad respecto a su modo de ser político, a cuyo efecto el mismo Gobierno les dirigirá un manifiesto garantizándoles que bajo ningún título ni pretexto se molestará ni inquietará a las Corporaciones, ni a los particulares por la libre expresión de su voluntad.

5.°—Los pueblos y los particulares tienen expedito el derecho de petición conforme a las leyes. En consecuencia, pueden dirigir a las autoridades competentes sus quejas y representaciones, ya sea para que la administración de justicia se establezca cual corresponde y sin costas, como sobre tierras para los pueblos que necesiten de ejidos; y para que sean comprendidos en el indulto los individuos que, sirviendo al Ejército, tengan causa o condena pendiente. A fin de facilitar el uso del derecho de petición, y para evitar los gastos y dilaciones que sufren los pueblos y los particulares, las Municipalidades que se hallan reunidas, nombrarán dos agentes cerca del Gobierno, y por medio de éstos dirigirán sus peticiones.

Labor de Aceytuno, diciembre 21 de 1848.

Vicente Cruz.

El Presidente las modificó en esta forma:

1.°—El Gobierno reconoce y pagará todos los perjuicios efectivos causados a los habitantes del Estado por efecto de la guerra que se ha sostenido contra la administración de los ex-Presidentes Sres. Rafael Carrera y Juan Antonio Martínez, en la manera y con los fondos que decrete el Poder Legislativo, a cuyo fin, el Gobierno le dirigirá la iniciativa correspondiente.

2.°—Los ciudadanos particulares, y mayormente las Corporaciones Municipales, tienen expedito el derecho de petición para representar por escrito sobre todos aquellos puntos en que se sientan vejados; en cuya atención, el Gobierno les ofrece atenderlas, y proveer en todo aquello que conduzca a la seguridad de sus personas, y a su ocupación honesta y provechosa. En tal concepto, ofrece un indulto general a todas las personas que, por tener contra sí alguna causa pendiente o condena impuesta, se hallen fugitivos de sus hogares; ofrece dar ejidos suficientes a los pueblos que los necesiten para sus sementeras y demás usos comunes; les ofrece proveerles de jueces que les administren justicia con arreglo a las leyes.

3.°—El Gobierno recibirá y nombrará, como a empleados suyos, a los jefes y oficiales del Ejército de los Pueblos, y admite en su servicio a la tropa con todos los derechos que le corresponden a los militares, según la ordenanza; en cuya virtud, todas las fuerzas de dicho ejército, con sus jefes, deberán entrar a ocupar en esta ciudad los cuarteles que se les designen y prestar juramento de obediencia al Gobierno.

4.°—El Gobierno excitará a la Asamblea Constituyente a fin de que convoque a nuevas elecciones para su renovación total, dentro del menor término posible, y expedirá las órdenes correspondientes para que dichas elecciones se verifiquen con entera libertad, a fin de que los pueblos nombren las personas que más merezcan su confianza.

5.°—Los pueblos de los Altos son así mismo garantizados por el Gobierno, en la plena libertad de elegir sus diputados, que, incorporados en la Representación Nacional, conozcan y determinen sobre su permanencia en unión con Guatemala, o erección del Estado independiente, continuando mientras tanto, sumisos a las leyes y al Gobierno.

Si estas condiciones fuesen aceptadas, la paz queda hecha inmediatamente; y de lo contrario, a las seis de la tarde de este día queda concluido el armisticio y rotas las hostilidades.

Lo digo a UU. de orden Suprema, para su inteligencia.

Manuel Jonama

Adición al artículo 3.° El Gobierno reasume la Comandancia general ínterin duran las agitaciones políticas, y en su oportunidad la conferirá a cualquiera jefe del ejército, según corresponda con arreglo a derecho.-VALE.-Jonama.

No fueron aceptadas las modificaciones por los montañeses.

El Señor Escobar dio entonces un manifiesto en que explica las razones que tuvo para hacer las modificaciones rechazadas. (Documento número 7.)

Llama la atención la sinceridad del Presidente.

La Asamblea estaba compuesta en su mayor parte de molinistas y serviles que lo detestaban; y sin embargo, él quiere sea honrada aquella colección de hombres que no perdía oportunidad para ofenderlo de la manera más acerba y humillante.

Habría sido en aquellos días individualmente más favorable para Escobar un triunfo absoluto de Carrera, que un triunfo absoluto de Luis Molina, tal era la situación de los ánimos.

El Presidente era uno de aquellos hombres que mueren antes que infringir determinados principios del Derecho público.

No aceptaba la idea de cambiar por un simple tratado con los montañeses, las bases del derecho electoral.

Vicente Cruz quería matar a esta constituyente, como Carrera mató a la anterior y sustituirla por un Congreso compuesto de hombres a quienes se pudiera manejar.

Esos hombres debían ser viejos; porque la energía de los jóvenes no agradaba a los mentores de la montaña.

La Asamblea era entonces una colección de ancianos; no había en ella más que cuatro o cinco jóvenes, de los cuales solo uno era amigo de Escobar.

El Presidente, al rechazar la exigencia de los treinta años, no tenía más móvil que el no herir sin razón las bases del derecho electoral y las doctrinas de los publicistas modernos.

Querían los amigos de Cruz en la Asamblea hombres de experiencia; pero no comprendían que las obras magistrales sobre la ciencia de la legislación, el derecho público y la economía, son la experiencia de los siglos allí refundida y que por lo mismo más experiencia tiene en asuntos de Gobierno un joven de veinticuatro años que ha leído esas obras, que un anciano decrépito que ha pasado su vida ordeñando vacas, herrando terneros, vendiendo detrás de un mostrador varas de cinta o dando dinero al interés del dos, tres, cuatro y cinco por ciento mensual.

Esos hombres que así han gastado su vida y que ignoran completamente hasta la nomenclatura de las ciencias políticas y sociales, no comprenden a los jóvenes cuando estos hablan de sistemas de gobierno.

No comprendiéndolos, los creen delirantes, y piden que los subroguen hombres de juicio y de experiencia: esto es, hombres a quienes aquellos entienden, que son los que hablan el idioma que se oye en las haciendas de campo, detrás de los mostradores o en el manejo de la usura.

El artículo 3.° equivalía a entregar por completo el poder a la montaña.

Según ese artículo, el Comandante general era todo y el Presidente nada.

Es mejor perder el gobierno en una batalla que entregarlo por medio de un tratado humillante.

Escobar, al no suscribir ese artículo, estaba a la altura de su posición y de sus antecedentes históricos.

Los serviles y los molinistas vigilaban al Gobierno, acechaban el momento de destruirlo.

Los señores Urruela (José María y Juan Francisco) se convirtieron en liberales: dijeron que el Gobierno no estaba revestido de la dictadura como el general Cavaignac en Francia y que aquel general daba cuenta de hora en hora a los representantes de la nación de todos los sucesos. (Documento núm. 8.)

Aquellos dos liberales improvisados pidieron que se interpelara al Gobierno: que los Ministros se presentaran ante la Asamblea a dar cuenta de sus actos y que el Presidente explicara su conducta.

Con más moderación pidieron informes al Gobierno don Gregorio Orantes y don José Mariano Rodríguez. (Documento núm. 9.)

Estas proposiciones están fechadas el 26 de diciembre y el manifiesto de Escobar lo está el 25, esto es: un día antes.

Las fechas prueban que cuando los señores Urruela, Orantes y Rodríguez pedían que el Gobierno diera cuenta de sus actos a los representantes del pueblo, el Presidente daba cuenta de ellos no solo a los representantes sino a la nación entera.

El Ministro Monterey hizo una manifestación detallada de todo lo acaecido.

Por desgracia a Monterey faltó el tino, o como buen clérigo se propuso hundir al jefe liberal que servía.

Monterey, en su contestación, lastima el amor propio a los serviles y a los molinistas, y los deja en sus asientos dictando libremente la ley.

Eso es lo mismo que incomodar a una fiera, dejándola en aptitud de hacer redazos al que la ofende.

Escobar contaba todavía con muchos artesanos de la capital, con cincuenta y siete jefes y oficiales adictos a su sistema y a su persona; todos los pueblos militares estaban guarnecidos por jefes de confianza y no le habría sido imposible demostrar a los señores Vicente y Serapio Cruz que los serviles no querían el triunfo de ellos, sino que les sirvieran de pretexto y de instrumento para acabar de envilecer la revolución de agosto y obtener la vuelta de Carrera.

El padre Monterey pide a la Asamblea que declare, con vista de las exigencias de los Cruces, si se les deja entrar o si se les hace resistencia.

La disyuntiva del Gobierno sirvió para que los molinistas y los serviles dijeran a una voz: ni guerra, ni entrada de los Cruces, sino caída de Escobar.

El 28 de diciembre, el diputado don Luis Arrivillaga, cuya cabeza e intereses corrían riesgo según la nota del 12, hizo una proposición para que se negociara la paz.

Es un extenso documento, cuya parte final se encuentra al fin de este capítulo (Documento número 10.)

Don Mariano Padilla hizo también una proposición en el mismo sentido.

Padilla se propone manifestar que todos quieren la paz; pero lo que se deseaba no era una prueba de que se odiaba la guerra, sino una luz que indicara la senda que condujese a una paz honrosa.

Padilla, después de su largo exordio, concluye con estas palabras:

"1.° Que se recomiende al S. Gobierno que para que se efectúe la pacificación de los pueblos que se hallen actualmente con las armas en la mano, emplee de toda preferencia, y lo más pronto posible, los medios o los arreglos que estime convenientes para que aquella se consiga.

2.° Que dentro del perentorio término de treinta días dé cuenta a la Asamblea de haberlo así verificado, con los documentos que lo comprueben.

Guatemala, diciembre 30 de 1848.

Padilla.

En esta situación, el Presidente tuvo a bien presentar una segunda renuncia. (Documento núm. 11.)

Esta pasó a la comisión respectiva, la cual debía dictaminar acerca de su admisión o no admisión.

Entonces los serviles y los molinistas, unidos y compactos, hicieron un arreglo tan opuesto al reglamento como a las prácticas parlamentarias.

El doctor Andreu era Presidente de la comisión de Gobernación, a la cual habían pasado las proposiciones de Arrivillaga y de Padilla.

Andreu, de acuerdo con su partido y con don Luis Molina, citó a todos los individuos de aquella comisión, exceptuando a dos, para la tarde del 30 de diciembre en el edificio de la Universidad, donde la Asamblea celebraba sus sesiones.

La mayoría de la comisión, citada por Andreu, se reunió: extrajo de la carpeta de la comisión de renuncias la dimisión de Escobar y dijo que se debía admitir como medida de paz. (Documento núm. 12.)

De los representantes que no fueron citados, uno (Pineda de Mont) suscribió el dictamen y otro salvó su voto y lo presentó por separado. (Documento núm. 13.)

En seguida se abrió la sesión, se leyó el dictamen y, puesto a discusión, lo combatió el diputado que había salvado su voto, exhibiendo todas las irregularidades que se habían cometido y las intrigas y amaños de que usaron los molinistas y los serviles reunidos.

El pueblo de la capital tomaba parte en los negocios públicos.

Las galerías estaban llenas y en ellas había muchos partidarios de Escobar que aplaudieron con entusiasmo.

En seguida tomó la palabra el señor Barrundia y pronunció contra el dictamen uno de esos discursos que solía producir su imaginación de fuego.

Ese discurso arrancó aplausos hasta de los mismos serviles.

Pero aquella noche no habría bastado ni toda la evidencia matemática, ni toda la oratoria del mundo para vencer a dos partidos unidos y compactos que formaban la gran mayoría de la Asamblea.

El dictamen fue aprobado.

Don Luis Molina, uniéndose a los serviles y venciendo al partido liberal, obtuvo un inmenso triunfo.

Pero ese triunfo era efímero y debía conducirlo al destierro.

Escobar había renunciado dos veces y no quería el mando; pero tampoco quería que su renuncia fuera admitida contra los trámites del reglamento y con vilipendio, arrojándosele del poder como medida de pacificación.

18 - Hecho este ultraje a Escobar, la Asamblea procedió a elegir Presidente.

Tuvo cinco votos Paredes.

Estos votos fueron dados por los señores Luis y Pedro Molina, Vicente y Andrés Dardón y Mariano Padilla.

Tuvieron tres votos don José Antonio Azmitia, cuatro el licenciado J. Orantes, dos don José María Urruela y diecinueve don

Manuel Tejada, conocido en Guatemala con el nombre de Lico Tejada y quien hoy se firma Sáenz de Tejada.

Los molinistas y los serviles, que tan unidos estaban contra Escobar, aparecían ya en discrepancia.

Los diecinueve votos de Tejada habían sido dados por reaccionarios genuinos; la minoría liberal voló sus votos.

Tejada era diputado, estaba presente y se hallaba en uno de los asientos de la banca alta de la derecha.

Tomó la palabra para excusarse y después de un pequeño discurso, hallándose muy conmovido, no buscó la escalera y bajó en plena sesión, pasando sobre la baranda.

Don Miguel García Granados fue uno de los representantes que más se esforzaron aquella noche en la elección de Tejada y cuando lo vio electo felicitó a los electores y dijo que el señor Tejada podía contar con el apoyo de todo el país.

Sin embargo de tan grande apoyo, don Manuel Tejada no quiso tomar posesión.

La Asamblea se vio en la necesidad aquella noche de suplicar a don Bernardo Escobar que continuara en el mando hasta que se presentase el sucesor.

Era lo mismo que decirle: "La Asamblea que ha ultrajado y vilipendiado a Ud. le pide humildemente que le haga favor de continuar sirviendo hasta que haya quien lo subrogue."

Escobar recibió una comisión de la Asamblea con una paciencia asombrosa y dijo que continuaría sirviendo para evitar una anarquía hasta que se le presentara el sucesor.

Los partidarios de Tejada no quisieron que la renuncia de su candidato se tomara en consideración del momento, a fin de influir en su ánimo para que aceptara.

Así se hizo y don Manuel Tejada durmió electo Presidente de la República de Guatemala en la noche del 30 al 31 de diciembre de 1848.

En la sesión del 31, Tejada presentó su renuncia por escrito. (Documento núm. 14.)

Esta renuncia pasó a la comisión respectiva, la cual opinó que fuera admitida. (Documento núm. 15.)

El dictamen fue aprobado en el mismo día.

El mismo día, cincuenta y siete jefes y oficiales pidieron que la Asamblea reviera el acuerdo de la víspera. (Documento núm. 16.)

La solicitud pasó a la comisión de peticiones, la cual despachó de una manera favorable a los postulantes. (Documento núm. 17.)

Pero siempre que se trataba de don Bernardo Escobar se unían los molinistas y los serviles, y el dictamen fue desaprobado por una gran mayoría.

El doctor Molina quiso dejar consignado por escrito que había votado en contra y presentó un papel en que se dice que la fuerza armada es esencialmente obediente y jamás deliberante, y en que se cita el artículo 239 de la Constitución del año de 25, que no estaba vigente y según el cual ningún cuerpo ni fracción alguna de la fuerza pública puede hacer peticiones a las autoridades con las armas en la mano.

Uno de los signatarios del dictamen de la comisión de peticiones quiso también que su voto constara por escrito y lo presentó; pero fue rechazado.

Se dijo que no debía agregarse al acta por haberse leído después del tiempo que al efecto prefija el reglamento.

Algunos signatarios del pedimento rechazado llevaron ese voto a la prensa y circuló impreso. (Documento núm. 18.)

La división entre los partidos de Molina, Barrundia y Escobar era profundísima.

Esos dos partidos se odiaban más en 1848 y 49 que en 1837 se habían odiado los partidos ministerial y de oposición.

DOCUMENTOS JUSTIFICATIVOS

NÚMERO 1.
Asamblea Constituyente.

No fue una vana presunción de mis talentos, ni un deseo ambicioso de poder y ostentación, el que me indujo a admitir la presidencia interina de la República: me resigné, para dar un testimonio de fidelidad y sumisión a las resoluciones de ese Alto Cuerpo, contando solamente con el apoyo de su dirección y con mi corazón, que ha sido siempre para Guatemala.

Empapado en los más vivos deseos de promover la tranquilidad de mi patria, he marcado todos los actos de la administración, en los días que ha sido a mi cargo, con dictar todas aquellas providencias que, a mi juicio, debían conducirnos al término de la paz; por la concentración de los partidos en el principio de la autoridad que les comuniqué; por la cesación de las vejaciones que algunos sufrían como por un efecto de su complicación en nuestros sucesos desagradables; por la regularidad que se ordenó en los servicios y disciplina militar; y por fin, por el celo económico con que he dispuesto de la inversión de los pocos fondos públicos que han ingresado en estos días. Finalmente, aún he dictado diversas providencias que tienden directa o indirectamente a calmar el ánimo de los facciosos de la montaña y traerlos al orden constitucional.

Sin embargo, debo ser franco, porque los Representantes del pueblo nada deben ignorar de lo que pasa y es de su resorte, y porque a mí mismo me debo esta satisfacción para aparecer siempre con el carácter de hombre de bien y de honor. Por tanto, debo decir ingenuamente: que mis deseos por el bien de mi país desmayan algún tanto a la vista de una tenaz oposición que se palpa y hacen muchos de los vecinos de esta ciudad, acaso muy influyentes por su reputación o su riqueza. No es posible de otra manera que se haya verificado la entrega del armamento y municiones existentes en Chiquimula, no solo sin resistencia, sino aun sin hacerse tentativa alguna por salvarlos. El no haberse recibido en el gobierno un solo parte de este suceso tan importante es motivo suficiente para creer su realidad y descubrir la causa por que se ha ejecutado, cometiendo un acto de traición contra la patria y el gobierno, según las combinaciones de inmoral y político que tienen las fuerzas de los montañeses.

Es posible se aprovechen en obsequio de la paz las pocas disposiciones por mí dictadas: será acaso mi persona el óbice para conseguirla, y otra la llamada a tan deseado fin. Sálvese mi patria y llévese otro enhorabuena toda la gloria de tan feliz suceso. Para conseguirlo, hago formal dimisión de la Presidencia que ese augusto Cuerpo se sirvió confiarme, suplicándole se sirva admitirla el día de hoy. Tal vez un momento de demora será pernicioso: que no se pierda.

Yo protesto mis profundos respetos a la Representación Nacional.

José Bernardo Escobar.

NÚMERO 2.

Secretaría de la Asamblea Constituyente de la República de Guatemala.- Sr. Presidente de la República Don José Bernardo Escobar.- Guatemala, diciembre 11 de 1848.- La Asamblea Constituyente de la República, ha tenido a bien aprobar el dictamen de la comisión de renuncias relativo a la que U. se sirvió hacer del cargo de Presidente de la misma, que dice así:

El Sr. Presidente interino de la República, exponiendo diferentes motivos, hace dimisión del importante puesto en que la Representación Nacional le ha colocado; pero la comisión de renuncias a la cual este alto Cuerpo se ha servido pasar la referida, entiende que no se está en el caso de admitirla por las razones que pasa a manifestar.

La Asamblea acaba de encomendar el Poder Ejecutivo a la persona que actualmente está encargada de él, después de haber admitido la renuncia de otra persona que le desempeñó solamente cien días. Si ahora, que únicamente han pasado catorce desde que se posesionó de la silla presidencial de la República quien actualmente la ocupa, hubiéramos de consentir en que se retirara de ella, grande sería el descrédito que de aquí resultaría al país, pues quizá en el extranjero se atribuiría a la mala índole de los guatemaltecos, la circunstancia malhadada de no querer nadie gobernarlos.

Nada de eso hay: las inclinaciones de nuestros compatriotas son en general pacíficas y buenas, de manera que a los pocos díscolos que entre nosotros por miras de interés personal turban la paz, se les puede reprimir con el rigor de la ley, tanto en uso de las facultades que ordinariamente competen al gobierno, como de las extraordinarias con que al presente se halla investido.

La Presidencia es la primera y más delicada magistratura de la República; como que quien la desempeña es el que, llevando la dirección de todos los negocios públicos, comunica directa o indirectamente el conocimiento a todos los resortes que constituyen la máquina del Estado.

Amplificando un poco esta comparación que nos parece adecuada y exacta entre la República y una máquina, permítasenos preguntar: ¿Qué sucede con la máquina cuando hay incesante variación de directores?

Sucede que no produce todo lo que debiera producir, que se invierte su orden, se trastorna su régimen, se paralizan sus trabajos, se descomponen sus partes y, por último, se inutiliza completamente.

Lo mismo acontecerá infaliblemente con la administración de nuestra República, si no procuramos que permanezca por un espacio razonable de tiempo en unas propias manos. Dejándola los que la conocen de antemano, los que tienen aptitudes para dirigirla, energía para encaminarla y patriotismo para servirla; vendrá a ser una especie de cosa baldía, un bien mostrenco de que pretenderá apoderarse cualquiera, bajo título de primer ocupante.

Entre tanto, por falta de un Gobierno inteligente y activo, la anarquía irá haciendo progresos; y el resultado será que dentro de poco nuestra patria, digna de mejor suerte, se encontrará sumergida en un caos de inexplicable confusión y desorden.

Es verdad que, por las mismas consideraciones que se acaban de indicar, la Presidencia es un puesto que, lejos de tener atractivos para el hombre de bien, solamente ofrece espinas y sinsabores; pero en estos casos es cuando debe brillar el patriotismo, noble sentimiento que inspira los generosos sacrificios a los buenos ciudadanos.

Paz doméstica, tranquilidad del ánimo, relaciones amistosas, todo lo renuncian los verdaderos patriotas, cuando se trata de salvar los más caros intereses del país.

La comisión está persuadida de que el Sr. Presidente interino tiene que hacer muchos sacrificios, sobreponiéndose a fuertes obstáculos; pero también juzga que hay en él suficiente patriotismo para hacer este importante servicio a Guatemala.

En los pocos días que ha ejercido el Poder Ejecutivo, su conducta ha merecido la aprobación y el aprecio de la generalidad, pues ha sabido dictar medidas de conciliación y de paz, preparando así tal vez el desenlace de nuestra penosa situación actual.

Habrá descontentos, porque aunque los gobiernos se comporten muy bien, quizá por lo mismo es imposible que dejen satisfechos a todos, porque cada cual tiene intereses individuales, opuestos los unos a los otros.

Además, es corto el período que falta para que la Presidencia sea ocupada por la persona que resulte electa popularmente, o la que, en defecto de elección popular, sea designada por la Asamblea.

De consiguiente, es menor el sacrificio que se exige al Sr. Escobar, que puede tranquilizarse en la seguridad de que goza de la confianza de los Representantes del pueblo; y prometerse, por premio de sus distinguidos servicios, el reconocimiento de sus conciudadanos.

Los buenos patriotas con este galardón se dan por satisfechos y tienen, a fe, buena razón; porque debe ser muy grato para un hombre de honor que, sobreponiéndose a las pasiones de su tiempo, ha servido con lealtad a su patria, el poder decir en la serenidad de una conciencia pura: "He hecho bien a mi país, salvándole del peligro, procurándole cual felicidad."

En resumen: la comisión es de dictamen que no se admita la renuncia del Sr. Presidente interino de la República, sino que por el contrario se le suplique en nombre de la patria, que continúe prestándole sus importantes servicios en el delicado e importante puesto que se le ha confiado.

Al efecto, se puede trascribirle este dictamen, nombrándose una diputación especial que lo ponga en sus manos, encareciéndole verbalmente la necesidad de que no insista en su dimisión.

Tenemos el honor de decirlo a U. de orden de la Asamblea Constituyente, para que se sirva continuar prestando sus muy importantes servicios en obsequio del bienestar social, que tanto peligra, congratulándonos del muy acertado paso con que hoy se ha servido la Asamblea marcar las aptitudes de U.

Quedamos de U. sus servidores.

Manuel Pineda de Mont, Srio.

J. Gándara, Srio.

NÚMERO 3.

Pinula, diciembre 12 de 1848.

Señor Ministro de Relaciones del Supremo Gobierno de Guatemala:

Impuesto de las comunicaciones de ese Ministerio, fecha 7 y 9 del que cursa, que me fueron remitidas por mi hermano Serapio, contesto que desde luego está hecha la paz bajo la única y precisa condición de que se me entregue la plaza de esa capital con todos los elementos de guerra, ofreciendo por mi parte dar seguridad a todos los vecinos en sus personas y propiedades, a excepción de los señores Pedro y Luis Molina, Manuel y Luis Arrivillaga, Mariano Vidaurre, Manuel Dardón, José Barrundia, Lorenzo Zepeda y Juan Antonio Martínez, quienes deben ser responsables ante Dios y los hombres de la sangre que se ha derramado con tanta injusticia por miras particulares; y con sus propiedades, de los caudales que se han invertido para fomentar la guerra.

Ofrezco igualmente que todos los empleados militares continuarán si quisieren en el servicio de las armas.

Si este único medio de obtener la paz no fuese admitido, yo protesto al Gobierno no ser responsable de los males que esa capital sufra al tomarla por mis fuerzas.

Sírvase U. Señor Ministro elevar lo expuesto al conocimiento de su Gobierno en contestación a sus dos notas citadas.

Soy de U. atento S. S.

Vicente Cruz.

NÚMERO 4.

En nota de 13 de diciembre, entre otras cosas, se lee el párrafo siguiente:

Vuelvo a repetir al Gobierno que si las propuestas que tengo hechas no fueren admitidas, quedan rotas las hostilidades, y yo protesto de nuevo que es el Gobierno y no yo el responsable de todos los males que se sobrevengan, pues tengo medios suficientes para prolongar la guerra con gran perjuicio de Guatemala.

Pinula, diciembre 13 de 1848.

Vicente Cruz.

NÚMERO 5.

Art. 1.° - Se exigirá un préstamo de cincuenta mil pesos en esta capital, repartiéndolo entre los propietarios y comisionados que tuvieren propiedad conocida a juicio del Consulado.

Art. 2.° - El Consulado de Comercio hará la distribución, reuniéndose al efecto el día de hoy. Del reparto que haga pasará una lista al Ministerio de Hacienda, y la Tesorería recaudará estas cantidades por quintas partes, debiéndose verificar el primer entero el día de mañana, y los siguientes semanariamente.

Art. 3.° - Se darán a los prestamistas vales admisibles en el pago de alcabala marítima en la sexta parte que se satisfacía con los vales sellados y fueron emitidos en el año de 1844, a los cuales subrogarán cuando aquellos estén amortizados.

Art. 4.° - A los prestamistas se les abonará un veinticinco por ciento sobre la suma que entreguen; y, entretanto puedan emitirse los vales correspondientes, la Tesorería dará certificaciones del entero.

Art. 5.° - Los que se rehusaren a entregar la cantidad que se les asigne, pagarán el duplo por vía de multa, a cuyo efecto, la Tesorería pasará lista de los renuentes y la Comandancia General hará efectivo su cobro."

NÚMERO 6.

Estado Mayor General del Ejército.- Parte al Sr. Comandante General de las armas de la República.- Guatemala, diciembre 15 de 1848.

Entre nueve y diez de la mañana, los partes de la garita del Golfo y el ruido del cañón indicaron que el enemigo hacía alguna tentativa sobre las guarniciones de aquellas garitas, por lo que, tomando el permiso de U.S., fui inmediatamente a la del Golfo con una pieza de a ocho.

Encontré a la guarnición del puesto en el mejor estado de vigilancia; y, habiéndome dado parte el Sr. coronel Ribera Cabezas de que se había aglomerado el enemigo en la casa llamada de Menocal y sus inmediaciones, haciendo varios movimientos, hice suspender el fuego a una pieza de a cuatro, que hallé bien colocada, mientras observaba mejor al enemigo; y en este momento tuve parte de que algunas partidas de él se presentaban por el lado de Chinautla, lo cual me confirmó que los facciosos hacían algún movimiento combinado a su modo, tanto más que vi llegar de Aceituno a sus principales jefes a dicha casa de Menocal.

Creí que debía poner en claro sus intenciones o hacérselas cambiar. Y en efecto, al llegar la pieza de a ocho, la situé en un punto conveniente y rompí el fuego con ella a una pieza del enemigo cuya metralla nos bañó con un tiro; los que hizo la mía de a ocho fueron sumamente acertados, en términos que creo se desmontaría el cañón del enemigo, pues no volvió a sonar.

Sus fuerzas se retiraron en gran número de los fuegos de artillería que les dirigí; pero una gran parte de ellas se pusieron a cubierto en varios puntos. Suspendí el fuego de nuevo, y para que mi idea de obligarlos a presentarse se efectuara, hice marchar, para reconocer la parte opuesta de la barranca, una compañía de poco más de cien hombres, protegida por la artillería que estaba excelentemente situada para el caso.

Tan luego como comenzó a bajar mi fuerza, el enemigo se desgranó de varios puntos, en considerable número, para impedirle el paso; pero la artillería la contuvo, haciéndole un grande estrago, y mi infantería subió al trote con la serenidad propia del valor de los guatemaltecos.

Al llegar a la cumbre opuesta, se entabló una acción fuerte de fusilería; y como el número del enemigo era, a mi juicio, seis veces mayor, mandé retirar la infantería, lo que me costó grande esfuerzo porque la tropa quería seguir peleando; pero el enemigo, acobardado, no tuvo acción para perseguir a los valientes que acababan de escarmentarlo y no dio un solo paso con tal objeto.

En esta pequeña acción fue herido el valiente teniente coronel D. Remigio Aquino y trece o catorce individuos de tropa, siendo de gravedad solamente las que recibieron el sargento Félix Quintana y el soldado Lupercio Álvarez, y los muertos no pasaron de seis o siete.

Cuando tuve el parte del movimiento por Chinautla, mandé al bravo capitán Juan Barrientos con una partida de veinticinco patriotas montados, de los que ha reunido el Sr. coronel Bolaños, con orden de recorrer toda la llanura que hay entre el guarda de Chinautla y la cumbre de la cuesta, con prevención de que a fuerzas muy superiores no las acometiese y solamente las reconociera y me diera avisos: tocó con una partida que, según su parte, era como de 150 hombres, y aprovechando el ardor de los valientes patriotas, les dio una carga y tuvo que retroceder algún tanto; pero protegido por el capitán Sr. Francisco Abelar y quince flanqueadores de la garita, les acometió de nuevo y, habiéndose confundido unos con otros, el capitán Barrientos logró dispersarlos haciéndoles muchos heridos y siete muertos, los que dejaron cuatro fusiles y dos caballos.

Mientras esto sucedía, acudió a aquel punto con fuerza el Sr. coronel D. Antonio Rivera Cabezas, comandante de aquella línea.

Los patriotas de caballería que pelearon, hace muchos meses que sirven como la fuerza de línea sin querer admitir socorro ninguno, y esta es circunstancia muy recomendable ante el Supremo Gobierno: el capitán Barrientos pondera el valor extraordinario de Juan Corleto, Eugenio Ríos, Bartolo Castilla, Manuel Velásquez, Valeriano Álvarez, Timoteo Calderón y Fulgencio Quezada.

He cuidado de atender a los heridos y nada me queda que exponer a U.S. referente a la acción que dirigí hoy.

Soy con el mayor respeto de U.S. muy obediente servidor.

El mayor general, Manuel Carrascosa."

NÚMERO 7.

El Presidente interino de la República de Guatemala, a sus habitantes.

El público ha visto la sencilla narración de los procedimientos del Gobierno con los sublevados, contenida en mi proclama fecha 14 del presente: le debo el informe de los hechos ocurridos desde entonces hasta el día de hoy.

La aproximación de los sublevados, la temeridad inaudita de sus pretensiones, aspirando a trastornar todo el orden público, y las providencias dictadas por el Gobierno para patentizar las siniestras miras de aquellos, despertaron el patriotismo que dormía.

Con exclusión de muy pocas personas, el pueblo generalmente se conmovió, se preparó a defender sus hogares y acudió sin violencia a tomar las armas para resistir a los invasores.

El 15 se verificaron los pequeños ataques que se han referido en el Boletín núm. 1.°, y reproducido en la Gaceta, de cuyos documentos impresos aparece que el corto número de veinticinco dragones patriotas y quince infantes derrotó completamente y puso en fuga a más de doscientos sublevados que atacaron por la Garita de Chinautla; y que una sección de poco más de cien hombres arredró a seiscientos de aquellos, en términos que no tuvieron valor de perseguir a la valiente compañía del ejército del Gobierno, cuando se le mandó retirar.

Tal fue el estrago que sufrieron los montañeses, que no volvieron a intentar el ataque, sino que al siguiente día 16 solicitaron, por medio de su jefe don Vicente Cruz, se les admitiese un comisionado para un ajuste de paz.

El Gobierno, que lo procura constantemente, accedió al punto manifestándole: "que la deseaba, siempre que se estableciese sólida y firme, basada en principios de justicia y fraternidad."

El propio día, sin excitación alguna del Gobierno, y movido solo de su celo verdaderamente paternal y apostólico, el Ilmo. señor Arzobispo, acompañado del señor Provisor, del señor Canónigo don Mariano Ocaña, y del R. P. Fr. Julián Hurtado, pasó al campo de los montañeses, donde estuvo por más de dos horas, exhortándolos a la paz y manifestándoles la necesidad de deponer las armas y la obligación de no destruir su propia patria, talándola y desmembrándola.

De intento, sin duda, se ocultó la tropa, para que no oyese las palabras del Pastor; pues esta nunca se aproximó, no obstante que con anticipación se había anunciado la visita del Ilmo. Prelado y su venerable comitiva.

El Gobierno nombró el 18 a los Sres. Ministros de Gobernación y de Guerra, presbítero don Narciso Monterey y coronel don Basilio Porras, comisionados para conferenciar y ajustar la paz; pero el mismo día, hacia la noche, dirigió el propio Sr. Cruz una nota diciendo que tan luego como se le comunicase estar suspensas las hostilidades, daría instrucciones a sus comisionados.

El Gobierno contestó que aquellas cesarían tan pronto como él las suspendiese, "pues las fuerzas del Gobierno habían tomado, hasta aquí, solamente la defensiva, siendo así que las de los sublevados hostilizaban continuamente, amenazando a las autoridades locales de los pueblos circunvecinos, estorbando la introducción de víveres y permitiéndose el robo en haciendas y poblaciones.

Se esperaba entrar desde luego en una conferencia; pero el 19 ocurrió el mismo Sr. Cruz solicitando del Gobierno permitiese pasar a su campo a los Sres. Ldos. don Raymundo Arroyo y don Manuel Cruz, con el objeto de que le arreglasen sus peticiones: fue otorgada esta solicitud; y, sin embargo, hasta el día 20 se presentaron los PP. Fr. Pedro Diez y Fr. Julián Hurtado con el correspondiente nombramiento de comisionados de Cruz, mas exponiendo que no tenían instrucciones, y que para entrar en la conferencia solicitaban un armisticio de tres días, el que, concedido, comenzó a correr desde las seis de la tarde.

No tuvo lugar la conferencia el referido día ni el siguiente por falta de las dichas instrucciones, y comenzó a verificarse el 22, cuando presentaron los puntos de arreglo que aparecen en el documento núm. 1.°, los cuales, examinados y ofreciendo inconvenientes insuperables, los adoptó el Gobierno reformados en los términos que expresa el documento núm. 2.°

En este estado y a las tres de la tarde del día 23, declararon los dichos comisionados que nada podían variar en los puntos presentados por ellos, sino únicamente la reforma del 3.°, que manifiesta el documento número 3.

Con tal respuesta, el Gobierno instruyó a sus comisionados para que manifestasen a los del señor Cruz no ser admisibles sus proposiciones, y no estimar conveniente prorrogar más el armisticio, durante el cual se aproximó y entró a esta ciudad la división que, al mando del coronel don Mariano Paredes, regresaba de Quezaltenango.

Los sublevados esa misma noche comenzaron a dispersarse en varias partidas, y al mediodía del 24 acabaron de marcharse del punto de Aceytuno hacia Palencia, en cuya atención se dirigió por la tarde una partida, mandada por el propio señor Paredes, a reconocer el campo, que encontró efectivamente desocupado.

Así se retiraron, sin presentar ni esperar el ataque, los mismos que habían intimado un rendimiento completo de la plaza, añadiendo alguna bárbara condición.

El entusiasmo de la tropa es grande, la opinión pública muy marcada y manifiesta, excluyendo solamente unos pocos comerciantes y hacendados de esta capital que han preferido auxiliar a los sublevados antes que servir al Gobierno, el cual, aunque informado de tales tendencias, contra ninguno ha mandado proceder, esperando reconozcan que la conciliación y la paz es preferible a todo otro interés.

Es innecesario comentar las gravísimas dificultades que presenta el artículo 1.° propuesto, si la calificación de perjuicios, su pago y el fondo con que debe este cumplirse, no se fija y forma por el Poder Legislativo.

Los tres puntos que envuelve son enteramente de su resorte; a saber: la calificación, reconocimiento y pago de pérdidas y perjuicios.

El artículo 2.° afecta directamente el orden constitucional, alterando las calidades de los Representantes, y difiriendo la organización de la República: la cesación de la Asamblea Constituyente se solicita de una manera acre y ofensiva, y su reposición no se fija a un período determinado; antes bien se presenta un arbitrio para que nunca tenga efecto, para que el país quede sin constituirse y el Gobierno vacilante y expuesto a los embates de los partidos, a caer y levantar según las fuerzas en que se apoye, y a erigir, por necesidad, una dictadura que aleje el orden constitucional; pues la convocatoria tendrá lugar obtenida la pacificación en los distritos conmovidos.

En nuestras circunstancias le es fácil al gobernante mantener la conmoción, para mantener el absolutismo.

Tan graves inconvenientes ni caben en los principios políticos del actual Presidente, ni menos en las facultades ordinarias y extraordinarias que por ahora conceden las leyes al Gobierno.

Pero, en fin, deseando conciliar también aún las miras de partido, para atraer a los ciudadanos al mismo orden constitucional, adoptó y propuso la reforma que expresa el artículo 4.° del documento número 2.

Pero lo que más debe llamar la atención pública es la imposibilidad de cumplir, y la notoria injusticia que encierra el artículo 3.° propuesto.

En él se pide la entrega total de las armas, porque de ellas dispone la Comandancia General; y esto equivale a un rendimiento: que se encargue al señor Serapio Cruz la pacificación de los pueblos conmovidos; lo cual quiere decir que con este ajuste de paz, no quedan pacificados, sino que Cruz ha de seguir hostilizándolos para arrancarles las armas, o consintiéndoles que continúen con ellas en la mano, saqueando, robando y matando; y por tanto, la paz no queda hecha.

Al ver el entusiasmo de la tropa y la decisión de los señores jefes y oficiales, ¿quién osaría proponerles que prestasen obediencia y se sometiesen al mismo a quien acaban de derrotar, y contra quien se dirige todo su ardor?

¿Qué autoridad sería bastante para obtener tan grande sacrificio de parte de unos militares valientes?

¿Tan vil desprecio sería la recompensa que el Gobierno ofrecía al denuedo y a la lealtad de unos soldados fieles?

¿Cuál sería la justicia con que se acordaba un premio a los invasores, mientras que nada se propone ni pide para los distinguidos patriotas que defienden la ciudad, al Gobierno y al orden?

La pequeña alteración que presenta el documento número 3 deja en pie la principal dificultad, que es no ajustar una paz efectiva: destina una fuerza armada especialmente para perseguir y desarmar a los montañeses; establece una combinación extralegal en la Comandancia y Mayoría General; y desprende al Ejecutivo del primero de sus deberes, que es mantener el orden público, para transmitirlo a un subalterno, que va a encontrar mayores resistencias en la masa de los pueblos que se han opuesto a la agresión de los montañeses.

Todas estas consideraciones dejan conocer fácilmente que el convenio propuesto no producirá la paz deseada, sino que, lejos de eso, dará lugar a nuevos trastornos en la capital misma, única población que hasta ahora se ha preservado de las irrupciones y latrocinios, de los golpes, heridas y muertes que en otras partes han ejecutado, de los sustos y violencias con que las partidas de los montañeses han afligido otras poblaciones.

¿Cómo pudiera el actual Presidente abrir la puerta a tamaños males en la capital, después que declaró solemnemente estar resuelto a derramar también su sangre por salvarla?

El mismo Gobierno, que ha fijado por base de su administración una justa tolerancia y racional indulgencia, conoció la vaciedad de las proposiciones que contiene el artículo 4.°; pues ha hecho, por un principio de patriotismo, sin que nadie lo solicite, aún más de lo que proponen los montañeses, según ha visto el público en el decreto y manifiesto acordado el 3 y publicado el 6 del corriente, antes que se supiese la entrega de las armas de Chiquimula.

Sin embargo, aún a esto accedió en los términos que expresa el citado documento número 2.

Finalmente, quiso reducir al orden legal las peticiones contenidas en el artículo 5.°, respetando siempre la valla que divide los poderes; concedió cuanto cabía en sus facultades dar a los sublevados y les ofreció protección paternal.

Con todo, este mismo artículo fue repugnado, porque no se quería transigir, sino dar la ley al Gobierno y a la Asamblea: y porque estas pretensiones las atiza un partido antipatriótico, que se empeña en no conocer su propia ruina y en atacar al Gobierno mismo que escuda sus vidas y propiedades.

Vayan adelante en sus miras: minen la República; subviertan el orden: sobre ellos caerá el edificio desplomado, cuyas ruinas sepultarán también al patriota que muere por Guatemala.

Guatemala, diciembre 25 de 1848.

José Bernardo Escobar.

NÚMERO 8.

A. C.- Es público y notorio que todas las fuerzas armadas de los pueblos pronunciados se acercaron a las inmediaciones de esta ciudad; que los Ministros del Gobierno firmaron un armisticio; que los mismos entraron en negociaciones con los comisionados de los jefes de aquellas fuerzas, las que fueron rotas, según se dice, por orden verbal del Gobierno.

Todos estos hechos han pasado a la vista y presencia de los Representantes, sin que se haya dado a la Asamblea por el Gobierno ni la más ligera noticia, mientras esta se ocupaba, el mismo día en que se operaba una crisis que podía decidir de la paz o de la guerra, en discutir sobre las dietas de los Representantes y sobre la pensión que solicitaba la viuda de un militar que no había muerto en campaña.

El Gobierno no está revestido de la dictadura, como lo estaba en París en los últimos días de junio el general Cavaignac; sin embargo, este daba cuenta de hora en hora a los Representantes de la Francia, que se hallaban reunidos en Asamblea en número de ochocientos, armados todos para defender las instituciones y el orden del Estado que tenía la defensa de la capital de la Francia que le estaba encomendada.

Mientras que entre nosotros, se ha ejecutado una crisis, como antes he dicho, que hará interminables los estragos de la guerra, sin que en el espacio de más de ocho días de declarada en estado de sitio nuestra capital, privada la población de víveres y de agua, oyéndose el estrépito del cañón y los sensibles efectos de la guerra; ni una sola palabra, ni la más leve noticia, se han dignado dar los Ministros al Cuerpo Legislativo de la situación en que se encontraba la capital.

Compárese la conducta del dictador de la Francia con la de un Gobierno de leyes, y veremos sin duda con cuánta justicia el pueblo murmura de la conducta de la Asamblea y del Ejecutivo.

La Asamblea, siendo fría espectadora del conflicto, ha atraído sobre sí, por la naturaleza misma de los sucesos, la animadversión del pueblo, que la juzga el móvil y la causa primordial de la continuación de la guerra, difundiéndose por las calles, en grupos de hombres y mujeres, voces amenazantes de exterminio contra las personas de los representantes, lo que podría verificarse si no se toman del momento medidas justas y precautorias, arreglando los representantes su conducta al juramento que hemos prestado de sostener los derechos del pueblo soberano y procurar su bienestar; por lo que propongo a la Asamblea:

1.° Os sirváis acordar que en esta misma sesión se presenten los Sres. del despacho de Guerra y del de Gobernación, con todos los documentos, instrucciones, notas, comunicaciones, etc., relativos al armisticio y negociaciones con los jefes de las fuerzas de la montaña.

2.° Que se pida, para la sesión de mañana, informe al Gobierno sobre los recursos en el ramo de Hacienda con que cuenta para continuar la guerra.

3.° Explicación de cuáles son los motivos que ha tenido el Gobierno para la continuación de la guerra.

4.° En qué disposiciones se ha fundado el Ministerio para mantener el silencio y no dar cuenta al Cuerpo Legislativo ni al Consejo respecto a este negocio, que es de tanto interés público.

5.° Que informe el Gobierno de toda preferencia sobre el estado que tenga el Departamento de Chiquimula: si está obediente al Gobierno de la República, cuál sea el tratado que se vocifera ha celebrado aquel Departamento con el jefe de las fuerzas de la montaña, y dónde reside la división que salió de esta capital al mando del coronel don José D. Nuño.

Pido, además, que la votación sobre estas proposiciones sea nominal.

Guatemala, 26 de diciembre de 1848,

José María Urruela, diputado por la capital.-Suscribo, Urruela."

NÚMERO 9.

A. C.- Siendo la pacificación de la República uno de los principales, y el más importante objeto con que fue convocado este augusto Cuerpo, yo le suplico se sirva acordar: que se pida al Supremo Gobierno copia de los artículos o condiciones con que las tropas de la montaña se allanaban a deponer las armas en las últimas conferencias de sus comisionados; informando al mismo tiempo acerca de los motivos que impidieron la conclusión del arreglo que se había iniciado.

Parece muy justo y debido que este alto Cuerpo entre a considerar por sí mismo un asunto tan grave y de tanto interés; porque aunque el

Poder Ejecutivo se halla autorizado para procurar la paz, esto no quita a la Asamblea la obligación de hacer por su parte, y bajo su responsabilidad, cuantos esfuerzos y sacrificios posibles sean compatibles con su dignidad y el interés público que no debe perder de vista.

Guatemala, diciembre 26 de 1848.

Gregorio Orantes.- Rodríguez."

NÚMERO 10.

1.° Pido a la Asamblea acuerde que el Consejo de Gobierno nombre cuatro personas, entre las cuales el Ejecutivo designará dos para que provoquen nuevas conferencias sobre las bases indicadas.

2.° Que en el caso de que aquellas se verifiquen sea en la forma acostumbrada, es decir, formándose los correspondientes protocolos con la mayor escrupulosidad.

3.° Que los comisionados puedan concluir un tratado razonable, den cuenta al Gobierno con él y con todos los recaudos del caso, para que en su vista el mismo Gobierno, previa consulta de su Consejo, dé cuenta con su informe al Cuerpo Legislativo para la aprobación o reforma del mismo convenio.

4.° Que mientras no se obtenga el nombramiento y reunión de los comisionados, no se suspendan las hostilidades; pero que, logrado, se conceda una tregua de armas bajo la cual puedan tener lugar los tratados con aquella tranquilidad y quietud que ellos demandan.

Concluyo suplicando a este alto Cuerpo que, si encuentra racionales estas proposiciones, se sirva dispensarles la segunda lectura y discutirlas del momento.

Guatemala, diciembre 28 de 1848.

L. Arrivillaga.

NÚMERO 11.

Asamblea Constituyente.- José Bernardo Escobar, ante la representación nacional, lleno de gratitud y respeto, debidamente hago presente: que, íntimamente convencido de mi pequeñez y ningunas aptitudes, condescendí, haciéndome violencia, a admitir el cargo de Presidente interino de la República, sin más objeto que servir a la patria según alcanzasen mis pocos talentos, obedeciendo a la representación nacional.

Las mejores intenciones no bastan, sin aptitudes, para ejecutar el bien.

Los sucesos de la presente revolución se desenlazan de manera que exigen, con grande energía, dureza, ascendiente y conexiones o simpatías de que yo carezco: sin ellas, el trastorno se adelanta y la patria peligra.

No puedo ser indiferente a este convencimiento, ni dejar de manifestarlo a los dignos depositarios del poder supremo; a los únicos que pueden y deben aplicar un pronto remedio a males tan graves como perentorios.

La consideración de que el 1.° del próximo entrante deberían abrirse los pliegos electorales, donde la Asamblea encontrase al elegido del pueblo, me había detenido a dirigir la presente renuncia; mas ahora que veo no haber sido posible que se reúnan los veinte pliegos que previene la ley, no debo demorarme, como lo verifico, en suplicar a ese alto cuerpo se digne remover la carga superior a mis fuerzas que pesa sobre mí, y admitirme la renuncia que formalizo por segunda vez de la Presidencia interina con que la dignación de ese alto Cuerpo quiso honrarme, y aceptar también el testimonio de mi más alta consideración.

Guatemala, diciembre 29 de 1848.

Asamblea Constituyente.- José Bernardo Escobar.

NÚMERO 12.

La comisión tiene a la vista los documentos que el Gobierno ha remitido hoy, relativos a los últimos pasos que se han dado para hacer un acomodamiento con los jefes de las fuerzas de la montaña, y le ha llamado especialmente la atención la iniciativa que propone a la Asamblea para que se declare 'Si el Gobierno debe hacer la guerra a los montañeses para sujetarlos; o dejarlos entrar y que se apoderen del mando.' Estos dos caminos son los únicos que encuentra el Ejecutivo que debe tomar en las actuales circunstancias, y como la comisión juzga que el de procurar la paz es el término que puede salvarnos, no se cree en el caso de adoptar ninguno de los extremos propuestos por el Gobierno.

El señor Presidente de la República, que tiene la convicción contraria, manifiesta francamente a la Asamblea no poder continuar en el Gobierno en tan difíciles circunstancias, y hace formal dimisión de la Presidencia, de que está encargado.

Si, pues, el señor Presidente de la República cree que no pueden adoptarse otras medidas que las que él propone, y se confiesa incapaz de llevar a cabo las mismas medidas propuestas por el Gobierno, la comisión juzga que para poder entablar de nuevo las negociaciones de paz, o para hacer la guerra, es indispensable admitir la renuncia que de la Presidencia de la República hace el señor don José Bernardo Escobar.

Por tanto, a la deliberación de la Asamblea, propone la comisión los siguientes artículos:

1.° Se admite la renuncia que de la Presidencia interina de la República hace el señor don José Bernardo Escobar; una comisión de la Asamblea pasará al despacho del Gobierno, con el objeto de comunicar al señor Escobar esta resolución, y con el de darle, a nombre del Cuerpo Constituyente, las más expresivas gracias por haber entrado al ejercicio de la Suprema Magistratura en circunstancias tan difíciles.

2.° La Asamblea procederá inmediatamente a elegir la persona que deba subrogar al señor Escobar.

Guatemala, diciembre 30 de 1848.

Andreu, Padilla, Dardón Andrés.

Salvo mi voto, Montúfar.

"Estoy conforme con la presente expositiva y también la resolutiva, añadiendo además los puntos que contienen las bases presentadas a la comisión."

Pineda.

NÚMERO 13.

Asamblea Constituyente.- He salvado mi voto en el dictamen que la comisión de Gobernación se ha servido presentaros, por las razones siguientes:

1.° La comisión de Gobernación no es de renuncias y, por tanto, no puede, a mi juicio, dictaminar acerca de la que el actual señor Presidente se ha servido presentaros, la cual no ha pasado a la comisión de Gobernación sino a la que debe conocer de la materia según el reglamento.

2.° No creo oportuno que se varíe ahora la persona que ejerce el Poder Ejecutivo porque están ya para abrirse los pliegos que contienen sufragios para Presidente de la República, y el que hoy entre, solo podrá funcionar ocho o nueve días, y esta variación de personas y, de consiguiente, de planes y sistemas, no hará más que arrojarnos en el precipicio a cuyo borde estamos.

Montúfar.

NÚMERO 14.

A. C.- Anoche se ha dignado este alto Cuerpo elegirme Presidente interino de la República, y en el mismo momento en que la Secretaría publicó el resultado de la elección, me permití exponer a la Asamblea la irrevocable resolución en que estaba, y estoy, para no aceptar un destino que no me es dable desempeñar, alejándome de él todos los antecedentes de mi vida.

Leal y sinceramente digo que, en situación tan difícil y peligrosa, y cuando se efectúa una crisis de la más alta trascendencia, no soy el llamado para la dirección de los negocios. Aceptar la Presidencia de la República con esta convicción y con la de mi ineptitud, sería traicionar la confianza de la Representación Nacional; doblegar las inspiraciones de mi corazón y desoír la voz de mi conciencia. No aceptaré, pues, la Presidencia.

Por tanto, Señor, de la manera más respetuosa imploro la justificación de la Representación Nacional, para que se sirva proceder a elegir otra persona que reúna las circunstancias de que yo carezco, porque, con perdón sea dicho, es invariable mi resolución, y, aunque con sentimiento el más acerbo, estoy decidido a dejar el país antes que ocupar un destino que resiste mi corazón.

A. C.

Manuel Tejada.

NÚMERO 15.
A. C.

La Comisión de Renuncias, a que os servisteis pasar la que hace de la Presidencia interina de la República el Sr. don Manuel Tejada, en vista de que rehúsa absolutamente la admisión del expresado cargo; y según la Asamblea está bastante impuesta, tanto en el acto de su nombramiento como en la exposición que hoy hizo por escrito y contestación que dio a la Comisión que tuvisteis a bien nombrar para que le suplicase la aceptación de la Presidencia; es de sentir, se admita su excusa; y en consecuencia, se proceda a nombrar otra persona que entre a subrogar al Sr. Escobar.

Esto parece a la Comisión; pero la Asamblea resolverá lo mejor.

Guatemala, diciembre 31 de 1848.

Rivera Paz - Llorente - Arrivillaga - Urruela J. F.

NÚMERO 16.
A. C.

Los que suscribimos, individuos de la distinguida clase de oficiales del ejército de la República, como simples ciudadanos, y usando del derecho de petición, comparecemos ante los Representantes del Pueblo, con todo el respeto que debemos al Cuerpo Legislativo, diciendo: que ha llegado a nuestra noticia que el Excelentísimo Sr. Presidente de la República D. Bernardo Escobar renunció ante el Cuerpo Legislativo el poder de que lo invistió este mismo Cuerpo, con la más completa aprobación de todas las clases de la sociedad; sabemos también que su renuncia le ha sido admitida.

Las circunstancias en que se halla el país no pueden ser desconocidas por sus representantes: el cúmulo de partidos que se agitan para destrozarse unos a otros en el seno de esta Capital; y algunos de ellos auxiliando descaradamente a los montañeses, que aspiran a que esta hermosa población sea presa de sus iniquidades y barbaries; cuando el Gobierno se encuentra sin elementos en la Hacienda Pública para acudir a sus primeras necesidades; cuando la desmoralización, la ambición y los intereses más rastreros están desenfrenados, en busca de los medios de destrozar no solo los principios y la regularidad, sino hasta lo más sagrado; cuando una administración brutal de diez años nos ha dejado por herencia la anarquía y la miseria; y cuando todo es un caos, aún no se aprovechan los únicos medios de salvación que por una fortuna nos ha brindado la Providencia, tales son la presencia en el Gobierno de un hombre sabio y circunspecto, y la de los dignos Ministros que hoy se sacrifican por el bien público.

¿Quién es el hombre que reunirá la opinión pública en medio de la presente crisis, para subrogar al Sr. Escobar? ¿Quién el que tuviera todo el tino necesario para atraerse las simpatías del venerable Clero y de los partidos más encontrados como este distinguido patriota?

Hasta los montañeses han cerrado su boca y han dado algunos indicios de respetarlo. Y si un puñado de hombres mezquinos, haciendo uso de las intrigas más bruscas, ha obstruido los recursos con que podía contar el Gobierno, obligándolo de este modo a hacer su dimisión, ese miserable club no debe dar la ley al país; y los Representantes del pueblo, que deben estar desnudos del oscuro traje de las pasiones, deben corresponder al grandioso, al augusto título de Padres de la Patria: de esta patria que se ha puesto en vuestras manos para vivir y no para ser descuartizada.

Mucho pudiéramos añadir, si no temiéramos ofender la ilustración del Cuerpo Legislativo; y si hemos venido con la más profunda sumisión ante vosotros, ha sido con la más completa confianza de que nuestra débil voz no será desoída por este alto Cuerpo.

Representantes del pueblo; sin partido ni otro interés que la salvación de la patria, os pedimos que reveáis vuestro acuerdo; y que el Sr. Escobar no deje las riendas del Gobierno, sino que antes bien encuentre en los dignos Diputados del Congreso de la República su más firme apoyo para llevar adelante la grandiosa empresa de la pacificación de la Patria.

Si fuéremos atendidos, vuestra será la gloria: y si nuestros votos por la salvación del país no merecieren vuestra augusta consideración, a nosotros nos queda el placer de haber indicado el medio.

Guatemala, diciembre 31 de 1848.

Margarito Martínez.- José Laguardia.- Mariano Romero.- G. Lagor.- Juan J. Barrientos.- Domingo Lagos.- Julián Abarca.- Pablo Díaz.- Luz Muñoz.- Ciriaco Paz.- León Chacón.- León Cárdenas.-

Hilario Morales.- Apolinario Segura.- Mariano Morales.- Victoriano Echeverría.- Manuel Vargas.- Rito Rebolorio.- J. Vicente Guzmán.- José Antonio Aguilar.- Manuel Batres.- Pedro Castillo.- Santiago Reyes.- José Quiroz.- P. Vidaurre.- P. Valenzuela.- Mariano Noriega.- Manuel María Urrutia.- León Díaz.- J. Vicente Paz.- Valerio Cáceres.- Manuel López.- Juan Aguilar.- Francisco Escovedo.- J. Castro.- Joaquín González.- León González.- Marcelo Pineda.- Manuel Inchaurregui.- Cleto Castillo.- Juan González.- M. Ambrosio.- José Bernardo del Valle.- Juan R. Lambur.- J. M. Anguiano, Edecán.- F. Colmenares, Estado Mayor.- B. Valenzuela.- Por mí y por todos los de mi Compañía que sé y que estoy íntimamente persuadido que son de mi sentir, Vicente García.- Rafael Cordena.- Juan Abella.- Néstor Berillos.- J. Eulalio Martínez.- Francisco Flores.- P. Solares.- Valeriano Álvarez."*

NÚMERO 17
A. C.

La Comisión de Peticiones ha examinado detenidamente la solicitud que muchos jefes y oficiales han hecho a fin de que el actual Señor Presidente don Bernardo Escobar continúe ejerciendo el Poder Ejecutivo, y la Comisión juzga que viene en forma y es del resorte de la Asamblea; por tanto, os propone que os sirváis acordar que de toda preferencia pase a la Comisión de Gobernación, que ha conocido de los antecedentes.

Esto parece a la Comisión; pero la Asamblea resolverá lo mejor.

Rivera Paz.- García Parra.- Montúfar.

NÚMERO 18.
ASAMBLEA CONSTITUYENTE.

Voto particular.

En la sesión de ayer os servisteis mandar que la Secretaría insertara en el acta lo que el Sr. Representante D. Pedro Molina expuso el día primero de este mes, contra el dictamen de la Comisión de Peticiones, relativo a la exposición que 57 militares, jefes y oficiales, dirigieron a este alto Cuerpo pidiendo que se reviera el acuerdo en que se admite la renuncia de la Presidencia de la República al Sr. don José Bernardo Escobar.

Mas como no sería justo que apareciera en el acta tan solo la argumentación del Dr. Molina, sin que también se vean en ella las razones que hay en contra, presento este voto en uso de la facultad que me concede el artículo 50 del reglamento.

El derecho de petición se halla establecido, no solo en las repúblicas, sino en todas las monarquías de la Europa. Es una garantía sagrada de que no puede despojarse a los ciudadanos. Es uno de los apoyos más firmes de los derechos del hombre en sociedad.

"El derecho de petición" —dice un célebre publicista— "se ha tenido siempre por tan sagrado, que no conozco legislación alguna, aun en las monarquías más absolutas, que no haya dejado el ejercicio de él a los ciudadanos."

Pues de este derecho han sido privados 57 militares, jefes y oficiales, que dirigieron a este augusto Cuerpo una exposición reverente.

La Asamblea no quiso oírlos y desairó festinadamente su demanda.

No hubo razón alguna para atacar un derecho que está consignado en las legislaciones de todos los países: no la hubo, porque aunque el Sr. Representante Molina ha citado el artículo 239 de una Constitución que dice: "ningún cuerpo ni fracción alguna de la fuerza pública puede hacer peticiones a las autoridades con las armas en la mano"; este artículo no puede aplicarse al presente caso, porque los militares no venían con las armas en la mano a pedir a la Asamblea que reviera su acuerdo.

Venía una exposición reverente, y en ella se manifestaba respeto y sumisión, y se afirmaba que los que la suscriben no comparecían en calidad de militares, sino en la de simples ciudadanos.

La Comisión de Peticiones atendió a los que pedían, y dijo que debía darse a la solicitud el trámite de estilo.

Sin embargo, el dictamen fue reprobado.

Porque era preciso no solo ultrajar al Sr. Escobar, despojándolo del Poder Ejecutivo, contra el reglamento y contra todos los principios que rigen este Cuerpo, sino también desairar a 57 ciudadanos que le hacían una manifestación honrosa.

369

Era preciso herir a un hombre respetable que en circunstancias difíciles se hizo cargo de la primera magistratura de la República: que a ninguno ha perseguido: que a todos ha dado seguridad y garantías.

Era urgente dar un golpe arbitrario, a nombre de la República.

Guatemala, enero 3 de 1849.

Montúfar.

Diputado por Guatemala.

El Presidente de la Asamblea manifestó que dudaba acerca de si podría, o no, insertarse en el acta este voto, en razón de haber pasado desde el día 1.° hasta la fecha las 24 horas de que habla el reglamento.

Pidió entonces la palabra su autor, y dijo: "Que no insistía más porque sus deseos estaban llenos con que la Asamblea y el público que lo escuchaba hubiesen oído la lectura.

Guatemala, enero 5 de 1849.

Unos Espectadores.

CAPÍTULO VII: ASAMBLEA CONSTITUYENTE ELIGE AL PRESIDENTE

SUMARIO.

1. El 1.° de enero de 1849. 2. Toma posesión de la Presidencia don Mariano Paredes. 3. Primer golpe de les. 4. Proyecto de abrir los pliegos que contenían la elección de Presidente. 5. Pacificación. 6. Clausura de la sesión de un Encargado de Negocios. 7. Intrigas para preparar el regreso de Carrera. 8. Nombramientos. 9. Asesinato de don Deciderio Pacheco. 10. Tratados con los montañeses. 11. Entrada de Vicente Cruz.

El 1.° de enero de 1849 se reunió la Asamblea Constituyente con el fin de elegir Presidente de la República.

Aquel día los serviles se manejaron con tanta habilidad y tino, como poca rectitud y sinceridad.

Se proponían engañar a los molinistas acerca de Paredes, con quien ya estaban en secretas inteligencias, para que no se comprendiera lo que pasaba; y muchos serviles rechazaron la candidatura propuesta.

No estando compacto el partido servil, como por ficción no lo estaba aquel día, Paredes no fue electo inmediatamente.

Los votos se dividieron entre los señores Manuel María Bolaños, Jose Mariano Rodríguez, Mariano Trabanino, Mariano Paredes y José María Urruela.

Hubo una segunda votación también sin resultado.

La Asamblea entró en receso por algunos momentos para deliberar.

Esta deliberación era aparente, porque todo estaba deliberado por los molinistas y los serviles; y solo trataban estos de no manifestar empeño por Paredes para no inspirar desconfianzas a don Luis Molina, quien teniendo a su lado a Zeroncito, creía poseer el alma y la vida del señor Paredes.

El pequeño círculo de Barrundia y Escobar procedía de buena fe.

Un diputado dijo a don Luis Molina: "Paredes engaña a U.; ese hombre está ligado con los serviles y ha sido servil toda su vida.

Molina se incomodó, se puso pálido y tembló de cólera; pero tenía esperanza de conquistar el voto del mismo diputado y se reportó para hablar con don Mariano Trabanino a fin de que hiciera observaciones en favor de Paredes.

Trabanino, cumpliendo su comisión, dijo que Paredes era liberal a toda prueba, y no pudo continuar hablando porque en esos momentos se tocó la campanilla para volver a entrar en sesión.

Procedióse a las votaciones.

Muchos serviles quisieron votar al fin, para resolver la cuestión cuando ya estuvieran asegurados los demás votos.

Así lo hicieron.

Cada uno de ellos se acercaba a los secretarios, contaba los votos de Paredes y cuando estuvo electo por el número indispensable de sufragios, los serviles que no habían votado volaron sus votos para hacer creer que no tenían interés en la presidencia de aquel jefe militar.

Hecha la elección, los molinistas manifestaron un júbilo extraordinario y los serviles fingían estar mustios, dudosos y pensativos.

Inmediatamente se emitió el decreto que sigue:

DECRETO

Art. 1.º Se admite la renuncia que de la Presidencia interina de la República hace el Sr. José Bernardo Escobar.

Art. 2.º Se nombra para que le suceda en el mando al Sr. Coronel don Mariano Paredes.

Art. 3.º La Asamblea da las más expresivas gracias al Sr. Escobar por haber entrado al ejercicio de la primera magistratura en circunstancias tan difíciles.

Desde el 1.º de enero se llamó a Paredes para que aquel mismo día tomara posesión de la Presidencia de la República.

Paredes, aleccionado ya secretamente por don Luis Batres, se ocultó para fingir repugnancia, e indiferencia y hacer desdenes.

En su casa se dijo que había salido con dirección a la garita del Golfo.

Don Luis Molina y su inseparable Zeroncito montaron a caballo y, cabalgando, buscaban a su salvador por todas partes.

Una comisión de la Asamblea buscaba también a Paredes para comunicarle el decreto de elección y llamarlo al poder, y no lo encontró.

Por último, se dejó ver, se le pudo hablar, se le comunicó el decreto, dijo que renunciaría y en efecto envió su renuncia. (Documento núm. 1.)

Esta renuncia pasó a la Comisión respectiva, la cual se dividió.

Dos diputados estuvieron por la admisión y uno en contra. (Documento núm. 2.)

El dictamen fue desaprobado y se acordó manifestar a Paredes, en términos muy expresivos y honoríficos, la no admisión de su renuncia.

La calculada negativa de Paredes, los términos modestos de su renuncia y la incesante predicación en favor de él de los Molinas, engañaron a Barrundia, que no había votado por Paredes el 1.° de enero, y el 2 del mismo enero, don José Francisco Barrundia redactó la contestación que los secretarios de la Asamblea debían dirigir a Paredes.

Este documento se halla sin firmas de letra de Barrundia en el archivo de la Asamblea, legajo que lleva el rubro Renuncias y Hacienda, núm. 6, año de 1849, página 7 y dice así:

Al señor Coronel don Mariano Paredes.
Guatemala, diciembre 2 de 1849.
Dimos cuenta a la Asamblea Constituyente con la excusa que US. se sirvió dirigirle en este día, de no poder aceptar el nombramiento que en US. hizo de Presidente de la República, por las razones que en ella se expresan, y habiéndolas tomado en consideración aquel alto cuerpo, acordó no ser admisible la excusa que US. hace del nombramiento de aquel honroso cargo, y que por medio de la misma comisión que antes le comunicó dicho nombramiento se le exhorte de nuevo, haciéndole presente que la Asamblea lo ha juzgado muy digno y a propósito para el ejercicio de la Presidencia de la República, especialmente en las actuales circunstancias en que no se requieren tanto las capacidades de un literato, sino un hombre como US., cuya

espada, siempre fiel y siempre victoriosa en los conflictos de la patria, ha sabido hacerse respetable ante sus enemigos; y este hombre es US. y el que hoy se necesita para contener no solo los desórdenes de fuera de esta capital, sino los que ya se dejan entrever en el interior.

La Asamblea, por tanto, espera que no se resistirá US. por más tiempo a aceptar su elección, que tanto satisface no solo sus deseos, sino los muy ardientes del pueblo y de las tropas que hoy están en servicio.

Y al ser los que suscriben el órgano de la comunicación que hacemos a US. de aquel alto cuerpo, tenemos el honor de ofrecernos de US. sus más atentos S. S.

Paredes, aconsejado por don Luis Batres, contestó que aceptaría si la Asamblea aprobaba su programa, que era el siguiente: "La paz honrosa a cualquier precio", y si al mismo tiempo se le concedían tres días antes de prestar juramento. (Documento núm. 3.)

Después de todos los sucesos irritantes del 2 de enero con motivo de la no admisión de la solicitud de los militares en favor de Escobar; y de lo mucho que contra él se dijo aquel día, este elevado funcionario manifestó a la Asamblea que, si a las seis de la tarde del 3 de enero no tomaba posesión el sucesor, debía entenderse que la Asamblea reasumía el poder Ejecutivo.

Con este antecedente, la Asamblea adoptó el programa, no otorgó los tres días y llamó a Paredes, quien, de acuerdo con su mentor Batres, se presentó en el salón de sesiones.

Barrundia redactó la forma del juramento en términos tan enérgicos, como significativos y severos.

Claro expresaba esa fórmula un solemne compromiso de combatir la política reaccionaria de los nobles y de seguir con paso firme y sin trepidaciones por la senda liberal.

Se presentó a Paredes esa fórmula antes de exigirle el juramento; y aquel instante fue de angustias para unos, y de indiferencia para otros.

Don Luis Molina y los suyos temían que Paredes, no aceptando la forma del juramento redactada por Barrundia, rechazara la Presidencia.

Los serviles estaban impávidos; ellos saben lo que vale un juramento para determinadas personas; no ignoraban que Paredes había recibido orden de don Luis Batres de someterse a todo hasta empuñar el bastón, y estaban seguros de que Paredes juraría cuanto a Barrundia plugiera.

Así fue; Paredes, de rodillas ante la cruz y el Evangelio, juró cuanto se quiso que jurara y tomó en seguida posesión del Gobierno.

3. Don Luis Molina se imaginaba que el doctor Molina organizaría el ministerio.

Muchas veces dijo don Luis: "Paredes tiene una grande idea de mi padre y seguirá sus consejos."

Molina solía agregar: "Zeroncito es hermano de Paredes y ejercerá una grande influencia en el Gobierno."

Pero vino el momento de arreglar el ministerio y entonces don Luis Molina tuvo un cruel desengaño.

Paredes no siguió los consejos del doctor Molina sino los consejos de don Luis Batres. Zeroncito quedó convertido en un simple cero, y los cálculos de don Luis Molina vinieron a tierra.

Don Mariano Paredes reunió una junta de notables, compuesta en su mayor parte de cachurecos, para que le indicaran el ministerio.

Don Luis Batres no se dignó concurrir porque se consideraba muy grande, pero mandó su voto por escrito proponiendo a don José Mariano Rodríguez para Ministro y para que él arreglara el ministerio.

El voto de Batres era decisivo y, en consecuencia, el Ministerio se formó así: don José Mariano Rodríguez, don Raymundo Arroyo, don José María Urruela y don Manuel Tejada.

El drama político estaba concluido. El partido servil había subido al poder. Todo lo que sigue hasta la vuelta de Carrera no son más que consecuencias y detalles.

Pero don Luis Molina, a pesar del talento que algunos le suponían, estaba ciego. Él decía que aquel golpe inicuo y aquel perjurio de Paredes no era más que un acto de sagacidad, de prudencia y de tino, para tener el apoyo de los capitalistas reaccionarios que no querían dar dinero si aparecían mandando los liberales.

Se decía que el Ministro Rodríguez no era reaccionario; que Arroyo era un hombre nuevo, un joven de esperanzas; que Urruela era liberal, de esos liberales que apetecen una libertad bien entendida, y que Tejada era un propietario muy bien relacionado y un hombre que a todos daba garantías.

Los molinistas y los serviles estaban amenazados.

Los amenazaba una elección de Presidente que la Asamblea había mandado practicar.

Los pliegos se estaban reuniendo y ya solo faltaban dos para que hubiera el número indispensable para abrirlos.

Se tuvo al fin noticia de la llegada de estos dos pliegos, y entonces un diputado de la exigua minoría hizo moción para que se abrieran.

Aquella moción fue oída por los serviles y por los molinistas con alto desagrado.

Se acordó desecharla porque el asunto debía proponerse por medio de una proposición escrita.

Aquel diputado escribió entonces la proposición que se necesitaba y hubo necesidad de pasarla a la Comisión de Gobernación.

Ese día solo se hablaba en la ciudad de los pliegos, de su apertura y del resultado de esta.

Al salir de la Asamblea se reunieron en casa de don Bernardo Escobar, Barrundia, Gálvez, Irungaray y el autor de la proposición y se preguntaban si habría seguridad de que los pliegos contuvieran elección popular; y no habiéndola, se acordó ahí que se suspendiera el pensamiento de apertura hasta obtenerse una noticia exacta.

En aquella diminuta junta se creía que Paredes no entregaría el mando espontáneamente al electo, y para ese caso se contaba con el comandante del castillo quien, con la elocuencia de la pólvora, habría encarrilado a los serviles y a los molinistas; pero el resultado de las investigaciones fue que no había elección.

No habiéndola, la apertura de los pliegos era inútil.

El autor de la proposición, con pretextos varios, no insistió mucho en la apertura de los pliegos.

El doctor Padilla, que pertenecía al círculo molinista y que ignoraba lo que había pasado en casa de Escobar, increpa de una manera cruel al autor de la proposición en unos apuntes inéditos referentes al año de 49.

Padilla supone que el móvil de aquel representante fue llamar la atención, hacerse popular, y divertirse con el conflicto en que había colocado a la Asamblea.

Los pliegos no se abrieron, reservándose para otra ocasión que nunca llegó.

Estando el Gobierno en manos de los serviles, para la pacificación no había ya los obstáculos que a los liberales presentaba el clero y la aristocracia.

Pero en los altos consejos aristocráticos dominaba la idea de la vuelta de Carrera.

El Gobierno envió a la Asamblea una nota dirigida por el brigadier Vicente Cruz. (Documento núm. 4.)

Esta nota se halla datada en Chiquimula a 10 de enero.

En ella dice el brigadier Cruz que en acta celebrada por las municipalidades en Aceituno se le ha nombrado Presidente y que ha tenido a bien aceptar en obsequio de la tranquilidad pública. (Documento núm. 5.)

El acta a que se refiere el brigadier Cruz se halla al fin de este capítulo. (Documento núm. 6.)

Al mismo tiempo, el brigadier Cruz dirigió a la Asamblea una nota en que presenta la situación tal como él la veía y en que manifiesta que, en vez de perseguir y ultrajar, daba a todos seguridad y garantías. (Documento núm. 7.)

La suerte no favorecía al brigadier Cruz.

La fatalidad lo perseguía.

Cruz, siendo Vicepresidente, ejerció dos veces el poder Ejecutivo en sentido liberal y progresista.

Pavón, hablando de la primera administración del brigadier Cruz, decía que en muy poco tiempo había destruido todo el orden y el concierto que en palacio reinaba.

El brigadier Cruz llamó entonces al ministerio al doctor Padilla, que aceptó, y a Rivera y Maestre, que no quiso aceptar.

Con tales precedentes era imposible que el partido servil quisiera como Presidente a Cruz.

Lo querían como medio y lo rechazaban como fin.

Una desgracia quiso que influencias serviles condujeran a muchos liberales a votar el 16 de agosto en favor de don Juan Antonio

Martínez, desairando a Cruz, que era Vicepresidente, y esta ofensa lo indignó.

Bajo tales influencias dirigió la nota del 12 de diciembre contra los Molinas, contra Barrundia y otras personas, y esta nota lo hacía inaceptable como Presidente a los ojos de los diputados en ella ofendidos.

Los serviles abultaban más esa escisión para que Cruz jamás pudiera volverse a unir a los liberales y así todos los elementos convergían contra su presidencia.

El que juzgue a Cruz por solo la nota citada del 12 de diciembre, formará muy mala idea de su persona; pero juzgándolo por otros actos y conociéndolo personalmente, se comprende que aquella nota fue dictada en un momento de imprevisión, a que lo condujo el desaire de la Asamblea.

El 13 de diciembre, dominado por la misma fascinación, repitió el contenido de esa nota; pero no volvió a insistir en ella y una conferencia franca con Barrundia habría bastado para destruir errores y salvar dificultades.

Por desgracia, esta conferencia jamás llegó a verificarse.

El 15 de enero, Paredes presentó una renuncia fría, fundada en falta de dinero. (Documento núm. 8.)

En ella, Paredes llama opinión pública a la de una junta de cachurecos; y para nada considera la opinión de los artesanos, que no fueron llamados a esa junta, ni la opinión del vecindario de los departamentos con que no se contó, ni la opinión de la juventud ilustrada, que era vista con desdén y menosprecio, ni la opinión de los jefes y oficiales del ejército, más numerosos que aquella junta.

La opinión pública, según Paredes, era el voto de algunos viejos reaccionarios, entre los cuales había muchos tan inteligentes en materias de grana y de ferias, como ignorantes en las ciencias de gobierno.

La renuncia pasó a la comisión respectiva, la cual acordó que no debía admitirse. (Documento núm. 9.)

Antes de que se comunicara a Paredes el resultado, él dirigió a la Asamblea una nota en que dice que su propósito de retirarse es firme e inquebrantable.

El dictamen de no admisión fue aprobado por una gran mayoría, y Paredes continuó sentado bajo el dosel, a pesar de su propósito inquebrantable de abandonar el mando.

El 18 de enero se emitió un decreto en que el Presidente reasume la Comandancia General. (Documento núm. 10.)

El 20 de enero la Asamblea suspendió sus sesiones para continuarlas el 12 de mayo siguiente.

En las próximas sesiones debían abrirse los pliegos de elección de Presidente.

En ellas, el Cuerpo Constituyente debía ocuparse solo en dar la ley fundamental.

El Gobierno podía convocarlo extraordinariamente, de acuerdo con el Consejo Consultivo, si una grave urgencia pública lo exigía. (Documento núm. 11.)

Los pliegos eran la esperanza de los hombres que veían en Paredes un agente de los serviles.

Los pliegos eran el temor de los cachurecos.

Mr. E. Hise, Encargado de Negocios de los Estados Unidos de América, se presentó y fue recibido con los honores de Ministro Plenipotenciario, lo que prueba que, a pesar de la reputación de Rodríguez, el Gabinete del Presidente Paredes ignoraba por completo ciertas prácticas diplomáticas.

Se dijo en Guatemala que Carrera se había dirigido a la Habana para impedir que en México se le internara a consecuencia del decreto de 13 de septiembre de 1848.

Pero no había tal viaje.

No había más que voces esparcidas por los serviles para que los liberales de Guatemala no se empeñaran en hacer efectiva la internación.

Pero estando ya Paredes en la Presidencia y Rodríguez en el Ministerio, no se podía temer que el Gobierno de Guatemala pidiera al de México la internación de Carrera.

No era ya preciso esparcir voces falsas y se supo con certeza que Carrera se hallaba en la frontera y que se estaba entendiendo con los indios para restablecer su antigua dominación, fundada en el salvajismo.

Poco después, recibieron carta de Carrera algunas personas adictas a él, y a continuación el mismo Gobierno.

No se podía abrir las puertas a Carrera inmediatamente y hacerle entrar al país, porque podían ofenderse los jefes de la montaña, entre los cuales había quienes desearan la presidencia.

Era preciso manejar el asunto con mucha prudencia, como decía don Luis Batres.

Carrera dirigió una nota al Gobierno. (Documento núm. 12.)

Esta nota fue enviada por el Ministro Urruela a la Asamblea. (Documento núm. 13.)

El asunto pasó a la Comisión de Gobernación.

El presidente de ella, doctor Andreu, gozaba palpando el regreso de Carrera.

Padilla y Dardón (Andrés) no deseaban ese regreso; pero ya por temores, lo que principalmente se reflejaba en Padilla, o por consideraciones a Paredes, lo que se notaba en Dardón, estos dos representantes siguieron al doctor Andreu, firmando un dictamen llamado a producir gran desaliento a los liberales.

El dictamen se reduce a que, sobre un asunto tan grave y de tanta trascendencia, no solo para Guatemala sino para toda la América Central, se contestara al Gobierno simplemente de enterado.

Otro individuo de la Comisión votó así: "Mi opinión es que se diga al Gobierno que observe las leyes vigentes." (Documento núm. 14.)

Observándose las leyes vigentes, no se podía permitir a Carrera la entrada porque vigente estaba el decreto de 13 de septiembre.

En la discusión hubo un gran desacuerdo y el señor Barrundia presentó un voto particular que fue firmado por otros diputados. (Documento núm. 15.)

Nada se resolvió entonces; todo quedó pendiente.

Pero el objeto de los serviles, al enviar a la Asamblea la nota de Carrera, se llenó.

Ellos se proponían explorar la situación y presentar oportunidad para que, hablándose de Carrera, volviera a decirse que era el hombre destinado por la Divina Providencia para hacer felices a los guatemaltecos.

Uno de los primeros cuidados de aquel Gobierno fue reasumir el mando en jefe del ejército y nombrar empleados de su color político.

A Bolaños se le dio el mando de las armas en Guatemala.

Don Francisco Benítes fue nombrado mayor general del ejército.

Don Miguel García Granados fue nombrado Comandante del Batallón núm. 2.°

Don José Víctor Zavala fue enviado a Amatitlán; don Manuel Ramírez a la Antigua; don Hermenegildo Morales a Chiquimula y don Francisco Sigüí a Izabal.

¿Qué faltaba para que estuviera mandando en Guatemala Carrera?

Solo faltaba la aquiescencia de los jefes de la montaña, y esta se procuraba obtener con prudencia, como decía don Luis Batres.

Mientras que los serviles preparaban todo para la vuelta de Carrera, uno de los montañeses más indisciplinados, León Raimundo, cometía todo género de crímenes en los caminos, en las haciendas y en los pueblos.

El 22 de enero entró a la Antigua con una pequeña fuerza, encontró en una calle pública a don Desiderio Pacheco, hombre culto y de finos modales, quien llevaba una cantidad de dinero perteneciente a la Municipalidad.

León Raimundo quitó el dinero a Pacheco; este, con mucha urbanidad, pedía un recibo para salvar su crédito, y la respuesta fueron unos balazos que le quitaron la vida.

Bolaños estaba en Amatitlán con fuerza armada; se le mandó que persiguiera a León Raimundo y no lo hizo.

Tampoco lo persiguieron los otros jefes de la montaña, y el crimen por entonces quedó impune.

Don Manuel Tejada y don Raymundo Arroyo fueron comisionados por el Gobierno para tratar con los jefes de la montaña, y el 20 de enero se firmó en Palencia un convenio que se llamó Preliminar, y dice así literalmente:

En la hacienda de Palencia, a veinte de enero de mil ochocientos cuarenta y nueve, reunidos los infrascritos con el Sr. D. Serapio Cruz, General en Jefe del Ejército de los Pueblos, y manifestándole su autorización del Supremo Gobierno de la República, para conferenciar sobre los medios de establecer la paz bajo los principios de la equidad y de la justicia; e impuesto dicho Jefe de la condición exigida por el Gobierno, relativa a que previamente sea evacuado el Departamento de Chiquimula de las fuerzas que lo ocupan, hemos creído oportuno y de interés común estipular los siguientes preliminares:

1.° El Departamento de Chiquimula y el Distrito de Izabal serán evacuados completamente de las fuerzas de los pueblos. Al efecto, el Sr. D. Serapio Cruz, Jefe de dichas fuerzas, dicta hoy las providencias conducentes, y el Supremo Gobierno queda expedito para nombrar Corregidores al Departamento y Distritos consabidos, recayendo los nombramientos en personas de notoria probidad y honradez. Para la conservación del orden exterior, tanto del Departamento como del Distrito ya enunciados, habrá la fuerza necesaria, facilitando el Jefe de los pueblos hasta la cantidad de cien fusiles, para que los Corregidores nombrados por el Gobierno armen a los ciudadanos que sea necesario para mantener la tranquilidad pública.

2.° Se establece una suspensión de armas entre las fuerzas del Supremo Gobierno y las de los pueblos, por el término de ocho días, que comenzarán el de hoy, y terminarán el veintiocho del corriente a las seis de la tarde.

3.° Durante el término prefijado en el artículo anterior, no se ejecutará ninguna acción hostil por las fuerzas del Supremo Gobierno contra las de los pueblos, ni por las de los pueblos contra las del Supremo Gobierno; en consecuencia, el Supremo Gobierno no mandará fuerza armada ni fusiles al Departamento de Chiquimula mientras duren las negociaciones de paz, ni las fuerzas de la montaña invadirán las ciudades ni poblaciones que estén bajo la obediencia del Supremo Gobierno.

En fe de lo cual firmamos dos de un tenor.
[Firmado.] Manuel Tejada.—[Firmado.] R. Arroyo—[Firmado.] Serapio Cruz.

Este convenio fue aprobado por el siguiente acuerdo:
Palacio Nacional de Guatemala, enero 20 de 1849. El Excmo. Sr. Presidente de la República, con vista de la copia literal del convenio preliminar ajustado en la hacienda de Palencia, el día de ayer 20 del corriente, y con dictamen del Consejo de Ministros, acuerda: Se

ratifica en todas sus partes el convenio preliminar ajustado por los Sres. Comisionados del Supremo Gobierno Dn. Raymundo Arroyo y Dn. Manuel Tejada, con el Jefe de las fuerzas de los pueblos Dn. Serapio Cruz. En consecuencia, se publicará en la orden general del ejército el artículo 2.° de dicho convenio, para su puntual cumplimiento; y se pondrá en noticia del Ministerio de Gobernación para las providencias que deben dictarse en virtud de este acuerdo.— [Rubricado.]

Los mismos comisionados suscribieron en Zacapa el convenio siguiente:

"Reunidos en la Villa de Zacapa los infrascritos comisionados del Supremo Gobierno de la República, y el Sr. General Don Vicente Cruz, representante de los pueblos, a fin de buscar un medio que ataje los males de que se ve amenazada la República, y conociendo que ambas partes están animadas por los más sinceros deseos por el bien público, han ajustado el siguiente convenio, fundado en los principios de equidad y justicia, con lo que dejan cumplida la honrosa misión que se les confió."

Art. 1.° Satisfechas como están por los artículos subsiguientes las reclamaciones de los pueblos, el ejército de estos reconoce al Gobierno y demás autoridades constituidas, y reunido al de dicho Gobierno, formarán el ejército de la República.

Art. 2.° Debiendo recaer la Comandancia General de la República en persona que reúna la confianza del Gobierno y de los pueblos, entrará a desempeñarla el Sr. Don Vicente Cerna, como sujeto de probidad y conocimientos, que la ejercerá con el debido celo y equidad.

Art. 3.° A fin de proceder con toda legalidad a la organización de la República, la Asamblea Constituyente acordará, de toda preferencia, que se verifiquen las elecciones de Diputados en los distritos que no están representados.

Art. 4.° El Gobierno pondrá a la disposición de la Comandancia General hasta la cantidad de quince mil pesos, para gratificar a los individuos del ejército de los pueblos.

Art. 5.° El mismo Gobierno pedirá a la Asamblea la autorización competente para invertir hasta la suma de treinta mil pesos e indemnizar con ella los perjuicios y pérdidas efectivas que hayan sufrido los habitantes de los pueblos durante las tres administraciones anteriores. Esta indemnización se hará en bienes de campo con la mayor brevedad posible y conforme al reglamento que se formará al efecto.

Art. 6.° No quedan incluidos en el artículo anterior los hacendados y propietarios que hubiesen sufrido menoscabo en sus intereses; pero sus respectivas pérdidas serán reparadas según acuerde la Asamblea Constituyente.

Art. 7.° El Gobierno dará ejidos a los pueblos que los necesiten, previa la solicitud de sus respectivas Municipalidades; y además, en los casos de ser insuficientes por la esterilidad del terreno, el Gobierno, justificada la necesidad, hará la concesión gratuita de los terrenos más adecuados para el alivio de los habitantes.

Art. 8.° Los Jueces de Primera Instancia no cobrarán costas ni derechos de ninguna especie a los pueblos, por el desempeño de sus funciones, y en consideración obtendrán la dotación de mil doscientos pesos anuales.

Art. 9.° Para evitar que los pueblos se vean vejados por malos funcionarios, los Corregidores de los Departamentos deberán tener precisamente todas las cualidades que prescribe el artículo tercero de la ley de dos de octubre de mil ochocientos treinta y nueve.

Art. 10.° Las corporaciones y particulares tienen expedito el derecho de petición conforme a las leyes, y, en consecuencia, podrán dirigir solicitudes a las autoridades, siendo atendidas conforme a justicia.

Art. 11. Serán indultados todos los individuos del ejército que tengan causa o condena pendiente; pero en caso de reincidencia o en el de la perpetración de cualquier delito, se acumulará el anterior o anteriores cargos a los que nuevamente les resulten, para imponerles las penas correspondientes.

Art. 12. Dictadas por la Asamblea Constituyente las providencias necesarias para la ejecución de este convenio, se ocupará, de toda preferencia, en dar la ley fundamental de la República, y no usará de la facultad legislativa sobre otras materias, sino en caso de consulta o iniciativa del Gobierno.

Art. 13. Tan pronto como este convenio sea aprobado, entrarán a Guatemala las fuerzas de los pueblos a incorporarse con las del

Supremo Gobierno, formando ambas, bajo su actual organización y jefes, el ejército de que habla el artículo primero.

Art. 14. Terminándose por el anterior convenio las hostilidades, las armas que existían en el distrito de Izabal quedarán a disposición del Corregidor de Chiquimula para su segura conservación.

En fe de lo cual, firmamos dos de un tenor, hoy veintiocho de enero de mil ochocientos cuarenta y nueve.

[Firmado.] Vicente Cruz. — [Firmado.] Manuel Tejada. — [Firmado.] R. Arroyo.

Este convenio fue aprobado por el Gobierno en la forma que sigue:

Palacio Nacional de Guatemala, febrero primero de mil ochocientos cuarenta y nueve. Habiendo visto y examinado detenidamente todos y cada uno de los artículos contenidos en el precedente convenio, concluido el día 28 del próximo pasado enero, en la Villa de Zacapa, entre los Comisionados del Gobierno, Ldo. Don Raymundo Arroyo y Don Manuel Tejada, y el Jefe de las fuerzas de los pueblos, Brigadier Don Vicente Cruz; hallándolo conforme a las instrucciones que fueron comunicadas a los expresados comisionados, y encontrándolo útil y conveniente para la pacificación de la República, el Gobierno, de conformidad con el dictamen del Consejo consultivo, emitido por unanimidad de votos en esta fecha, acuerda:

Se acepta y aprueba en todas sus partes el convenio de paz firmado por los comisionados del Gobierno, Ldo. Don Raymundo Arroyo y Don Manuel Tejada, y el Jefe de las fuerzas de los pueblos, Brigadier Don Vicente Cruz, en la Villa de Zacapa el día 28 de encro próximo pasado; y tendrá puntual cumplimiento tan luego como sea ratificado por la Asamblea Constituyente, a cuyo efecto se pondrá en su conocimiento inmediatamente que se halle reunida."*

[Firmado.] Mariano Paredes. — [Firmado.] J. Mariano Rodríguez. — [Firmado.] José M. de Urruela.

Se convocó a la Asamblea por decreto de 1.° de febrero, para la ratificación de esos tratados; el cuerpo Constituyente se reunió inmediatamente, y el Gobierno le dirigió la nota que sigue:

Sres. Secretarios de la Asamblea Constituyente.

Palacio Nacional del Supremo Gobierno.
Guatemala, febrero 2 de 1849.

El Sr. Presidente de la República, consecuente a su propósito de procurar la paz a cualquier precio, me ha prevenido dirigir a U. SS. copia literal del convenio ajustado el 28 del pasado enero, entre los Sres. Ldo. D. Raymundo Arroyo y D. Manuel Tejada, comisionados del Supremo Gobierno, y el General D. Vicente Cruz, representante de los pueblos; el que ha sido aprobado por el mismo Gobierno con dictamen del Consejo, que por unanimidad de votos consultó su entera aprobación, encontrándolo arreglado a los principios de justicia y equidad.

Entre los 14 artículos que contiene el precitado convenio, se encuentran algunos que demandan resoluciones legislativas, cuales son: el 3.° que exige se proceda a acordar de preferencia se verifiquen las elecciones de Diputados en los distritos que no tienen Representantes en ese Alto Cuerpo; el 5.° que demanda la autorización para invertir hasta la suma de treinta mil pesos, para indemnizar con ella los perjuicios y pérdidas efectivas que hayan sufrido los habitantes de los pueblos durante las tres administraciones anteriores; el 7.° que obliga al Gobierno a dar ejidos a los pueblos que los necesiten, previa solicitud de sus respectivas Municipalidades, y además, en los casos de ser insuficientes por la esterilidad del terreno, que el Gobierno haga la concesión gratuita de otros; el 11.° que exige la emisión de una ley de indulto comprensiva a todos los individuos de las tropas de los pueblos que tengan causa o condena pendiente; el 12.° que limita las atribuciones del Alto Cuerpo Constituyente a la de emitir la ley fundamental de la República, y no legislar sobre otras materias, si no es precisamente en los casos de consulta o iniciativa del Gobierno.

Aunque entre estos artículos únicamente el 12.° podría juzgarse que estrictamente demanda una resolución de la Asamblea, porque los demás podrían creerse comprendidos en las facultades extraordinarias con que ese Alto Cuerpo invistió al Ejecutivo; sin embargo, el Gobierno no ha querido, ni quiere hacer uso de estas facultades, sino en el caso en que la Asamblea no pudiese reunirse, para dar de este modo al pueblo un testimonio de respeto a las leyes y a las resoluciones de sus Representantes.

El desarrollo de los artículos 5.°, 7.° y 11.° demanda la emisión de leyes particulares que reglamenten la manera de su ejecución, caso de que ese Alto Cuerpo tenga a bien sancionar el precitado convenio, por hallarlo arreglado a los principios de justicia y a la conveniencia pública.

También se acompaña copia del convenio preliminar ajustado en Palencia el 20 del pasado con el Sr. D. Serapio Cruz, estableciendo una suspensión de armas por el término de ocho días, la evacuación de los departamentos de Chiquimula e Izabal, que ocupaban las fuerzas del General D. Vicente Cruz, y que fuesen reintegrados a las órdenes del Gobierno, como se verificó religiosamente por una y otra parte.

El Sr. Presidente, que ha visto en los importantes servicios prestados por sus comisionados, los Señores Tejada y Arroyo, las pruebas inequívocas de su patriotismo, no puede menos de apreciar también la consideración que le han merecido los señores Don Vicente y Don Serapio Cruz, por la religiosidad con que han sabido cumplir sus compromisos como jefes del ejército de los pueblos, y por la generosa devolución que el Sr. Brigadier Cruz hizo de algunas cantidades que fueron libradas a su favor por la administración de alcabalas de Izabal, cuyos libramientos entregó a los comisionados del Gobierno tan luego como fue firmado el convenio.

El Gobierno se promete tener la complacencia de que los pueblos todos de la República vuelvan al reposo, para que el Ejecutivo pueda dedicar sus tareas a procurar la mejora en todos los ramos de la administración, estableciendo el imperio de la justicia, un buen régimen de policía y seguridad y el bienestar de los habitantes de la República, contando con los auxilios que espera de la Divina Providencia y la cooperación de todos los buenos guatemaltecos.

Soy de USS. atento obediente servidor.

José M. de Urruela.

La Asamblea aprobó todo esto por decreto de dos de febrero.

Después de ratificado por la Asamblea el convenio de que se habla, presentó don Serapio Cruz artículos adicionales que fueron también aprobados por el Gobierno en un acuerdo que dice:

Palacio Nacional de Guatemala, febrero 3 de 1849. Vistos por el Gobierno los artículos adicionales al convenio de paz concluido en Zacapa a 28 de enero del corriente año, aprobado por el mismo Gobierno y ratificado por la Asamblea Constituyente, los cuales han sido presentados por el Sr. Ldo. D. Manuel Cruz, autorizado competentemente al efecto por el Sr. D. Serapio Cruz, que los propone y suscribe. Creyendo el Gobierno que solo está en sus facultades el resolver acerca de la admisión del artículo 17, cuyo tenor es como sigue:

Todos los individuos labradores que hayan tomado las armas en favor de la causa de los pueblos, los que hubieren prestado bastimentos, bagajes, o cualquier otro auxilio, quedan exonerados de pagar los arrendamientos de este año, así por razón de dichos servicios, que deberán justificar debidamente, cuanto por los atrasos que con motivo de la guerra han tenido en sus sementeras. El Gobierno, para evitar todo motivo de queja respecto de los hacendados, los indemnizará conforme al artículo 6.° del convenio celebrado en Zacapa.

Estimando, además, que el convenio precitado de 28 de enero, ratificado ya por la Asamblea Constituyente, es un negocio enteramente concluido, y que debe ejecutarse con la religiosidad debida; examinando detenidamente el asunto en Consejo de Ministros, con asistencia del Sr. Ldo. D. Manuel Cruz, acuerda: se admite y aprueba el preinserto artículo 17 como parte o explicación del 6.° del enunciado convenio de 28 de enero, poniéndose en conocimiento de la Asamblea. Comuníquese a los Sres. Cruz explicándoles al mismo tiempo las razones y motivos por qué el Gobierno no ha podido acoger en su totalidad los artículos adicionales que a su nombre le fueron propuestos con fecha 2 del que rige.— [Rubricado.]

Se dio cuenta a la Asamblea y los hacendados hicieron objeciones.

Don Luis Arrivillaga no quiso hablar, pero suplicó a un diputado que no era hacendado que hablara.

Este dijo que los arrendamientos no se debían al Gobierno, sino a los dueños de tierras; que, por lo mismo, el Gobierno no podía disponer de los arrendamientos que no eran suyos, a no ser que se impusiera la obligación de indemnizar debidamente a los propietarios.

Don Mariano Rodríguez se levantó y dijo que el preopinante no tenía razón y que el convenio debía aprobarse tal como estaba escrito, y en este sentido votó la mayoría.

La aprobación de estos convenios fue celebrada con repiques y salvas de artillería.

El 8 de febrero el Presidente dictó el acuerdo que sigue:

"Palacio Nacional de Guatemala, febrero 8 de 1849. El Presidente de la República, de conformidad con lo estipulado en el artículo 2.° del convenio celebrado en Zacapa a 28 de enero último, entre comisionados del Gobierno y el representante de las fuerzas de los pueblos, ratificado por la Asamblea Constituyente en decreto de 2 del que rige; en uso de las facultades que el mismo decreto le confiere, acuerda nombrar Comandante general de las armas de la República al Sr. D. Vicente Cerna, quien hallándose en esta ciudad será llamado a prestar el juramento de ley y tomar posesión de dicho empleo hoy mismo. Comuníquese a quienes corresponde.—[Rubricado.]"

13.- El 9 de febrero entró a Guatemala el brigadier don Vicente Cruz a la cabeza de mil hombres.

El Gobierno, el Consejo, la municipalidad y todos los cuerpos del ejército le hicieron solemnes honores militares.

No entraron ni don Serapio Cruz, ni don Agustín Pérez, y se decía que León Raimundo, que tampoco entró, continuaba por cuenta propia al frente de la insurrección.

El Ministro Urruela dio un banquete oficial en celebración de la paz, y en él hubo personas que sin emboso externaron sus opiniones en favor de la vuelta de Carrera.

DOCUMENTOS JUSTIFICATIVOS

NÚMERO 1.

A los señores secretarios de la Asamblea Constituyente.

Por la respetable comunicación de UU. quedo impuesto de que el Cuerpo Legislativo se dignó nombrarme Presidente interino de la República y, al contestar, tengo el sentimiento de no aceptar aquel importante destino, porque mis capacidades morales no me dan el poder que fuera necesario para ejercerlo con la dignidad y acierto en nuestras presentes y difíciles circunstancias.

Ellas son de tal gravedad, que ni los hombres atinados que han ejercido el Gobierno, ni la acreditada sabiduría de la Asamblea Constituyente han podido fijar la cuestión que nos agita sobre establecer una paz razonable, o hacer la guerra a los sublevados con esperanzas de buen éxito, por la falta de unidad y, puedo decir, buena fe en los diversos partidos que dividen y desgarran a la República, impidiendo por esto que se haga la paz, o una guerra justa, que prometa buen resultado; y si aquellos hombres con sabiduría, virtudes cívicas y gran prestigio no han podido terminar nuestras diferencias domésticas, ¿cuál es la probabilidad que yo puedo tener de ajustar una paz ventajosa o de obtener un triunfo sobre los sublevados, que dé por resultado la completa pacificación de la República?

El señor don Juan Antonio Martínez, dotado de talento pacificador y rodeado de ministros ilustrados; el señor don Bernardo Escobar, acreditado por su sabiduría, por su prudente y moderada administración, nada han conseguido en pro de la causa pública que satisfaga a los pueblos y a la representación nacional. El señor don Manuel Tejada, cuyo buen nombre no tiene contradicción en toda Centroamérica, fue electo para servir la Presidencia de la República, y a pesar de su gran prestigio, no se creyó suficiente para llenar el grande objeto que el Cuerpo Legislativo se prometía de su Gobierno, por lo que renunció con empeño y le fue admitida su dimisión; y después de la negativa a servir la presidencia de estos hombres ilustres, ¿qué podría yo ofrecer en favor de mi patria?

Nada más de lo que siempre le he consagrado: mis servicios, como soldado, mi sangre y mi vida, que le pertenecen; y en la carrera de las armas, estoy con la mayor sumisión, dispuesto a sacrificarme en su defensa.

Ofrezco, pues, a la representación nacional, lo que tengo; pero no debo comprometerme a lo que no puedo.

No me creo adecuado, ni con aptitudes para servir el destino de Presidente de la República; lo renuncio por esto, suplicando a la Asamblea se digne admitir mis respetuosas y humildes excusas, como igualmente las más cordiales expresiones de mi agradecimiento por el honor que se dignó hacerme, nombrándome Presidente interino.

Dígnense ustedes, señores secretarios, dar cuenta con lo expuesto a la Asamblea Constituyente y admitir las consideraciones y respeto con que me suscribo de ustedes muy obediente S.

D. U. L.

Guatemala, enero 2 de 1849.

Mariano Paredes.

NUMERO 2.
A. C.

La comisión de renuncias ha meditado la excusa que el señor don Mariano Paredes ha puesto para admitir el cargo de Presidente interino de la República.

El señor Paredes ha manifestado de palabra a la comisión que fue a comunicarle el acuerdo de la Asamblea, que no aceptaría la Presidencia de la República porque no tenía capacidades para desempeñar este encargo.

En la comunicación que ha dirigido hoy, fundándose en las mismas razones, pide se le tenga por excusado.

La comisión no cree ciertos los motivos expuestos por el señor Paredes, porque sus aptitudes y patriotismo son conocidos por la generalidad de los guatemaltecos; pero la misma comisión observa que los términos en que se expresa dan a conocer la firme resolución en que se halla de no admitir el cargo antes citado; y en este caso, no accediendo la Asamblea a su solicitud, se prolongaría un negocio tan importante a la República.

La comisión, pues, repite que los motivos expuestos por el señor Paredes no son legales; pero atendiendo a la firme resolución en que se halla, y a la imposibilidad de medios coactivos para hacerlo entrar al Gobierno, no puede menos de proponer la resolución siguiente:

Se admite la excusa que ha puesto el señor don Mariano Paredes para servir la Presidencia interina de la República. La Asamblea elegirá la persona que deba desempeñar este cargo.

Tal es la opinión de la comisión; mas este alto cuerpo determinará lo que estime más conveniente.

Guatemala, enero 2 de 1849.

Rodríguez (Manuel).- Llorente.

"No encontrando razón alguna legal en la renuncia que hace el señor Paredes, salvo mi voto.

Arrivillaga."

NÚMERO 3
Señores Secretarios de la Asamblea Constituyente.

Guatemala, enero 3 de 1848.

Por segunda vez he sido requerido por ese Augusto Cuerpo para ocupar la silla de la primera magistratura de la República, y por la segunda vez tengo la franqueza de hacer la declaración más sincera de mi notoria insuficiencia; más las circunstancias difíciles de la nación alejarían a cualquier ciudadano, por hábil que fuera, de ocupar un puesto erizado de peligros y se consumaría así la ruina de mi patria, a quien debo mi vida y mi honor.

Guiado de la intención más recta, aunque sin la presunción de un éxito feliz, yo le sacrificaría mi existencia, siempre que por ese Augusto Cuerpo fuese aceptado mi programa: "la paz honrosa a cualquier precio" y que se me concediese el término de tres días para prestar juramento y tomar posesión.

Reproduzco a ustedes, señores secretarios, los más sinceros ofrecimientos de mi sumisión y respeto.

Mariano Paredes."

NÚMERO 4
A los señores secretarios de la Asamblea Constituyente.

Palacio Nacional de Guatemala, enero 16 de 1849.

Por disposición del Exmo. señor Presidente y para que se sirvan dar cuenta a la Asamblea, tengo el honor de acompañar a U.S.S. copia de la nota que se ha recibido hoy en este Ministerio remitida por don Vicente Cruz, y es el acta celebrada en Aceituno el 24 del pasado nombrándole Presidente provisorio de la República.

Sírvanse U.S.S. dar cuenta a ese alto Cuerpo y aceptar las protestas de mi respeto.

José María Palomo.

NÚMERO 5

Señor Ministro de Relaciones del Gobierno de Guatemala.

Chiquimula, enero 10 de 1849.

Tengo el honor de acompañar a usted copia del acta celebrada por las municipalidades en la Labor de Aceytuno el 24 del mes próximo pasado, que con el grande objeto de terminar la guerra se hallaban reunidas en dicho punto, cuyos designios desgraciadamente fueron burlados por la actual administración que, olvidándose de uno de sus principales deberes, cual es el del restablecimiento de la tranquilidad pública, se limita a sostener su autoridad contra el clamor general.

Podrá decirse lo que se quiera por haber aceptado el cargo que los representantes de los pueblos me han conferido; pero, a mi juicio, dicha aceptación no resultará en daño de la República, pues mis conatos se dirigen a salvarla de la anarquía en que se halla; lo mismo que a la capital de la ruina que la amenaza; y sea de la manera que fuese, me sujeto al juicio de los hombres de buen sentido que juzgan con imparcialidad.

No se crea, señor Ministro, que al ponerme al frente de los pueblos ha sido con la mira de fomentar la guerra; y si hoy me dirijo a usted es para que su Gobierno se imponga de la voluntad de los pueblos, cumpliendo con el artículo 6.° de dicha acta: en ella van incluidas las municipalidades de este departamento que, consultando a sus intereses y penetrados de la justicia que asiste a la causa de los pueblos, han secundado su pronunciamiento; recordando al mismo tiempo el cumplimiento del tratado de alianza y fraternidad celebrado el 9 de agosto del año próximo pasado, con el cual no se cumplió, por miras siniestras de hombres que solamente los guía el espíritu de partido, y no el bien de nuestra cara patria.

Entiendo que lo expuesto es bastante para que nuestros políticos se formen juicio de las actuales circunstancias, desatendiendo a las voces de robos y asesinatos que se decantan por los montañeses, que a la fecha no lo son; pareciendo al que suscribe como jefe principal de ellos que lo desacreditarán por calumnia, y no con hechos positivos.

Todo lo expuesto espero de usted, señor Ministro, lo ponga en conocimiento de su Gobierno; admitiendo al mismo tiempo las demostraciones más sinceras de mi consideración y aprecio.

Vicente Cruz.

Es copia.- Secretaría de lo Interior, enero 16 de 1849.

José María Palomo.

NÚMERO 6

Municipalidades suscritas:

Mataquescuintla	Jalapa
Santa Rosa	Santo Domingo
Comapa	San Pedro Pinula
Zapotitlán	Jalpatagua
La Leona	Santa Catarina Mita
Zacualpa	Asunción Mita
Cuajiniquilapa	Sanarate
Santa Inés Petapa	Guastatoya
Villa Guadalupe	San Agustín
Moyuta	Acasaguastlán
Tecuaco	Magdalena
San Antonio La Paz	Chimalapa
Jumay	Zacapa
Ysgüatán	Chiquimula
Nancinta	Usumatán
Las Casillas	San Jacinto
Chiquimulilla	Santa Elena
Guazacapán	Quezaltepeque
Taxisco	Jocotán
Azulco	Santa Lucía
Sansaria	San Pablo
Santa Anita	Estanzuela
Palencia	Río Hondo
Zinacantán	Aquí una rúbrica.

En Aceytuno, a 24 de diciembre de 1848.

Reunidas las municipalidades que al margen se expresan, con el objeto de ver si se puede poner término a la guerra que sostienen los pueblos contra la actual administración de Guatemala, por los abusos de poder y tiránica dominación, los señores generales don Vicente y don Serapio Cruz presentaron a la Junta, por medio de su secretario, los puntos de instrucción a que se habían de arreglar los comisionados que nombraron cerca del Gobierno para ajustar la paz, y una nota en que desarrollan los fundamentos que los mismos pueblos han tenido para tomar las armas; y considerando: que sin embargo de ser tan justos y razonables los cinco artículos que comprenden dichas instrucciones, el Gobierno de Guatemala, obstinado siempre en mantener su sistema de ambición y de arbitrariedad, ha preferido la continuación de la guerra, que hacer la paz bajo los principios de equidad y de justicia, se ha servido acordar:

1.° La Junta de municipalidades desconoce la administración actual de Guatemala.

2.° Nombra desde luego, para Presidente de los pueblos, al señor don Vicente Cruz, el que después de haber prestado el juramento de ley, la Junta acordó fijase su residencia en Chiquimula o en el punto que estime conveniente.

3.° Los pueblos auxiliarán con todo su poder al Gobierno provisorio, y le juran sumisión y obediencia.

4.° Caso de que no basten los auxilios de los pueblos para continuar la guerra, el Gobierno provisorio podrá demandar protección a los demás Estados de Centroamérica.

5.° La Junta de municipalidades hará responsable a la administración de Guatemala de la sangre que se derrame y de todos los daños y perjuicios que han sufrido y sufren los pueblos por causa de la guerra.

6.° Se comunicará la presente acta al Gobierno de Guatemala, acompañándole copia de los tratados de paz que ha desechado y de la nota con que fueron remitidos.

7.° El Gobierno provisorio hará imprimir todos estos documentos para conocimiento del público.

Con lo que se disolvió la Junta, firmando las municipalidades para constancia. Lo hicieron los que supieron, a nombre de todas ellas, con el presente secretario y presidente de la Junta.

Hay setenta y ocho firmas.

Es copia.

Chiquimula, enero 11 de 1849.

Es copia, Secretaría de lo Interior, enero 16 de 1849.

Palomo.

NÚMERO 7
Asamblea Constituyente de Guatemala.

Deseoso de que ese alto Cuerpo tenga conocimiento del estado actual del Departamento de Chiquimula y de la fuerza que a las órdenes del Brigadier señor J. Dolores Nuño salió de esa capital. Considerando que el señor Ministro de la Guerra no podrá haber dado un informe cual se pide en la proposición hecha el 26 del próximo pasado, me ha parecido auxiliar a dicho Ministro con el informe que se le pide, por la facilidad que tengo para hacerlo, hallándome muy al cabo de todo lo que pasa en el Departamento expresado, pasando a verificarlo en la manera siguiente:

El Departamento de Chiquimula se halla en el día muy tranquilo, disfrutando de la seguridad que el ejército de los pueblos le proporciona; pues a la fecha hay una fuerza en la villa de Esquipulas haciendo guardar el mejor orden en la feria y resguardando los intereses del comercio; con cuyos manejos han desmentido en todo las atrocidades con que se les ha calumniado por el Gobierno de Guatemala, de manera que todo el Departamento está dispuesto a secundar las miras de los pueblos pronunciados.

El ex-Corregidor José Antonio González quiso reunir alguna fuerza para sostener su autoridad desvirtuada; pero, a pesar de sus esfuerzos, le fue imposible por hallarse con la tropa bastante desconceptuado, en razón de sus manejos bárbaros y desatinados; por manera que se halla en el caso de presentarse al que suscribe, entregando todas las armas que eran a su cargo, sin más condición que la de darle garantías a su persona, que al efecto le fueron concedidas, y retirado a la villa de Zacapa, creo que no volverá a tomar parte en la cosa pública, pues tiene sobre sí la execración que bien se merece.

De igual manera, el Brigadier Nuño, habiendo venido de esa capital bastante arredrado, tuvo que disolver su fuerza, retirándose a buen vivir; pues la experiencia, no hay duda, le ha demostrado que no conviene a un solo hombre sujetarse a ser esclavo de muchos señores.

El distrito y puerto de Izabal están a la disposición del ejército de los pueblos, en donde cuenta con inmensos recursos para sostener sus garantías sociales y dar un término a la discordia civil que desgraciadamente ha sido fomentada por los enemigos de nuestra patria, que a su vez serán escarmentados severamente.

Chiquimula, enero 11 de 1849.

Vicente Cruz.

NÚMERO 8
A. C.

Cuando por primera vez recibí de ese Augusto Cuerpo la elección de Presidente provisorio de la República, no vacilé un solo momento en presentar mi renuncia, persuadido de que, aún en situación menos peligrosa, mis cortas capacidades no estaban en relación con la importancia del cargo que se me hacía el honor de conferir; pero requerido de nuevo, y en medio de un conflicto que exigía medidas perentorias, me vi obligado a prestar juramento antes del día que había prefijado, declarando que mi fin no era otro que "procurar la paz honrosa a cualquier precio.

El honor de los cuerpos políticos tiene por base la fuerza y la opinión general. Por esto, antes de establecer mi administración, creí necesario oír la de este honrado vecindario respecto a la elección de Ministros y a los recursos pecuniarios con que debía sostenerse el ejército, tanto para hacer la paz de una manera correspondiente a la dignidad nacional, y en beneficio de los pueblos conmovidos, como para sostener los derechos de Guatemala, llegado el caso de injustas pretensiones.

El vecindario acogió con agrado aquel paso: me señaló, desde luego, las personas que pudieran auxiliarme con algún éxito; y yo, deferente a su juicio, tuve la satisfacción de secundarlo nombrando los cuatro Ministros del despacho. Estos se prestaron bajo la condición de que se resolviese por ese alto Cuerpo sobre la apertura de los pliegos que contienen la elección de Presidente; y que los propietarios suministrasen la suma de veintiséis mil pesos mensuales, que yo había conceptuado indispensable para los gastos del Gobierno y poder procurar una paz sólida y honrosa.

Lo primero ha quedado resuelto; mas lo segundo no ha podido tener efecto, no obstante las garantías ofrecidas y utilidades considerables para los que hiciesen una anticipación de su dinero. Muy pocas han sido las personas que se han prestado a auxiliar al Gobierno y a sacrificar, si así pudiera decirse, la anticipación de una pequeña parte de su fortuna por salvar la más considerable: sus nombres quedan registrados en la Secretaría del Gobierno como una prueba de su patriotismo.

Para allanar toda dificultad por falta de Ministro de Hacienda, el nombrado, a pesar de las condiciones propuestas por él y por los otros señores Ministros, tuvo la necesidad de prestar juramento: formó distintos proyectos, ha trabajado con la mayor asiduidad y constancia; y sin embargo de todo, no ha logrado asegurar ni la mitad de la suma que debiera invertirse mensualmente.

El Gobierno, pues, está desprovisto de todo recurso pecuniario: pudiera lograrlos momentáneamente por la coacción; mas su situación, no por esto, dejaría de ser precaria.

Antes de concluir, me será permitido manifestar que los temores que había sobre el ejército al tomar posesión han cesado, en términos que considero que hoy se podría ya obrar con él, pues he procurado restablecer la disciplina.

Por lo expuesto, ocurro ante la representación nacional a resignar formalmente la Presidencia de la República, suplicándole se sirva admitirme esta renuncia y no suspender la sesión de hoy hasta que no quede nombrada y posesionada la persona que deba sucederme, en el concepto de que es indispensable dictar medidas del momento.

Guatemala, enero 15 de 1849.

Mariano Paredes

NÚMERO 9
A. C.

La comisión de renuncias, a quien se ha mandado pasar la que en esta fecha ha dirigido al Cuerpo Legislativo el señor Presidente de la República con la mira de exonerarse del cargo que se le ha confiado de primer magistrado de la República, la ha examinado detenidamente, y encuentra que no se alega otra causa que la falta absoluta de fondos para una marcha regular en los negocios públicos, que son a su cuidado; y que para proporcionarlos ha empleado los medios prudentes que ha creído oportunos, y que no habiendo tenido efecto, se le han negado a servir las personas llamadas por la opinión pública a que le ayudasen en la administración.

Si esta causal se estimase suficiente para admitir la renuncia que hace del Ejecutivo la persona que actualmente la desempeña, vendría a suceder que cualquiera otra que fuese electa tendría los mismos motivos para no admitir. La sociedad no puede quedar acéfala, y a la Asamblea corresponde remover la causal que indica el señor Presidente para no continuar por más tiempo en el mando. La comisión de hacienda propondrá los medios de que haya fondos para que no se paralice la administración y que, de este modo, continúe con ella el señor Presidente actual.

Al formar este juicio, los individuos de la comisión han tenido también presente que la persona que hoy desempeña la primera magistratura se merece la confianza, no solo de este Cuerpo, sino también de la generalidad. El mudarla sería aumentar este nuevo conflicto a los muchos que nos rodean, y por esto la comisión propone a la deliberación de la Asamblea la resolución siguiente:

Que se conteste al señor Presidente que el interés público demanda su permanencia en el Gobierno, y que la Asamblea se ocupa de dictar providencias para que haya fondos suficientes que sufraguen los gastos extraordinarios que deben hacerse, y que la Asamblea espera de su patriotismo que continuará prestando sus importantes servicios.

Sala de comisiones.-Guatemala, 15 de enero de 1849.

Rivera Paz.-Arrivillaga.-Llorente.

NÚMERO 10
El Presidente interino de la República de Guatemala,

Considerando que para dar unidad y hacer más expedita la administración, en el ramo de guerra, es conveniente que el Ejecutivo reasuma el mando inmediato de las armas, pues, de esta manera, las operaciones y providencias tendrán la rapidez necesaria en su ejecución: y atendiendo a que al Sr. Mariscal de Campo D. Francisco Cáscara, le fue anteriormente admitida la renuncia que hizo de la Comandancia General del ejército; de acuerdo con el Consejo de Ministros, ha tenido a bien decretar y

DECRETA:

Artículo único. El Presidente de la República reasume, desde el día de hoy, el mando en jefe del ejército.

Dado en el Palacio Nacional de Guatemala a diez y ocho de enero de mil ochocientos cuarenta y nueve.

Mariano Paredes.

El Ministro de Hacienda y Guerra,
José María de Urruela.

NÚMERO 11
La Asamblea Constituyente de la República de Guatemala

Considerando que están resueltos los principales negocios para los que fue convocada extraordinariamente por decreto del Gobierno de 22 de noviembre del año próximo pasado.

Que subsisten las causas que motivaron el decreto del quince del mismo mes, y aún otras mayores, para que el Cuerpo Legislativo no continúe reunido en las presentes circunstancias.

Que aunque los veinte pliegos que se exigen para las elecciones de Presidente de la República, por decretos de veintiséis de septiembre y treinta y uno de octubre últimos, han llegado a la Secretaría; teniéndose noticia de que en muchos distritos se han practicado las elecciones, y por las circunstancias públicas no se han recibido los pliegos correspondientes; por lo que no sería justo desatender los votos de los pueblos, por no esperar el tiempo necesario para que se reúna el mayor número posible de sufragios.

DECRETO

Que durante la suspensión de las sesiones es necesario acordar la manera en que debe ser subrogado el Presidente de la República en caso de falta absoluta, y en consideración a las reiteradas iniciativas que se le han hecho para que suspenda sus trabajos, y que cuando vuelva a reunirse se ocupe principalmente en emitir la constitución; ha tenido a bien decretar, y

DECRETA:

Art. 1.° La Asamblea Constituyente suspende sus sesiones hoy veinte del corriente para continuarlas el 12 de mayo próximo venidero.

Art. 2.° En sus próximas sesiones señalará el día en que deban abrirse los pliegos de elecciones para Presidente de la República.

Art. 3.° Se ocupará únicamente de emitir la Constitución de la República y las leyes necesarias para plantearla. Sin embargo, si se le presentare algún asunto urgente y de grande interés público, podrá tomarlo en consideración, si fuere adoptado por las dos terceras partes de votos.

Art. 4.° El Gobierno queda autorizado para convocar extraordinariamente a la Asamblea de acuerdo con el Consejo Consultivo, si una grave urgencia pública lo exigiere.

Art. 5.° También se le autoriza para que, si las circunstancias públicas lo exigieren, pueda, de acuerdo con el Consejo, prorrogar por dos meses la suspensión de las sesiones.

Art. 6.° En caso de falta absoluta del Presidente interino de la República, el Consejo, la Comisión Permanente de la Asamblea y la Suprema Corte de Justicia, nombrarán, entre los individuos del mismo Consejo, la persona que deberá ejercer el Poder Ejecutivo; pero en este evento, el Gobierno convocará sin demora a la Representación Nacional.

Pase al Gobierno para su publicación y cumplimiento.

Dado en el salón de sesiones en Guatemala, a veinte de enero de mil ochocientos cuarenta y nueve.

Juan Matheu, Presidente.
Marcos Dardón, Secretario.

Manuel Rodríguez, Secretario.

Palacio Nacional de Guatemala, enero 25 de 1849.
POR TANTO, EJECÚTESE:
Mariano Paredes.

El Ministro de Gobernación,
José Mariano Rodríguez.

NÚMERO 12
Señor Ministro del Supremo Gobierno de la República de Guatemala.

Cuartel General en Marcha.-Aycitu, enero 24 de 1849.
Resuelto a concluir los días de mi vida en el seno de mi familia, sin tomar parte en las escenas políticas de la República, desechaba y desoía las generosas ofertas que constantemente se me han hecho por la mayor parte de los pueblos. Obligado por la persecución de partido con la mira de arrojarme más allá, a un país extraño, a perecer de miseria; insultado atrozmente por ese Gobierno bajo la influencia del señor Martínez y comisionado a mi enemigo personal Juan Diéguez, para que en el periódico de Las Chiapas me denigrase ante las naciones cultas, recrudeciendo actos que, aunque pese a mis enemigos, fueron de paz y prosperidad para Guatemala, correspondiendo de una manera desconocida los servicios que presté con la mayor buena fe y desinterés, me obligaron con el mayor sentimiento de mi alma a adoptar una medida que, aunque violenta y ajena de los sentimientos que me animan, poniéndome a la cabeza de una respetable división con dirección a esa capital; no a causarle males, ni a recrudecer especies que ya pasaron, sino a dar seguridad y garantías a los pueblos y propiedades.

Guiado de este principio, pongo en conocimiento de ese Supremo Gobierno por el honroso conducto de US. mi última determinación, para que, si lo tuviese a bien, se sirva decirme al camino lo que tenga por más conveniente, asegurado de que si fuese conforme a los principios que me he propuesto, ponerme como lo hago desde hoy bajo sus órdenes; pero si por desgracia mis razones fuesen desoídas, que pese desde hoy sobre la denegativa de una justa causa los males que la guerra civil nos acarrea.

NÚMERO 12.

El deber y la política me obligan hoy a dirigirme a ese Supremo Gobierno, esperando de los sentimientos que le animan su determinación a mi resolución para mis ulteriores determinaciones, que si estas fuesen conformes, yo tendré la dulce complacencia de haber dado un paso en beneficio de una patria que tanto adoro.

Sírvase US., señor Ministro, elevar lo expuesto al conocimiento de ese Supremo Gobierno y aceptar las protestas con que me suscribo su afectísimo amigo y S. S. Q. B. S. M.

(Firmado.) Rafael Carrera.

Es copia, Secretaría de Guerra.-Guatemala, febrero 2 de 1849.

Urruela.

NÚMERO 13.

A los señores secretarios de la Asamblea Constituyente.

Palacio Nacional de Guatemala, febrero 2 de 1849.

Aunque desde la semana pasada comenzaron a esparcirse algunas voces en esta capital anunciando que el General Carrera se aproximaba a esta República por la vía de Chiapas, no había razones suficientes para darles crédito; pero el lunes 29 del próximo pasado tuvo ya el Gobierno a la vista dos cartas del mismo General Carrera, escritas a individuos de esta ciudad, y otras de comerciantes de Comitán en que se aseguraba la noticia, con lo cual el Gobierno convocó inmediatamente al Consejo Consultivo, para imponerlo y oír su dictamen. Pero no encontrándose por bastantes los citados documentos, mediando razones que se expusieron en la sesión, se acordó diferir la resolución que consultaba el Gobierno sobre convocar a la Asamblea para darle cuenta, hasta que se confirmase la noticia de una manera más positiva.

El miércoles 31 se recibió la comunicación que el mismo General Carrera dirige a este Gobierno, datada en Aycitu el 24 de enero próximo pasado, de la cual acompaño copia autorizada, con lo cual se tuvo ya por indispensable dar cuenta a la Asamblea, como el Gobierno lo ha creído de su deber, siendo este uno de los asuntos para que ha sido convocada.

El Gobierno, deseando el mejor acierto y por otras varias consideraciones, quiso consultar al Consejo sobre los términos en que sería conveniente contestar al señor Carrera la indicada nota y su resolución dictada en 1.° de febrero, fue literalmente la que sigue:

"Acordó también consultar al Gobierno que se conteste la nota del General Carrera con que se dio cuenta en la última sesión, manifestándole la situación que tienen hoy las cosas en la República, cuál es la administración y sus miras acerca de la pacificación, en cuyo sentido está la opinión pública, dándole noticia especialmente del convenio celebrado con las fuerzas de los pueblos, por todo lo cual cree el Gobierno que su internación en la República en las actuales circunstancias vendría a complicar las cosas y aumentar las dificultades."

El infrascrito, arreglándose a esta base y desarrollando las ideas que contiene, dio al señor Carrera la conveniente contestación.

La gravedad de este suceso, tan imprevisto como extraordinario, me excusa de hacer otras explicaciones acerca de los motivos que han persuadido al Gobierno de la necesidad de ponerlo en conocimiento de ese Alto Cuerpo; debiendo informar, además de las noticias que contiene la nota referida, que el Gobierno ha tenido ayer noticia, por una carta particular de Quezaltenango escrita a una persona de esta ciudad, que el General Carrera se hallaba últimamente en Chiapas, lugar perteneciente al territorio de esta República, distante de la línea como seis leguas.

Y por disposición del Gobierno, lo comunico a U. SS. para que se sirvan elevarlo al conocimiento de la Asamblea, suscribiéndome con atención y aprecio su muy atento servidor.

José María Urruela.

NÚMERO 14.
A. C.

Os habéis servido mandar que la Comisión de Gobernación abra dictamen acerca de la nota del Ministerio de la Guerra, en la que remite la del General Carrera en que manifiesta que intenta introducirse a la República con fuerza armada, y la contestación que a dicha nota se dio.

Como el oficio ministerial citado no hace otra cosa que referir el hecho, sin pedir resolución alguna, y como tampoco podría dictarse por la Asamblea en un negocio que es del resorte del Ejecutivo, la Comisión se limita a proponer que se conteste de enterado.

Sin embargo, la Asamblea resolverá lo que estime más conveniente.

Guatemala, febrero 3 de 1849.

Andreu.-Padilla.-Dardón Andrés.

Mi opinión es que se diga al Gobierno que observe las leyes vigentes.

Montúfar.

NÚMERO 15.

A. C.

Mi voto respecto de la comunicación oficial hecha al Cuerpo Legislativo de la agresión con fuerza armada que ha verificado ya sobre el territorio de la República el ex-Presidente Rafael Carrera es que se diga al Gobierno:

Ponga en defensa la República, y haga cumplir sus leyes.

Sírvase al efecto de los duplicados elementos de poder que le dan la paz y la opinión, con el civismo y energía que demandan altamente la causa de la libertad y la seguridad de los ciudadanos.

Guatemala, 3 de febrero de 1849.

J. Barrundia.

Suscribo, Vidaurre.

Suscribo, Dardón V.

Suscribo, Montúfar.

CAPÍTULO VIII: OTRA VEZ CARRERA

Celebraban los serviles la paz.

Se cantaban misas; fray Bernardo Piñol y Aycinena predicaba, dando gracias al Ser Supremo por el inapreciable don de la paz, que la Divina Providencia enviaba a Guatemala para obsequiar las súplicas de tantas almas justas que día y noche oraban por nosotros.

Los fieles salían de las iglesias llenos de júbilo por los inmensos bienes que el cielo bondadoso otorgaba a Guatemala, en consideración a los méritos del clero y del partido reaccionario.

La Asamblea, bajo tan bellos auspicios, cerró sus sesiones, y el país quedó a merced de don Mariano Paredes, dirigido por don Luis Batres y compañeros.

El 8 de febrero Paredes dictó un decreto derogando el que disponía que el Poder Ejecutivo reasumiera el mando en jefe del ejército, para que, en observancia del convenio de Zacapa, Vicente Cerna fuera Comandante General. (Documento núm. 1.)

A continuación, Paredes publicó una proclama en que da gracias a la Divina Providencia por el restablecimiento de la paz. (Documento núm. 2.)

Dos días después, Cerna dirigió a los pueblos una exposición en que les explica su conducta. (Documento núm. 3.)

En el número 42 de la Gaceta se encuentra lo siguiente:

"NOMBRAMIENTOS"

Habiéndose restablecido el orden constitucional en los departamentos disidentes, en virtud del convenio de paz de 28 de enero último, el primer cuidado del gobierno ha sido proveer de autoridad a los pueblos y restablecer en todas partes la administración de justicia.

En consecuencia, han sido nombrados Corregidores los siguientes:

- Licenciado Don José María Escamilla, para Verapaz.
- Don Mariano Rivera Paz, para Jutiapa.
- Licenciado Don Gregorio Orantes, para Jalapa.
- Don José María Cervantes, para Santa Rosa.
- Licenciado Don Marcial Zebadúa, para Amatitlán.
- Don José María Ramírez Villatoro, para Escuintla.
- Don José Timoteo Solís, para Huehuetenango.
- Sargento Mayor Don Víctor Zavala, para Suchitepéquez.

Jueces de primera instancia:
- Licenciado Don Mariano Córdova, para Chiquimula.
- Licenciado Don José María Flores, para Verapaz.
- Licenciado Don Ignacio González, para Amatitlán.
- Licenciado Don Luis de la Roca, para Huehuetenango.

Ldo. D. Pedro V. Batres, para Suchitepéquez.

Ldo. D. Jacinto Rivera Paz, para el juzgado 2.° de este departamento.

Ldo. D. José M. Saravia, para el juzgado 1.° de Sacatepéquez.

En los distritos de Jalapa, Jutiapa y Santa Rosa, está unido el juzgado de 1.ª instancia al corregimiento.

El Gobierno tuvo a bien nombrar varias comisiones para el despacho de los negocios.

En la Gaceta aparecen los nombrados en esta forma:

De conformidad con el acuerdo precedente, el Presidente de la República, en Consejo de Ministros, nombra las comisiones que siguen.

De Relaciones Exteriores
Ldo. D. Manuel Ubico, presidente.
Ldo. D. Manuel Echeverría.
D. José Milla y Vidaurre.

De Gobernación
Presb. Ldo. D. José María Barrutia.
D. José Coloma.
D. Manuel Joaquín Dardón.

De Negocios Eclesiásticos
Dr. D. Bernardo Piñol.
Presb. D. Pedro Diez.
Presb. D. Anselmo Llorente.

De Legislación y Justicia
Ldo. Dr. D. Andrés Andreu.
Ldo. D. Manuel Ubico.
Ldo. D. Manuel Cruz.

De Hacienda
Dr. D. Pedro Molina.
D. Luis Batres.
D. Pedro Aycinena.

De Guerra
Coronel D. Manuel María Bolaños.
Teniente Coronel D. Joaquín Sáenz.
Id. id. D. Miguel García Granados.

De Instrucción Pública
Dr. D. Juan José Aycinena.
Dr. D. Alejandro Marure.
Ldo. D. Ignacio Gonzales.

De Industria, Agricultura y Comercio
D. José Mariano Vidaurre.
D. Juan Matheu.
D. Pedro Lara Pavón.

De Obras Públicas
D. José Nájera.
D. Antonio Zirión.
D. Marcos Dardón.

De Policía y Salubridad
Dr. D. José Luna.
D. Buenaventura Lambur.
D. Francisco Xavier Aguirre.

De Estadística
D. Narciso Payés.
D. Buenaventura Lambur.
D. Juan Piñol.

De Tierras
D. Juan José Flores.
D. Juan Andreu.
D. Juan de Dios Morales.

Jeneral D. Vicente Cruz.
D. Rafael Urruela.
Presb. D. Pedro Diez.

Digno es de notarse que, en esta lista, no existe una persona sola de las que formaban la minoría liberal en la Asamblea Constituyente.

Podía comprenderse que no se llamara a los jóvenes; pero ¿por qué no se llamaba a Barrundia, a Escobar, a Gálvez Irungaray, a Gándara?

No se les llamaba, porque se les quería eliminar del todo como intransigentes y desorganizadores.

Los serviles querían mantener a su servicio al círculo que don Luis Molina unió a los reaccionarios, y con este motivo, se ven en esta lista, al lado de don Juan Piñol, del padre Bárrutia, del padre Piñol, del padre Diez, del padre Llorente, del padre Aycinena, de don Narciso Payés, de don Luis Batres, de don José Nájera y de otros, los nombres del doctor Molina, de don José Mariano Vidaurre y de don Manuel Joaquín Dardón.

La minoría liberal de la Asamblea, la que combatió el dictamen de la Comisión de Gobernación la noche del 30 de diciembre de 1848, estaba proscrita como desorganizadora y atroz, y en realidad lo era, porque se había propuesto desorganizar la aristocracia y el partido monacal, y porque no transigía con los Aycinenas, con Batres, con Pavón, Piñol y demás reaccionarios oscurantistas.

Don Marcos Dardón se decía liberal; pero su carácter era tan suave y transigente, que más tarde firmó el acta constitutiva.

Para ser organizador era preciso ser reaccionario o dejarse engañar por los reaccionarios y decir que, bajo aquel orden de cosas, todo iba bien.

Se dice que los serviles no se dividen.

Esta regla general admite sus excepciones.

Hemos visto divididos en la Constituyente de 39 a los futuros obispos Viteri y Piñol.

Pero las divisiones de ellos son pasajeras.

Las divisiones de los liberales son profundas, y no se extinguen en una generación.

Muchos serviles, españoles de origen, invocaron la protección del Cónsul francés para que no se les impusieran contribuciones y para que, gozando como gozaban de los derechos de guatemaltecos, disfrutaran también de los derechos de extranjeros, y así lo pasaran bien en todos conceptos, mientras por todas partes se vertiera la sangre de los hijos del pueblo.

Estos son los hombres que han tenido gran reputación en Guatemala, a quienes se ha visto como benefactores del país y a quienes los hijos del pueblo han tenido necesidad de hablar con el sombrero en la mano y la frente inclinada, en señal del respeto que inspira el oro y de los timbres con que el egoísmo se reviste.

Entre los postulantes se hallaba don Isidro Ortiz, casado con una señora Urruela y padre de una numerosa familia, don Francisco Castillo Larriva, don Manuel Novales, don Braulio Novales, don Salvador Viodo, don Julián Villegas, don Juan de Urruela, don Federico Matheu, don Mariano Cuadra, don Luis Cuadra y otros muchos.

He aquí un conflicto para el Ministro de Relaciones Exteriores don José Mariano Rodríguez, y para todo el Gobierno.

Tener necesidad de combatir a tanto hombre de orden, a tanto amante del decoro y del concierto, establecidos el 13 de abril de 39, era una desventura.

Dejar que se escaparan tantos ricos propietarios de las contribuciones que aquel orden de cosas necesitaba para sostenerse, era imposible.

Se cruzaron notas entre el Ministro de Relaciones y el Consulado francés y se acudió a la nueva creación de comisiones, pidiendo dictamen a la de Relaciones Exteriores, formada por Ubico, Echeverría y Milla.

Esta lo dio extensísimo. Se halla en el número 43 de la Gaceta, correspondiente al 2 de marzo de 1849.

Su parte resolutiva puede verse al fin de este capítulo. (Documento núm. 4.)

No obstante esta resolución, no todos los llamados españoles pagaron, y el Gobierno puso guardias en las casas de los señores Ortiz, Castillo, Larriva, Viodo, Villegas, Novales y la señora Retes, quien, cuando se trataba de cumplir el decreto contra los españoles, emitido el 23 de noviembre de 1839, era guatemalteca, y cuando se trataba de pagar contribuciones era española.

La elocuencia de las bayonetas los convenció más que el dictamen de Relaciones Exteriores y, aquel día, cada uno pagó tres mensualidades.

Muy sabia era aquella comisión, y muy convenientes todas sus doctrinas; pero para evitar equivocaciones de actualidad debe decirse que la última parte de la resolución 2.ª no está aceptada, ni por los Estados Unidos ni por otras naciones.

Por consiguiente, no debe descansarse en esa teoría.

Los Estados Unidos exigen actos expresos para la renuncia de una nacionalidad y la adquisición de otra.

"Art. 10.- En los casos en que la ley exija la calidad de ciudadano para el ejercicio de alguna función pública, podrá confiarse a extranjeros que reúnan las demás calidades que la misma ley requiera: quedando naturalizados y ciudadanos por el hecho de su aceptación."

La aceptación de un cargo público con noticia previa de este artículo, bajo cuyo imperio se acepta, puede tener mucha significación a los ojos de las naciones extranjeras.

Orantes y Rivera Paz, en unión de sus secretarios don Andrés Fuentes y don Manuel Larrave, (no el diputado), y custodiados por una escolta, salieron a sus respectivos corregimientos.

El 22 de febrero por la tarde, llegaron al paraje llamado Sampaquisoy y allí los corregidores fueron asesinados.

Para que no haya tacha de inexactitud en la narración de tan grave suceso, se inserta el relato que acerca de este crimen hace la Gaceta. He aquí:

El 22, al caer de la tarde, los Sres. Rivera Paz y Orantes, con sus secretarios y escolta, se acercaban al paraje de Sampaquisoy, cuando supieron que se hallaba en aquel punto una partida armada que capitaneaban Agustín Pérez y Roberto Reyes, dos de los tres cabecillas que se habían rehusado a entrar por el convenio de Zacapa. Sin antecedente alguno que pudiera hacerlos personalmente odiosos, confiados por otra parte en que su misión toda era de paz, y muy distantes de sospechar que se les preparaba un horrible lazo, los corregidores creyeron conveniente anunciarse a dichos cabecillas, para saber si podían continuar su marcha sin embarazo; notificándoles, desde luego, que no llevaban más objeto que hacer efectivas las indemnizaciones concedidas a los pueblos, y todas las demás medidas dictadas para satisfacer sus justas reclamaciones.

Oída la respuesta afirmativa, aunque solo de palabra, que se dio a esta insinuación amistosa, se adelantaron sin mostrar recelo hasta

413

avocarse con los que no podían imaginar, atendida su respuesta, que estuviesen preparados ya a perpetrar en ellos el más frío y premeditado asesinato.

Sin embargo, después de más de una hora de conversación, improvisa, sin que precediese explicación alguna y a cierta señal de Pérez, la turba que lo acompañaba echóse sobre los corregidores, sus secretarios, el Sr. Cruz (Don Francisco) que mandaba la escolta, y el capitán Margarito Martínez, que iba agregado a ella; los ató por los brazos, sujetándolos fuertemente contra la espalda, formándose al mismo tiempo en cuadro al contorno de las víctimas.

Tal formación, siempre de muy mal agüero, no podía en semejante coyuntura dejar la menor duda acerca de las depravadas intenciones con que se obraba.

Entretanto la escolta, en vez de tomar la defensa de las personas cuya vida y seguridad le había sido confiada, lo rehusó abiertamente, confundiéndose y haciendo causa común con los enemigos.

La sed de sangre y el furor de que estos se mostraban animados, quedaron en el acto satisfechos con una descarga cerrada sobre los dos funcionarios que hemos mencionado en primer lugar y el capitán Martínez: el Sr. Cruz logró escaparse precipitándose, ligado como estaba, en una barranca inmediata; los secretarios D. Andrés Fuentes y D. Manuel Larrave ya se habían salvado mediante la intervención de Reyes; pero aun tuvieron que temer mucho por su vida a causa de las incesantes amenazas a que estuvieron expuestos toda la noche de aquel aciago día.

Cuánto se equivocó fray Bernardo Piñol al decir en el púlpito de la Catedral, con una seguridad y un aplomo dignos de un clérigo romano, que ya disfrutábamos de la paz y de la concordia, divinos dones que el cielo nos concedía a instancias de las almas reaccionarias que, sin cesar, oraban por nosotros.

Para honrar la memoria de Orantes y Rivera Paz, el Gobierno dictó un acuerdo que se halla al fin de este capítulo. (Documento núm. 5.)

No solo murieron en Sampaquisoy Orantes y Rivera Paz; murió también el capitán Martínez, y el acuerdo no lo menciona.

Una descarga arrebató la vida a tres en el mismo instante; pero esta igualdad ante la muerte no iguala a las víctimas ante el Gobierno.

El acuerdo gubernativo ensalza a Orantes y a Rivera Paz y deja que se pierda el nombre de Martínez en el silencio y en el olvido.

Orantes y Rivera Paz pertenecían al pueblo; pero ya formaban en las filas aristocráticas por sus servicios.

El capitán Martínez, hijo del pueblo, no había servido a los nobles, y era preciso olvidarlo.

Rivera Paz, como hombre privado, era inofensivo e intachable.

Como hombre de Estado, no fue más que un instrumento de los jefes del partido reaccionario, desde el año de 39 hasta el de 44.

Jamás tuvo energía para oponerse a la voluntad de hierro y antipolítica de los Aycinenas, Pavón y Batres.

Rivera Paz, desde el período de Gálvez, era amigo de personas respetables a quienes consideraba en alto grado y visitaba con frecuencia.

Algunas de estas personas se creían con garantías, porque no tomaban parte en los asuntos políticos y porque veían bajo el dosel a un antiguo amigo.

La realidad les produjo un triste desengaño.

Uno de esos señores disgustó un día a Pavón y fue conducido a la cárcel sin que Rivera Paz osara atenuar las resoluciones de aquel aristócrata omnipotente.

A los honores fúnebres de Orantes y Rivera Paz, todos los partidos se asociaban; pero los serviles aprovecharon la oportunidad para ultrajar al partido liberal.

Andreu, el orador del 2 de febrero de 1845, olvidándose de las terribles increpaciones que en aquel día memorable dirigió a Carrera, pronunció una oración fúnebre en la cual alababa todo lo que era conducente al regreso de aquel caudillo.

Andreu, ni aun en aquel momento lúgubre, se olvidó de los jóvenes que lo combatían en la tribuna parlamentaria y en el foro, y para herirlos, dijo en su oración fúnebre, que Orantes y Rivera Paz eran hombres sin ese deseo de brillar prematuramente, que a muchos sepulta en su ocaso, sin aparecer en el cenit.

Así se interpretaban las nobles aspiraciones de una juventud que, desde el 13 de abril de 1839, protestaba contra el salvajismo, ya fuera este sostenido por Rafael Carrera y el padre Lobo, ya por Agustín Pérez y Roberto Reyes, o ya por el asesino León Raymundo.

La Gaceta del Gobierno decía que estaba restablecido el orden constitucional.

Este era un absurdo, porque no puede haber orden constitucional, no habiendo Constitución; y las víctimas de Sampaquisoy demostraban que el único orden que, las almas justas orando sin cesar, habían podido obtener para nosotros, era el asesinato y la matanza.

Los rumores sobre la vuelta de Carrera eran incesantes; no todos los jefes de la montaña estaban de acuerdo con el caudillo adorado de los pueblos, y Serapio Cruz publicó una proclama significativa y desagradable para los serviles. (Documento núm. 6.)

No estando todos de acuerdo con la vuelta de Carrera, don Luis Batres, que manejaba a don Mariano Paredes, como en otro tiempo había manejado a don Mariano Rivera Paz, guiaba los acontecimientos con su decantada prudencia.

El general Agustín Guzmán, siempre consecuente con sus ideas, siempre leal y siempre fiel a la causa de los libres, comprendía las maquinaciones de los serviles para el regreso de Carrera.

Él se hallaba con una fuerza en Huehuetenango e hizo con ella un movimiento hacia la ciudad de Quezaltenango.

Al pasar por el pueblo de San Bartolomé, los indios, cuya brutalidad es el pedestal de los serviles, hicieron resistencia a Guzmán, quien los batió dejando en el campo ochenta muertos; pero sufriendo la baja de veinticinco soldados quezaltecos.

El aparecimiento de Guzmán complicaba la situación.

Su nombre, su prestigio y su lealtad eran una esperanza para los liberales de la minoría que se hallaban anonadados bajo el peso enorme de los partidos servil y molinista.

Para salir de Guzmán era preciso engañarlo, y don Luis Batres preparó el engaño que se verá después.

El brigadier Vicente Cruz salió con una fuerza a perseguir a Agustín Pérez, uno de los asesinos de Sampaquisoy, y el 20 de marzo llegó a Pueblo Nuevo, que también se llama montaña de Alzatate.

Cruz solo tenía cien hombres y Agustín Pérez lo atacó con trescientos; sin embargo, este fue vencido.

El general Cruz personalmente persiguió a los fugitivos, iba solo y sin más arma que su espada. En esos momentos recibió un balazo en el pecho y cayó muerto.

Don Francisco Benítes da el parte de este suceso. (Documento núm. 7.)

La Gaceta publicó una necrología que dice así:

La pérdida del Brigadier D. Vicente Cruz es una pérdida verdaderamente sensible y en mucha parte, irreparable en las presentes circunstancias. Nosotros no podemos dejar de deplorarla, consignando estas pocas líneas a la memoria de aquel distinguido guatemalteco.

Bien conocidos son de todos el celo y buen éxito con que trabajó dicho general por introducir alguna regularidad en las fuerzas indisciplinadas de la montaña; públicas son las buenas disposiciones de que estaba animado en favor de la paz, y el empeño con que trabajó en su restablecimiento, prestándose, primero, al convenio de Zacapa que sin él hubiera sido muy difícil obtener, y trabajando después en su cumplimiento con la mayor buena fe e infatigable actividad.

Especialmente desde que llegó a su noticia el desgraciado acontecimiento de Sampaquisoy, lleno de indignación, no pensó ya más que en salir a castigar a los bárbaros autores de aquella horrible catástrofe.

Con efecto, él mismo se puso a la cabeza de una de las divisiones que salieron de la capital destinadas a la persecución de los criminales Pérez y Reyes; y tomó la dirección de Mataquescuintla, ansioso de tener cuanto antes un encuentro con los bandidos.

Bien pronto se verificó este, y en él, como ya se ha referido en el Bolctín de noticias del dia 28, Cruz los atacó vigorosamente causándoles una completa derrota; mas, por desgracia, se empeñó con demasiado ardor en el combate y una bala enemiga le atravesó el pecho en los momentos mismos del triunfo.

De este modo acaba de terminar honrosamente su carrera el Brigadier Cruz, sacrificándose por su patria.

Los servicios que ya le había prestado antes, desde el famoso 13 de abril en que comenzó a figurar entre los principales caudillos del ejército que ocupó la capital en aquella fecha; el desinterés con que se condujo en el ajuste de Zacapa, en que nada pidió para sí ni para ninguno de sus deudos que militaban juntamente con él, empeñándose tan solo en obtener condiciones favorables a los pueblos; y las infinitas pruebas que dio constantemente, tanto en la vida pública como en la privada, de su carácter franco, servicial y bondadoso: todo esto hará siempre recomendable y querida su memoria para los buenos guatemaltecos.

Bien pronto se harán las demostraciones de público sentimiento que corresponden por tan grande pérdida. Permita el Cielo que esta sea la última que tengamos que lamentar, y que un triunfo completo sobre los enemigos de la paz ponga término a tantas desgracias y venga a mitigar nuestro justo sentimiento."

Los serviles no sentían a Cruz. Su muerte para ellos era una dicha.

No pudieron ni aun fingir pesar. El parte de Benítes es frío y la necrología lánguida.

Compárense las manifestaciones de duelo que se habían hecho por la muerte de Pedro León Velázquez y las que se hicieron después por la muerte de Cáscaras, con lo que se dijo de la muerte del brigadier Vicente Cruz, y se palpará que Cruz no fue sentido.

Vicente Cruz se formó en la escuela de la revolución del año de 37 y entró a Guatemala con Carrera el 13 de abril de 39; pero su vida pública jamás se manchó con las crueldades que cometían Rafael y Sotero Carrera, el padre Lobo, Chupina, Chúa, Velázquez y demás personajes de la corte del caudillo adorado de los pueblos.

Vicente Cruz, cuando ejerció el poder Ejecutivo, manifestó tendencias liberales, como lo demuestra el llamamiento al ministerio del doctor Padilla y de don Miguel Rivera y Maestre.

Vicente Cruz tuvo una gran parte en la revolución que lanzó a Carrera del territorio de Guatemala, en agosto de 48.

Siendo él vicepresidente entonces, debió esperar que, a la caída de Carrera, la Asamblea lo llamara al ejercicio del poder Ejecutivo; pero no fue así.

Vicente Cruz quedó olvidado, y don Juan Antonio Martínez subió al poder en cuya altura no pudo conservarse.

En esas circunstancias, los serviles apoyaron a Cruz, no para protegerlo lealmente, sino para impedir que se acreditara con la paz la revolución de agosto.

Bajo la influencia de ellos, Cruz publicó notas contra la revolución de 1829, que no conocía.

Viéndose algunas veces que el apoyo servil era menor de lo que se ofrecía, y que no se encaminaba precisamente al fin que Cruz se proponía, él se indignaba y dirigía notas a las municipalidades contra los serviles, presentando a tres o cuatro familias como la causa de todos los males.

Estas familias, por medio de clérigos y agentes muy particulares, suavizaban el enojo de Cruz, halagaban su ambición, y entonces él decía que daría garantías a todos, menos a Barrundia y a los Molinas.

Las proposiciones que hizo en tiempo de Escobar están redactadas bajo la influencia servil para que el presidente no pudiera aceptarlas, para que continuara la guerra y para que, desacreditándose cada día más y más la revolución de agosto, Carrera volviera bajo arcos triunfales.

Los convenios de Zacapa fueron dictados por los mismos serviles, no para proteger a Cruz ni para restablecer la paz, sino para debilitarlo, por medio de una división en la montaña que quitara a Vicente Cruz lo que de temible pudiese tener, dejando en pie la insurrección para justificar el regreso de Carrera, personaje destinado por ellos para llevar los laureles de pacificador.

Los serviles decían en 1849 que convenía hacer con el brigadier Cruz lo que en 1823 debieron hacer con Ariza Torres los individuos que formaban el gobierno nacional: engañarlo.

Cruz se sometió a los convenios de Zacapa.

Los asesinatos de Sampaquisoy lo indignaron. Publicó entonces un manifiesto que bien revela las diferentes influencias que sobre él se ejercían. (Documento núm. 8.)

Dice que por los convenios de Zacapa quedó restablecida la paz.

Esto se le hizo creer a Cruz; pero no fue así.

Ni quedó restablecida la paz, ni los serviles querían entonces que se restableciera.

Habiendo paz, ¿con qué pretexto traían a Carrera?

Dice que los convenios de Zacapa fueron acogidos por los pueblos.

Los pueblos, a que Cruz se refiere, ni hacían ni aceptaban convenios.

Eran máquinas que se movían bajo la influencia de ciertos motores.

No todos los motores que ponían en acción a los pueblos aplaudieron los convenios de Zacapa, y la prueba es que no todos los jefes de la montaña entraron con Vicente Cruz a Guatemala.

Cruz elogia el nombramiento de corregidores porque las personas nombradas tenían el mérito de no haber tomado parte en la revolución.

De manera que, en su concepto, era una virtud el no haber hecho la oposición a Carrera ni contribuido a su salida.

Con esto, Vicente Cruz se censuraba a sí mismo, porque él tomó una parte activa en el movimiento de Los Altos y en la revolución contra Carrera.

Dice a los pueblos que, por parte del Gobierno, los convenios habían sido cumplidos, y los increpa porque ellos faltan a lo estipulado; sin fijarse en que había agentes que impedían la paz, como hubo agentes cerca de él para que no la ajustara con el presidente Escobar.

Orantes y Rivera Paz eran corregidores calculados por los serviles, como lo fue el Sr. Zavala y otros, para proteger la vuelta de Carrera, pero el plan se frustró por medio de asesinatos que indignaron a los hombres de bien.

Cruz se propuso escarmentar a los asesinos, lo obtuvo en parte y fue víctima de este sentimiento de honor y de justicia.

Los pueblos de Los Altos estaban convulsos.

El Presidente de El Salvador apoyaba los proyectos de separación.

El choque de los liberales entre sí había contribuido a conducir al país al triste estado en que se hallaba, y la minoría liberal quería que la situación volviera a lo que era en agosto de 48.

Pero el partido molinista, aunque no se llamaba intransigente, no transigía con este pensamiento y hacía resistencia a todo lo que podía nulificar su triunfo en San Andrés.

Los señores don Manuel Tejada y don Raymundo Arroyo se dirigieron a Chimaltenango con el fin de celebrar un convenio con los señores José Velasco y Manuel J. Fuentes, comisionados por los pueblos de Los Altos.

Las proposiciones de los señores Velasco y Fuentes tendían a la paz, conservándose la independencia de Los Altos. (Documento núm. 9.)

Tejada y Arroyo propusieron otras con la modificación sustancial de que Los Altos se reincorporaran a Guatemala. (Documento núm. 10.)

No hubo convenio y los comisionados del Gobierno regresaron sin verificar ningún arreglo.

En las fronteras había escaramuzas.

Don Miguel García Granados da parte de algunas de estas. (Documento núm. 11.)

El comandante general que recibía este parte era don Francisco Benítes, personaje que tenía un verdadero interés en el regreso de Carrera, aunque su orgullo o dignidad no le permitían ciertas humillaciones como las de muchos nobles, entre los cuales se hallaba don Ignacio Aycinena, hermano del marqués, quien llegó a pronunciar en la municipalidad de Guatemala estas palabras: "El general Carrera es nuestro amo."

En el parte de García Granados no se encuentran las frases tan usadas de intrepidez de nuestros bravos; vergonzosa cobardía del enemigo que huía despavorido &. &.

Es un parte que parece dictado por el cálculo.

Dice García Granados que no puede indicar el número de muertos, porque, acompañando a Carrera más de cuatrocientos indios de todos los pueblos que tenía seducidos, estos retiraban al momento a los muertos y heridos, no quedando en el camino sino los rastros de sangre.

García Granados asegura que Carrera tenía seducidos a todos los pueblos, lo cual parece coincidir con las ideas que se propagaban en la capital, en La Antigua y en Suchitepéquez.

Dice el señor García Granados que la aspereza de los contornos no le permitió perseguir a Carrera con caballería, por lo cual no se le pudo hacer todo el mal que era de esperarse.

Don Timoteo Soliz, con fecha 4 de abril, un día antes de las escaramuzas de Huehuetenango, dirige al Gobierno una nota datada en el mismo Huehuetenango y en ella se encuentran estas palabras: "Los vecinos bien merecen el nombre de hijos de Guatemala por su patriotismo y desinterés."

Continúa diciendo Soliz que lo que se pide con calidad de reintegro, se da espontáneamente con calidad de donación.

Soliz no era el hombre que convenía a Paredes.

Si todos los empleados del Gobierno hubieran sido como él, fracasaba la infame combinación Batres-Paredes.

Publicándose estaba este parte de García Granados, cuando se tuvo noticia de que, en esta capital, había muerto uno de los ciudadanos cuyo nombre está enlazado a grandes sucesos de la historia patria: el licenciado don Marcial Zevadúa.

En el núm. 48 de la Gaceta, correspondiente al 10 de abril de 1849, se encuentra su necrología.

El 9 de abril por la mañana, entró a La Antigua León Raymundo con una partida que, se asegura, llegaba a doscientos hombres.

Don Manuel Ramírez salió de su casa con seis o siete soldados y se arrojó sobre los invasores, quienes, en el acto, le hicieron una descarga a quemarropa y cayó muerto.

Su cadáver fue en seguida acuchillado.

Sobre las circunstancias de este hecho inhumano y bárbaro, no están de acuerdo los partidos.

Los serviles dicen que Ramírez salió con seis o siete hombres a combatir a León Raymundo, que llevaba doscientos bien armados, porque a tan denodada aventura lo llamaba su intrepidez.

Los liberales creen que Ramírez esperaba a Carrera en La Antigua y que, cuando oyó los tiros en la mañana del 9 de abril, pensó que a esa ciudad había entrado el caudillo adorado de los pueblos y salió a recibirlo; pero que la fatalidad le presentó a León Raymundo en vez de presentarle a Rafael Carrera.

No se ha encontrado un documento que resuelva esta cuestión; pero hay motivos para juzgar cierto lo que los liberales creen.

Podía ser Ramírez muy denodado; pero era un hombre sensato, como lo prueba una serie de actos de su vida pública.

Un hombre sensato no puede lanzarse con seis o siete soldados sobre doscientos hombres bien armados y, con fama fundada, denodar cuartel a los vencidos.

El cadáver de Ramírez vino a Guatemala y se depositó en casa del doctor Andreu, uno de los hombres más comprometidos en la intriga de hacer volver a Carrera.

Las exequias de don Manuel Ramírez fueron solemnes; a ellas concurrieron todas las clases de la sociedad, pero se hacían notables en sus lúgubres ovaciones los serviles más refinados y los que más interés tenían en el regreso de Carrera.[2]

14 - La Asamblea fue convocada y continuó sus sesiones el 21 de abril.

El objeto de la convocatoria era autorizar al Gobierno para hacer cuanto tuviera por conveniente.

No necesitaba de tal autorización porque procedía según su soberana voluntad.

Los molinistas no escarmentaban.

---

[2] El 6 de agosto hizo Carrera honras fúnebres a don Manuel Ramírez en la Antigua. La Gaceta dice así:

"HONRAS AL SR. RAMÍREZ."

El General Carrera espera se sirva U. asistir a las honras que se celebrarán, con asistencia de las autoridades, el lunes 6 del corriente, a las 10 de la mañana, en la Iglesia parroquial de Sr. San José, por el alma del Sr. Teniente Coronel L. Don Manuel Ramírez, Corregidor de este Departamento, que falleció en esta Ciudad defendiendo su vecindario y desempeñando honrosamente su deber.

Antigua Guatemala, agosto 4 de 1849.

Como se ve por la papeleta anterior, las honras fúnebres que el Exmo. Sr. General D. Rafael Carrera dispuso se hiciesen a la memoria de aquel distinguido jefe, tuvieron lugar el día 6 con la mayor solemnidad, asistiendo el mismo Sr. General con su estado mayor, la municipalidad y otros funcionarios. La división formó e hizo los honores de ordenanza.

Celebró la misa el Sr. cura de Ciudad Vieja, D. Francisco Alcántara, y llevó la capa en los oficios el Sr. canónigo D. Mariano Ocaña; asistieron igualmente muchos párrocos de las inmediaciones.

La familia y amigos del jefe que fue objeto de un recuerdo tan grato y doloroso, se han manifestado reconocidos a esta demostración de parte del General Carrera, y el público todo, que supo apreciar sus distinguidas calidades, ha mostrado mucha satisfacción por ella.

Carrera no había entrado todavía a la capital; la traición de Paredes no estaba plenamente consumada y ya el héroe de la aristocracia honraba la memoria de Ramírez.

A pesar de las atroces defecciones de Paredes, continuaban apoyándolo.

Don Luis Molina y don José Mariano Vidaurre, Ministros de Martínez, opositores en tiempo de Escobar y enemigos implacables de la minoría liberal que apoyó a este jefe digno de mejor suerte, eran otra vez secretarios de la Asamblea, y ellos suscriben el decreto siguiente:

Art. 1.º Se autoriza al Gobierno para dictar por sí los decretos necesarios a fin de proporcionarse recursos, ya sea sobre las iniciativas que ha hecho a la Asamblea, o ya sobre cualesquiera otros arbitrios que tenga por convenientes.

Art. 2.º Para poder contratar un préstamo extranjero hasta en la cantidad de un millón de pesos, comprometiendo las rentas públicas para su pago.

Art. 3.º Para solicitar un auxilio de fuerza armada de cualquiera de los Estados amigos.

Art. 4.º Y finalmente, para que pueda dictar todas las medidas que estime conducentes al restablecimiento de la paz en la República, pudiendo obrar en el ejercicio del Poder Ejecutivo sin limitación alguna."'

Don Luis Molina debe haber quedado muy satisfecho con este decreto y en el mismo día Vidaurre autorizó la orden siguiente:

"Al Sr. Ministro del despacho de Gobernación del Supremo Gobierno de la República.

La Asamblea Constituyente, teniendo en consideración que pudiera llegar el caso de ser necesario que el Gobierno se trasladase a otro punto de la República, por demandarlo así las circunstancias, como también que por ellas mismas fuese conveniente que el actual encargado del Ejecutivo se pusiese a la cabeza del Ejército, para lograr la pacificación de la República, se ha servido acordar:

1.º Se faculta al actual Presidente de la República, Sr. Coronel Don Mariano Paredes, para trasladar el Gobierno, en caso necesario, a cualquiera otro punto de ella.

2.º Igualmente se le faculta para que, en caso de que juzgue conveniente ponerse a la cabeza del Ejército, pueda delegar el Poder Ejecutivo en la persona o personas que tuviere a bien.

Y lo decimos a U.S. para su inteligencia y cumplimiento.

José Mariano Vidaurre, Secretario.

José María Saravia, Secretario."

La Asamblea cerró sus sesiones diciendo que las continuaría el 15 de agosto, quedando la comisión permanente de que se hablará después.

El 23 de abril, a las ocho de la noche, llegó a Guatemala el capitán don Manuel Andreu, con una nota del general don Agustín Guzmán, en que participaba al Gobierno que el corregidor y comandante de las fuerzas de Suchitepéquez, sargento mayor don Víctor Zavala, había dado a Carrera un abrazo fraternal.

Zavala era hermano político de don Manuel y don Francisco Benítez, partidarios de Carrera.

Don Manuel Benítez, hermano político de don Luis Batres, en cuya casa vivía, hablaba entonces públicamente en favor de Carrera y de su regreso.

Zavala era amigo y pariente de don Ignacio García Granados, uno de los partidarios más exaltados que Carrera tuvo.

Don Ignacio García Granados hablaba también en favor del regreso de Carrera.

Muchas denuncias tuvo Paredes contra don Ignacio García, contra Villalobos, uno de los jefes que el año anterior había perseguido cruelmente a los liberales, y contra otras personas.

Paredes opinaba como los mismos denunciados, pero no le convenía exhibirse en aquellos momentos como un cachureco y los hizo arrestar.

Don José Milla y Vidaurre, sin empleo entonces, sin carrera literaria porque no llegó a recibirse de abogado, sin la redacción de La Gaceta, sin la redacción de la Revista de la Sociedad Económica y sin tener en qué ocuparse, esperaba a Carrera como a su Salvador; iba de casa en casa y de tertulia en tertulia, hablando en favor del hombre a quien había llamado "hijo de la miseria y de la nada".

En unos apuntes inéditos referentes al año de 49, escritos por el doctor Padilla, amigo de Zavala, se encuentran estas palabras:

"Se dice que Carrera escribió a Zavala invitándolo a una conferencia o tratado y anunciándole su proximidad, y que en vez de tomar las medidas precautorias del caso, se ocupó de contestarle por escrito, y que no bien había acabado de hacerlo, cuando el mismo Carrera se le presentó en su casa".

Padilla continúa así:

"Confírmase la defección de Zavala y sus fuerzas pasadas a Carrera. Se dice que el domingo 22 se presentó él con sus ayudantes en ocasión que Zavala distribuía parque a la tropa. Carrera dicen que le dijo: '¿Qué hace mi Mayor?'

—Señor, aquí distribuyendo confites.

Entonces Carrera le dijo que no había esperado contestación, y el otro por su parte se excusó de la tardanza. Luego entraron a la casa juntos y dicen que han celebrado un convenio, nulo porque Víctor no tiene autoridad para tratar, y el otro, menos, por estar rebelado y hasta puesto fuera de la ley."

Lo cierto es que Carrera se introdujo por el punto donde se hallaba Zavala y que entró sin combate y sin dificultades.

Zavala, aunque tuvo la dicha de ser educado en los Estados Unidos, jamás sus inclinaciones lo llamaron a profundos estudios políticos.

Gustaba mucho, siendo joven, de ejercicios gimnásticos que lo hicieron notable en determinadas exhibiciones de destreza y fuerza, y los aplausos que en ellas recibía lo regocijaban más que a Napoleón los recuerdos del triunfo de Marengo.

Zavala gusta mucho de anécdotas ligeras y jocosas y de hacer reír con asuntos chuscos; y nadie lo ha visto jamás meditando sobre libros semejantes a Las Cartas Persas o El Espíritu de las Leyes.

Colocar al hombre que se ha descrito al frente del departamento por donde precisamente debía entrar Carrera, no puede haber sido una acción inconsciente, sino muy meditada por don Luis Batres, oculto director de Paredes.

Algunas personas, acaso para disculpar al mayor, hoy general Zavala, han dicho que se hallaba en el tapanco de su casa buscando un tacuazín cuando llegó Carrera.

Esto no es cierto, porque el general Zavala asegura que lo del tacuazín no se verificó entonces, sino en otra ocasión semejante, y que él no se subió al tapanco, sino que puso una trampa para tomar al tacuazín, que en realidad aprehendió.

16. Paredes dictó un célebre decreto en el cual delega el mando en los señores Juan Matheu, Manuel Cerezo y Francisco Cáscara.

He aquí el decreto:

Art. 1.º El Presidente de la República toma, desde luego, el mando en jefe del ejército y cesa en el ejercicio del Poder Ejecutivo, por todo el tiempo que lo estime conveniente, reservándose las facultades extraordinarias conferidas en el ramo de guerra por la Representación Nacional.

Art. 2.º En consecuencia, delega el Poder Ejecutivo en los señores Presidente del Consejo, D. Juan Matheu; Contador Mayor de Cuentas, D. Manuel Cerezo; e Inspector General del Ejército, Mariscal de Campo, D. Francisco Cáscara.

Art. 3.º Esta delegación, como puramente personal, no podrá subdelegarse en otra persona en ningún caso.

Art. 4.º Los delegados cesarán en sus funciones tan luego como sean requeridos por el Presidente."

Estos triunviros, que en nada se parecían a Octavio, Antonio y Lépido, no pudieron dar un paso y fue preciso dictar otro decreto que dice así:

El Presidente Interino de la República de Guatemala,

DECRETA:

Artículo único: Se deroga el decreto gubernativo de 5 del corriente, número 31; y en consecuencia, vuelve desde el día de hoy al ejercicio del Poder Ejecutivo.

Dado en el Palacio Nacional de Guatemala, a doce de mayo de mil ochocientos cuarenta y nueve.

Guzmán celebró en la Antigua, con Paredes, el convenio siguiente:

"Reunidos los señores General en Jefe D. Mariano Paredes, Presidente de la República de Guatemala, y General D. Agustín Guzmán, llamado al ejercicio del Poder Ejecutivo por algunos departamentos de Los Altos, como segundo jefe elegido por la Asamblea Constituyente de aquel Estado en 27 de diciembre de 1888, que han sostenido el restablecimiento del expresado Estado, con el fin de conferenciar y acordar el medio de poner término a las desavenencias que esta pretensión ha producido: el primero con la autorización que la Asamblea Constituyente de la República dio al gobierno para procurar el restablecimiento de la paz, por su decreto de 25 de abril próximo pasado; y el segundo con la que le confiere su carácter y el de jefe del ejército de su mando, conforme al acta de este, de cuatro del corriente, celebrada en la villa de Zaragoza."

Guiados ambos de unos mismos deseos y convencidos de que estas desavenencias debilitan el país y lo arrastran a su ruina, y de que solo la unión lo puede hacer fuerte y preservarlo de tamaña desgracia, han convenido en los puntos siguientes:

1.º Los pueblos de los Altos que han estado al mando del general D. Agustín Guzmán, se reincorporan a la República de Guatemala, y entran a formar parte de ella con iguales derechos y cargas que los otros de la misma República.

2.º Las fuerzas que manda el expresado general Guzmán quedan, por tanto, a las órdenes de la República de Guatemala para que las emplee en su servicio.

3.º Los pueblos de los Altos procederán desde luego a elegir sus diputados para la Asamblea Nacional Constituyente de la República.

4.º Como los pueblos de los Altos han quedado en abandono por consecuencia de la invasión del general Carrera, el gobierno de la República de Guatemala proveerá inmediatamente a su seguridad, dándoles autoridades que los rijan y lo necesario a su defensa.

5.º Siendo una de las razones por qué los pueblos de los Altos se empeñaban en formar Estado independiente lo gravoso que les es tener que llevar a la capital de la República sus recursos en materia de justicia y mandar a sus hijos a instruirse a la misma capital, el gobierno de la misma República se encarga de proveer a lo uno y a lo otro, haciendo por su parte, desde luego, lo que quepa en sus facultades, y recomendando muy eficazmente a la Asamblea Constituyente lo que sea de su resorte.

6.º Quejándose los pueblos de los Altos de los quebrantos que han sufrido de que el comercio con la República mejicana esté gravado con los derechos de alcabala, como extranjeros, el gobierno de la República de Guatemala se compromete a rever y revocar el decreto que así lo estableció, sin perjuicio de lo que en esta materia resuelva la Asamblea.

7.º El gobierno de la República de Guatemala se compromete a proveer, en igualdad de circunstancias y capacidades, en los hijos de los pueblos de los Altos, los empleos públicos de aquellos departamentos, creados o que se creen por la ley.

8.º El gobierno de la República de Guatemala se compromete también a que, si ha de haber guarnición en los pueblos de los Altos, esta sea compuesta en su mayoría de hijos de aquellos mismos pueblos.

9.º El gobierno de la República de Guatemala reconoce como suya la deuda contraída por el gobierno que se dieron los pueblos de los Altos, desde que proclamaron por primera vez su independencia, con inclusión de sueldos y pensiones civiles y militares, procurando que este pago se haga con las rentas de aquellos departamentos.

10.º El gobierno de la República de Guatemala se encarga de llevar a su ejecución el decreto de erección del puerto de Champerico en la Costa de Suchitepéquez y de reparar y mejorar los caminos de tráfico de los pueblos de los Altos, como lo demanda imperiosamente su comercio.

11.º El gobierno de Guatemala dará las órdenes convenientes a los agentes subalternos que tiene o tenga en los departamentos de los Altos para que en manera alguna persigan a los que hayan tenido opiniones por la erección de Estado.

12.º Con la presente convención se dará cuenta al gobierno de la República para su aprobación.

En fe de estar todo así convenido, firmamos la presente en la Antigua Ciudad de Guatemala a los ocho días del mes de mayo del año de mil ochocientos cuarenta y nueve.

[Firmado.] Mariano Paredes.
[Firmado.] Agustín Guzmán.

Este convenio fue ratificado de esta manera:
"Palacio Nacional de Guatemala, 15 de mayo de 1849.

Habiendo visto y examinado detenidamente todos y cada uno de los artículos contenidos en el precedente convenio, concluido el día ocho del corriente mes en la Antigua Guatemala, entre los señores coronel D. Mariano Paredes, Presidente actual de la República, y general D. Agustín Guzmán, jefe de las fuerzas de algunos pueblos de los Altos; y encontrándolo útil y conveniente para la pacificación de la República y demás intereses generales de esta; y a lo dispuesto en el decreto gubernativo de 13 de febrero del presente año, y oído el dictamen del consejo consultivo, emitido el 13 del que cursa, el gobierno acuerda:

Se acepta y aprueba en todas sus partes el convenio concluido y firmado en la Antigua Guatemala el día ocho de este mes entre los señores coronel D. Mariano Paredes, Presidente de la República, y el general D. Agustín Guzmán, jefe de las fuerzas de algunos pueblos de los Altos, el que tendrá desde luego su puntual cumplimiento, y se pondrá en conocimiento del cuerpo legislativo en sus próximas sesiones."

A Guzmán se le engañaba.

Pérfidamente se le hacía creer que había intenciones de combatir a Carrera a fin de que él no procediera por sí con las fuerzas de los Altos.

La situación no era para hombres como Rodríguez, como Arroyo, como Tejada, quienes gustaban poco de los grandes choques de la política y de poner en peligro sus personas y en riesgo sus capitales.

Ellos renunciaron.

A Rodríguez, por el momento, no le fue admitida la renuncia.

A Tejada lo subrogó Cáscara, uno de los cachurecos más refinados que ha tenido Guatemala y uno de los hombres a quienes el partido servil aristocrático ha tributado más honores; era el personaje que se necesitaba para suscribir la vuelta de Carrera.

Arroyo y Urruela permanecieron en el Gobierno.

A consecuencia del tratado con Guzmán y vista la situación de todos los departamentos de la República, el Gobierno nombró:

"Para corregidor y comandante de armas del departamento de Chiquimula, al coronel don Miguel García Granados.

Para el de Sacatepéquez, al coronel don Antonio Rivera.

Para Quezaltenango, a don Manuel Aparicio.

Para Huehuetenango, a don Tomás Arriola.

Para el barrio de San Marcos, a don Manuel M. Castro.

Para Totonicapán, al alcalde 1.º de aquella municipalidad, don Rafael Espada.

Para Sololá, al alcalde 1.º de aquella municipalidad."

Paredes convocó una junta que se reunió el 20 de mayo.

A ella concurrieron los señores doctor Pedro Molina, Juan Antonio Martínez, Manuel J. Dardón, Juan Matheu, Juan Flores, José Mariano Vidaurre, Marcos Dardón, Marcelo Molina, José Barrundia, Mariano Padilla, José Coloma y Luis Batres.

Presidía el ministro Urruela, quien miraba a todos con respeto; pero más a don Luis Batres.

Urruela tomó la palabra y dijo que, habiendo aparecido Carrera por los Altos, el Gobierno deseaba saber si se debía tratar con él y en qué términos.

Después de algunos momentos de silencio, fue interpelado el doctor Molina, y este venerable anciano, víctima entonces de los errores y de los caprichos de su hijo don Luis, dijo con mucha calma y con una dignidad imponente:

"Carrera, quebrantando el decreto de 13 de septiembre, se ha introducido en el territorio de Guatemala y se ha hecho acreedor a la pena de muerte; ha sustraído, además, bienes nacionales, de municipalidades y de particulares en diversas poblaciones que ha recorrido. Que en obsequio de la paz se le perdone la vida, se retire con lo que ha sustraído, llevando un salvoconducto para salir del territorio de Guatemala: es lo único que puede hacerse."

Hubo un rato de silencio.

El doctor Molina se hallaba aquel día a la altura de sus antecedentes históricos más gloriosos. Él interrumpió el silencio y dijo:

"Señor Ministro, he manifestado mi opinión con franqueza y con lealtad; no tengo que agregar y me retiro."

Se interpeló a Barrundia, quien dijo:

"He manifestado mi opinión en la Asamblea y no tengo que agregar."

Barrundia era el autor de la proposición que produjo el decreto de 13 de septiembre que el doctor Molina acababa de citar.

Se interpeló a Padilla, quien, después de un extenso preámbulo, dijo lo que sigue:

"Yo supongo que el general Carrera es un monarca con facultad de mandar por derecho hereditario; pues si a ese monarca lo ha depuesto el pueblo, nada tiene que decir en su favor."

Estas palabras, tan justas como dignas y enérgicas, fueron empañadas por un servil cumplimiento a don Luis Batres.

El doctor Padilla agregó que, si Carrera había podido salvarse de la tempestad de agosto, era debido a la inteligencia y al talento de su hábil ministro, el señor Batres.

Ese cumplimiento dio lugar a que Batres dijera que Carrera había salido bien por su talento y por sus altas dotes de mando, y no por la cooperación de ningún ministro.

Don Manuel Joaquín Dardón, el ministro que puso el cúmplase al decreto de 13 de septiembre, dijo que era preciso derogar este decreto y señalar a Carrera una pensión, como se había hecho en el Ecuador con el general Flores, para que con ella viviera Carrera decentemente en el extranjero.

Don Manuel Dardón conocía muy bien a Carrera, pero no conocía a Flores.

Flores era un hombre culto, tenía gran talento y vastos conocimientos en literatura y en muchos ramos del saber humano.

Poseía el arte de agradar en sociedad y amenizaba las reuniones más brillantes.

Flores honraba al Ecuador en el extranjero.

Carrera no sabía leer ni escribir; su literatura y sus ciencias eran las que podían adquirirse en Sansur, en San Guayayá o en Sampaquisoy.

Carrera solo podía vivir en su país natal y era preciso que los guatemaltecos sufrieran las terribles consecuencias de esta necesidad imperiosa.

Tomó la palabra don Marcelo Molina. Recordó antiguos sucesos acaecidos en Quezaltenango, sin olvidar sus esfuerzos para que el pueblo no hiciera pedazos, como a Cirilo Flores, a don Luis Batres y a don Juan Piñol, en aquellos días memorables en que esos señores aparecieron en Quezaltenango como diplomáticos guatemaltecos.

Agregó que él, después del fusilamiento de su hermano, había hablado con mucha entereza a Carrera, y que de ninguno había oído, tal vez, lo que de sus labios oyó entonces.

Después de este extenso preámbulo se creyó que Molina daría un voto decisivo, y no fue así. Dijo que, teniendo que votar en el consejo, no podía votar en aquella junta.

Tal conclusión no satisfizo a los liberales. Si se hubiera tratado de un asunto judicial pendiente en la corte, don Marcelo Molina debía abstenerse de emitir su opinión por estar llamado legalmente a dictar sentencia; pero tratándose de un asunto político, Molina podía dar su opinión en la junta o en cualquier club, e ir en seguida a decir lo mismo en el consejo.

Don Juan Matheu dijo que la junta era diminuta, que tratándose de un asunto tan importante debía oírse a mayor número de personas.

Don José de Coloma propuso la cuestión en esta forma: "Debemos saber si hay o no hay elementos para resistir a Carrera. Si los hay, se puede pensar en oponérsele, y si no los hay, no debemos ocuparnos en hacerle oposición."

Urruela, aunque cachureco, era ministro; se creyó ofendido al oír decir que el Gobierno no tenía elementos para resistir a Carrera. Aseguró que sí los tenía, y hubo un altercado entre Coloma y Urruela, aunque pertenecían a una misma familia por afinidad y se presentaban siempre unidos en política.

Faltaba la voz decisiva. Iba a hablar el hombre de más reputación en el partido servil, a quien los reaccionarios juzgaban más infalible que el Papa, el cual todavía no estaba declarado infalible.

Este personaje era don Luis Batres. Él, sentado en una silla, con la cabeza un poco inclinada, con las manos juntas, frotándolas suavemente y mirando a Urruela, dijo que el señor don Manuel J. Dardón pensaba muy bien y que debía tratarse con el general Carrera.

Continuó Batres haciendo una apología de Carrera; dijo que acababa de estar con él en la Antigua —confesión que sirvió de mucho, porque algunos lo dudaban— y que traía Carrera las intenciones más sanas.

Batres agregó que el decreto de 13 de septiembre no era ley y concluyó pidiendo que se tratara con Carrera, como si aquella disposición no existiera.

El hombre infalible había pronunciado su voto, y a este voto estaban sometidos todos los guatemaltecos.

En la junta de 7 de enero de 1849, don Luis Batres decidió indicando a Paredes los ministros, a fin de que se pudiera preparar el terreno para la entrada del hombre sin el cual la aristocracia no podía imperar.

En la junta de 20 de mayo, don Luis Batres, recogiendo los frutos de aquel ministerio, obra suya, decidió resolviendo que se tratara con Carrera.

No todos los guatemaltecos quedaron conformes con esta resolución de su augusto soberano don Luis, y salieron algunos papeles en sentido contrario.

Además, se proyectó publicar un periódico titulado El Pueblo.

Esto era atacar los intereses de don Luis en lo más vivo.

Para que aquel hombre pudiera gobernar a los guatemaltecos, era preciso que los liberales se dividieran, y divididos estaban; era preciso que nadie pudiera escribir y, para afianzar esta garantía gubernativa, se dictó un decreto (Documento número 12).

Este decreto está suscrito por aquel terrible liberal del 26 de diciembre que pedía al presidente Escobar que diera cuenta de su conducta de hora en hora a los Representantes del pueblo: don José María Urruela.

El impresor don Luciano Luna fue llamado al Gobierno, reconvenido y ultrajado por la publicación de varios papeles hecha antes de que se emitiera este célebre decreto.

Hasta entonces, don Luis Molina, murmurando unas veces y defendiendo a Paredes otras, creía que el hermano de Zeroncito sería el protector de los liberales; pero un hecho, menos importante que otros hechos, aclaró los ojos a este político miope.

Paredes tenía en Chiquimula a don Manuel Yrungaray, hermano político de don Luis Molina, y los Molinas creían que, estando Yrungaray en Chiquimula, nada debían temer.

El 23 de mayo salió de Guatemala el teniente coronel don Miguel García Granados al frente de 100 hombres.

No se supo con certeza aquel día a dónde iba, pero al siguiente se averiguó que iba a Chiquimula.

Don Luis Molina y Vidaurre se afligieron mucho en este viaje, el cual, a los ojos de la minoría progresista de la Asamblea, significaba mucho menos que otros actos de Paredes, a los cuales Molina y Vidaurre no les daban importancia.

En la noche del 24 de mayo, el partido molinista se reunió en casa de don José Mariano Vidaurre, y allí se acordó que Molina al día siguiente pidiera explicaciones a Paredes sobre el envío a Chiquimula de don Miguel García Granados.

Don Luis Molina cumplió su comisión el 25.

Es increíble que un hombre inculto como don Mariano Paredes hubiera podido engañar constantemente, desde el 3 de enero hasta el 25 de mayo, a un hombre tan ilustrado como don Luis Molina.

Todavía el 25 de mayo pretendió Paredes que continuara el engaño, y dijo a Molina que no debía tener ningún cuidado, que el teniente coronel García Granados iba a Chiquimula porque aquel departamento pretendía anexarse a El Salvador y que era preciso impedirlo.

Es verdad que en Chiquimula había muchos enemigos del Gobierno del salvaje Carrera, y que no faltaban quienes pretendieran segregar de Guatemala aquel departamento para salvarse del déspota que de nuevo los amenazaba; pero no había nada formal, nada serio, nada que exigiera un cambio en el régimen interior de aquellos pueblos.

El amigo de don Luis Molina, el hermano de Zeroncito, el jefe que tanto elogiaban los Dardones, el hombre a quien el círculo molinista sacó de la oscuridad de un batallón para elevarlo hasta el cénit de la carrera política, estaba ya para concluir su infame traición.

Pero una idea lo molestaba: Guzmán.

El general Guzmán tenía antecedentes gloriosísimos, que eran sombras, enormes manchas a los ojos de los recalcitrantes.

Guzmán había servido siempre en las filas del partido liberal.

Es el héroe de la rendición del castillo de Omoa, en el año de 1832.

Es uno de los jefes que combatieron a Carrera cuando era un salteador de caminos.

Guzmán fue uno de los jefes que más sufrieron en los Altos cuando Carrera cometió tantos atentados allá.

Guzmán entró a Guatemala sufriendo todo género de ultrajes cuando Carrera ostentó los trofeos quezaltecos.

Guzmán se hallaba engrillado en las cárceles de Guatemala el 18 de marzo de 1840.

Morazán abrió las puertas de sus prisiones y rompió sus grillos; pero no lo pudo hacer andar, porque las cadenas lo habían tullido.

Este héroe de la libertad, esta víctima de la aristocracia, era el jefe que en 1849 inquietaba a los serviles.

El general Guzmán observaba:

Que se le tenía desconfianza.

Que su tropa era mal vista por Paredes.

Que se trataba de infundir en ella el malestar, no pagándole el prest y manteniéndola desnuda y hambrienta.

Que se daba de baja a jefes y oficiales quezaltecos.

Guzmán palpaba toda la maniobra servil en favor de Carrera.

No se podía quejar con los molinistas, porque eran sus enemigos, ni con los reaccionarios, porque también lo eran.

Se quejaba con Barrundia y con su limitadísimo círculo, que miraban la situación como el mismo Guzmán la veía.

El general Guzmán tuvo noticia de que se le iba a aprehender y avisos ciertos de la trama que contra él había, y para evitar el golpe, salió de Guatemala ocultamente con sus jefes, oficiales y parte de su tropa, a las once de la noche del 1.º de junio.

No le fue dado en aquel conflicto sacar toda su tropa.

Los soldados de Guzmán que quedaron en Guatemala fueron reducidos a una rigurosa prisión y sometidos a toda especie de malos tratos.

Paredes armó 300 hombres, y a la una de la mañana marchó con ellos.

Se dice que no pudo alcanzar a Guzmán, pero lo más probable es que no haya creído conveniente alcanzarlo.

Guzmán sabía que se trataba de su vida o de su muerte, del predominio absoluto de la aristocracia en Guatemala o de otra forma de gobierno.

Iba decidido a morir peleando, y la misma decisión tenían sus jefes, oficiales y tropa.

Un choque con esas fuerzas, bajo las sombras de la noche, habría sido muy peligroso para el reaccionario perjuro que había empapado en sangre liberal los campos de San Andrés.

Al día siguiente, como a las doce, entró Paredes diciendo que no había podido dar alcance a Guzmán.

El general Guzmán veía un abismo de inconsecuencias, perfidias, traiciones e iniquidades.

En aquellos momentos de desesperación, se le ocurre la idea de regularizar la montaña uniéndose a los jefes que permanecían disidentes.

Llega a Jutiapa en el instante en que León Raimundo, Roberto Reyes y Agustín Peret atacaban aquella plaza.

Logra que se haga un convenio, que él mismo suscribe.

En virtud de ese convenio se entrega a Guzmán la plaza y todo el armamento; pero no puede sujetar al bandido León Raimundo, quien sin ninguna idea política, sin ningún pensamiento de honor, y sin ningún respeto a su palabra, ni a sus compromisos, se lanza al saqueo y al pillaje, cometiendo todo género de atentados.

Este golpe afecta más el ánimo de Guzmán que los ultrajes de Paredes, y huyendo de los malhechores, se dirige a San Salvador, adonde llega el 10 de junio.

Vasconcelos, presidente de El Salvador, testigo y víctima de tantas felonías, simpatizaba con Guzmán, quien era visto por los verdaderos liberales como la única luz que se divisaba en medio de un horizonte tenebroso y aflictivo.

La presencia de Guzmán en San Salvador era, entonces, la gran inquietud de todo el partido reaccionario.

Vasconcelos y Guzmán, antiguos amigos, copartidarios, y víctimas de las mismas inconsecuencias, aspiraban al mismo fin: la caída de la aristocracia y la unidad centroamericana.

No podía dudarse que aquellos dos hombres harían un esfuerzo sobrehumano para salvar a Centroamérica del régimen salvaje que la amenazaba.

Vasconcelos y Guzmán eran, entonces, la personificación del partido liberal centroamericano.

Por lo mismo, no había injuria que los serviles no lanzaran contra ellos, no había calumnia, por increíble e infame que fuera, que no arrojaran sobre sus frentes.

Los célebres asesinos que fueron conocidos en Guatemala con los apodos de Mantequilla y Bambita, eran santos en los círculos reaccionarios comparados con el presidente Doroteo Vasconcelos y el general Agustín Guzmán.

Los reaccionarios tenían razón, porque Mantequilla y Bambita, aunque habían asesinado en los caminos y en las miserables chozas de los pobres a muchos plebeyos, no habían dado a los nobles los golpes políticos que les dio Guzmán.

Lo más triste, y lo que más desalentaba entonces, era la buena acogida que las calumnias serviles tenían.

Mucha gente escuchaba esas calumnias como verdades sacrosantas, y los señores Vasconcelos y Guzmán eran, en concepto de las personas que se dejaban alucinar, dos grandes malvados cuya única aspiración se contraía a demoler las iglesias de Guatemala, no por odio a la religión, sino por envidia a Guatemala.

Barrundia, Escobar, Gálvez, Yrungaray, Gándara y otros guatemaltecos veían a Vasconcelos y a Guzmán como sus salvadores, como su única esperanza.

¿Tendrían aquellos guatemaltecos envidia a los torreones de la Merced y a la cúpula de San Francisco?

La cuestión no estaba limitada a un simple choque de intereses locales: era una lucha de dos partidos centroamericanos que se disputaron el poder:

Cuando se trataba de la independencia del Gobierno Español.

Cuando se luchaba por la independencia absoluta.

Cuando se combatía la agregación al imperio mexicano.

Cuando se pedía la abolición de los monasterios y la caída de la aristocracia.

Cuando se luchaba en Omoa por no volver a la dominación española, y en Escuintla de Soconusco para que el país no fuera una vez más tributario de la casa de Aycinena.

Cuando se hacían esfuerzos porque un salvaje que desorejaba mujeres no se elevara al poder, apoyado por la aristocracia y por el clero ultramontano.

Esta gran lucha no significaba, pues, intereses locales; significaba los intereses de la nación centroamericana y el aniquilamiento de los protectorados europeos.

La caída de Vasconcelos no podía ser un suceso simplemente salvadoreño; envolvía la entronización del clero oscurantista, de la rancia aristocracia.

El decreto de 13 de septiembre era un obstáculo a los ojos de muchos y el 5 de junio, el amigo de don Luis Molina, el hermano de Zeroncito, firmó el decreto siguiente:

El Presidente interino de la República de Guatemala

Facultado por orden especial de la Asamblea Constituyente de 25 de abril último, para obrar respecto del Sr. general D. Rafael Carrera, conforme lo demanden las circunstancias, hasta el completo restablecimiento de la paz; y teniendo en consideración que los artículos 4.° y 5.° del decreto de 13 de octubre de 1848, son contrarios a lo que dispone la ley constitutiva de garantías de 5 de diciembre de 1839; oído el dictamen del Consejo Consultivo,

DECRETA:

Art. 1.° Se declaran insubsistentes los artículos 4.° y 5.° del decreto legislativo de 13 de octubre del año próximo pasado, que prohíben al Teniente General D. Rafael Carrera regresar al territorio de la República.

Art. 2.° El Gobierno se dirigirá, por medio de su Ministro Plenipotenciario, al de la República Mejicana, poniendo en su conocimiento el presente decreto, para los efectos consiguientes.

Dado en el Palacio Nacional de Guatemala, a cinco de junio de mil ochocientos cuarenta y nueve.

Mariano Paredes.
El Ministro de la Guerra
Francisco Cáscara.

La prensa de El Salvador tronaba contra los traidores y un periódico titulado "La Razón" los hacía pedazos.

Guatemala y El Salvador se veían en la misma situación en que estuvieron cuando se publicaba "El Amigo del Pueblo."

Entonces, para aniquilar ese periódico, se fomentó la revolución en el Volcán de Santa Ana, y no habiéndose podido triunfar por medio de los volcaneños, se arrojó a don Juan José Guzmán de la silla presidencial por medio del obispo Viteri.

En 1849 los serviles de Guatemala, para lanzar a Vasconcelos del poder, no podían contar con el obispo Viteri, quien agobiado por el descrédito, sufría el destierro.

Para arrojar del poder a Vasconcelos, era preciso adoptar otros medios.

Se le desacreditaba, se hacía creer que era enemigo nato del pueblo guatemalteco; que aspiraba a la ruina de Guatemala y a su envilecimiento.

¿Podría haber algo que la envileciera más que el caite de Carrera?

Para hostilizar a Vasconcelos, se dirigió a los Gobiernos de Centroamérica una circular llena de quejas contra el Gobierno salvadoreño. (Documento núm. 13.)

El Gobierno de El Salvador contestó haciendo extensas explicaciones. (Documento núm. 14.)

Don Joaquín Durán y el doctor Zeceña fueron comisionados para tratar con Carrera.

Estos arreglos están precedidos de circunstancias dignas de los personajes de la escena.

Se dirigió una nota a Durán y a Zeceña, rogándoles se dignaran prestar aquel importante servicio a la República.

Estos dos señores contestaron que aceptaban tan honroso cargo y procedieron a desempeñarlo.

El Gobierno había celebrado el 4 de junio un acuerdo que entonces se publicó y dice así:

"Palacio Nacional de Guatemala, junio 4 de 1849.-El Presidente de la República, en Consejo de Ministros y con consulta del Consejo de Gobierno: teniendo a la vista la orden legislativa de 25 de abril último en que se le faculta para obrar respecto de la persona del General Dn. Rafael Carrera como parezca conveniente a la pacificación de la República: con presencia de la ley de 25 del mismo abril, y la nota que han dirigido de Quezaltenango los Comisionados del Gobierno, acompañando copia de cuatro artículos propuestos por el expresado General Carrera, acuerda:

1.° Se expedirá decreto declarando insubsistentes los artículos 4.° y 5.° de la ley de 13 de octubre de 1848, como contrarios a lo dispuesto en la de 5 de diciembre de 1839, y se dirigirá al Gobierno de la República Mejicana, por medio de nuestro Ministro Plenipotenciario, la comunicación correspondiente de este decreto, con el objeto de desvanecer las prevenciones suscitadas anteriormente contra el mismo General Carrera.

2.° Ninguna autoridad de la República podrá inculcar los actos del General Carrera desde su internación a la República hasta la fecha.

3.° Estando ya bajo la obediencia del Gobierno el General Carrera y las fuerzas que mandaba, el mismo Gobierno reconocerá los gastos hechos en su equipo y sostenimiento, así como los compromisos contraídos por dicho General con aquel objeto.

4.° El Gobierno reconoce y pagará los alcances y sueldos del General Carrera, jefes, oficiales y soldados de la fuerza que mandaba, con arreglo a los respectivos grados y clases, como tropas pertenecientes a la República.

5.° Se nombra Corregidor del Departamento de Quezaltenango y Comandante General de Armas y Superintendente de Hacienda en los departamentos de los Altos, con calidad de interino, al teniente coronel Dn. Ignacio Irigoyen.

6.° La fuerza que estaba a las órdenes del General Carrera permanecerá en los departamentos de los Altos todo el tiempo que el Gobierno lo tuviere por conveniente.-[Hay cuatro rúbricas.]

Aquellos sabios estaban tan ofuscados con su digna y gloriosa empresa de restablecer la tiranía de Carrera, que olvidaron hasta su propio idioma.

El artículo 2.° dice que ninguna autoridad de la República podrá inculcar los actos del General Carrera.

¿Cómo se entendería esto? Inculcar significa apretar una cosa con otra:

¿Querría decir el Consejo de Ministros que ninguna autoridad podía apretar los actos del General Carrera?

Inculcar significa también repetir alguna cosa.

En este sentido, el artículo 2.° es tan filosófico como justo, pues nada era más debido que prohibir a las autoridades los actos de Carrera.

El Gobierno se dirigió a don Felipe Neri del Barrio, ministro de Guatemala en México, para que hiciera ver al Gobierno federal que Carrera estaba absuelto por Paredes y sus directores, y que no se podían inculcar sus actos.

He aquí una indulgencia plenaria.

¿Quién daría al hermano de Zeroncito facultad para conceder indulgencias?

El verbo "inculcar", como el verbo "revolver", tenía en los altos consejos del Gobierno una significación muy diferente de la significación que le da la lengua castellana.

"Inculcar", según los nobles, significaba discutir, evaluar, juzgar, poner en tela de juicio.

Ya no se podía, pues, discutir ningún acto de Carrera, ni evaluarse, ni ponerse en tela de juicio.

Así premiaban los nobles al que, cantando la Salve y predicando el envenenamiento de las aguas, los elevó al Gobierno.

Se dio de todo esto cuenta a Carrera con la mayor humillación y bajeza.

Carrera estaba en Quezaltenango; ahí recibió noticia de que no se podían inculcar sus actos y copia de las comunicaciones honrosísimas para él, dirigidas al Gobierno mexicano.

El caudillo adorado de los pueblos, complacido con este tratamiento sin ejemplo, que le daba el partido servil aristocrático, firmó la nota siguiente:

Quezaltenango, junio 20 de 1849.-Señor ministro de Relaciones Exteriores del Supremo Gobierno de la República de Guatemala.-Con la muy apreciable nota de US. de 16 del que cursa, he recibido una copia certificada de la comunicación que el ministerio del cargo de US. se dignó con la misma fecha dirigir al enviado extraordinario y ministro plenipotenciario de la República mexicana; cuya comunicación está para mí en alto grado satisfactoria, pues da todo el lleno al objeto a que se refiere; por lo que es y será eterna mi justa gratitud hacia el Supremo Gobierno.

Sírvase US., Sr. ministro, hacérselo así presente y aceptar las seguridades de aprecio y consideración, con que me repito de US. muy adicto y obediente s. s.

Rafael Carrera.

La Asamblea estaba en receso porque no se quería parlamento, ni aun compuesto de serviles.

Una comisión permanente funcionaba.

Barrundia era individuo de ella, porque su nombre y su reputación no permitieron que se le excluyera, pero su voz estaba ahogada por una mayoría servil y molinista.

Los señores Molina habían abierto los ojos, pero demasiado tarde.

Comprendieron al fin que el hermano de Zeroncito los engañaba y, en la comisión permanente, ya no hubo tres partidos.

Hubo solo dos.

Unidos los molinistas a Barrundia, los serviles netos y reaccionarios genuinos abandonaron sus puestos en la comisión permanente.

Sin embargo de la ausencia de los recalcitrantes, quedó número de diputados para formar comisión, dirigirse al Gobierno y protestar contra la infame traición de Paredes.

Carrera no solo estaba en el territorio guatemalteco, sino que daba proclamas, encarcelaba y fusilaba gente, de lo que son una buena prueba los señores José Timoteo Solís y Francisco Madrid.

La comisión permanente dirigió al Gobierno una nota enérgica. (Documento núm. 15.)

El Liberal del 26 de diciembre, que para destruir el Gobierno de Escobar pidió que diera de hora en hora noticia de sus actos a los representantes del pueblo, el 24 de julio era ya otra vez servil y reaccionario genuino y no quería que tomaran parte en ningún asunto gubernativo los diputados que le hacían oposición.

Aspiraba, como buen servil, al regreso de su amo y escribió una nota para obtenerlo. (Documento núm. 16.)

La comisión permanente, como una luz expirante que da sus últimos reflejos, hizo todavía una manifestación loable. (Documento núm. 17.)

El acuerdo de enviar esa nota está suscrito por los representantes Barrundia, Vidaurre, Irungaray y Dardón (Andrés).

Luis Molina estaba vencido; se disponía a salir de Guatemala para buscar refugio en el país que siempre dio asilo a los liberales, pero no se atrevía a mirar de frente a Vasconcelos, a quien tanto había ofendido, y discurrió dirigirse a la ciudad de Ahuachapán.

El señor don José Francisco Barrundia dijo a sus amigos de la minoría liberal de la Asamblea que era preciso ponerse a salvo.

Les advirtió que Carrera venía indignado contra los autores del decreto de 13 de septiembre y especialmente contra el presidente de la Asamblea y contra los secretarios que lo habían firmado, porque sus nombres fueron lo que más hirió su imaginación cuando el decreto le fue notificado en Chiapas.

Uno de los secretarios que firmaron el decreto dijo al señor Barrundia que antes de salir deseaba hablar con Paredes para presentarle los horrores de su traición y decirle que aún era tiempo de no consumarla.

Barrundia comprendía que el esfuerzo era enteramente inútil; pero, sin embargo, contestó:

"Bien, hable usted a Paredes y veremos hasta dónde llega la perfidia de ese hombre."

Aquel diputado se presentó en Palacio el 2 de agosto, y por de pronto no se le quiso recibir. Él insistió, diciendo al mensajero que le impedía la entrada:

"Diga usted al Presidente que un diputado quiere hablarle a nombre del círculo de la Asamblea a que pertenece."

Entonces se le dio entrada.

Paredes se hallaba con sus ministros, y después de las formas de urbanidad que se usan en tales casos, el diputado que entraba, dirigiéndose al Presidente, dijo:

"Se le ha colocado a usted en esa silla para que sostenga los principios de la revolución de agosto y salve a Guatemala de la tiranía de Carrera. A todo esto se comprometió usted, prestando un juramento cuya forma redactó el señor Barrundia. Sin embargo, Carrera se halla a las puertas de la ciudad. Diga usted si se trata de entregarle el poder."

Paredes contestó sin detenerse un momento, que los liberales debían estar muy tranquilos porque él daba garantías a todos y porque a Carrera jamás se le entregaría el mando.

Al día siguiente, el señor Paredes cumplió su palabra, que tanto honraba siempre, publicando este decreto:

"El Presidente interino de la República de Guatemala.

Considerando: que restituido el Excmo. Sr. Teniente General Don Rafael Carrera al pleno goce de sus derechos, y admitido, como justamente lo está, al servicio de la República, con la división que él mismo ha organizado en los Departamentos de los Altos, es el jefe que, por su grado, por sus anteriores y buenos servicios y por sus capacidades, debe ser llamado a ejercer el mando militar; ha tenido a bien decretar y

DECRETA:

Art. 1.º Se nombra Comandante General de las armas de la República al Excmo. Sr. Teniente General Don Rafael Carrera.

Art. 2.º Queda autorizado para atender a la pacificación de los pueblos conmovidos y para dirigir las operaciones militares de la manera que lo crea más conveniente a dicho objeto.

Dado en el Palacio Nacional de Guatemala, a 3 de agosto de 1849.
Mariano Paredes.-El Ministro de la Guerra.
Francisco Cáscara."

No pueden presentarse en toda la historia actos de mayor perfidia ni de mayor cinismo.

El 4, a la madrugada, salieron de Guatemala con dirección a El Salvador, Barrundia, Irungaray (Manuel) y Montúfar.

Irungaray era hermano político de don Luis Molina, y, sin embargo, iba persuadido de que el primer responsable de los acontecimientos que se estaban realizando era don Luis.

Irungaray, ni aun en aquellos momentos, alababa a don Bernardo Escobar; pero decía que en vez de ultrajarlo, se le debió rodear; que en vez de arrojarlo ignominiosamente del poder, se le debió dirigir, y que jamás debió haberse tenido confianza en un hombre como Paredes, ni menos abrigar esperanzas en la influencia de Zeroncito, joven a quien Paredes casi no conocía y por quien nunca manifestó ningún respeto.

Irungaray, en aquel camino, se lamentaba de que el doctor Molina, por su avanzada edad y por sus enfermedades, hubiera carecido de energía para ponerse al frente de su círculo, y hubiera caído la dirección de este en manos de don Luis, quien se propuso formar un tercer partido y hacerse el director y el alma de él.

Más tarde, y en momentos más solemnes, las increpaciones de Irungaray a don Luis Molina fueron vehementes.

Irungaray, como en su oportunidad se verá, siguió luchando sin descanso contra Carrera, contra la aristocracia y contra el clero ultramontano, hasta que una nueva traición, tan pérfida como lo muy infame de Paredes, lo condujo al cadalso.

El 7 de agosto de 1849, Paredes consumó su perjurio.

La Gaceta dice así:

"Entrada del General Carrera.

Como se había anunciado, el 7 salió S. E. de la Antigua con su división, compuesta de 500 infantes, 100 caballos y 4 piezas de artillería, y pernoctó en Mixco, a tres leguas de esta ciudad.

A las 10 llegó al Guarda Viejo, acompañado ya de muchísimas personas que salieron a su encuentro, y poco después, más allá del Guarda Nuevo, salieron a recibirle S. E. el Presidente, el Sr. Mariscal de Campo D. Francisco Cáscara, Ministro de la Guerra, el Sr. Saravia, Subsecretario encargado del despacho de Relaciones y Gobernación, el Sr. Corregidor y cuerpo municipal, y otros varios empleados y personas particulares que componían una numerosa comitiva."

Al llegar a la puerta del Guarda, el Castillo, que estaba adornado con colgaduras y sobre el cual flotaba el pabellón nacional, hizo un saludo de tres cañonazos y continuó haciendo salvas. En seguida sonó la esquila de la Catedral y, al mismo tiempo, un repique general en las demás iglesias.

El concurso de gentes sobre las lomas del Calvario y en toda la calle de la entrada era inmenso, los balcones de las casas, adornados todos con colgaduras, estaban llenos de espectadores.

El General Carrera, en grande uniforme, llevaba al lado derecho al Exmo. Sr. Presidente y al izquierdo al General Cáscara. Seguía el Estado Mayor, y luego la división al mando del coronel D. Ignacio García Granados.

En la Plaza Mayor estaba formada la tropa de la guarnición, formó en seguida la que mandaba el General Carrera, y se pasó revista a toda.

Inmediatamente se sirvió en Palacio un almuerzo muy bien dispuesto, al que asistió una comisión de la Suprema Corte de Justicia, el Sr. Cónsul de las Ciudades Anseáticas, el Sr. Vicecónsul de S. M. B., el Sr. Encargado del Consulado General de Francia, otros funcionarios públicos y vecinos particulares.

El Sr. Ministro de Hacienda, Don Manuel Cerezo, felicitó al General Carrera por su llegada, a nombre del Exmo. Sr. Presidente, y el General, en contestación, manifestó su gratitud al pueblo guatemalteco, que tan repetidas pruebas —dijo— le ha dado de confianza y afecto, y al Gobierno, a quien ofrecía su cooperación en la empresa de restablecer el orden y devolver a la República el concepto que se había granjeado ante las naciones extranjeras.

De este modo concluyó la función, pasando en seguida el General Carrera a su casa, en donde recibió visita inmediatamente de los cónsules extranjeros, de los empleados y de una comisión del cuerpo municipal, presidida por el Sr. Alcalde 3.°, que dirigió a S. E. la siguiente alocución:

Exmo. Señor: la municipalidad de esta capital, a nombre del vecindario que representa, tiene la complacencia de felicitar a V. E. por su feliz regreso a Guatemala; y nos ha diputado para que le signifiquemos la grata satisfacción que tiene de verle volver a esta ciudad.

Devorada nuestra patria por una guerra fratricida, espera del patriotismo de V. E. que servirá de un gran apoyo al Supremo Gobierno de la República, para el completo restablecimiento de la paz, desgraciadamente alterada; y le desea un buen éxito en tan ardua como gloriosa empresa.

Este es, Exmo. Sr., el voto de la corporación que nos ha enviado; al representarla nosotros en este acto, nos cabe en particular el gusto de darle también la bienvenida; y logramos además el de poder otra vez protestarle nuestros respetos, en ocasión de cumplir con este honroso encargo.

El General Carrera contestó en términos muy expresivos y adecuados.

DOCUMENTOS JUSTIFICATIVOS
NÚMERO 1
El Presidente interino de la República de Guatemala.

Considerando: que por el artículo 2.° del convenio celebrado en Zacapa el 28 de enero próximo pasado, entre comisionados del Gobierno y el Sr. Brigadier Don Vicente Cruz, por parte de las fuerzas de los pueblos, es llamado el Sr. Dn. Vicente Cerna al desempeño de la Comandancia General de la República; que por decreto gubernativo expedido el 18 del mismo mes de enero, estaba dispuesto que el Ejecutivo reasumiese dicha Comandancia General; y que esta disposición debe ser derogada ahora, para que surta sus efectos el citado convenio; de conformidad con el dictamen del Consejo de Ministros, ha tenido a bien decretar y

DECRETA:
Art. único.- Queda derogado el decreto del Gobierno número 18 de enero último, declarando que el mismo Gobierno reasumía el mando en jefe del ejército.

Dado en el Palacio Nacional de Guatemala, a ocho de febrero de mil ochocientos cuarenta y nueve.

Mariano Paredes.-El Ministro de Gobernación, Raymundo Arroyo."

NÚMERO 2
El Presidente provisorio de la República de Guatemala, a sus habitantes.

Constituido en la presidencia de la República por el voto de la Representación Nacional, me decidí a aceptarla con el principal objeto de restablecer la paz. No dudé entonces de la cooperación de los buenos ciudadanos y de la feliz disposición de los jefes de los pueblos conmovidos: unos y otros han correspondido a mis esperanzas, auxiliando al Gobierno en sus esfuerzos, y prestándose a lo que prudentemente debía contribuir a un acontecimiento tanto tiempo dilatado y, al mismo tiempo, apetecido por todos los hijos de la República.

Hoy, pues, me cabe la grata satisfacción de anunciarles que, a merced de los beneficios que la Providencia se ha dignado dispensarnos, queda restablecida la paz pública y afianzado el orden de los pueblos. El reconocimiento y la sumisión a las autoridades constituidas, y la sinceridad y lealtad acreditada por parte de los jefes que han dirigido el movimiento de los distritos del Oriente, son la mejor garantía contra la guerra y los trastornos que hasta hoy habían afligido a los mismos pueblos.

Empero, la consecuencia de una paz sólida y estable solo puede ser resultado de la prestación bien intencionada, dirigida a introducir la calma y la confianza en los ánimos alterados, y a promover por medios prudentes cuanto pueda conducir al bienestar de todos los pueblos: ellos sabrán apreciar estos esfuerzos, y el Gobierno se promete desde ahora que no serán omitidos.

¡Pueblos todos de la República! Confiad en que los recuerdos de la lucha reciente, en que tantos males hemos sufrido, inspirarán siempre principios prudentes a la actual administración, y sellad desde este día con un abrazo fraternal la obra de la Providencia: yo os lo demando a nombre de la Nación y de vuestros verdaderos intereses.

Mariano Paredes.

Guatemala, febrero 9 de 1849."

NÚMERO 3

El Comandante General de las Armas de la República, a sus habitantes.

Por el convenio de paz ajustado por el Supremo Gobierno con el Jefe de los pueblos conmovidos, he sido nombrado Comandante General de las Armas de la República.

Me veo colocado en un destino para el que no soy llamado por mi falta de aptitud, y si lo he aceptado, ha sido porque se exigieron mis servicios como uno de los medios de ajustar la paz tan deseada en todos los pueblos.

Los comisionados del Supremo Gobierno y el jefe de las fuerzas de los pueblos sabían muy bien cuánto había yo trabajado por el restablecimiento de la tranquilidad pública desde septiembre próximo pasado, principalmente en Jalapa, punto de mi residencia, y, excitado por el Supremo Gobierno en diciembre, redoblé mis esfuerzos, pero mis pasos desgraciadamente fueron inútiles.

"Cuando la segunda ocupación del departamento de Chiquimula, yo me hallaba por casualidad en aquella ciudad.

Comprometido por los propietarios, comerciantes y demás personas interesadas en el buen orden de los pueblos, me vi precisado a hacerme cargo del mando político y militar del departamento.

Yo me esforcé en restablecer la concordia y dar seguridad a todos los habitantes de aquellos pueblos: el resultado fue feliz, y pude entonces concebir esperanzas de que llegaría a obtenerse un razonable acomodamiento que produjera la paz.

Sí, la paz ha tenido ya efecto, y todo pudo obtenerse por la influencia y rectitud de las personas que se hicieron cargo últimamente de la administración de la República.

Tuve parte en las conferencias que produjeron el convenio celebrado, porque fui llamado con instancia a la Villa de Zacapa. Y cuando llegué a entender que sería imposible un arreglo, si no recaía en mí la Comandancia General de la República, no vacilé en sacrificar mi voluntad, mi familia, reposo e intereses, haciéndome cargo de un destino para el que conozco no tengo aptitud.

Grande es la tarea que se me ha encargado; pero seguro de los esfuerzos del Supremo Gobierno, de la cooperación de los jefes de los pueblos y de la buena disposición de estos, yo no evitaré medio ni sacrificio alguno por consumar una obra de que esperamos todos el bien común.

¡Jefes y soldados de la República!

Si una lucha fratricida pudo dividirnos y presentarnos como enemigos, hoy ya somos unos: que entre vosotros jamás vuelva a reinar la fatal discordia.

Cuento con vuestro patriotismo y disciplina para que todos unidos nos consagremos a la defensa y engrandecimiento de nuestra patria.

Por ella y por vuestra felicidad sabrá sacrificar su reposo, vuestro compañero y amigo.

Vicente Cerna.

Guatemala, febrero 11 de 1849

.

NÚMERO 4

Proponemos, pues, como consecuencia de lo expuesto, la siguiente resolución respecto a los españoles residentes en la República.

1.º Como ciudadanos naturalizados, están obligados a sufrir las cargas comunes a los naturales, los españoles que al proclamarse la independencia la hubieren jurado (art. 17 sección 2.ª título 2.º de la Constitución Federal).

2.º En el mismo concepto tienen igual obligación los españoles que hayan obtenido carta de naturaleza, con arreglo a la ley de 11 de mayo de 1824, y los que, aun sin este requisito, han ejercido algún cargo público para cuyo desempeño se necesita la calidad de ciudadano.

3.º La misma obligación tienen los españoles que se hallan en cualquiera de los casos previstos por la ley 3.ª título 11 libro 6.º de la Novísima Recopilación.

4.º Los españoles que no se encuentren en ninguno de los artículos anteriores deben reputarse, por ahora, como extranjeros transeúntes, y en la condición en que, como tales, son considerados por el derecho de gentes.

Esta es la opinión que hemos formado acerca de este grave negocio, el Gobierno, sin embargo, resolverá lo más acertado.

Guatemala, febrero 20 de 1849.

M. Ubico.–Manuel Echeverría.–J. Milla."

NÚMERO 5

"Palacio Nacional de Guatemala, febrero 26 de 1849.–El Presidente de la República de Guatemala, considerando: que es un deber del Gobierno honrar la memoria de los ciudadanos que han merecido bien de la patria, y atender a las familias de los que han sido sacrificados en servicio público; de conformidad con el parecer del Consejo de Ministros y obsequiando el voto general, acuerda:

1.º Se celebrará un solemne oficio de difuntos en la S. I. Catedral en sufragio de las almas de los recomendables ciudadanos Don Mariano Rivera Paz y Ldo. Don Gregorio Orantes, que, hallándose en camino para los distritos de Jutiapa y Jalapa, de cuyos corregimientos iban a posesionarse, fueron sacrificados por las partidas que mandan los criminales Agustín Pérez y Roberto Reyes.

Las autoridades y funcionarios públicos asistirán a estas exequias, y el Ministro del Interior dispondrá lo conveniente para su solemnidad.

2.º Se exhumarán y trasladarán al Cementerio General de esta ciudad los cadáveres de los expresados señores Rivera Paz y Orantes, para ser depositados en un mausoleo particular que el Gobierno hará construir, y en el cual se pondrá una inscripción que perpetúe el reconocimiento del Gobierno y los servicios de estas ilustres víctimas.

3.º La Hacienda Pública pagará a las familias de los señores Rivera Paz y Orantes una pensión igual al sueldo que iban a disfrutar aquellos en sus respectivos empleos, mientras que, reunido el cuerpo legislativo, dispone lo conveniente para la subsistencia de dichas familias.

4.º Los gastos de las exequias, exhumación y sepultura que se han acordado en los artículos anteriores serán también por cuenta de la Hacienda Pública.

(Hay cinco rúbricas.)"

NÚMERO 6
El General Serapio Cruz.
A los pueblos de la República.

Cuando en principios de enero de este año se recibieron las primeras noticias de que el señor Rafael Carrera trabajaba por volver a Guatemala y por restaurarse en el mando de la presidencia, que renunció en el mes de agosto anterior, a estas especies no se dio crédito; pues nunca pudo suponerse que la temeridad de Carrera llegase al extremo de no conocer su verdadera posición.

Todos sabemos lo que él hizo durante los diez años que duró su odiosa dominación militar.

Fusilaciones sin ninguna forma; asesinatos, robos y violaciones de mujeres; atropellamientos a los funcionarios y a las autoridades; ultrajes a los sacerdotes y vejaciones de toda clase, fue siempre el pasto de Carrera en su memorable administración.

Recientes, pues, en el mes de enero, las iniquidades de Carrera, no podía creerse que atentase volver a esclavizar a los pueblos que en

1847 se levantaron en masa contra su tirano y opresor; que trabajaron y se sacrificaron constantemente por destruirlo, y que solo pudieron descansar y respirar libremente cuando ese hombre salió de la República en agosto del año pasado.

Mas el 20 del citado mes de enero se presentó en Guatemala uno de los emisarios de Carrera, trayendo cartas para muchos de los jefes y oficiales que en la época anterior habían servido a sus órdenes, y para otros sujetos a quienes él cuenta entre sus amigos.

Entonces no pudo ya dudarse de la certeza de sus tentativas; quiere restaurarse en la presidencia; quiere dominarnos otros diez años; él y su familia, insaciables en la codicia, se proponen llevarse, a costa del sudor de los pueblos, otros trescientos mil pesos como los que se llevaron en agosto.

"Como entonces las autoridades de Guatemala ansiaban vivamente por la salida de aquel hombre, que era la causa de la revolución de los pueblos, lo dejaron irse aun sin mencionar nada de responsabilidad.

Hicieron más; le proporcionaron una escolta que lo condujese hasta la frontera y le diese seguridad en el tránsito. Pues a todas estas consideraciones con que fue tratado, no por él, sino por el honor de la República en el exterior, Carrera corresponde hoy, queriendo volver a inquietar y a engañar a los pueblos, como inicuamente lo hizo en 1837.

Se cubrió entonces con el escapulario de la religión; y nadie ha sido más perverso ni más irreligioso que él...

Proclamó el bien de los pueblos; y los pueblos quedaron en la indigencia, como pueden decirlo Mataquescuintla, Jalapa, Salamá, Palencia y otros muchos; mientras que él se hizo de haciendas, de casas, de dinero y de alhajas, gastando una ostentación sin igual.

Proclamó la restitución de los bienes y haciendas de las comunidades religiosas, y fue el primero que se apropió la de Palencia, sacrificando a su ambición y a su codicia los intereses de los habitantes de dicha población y de las inmediatas a ella.

Pero hoy las circunstancias han variado. Los pueblos conocen ya sus verdaderos intereses, y no se les engaña con la facilidad que en 1837. El engañado en esta vez será Carrera: la Divina Providencia, justa como es, no permite que sus crímenes queden sin castigo.

Su suerte será la que tuvo su hermano en la Antigua, pues habiendo salvado como él (como Rafael), tuvo la temeridad de volver a dicha ciudad, ofreciendo a los antigüeños servirles como soldado, después que tanto los había oprimido. Carrera hoy hace el mismo ofrecimiento a los quezaltecos, y lo había hecho al Gobierno de Guatemala antes de que se ajustara la paz con los pueblos de la montaña.

¡Pueblos de la República!

Celebrado y ratificado el convenio de paz de 28 de enero último, las fuerzas de la capital y las de los pueblos son unas mismas, y de consiguiente una es la causa que sostenemos.

Repeler al hombre que viene a perturbar esa paz, adquirida después de tantos sacrificios, debe ser nuestro interés común.

Hagámoslo y volveremos a nuestras familias; nos ocuparemos de nuestros trabajos y tendremos orden y paz.

¡Soldados de la División Expedicionaria!

Yo no tengo que recomendaros la disciplina y subordinación a vuestros jefes. Lo que ellos os manden es lo que manda el Gobierno; y lo que manda el Gobierno, es lo que únicamente debe obedecerse porque es la autoridad legítimamente constituida.

Patzum, febrero 21 de 1849.

Serapio Cruz.

NÚMERO 7
Comandancia General de las Armas de la República de Guatemala.

Señor Ministro de la Guerra.

Guatemala, marzo 27 de 1849.

El capitán señor Justo Valenzuela, que, con una escolta, vino a llevar dinero para socorro de las divisiones expedicionarias del Oriente, me ha informado que el martes 20 del corriente el faccioso Agustín Pérez atacó la división del señor Brigadier Don Vicente Cruz, en el Pueblo Nuevo, o montaña de Alsatate, y que después de una acción reñida, triunfaron las armas de la República, derrotando completamente la fuerza del mismo Pérez, que se dispersó, dejando 23 muertos y 40 fusiles.

Por nuestra parte tuvimos la sensible pérdida del mismo señor Brigadier Don Vicente Cruz, 4 soldados que también murieron, y 6 que resultaron heridos.

De esta acción, que refiere en los mismos términos un sargento de la escolta, no se tiene hasta ahora parte oficial, seguramente porque el sargento mayor, señor Rafael Gil, lo había dirigido al señor General en Jefe del Ejército de Operaciones Don Vicente Cerna, que se halla en Jalapa.

El mismo capitán refiere que el señor coronel Bolaños, con la fuerza de su mando, se mantenía en Jalapa, en donde no ha ocurrido novedad; y que la compañía vencedora del número 3.°, con otra de Mataquescuintla, que también participó de la gloria del triunfo, están en el propio Mataquescuintla, de destacamento.

Aunque esta noticia no tenga la certeza de un parte oficial, coincide exactamente con las que por otros diversos conductos ha tenido esta comandancia, y todos refieren haber visto pasar los dispersos de la facción de Pérez.

En este concepto, tengo el honor de comunicarlo a U. S. para que se sirva elevarlo al conocimiento del Exmo. Señor Presidente, aceptando las reiteradas protestas de aprecio y consideración con que soy su atento seguro servidor.

F. Benites."

NÚMERO 8

Manifiesto que el Brigadier Vicente Cruz dirige a los pueblos del Departamento de Chiquimula y de los Distritos de Jalapa, Jutiapa y Santa Rosa.

A virtud del encargo que los pueblos tuvieron a bien confiarme para que sostuviese sus derechos, ajusté con los comisionados del Supremo Gobierno de la República el convenio de paz que se firmó en Zacapa el 28 del próximo pasado enero, y que pareció el más conveniente, pues, además de quedar restablecida la paz, que es el más importante bien, se atendieron las necesidades de los pueblos y se consignaron en él las medidas oportunas para garantirlas.

Este convenio fue aceptado, con gusto, por los pueblos, y todas las personas juiciosas y bien intencionadas lo han aplaudido y lo sostienen.

Conforme a lo convenido en el artículo 9.º de dicho convenio, el Gobierno nombró corregidores para todos los distritos, escogiendo, al efecto, personas de conocida honradez y aptitudes; de carácter moderado, y que no han tomado parte en la revolución, ni jamás han hecho males a los pueblos; con lo cual se procuró que aquellos funcionarios, al mismo tiempo que desempeñaran bien sus deberes, pudieran inspirar confianza a los pueblos, y la mereciesen de ellos.

Tales circunstancias concurrían en los señores Don Mariano Rivera Paz y Lic. Don Gregorio Orantes, por lo que fueron nombrados corregidores, el primero para Jutiapa y el segundo para Jalapa.

Estos funcionarios salieron de la capital el 21 del corriente, y fueron confiados a la compañía de Jalapa, al mando del capitán Norberto López, habiéndose comprometido a custodiarlos y ponerlos en posesión de sus destinos; mas al siguiente día, habiéndose encontrado en Sampaquisoy con una partida acaudillada por Agustín Pérez y Roberto Reyes, los soldados de Jalapa, sin cumplir con sus deberes, sin hacer la menor defensa, y aun pasándose e incorporándose en las filas de Pérez y de Reyes, abandonaron a los corregidores y su comitiva, dejándolos en poder de aquellos caudillos.

¿Y cuál ha sido la suerte de aquellos funcionarios? Aunque hasta ahora no se tienen noticias ciertas, las que se han recogido son bastantes para temer una desgracia. De todas suertes, el capitán y compañía de Jalapa son responsables de aquellos funcionarios ante Dios y los pueblos.

Este es un suceso que los pueblos no deberán ver con indiferencia, pues cuando el Gobierno y el que suscribe se empeñaban en atender sus necesidades y restablecer el orden, por medio de funcionarios escogidos que administrasen justicia, oyesen sus solicitudes y dirigiesen a las municipalidades, se les arrebatan estos mismos funcionarios por Pérez y Reyes, y los que los custodiaban los abandonan por una defección tan notable.

Triste es recordar hechos y hacer comparaciones; pero la justicia demanda uno y otro: los pueblos de Palencia y Mataquescuintla han estado sobre las armas por la causa de los pueblos, en el mejor orden y entera sumisión a sus jefes, y esto hace mucho honor, no solo a los soldados, sino también a los pueblos a que pertenecen.

Los de Jutiapa y Santa Rosa sirvieron lealmente a su Gobierno, y después, no queriendo tomar parte en la revolución, se han mantenido neutrales, permaneciendo constantes en este propósito, sin embargo de haber sufrido perjuicios y vejaciones.

Entre tanto, en Jalapa, se han manejado de distinta manera, debido a la conducta de algunas personas, cuyos hechos no los ignoran los pueblos vecinos. En el mes de septiembre del año próximo pasado se sublevaron los de Jalapa contra Agustín Pérez, quien tuvo que salir huyendo, pues lo querían asesinar.

En el mes de enero del corriente año, hicieron lo mismo contra el señor capitán Justo Valenzuela: le quitaron las armas que tenía a su cargo, y lo habrían fusilado si él no hubiera podido escaparse.

Y ahora que el Gobierno y el que suscribe les confía a los corregidores, los abandonan, exponiéndolos a una suerte desgraciada. Este contraste debe llamar la atención de los pueblos que quieren la paz y el orden, y que están convencidos de que las persecuciones y la guerra solo traen por resultado la destrucción y el aniquilamiento de todo.

Ha llegado a mi noticia que las pocas personas que quieren que continúe el desorden, para seducir a los incautos, proclaman "que las tierras sean comunes"; mas esto, sobre ser injusto, es un engaño, pues nunca podrá verificarse.

¿Cuál sería la suerte de los pueblos y de los propietarios si tal cosa llegase a suceder?

Los pueblos que tienen ejidos y terrenos de propios no pueden querer ni permitir que otros, a quienes no les pertenece, vengan a apropiárselos, sin título ni derecho alguno; y los propietarios que han heredado de sus padres, o han comprado con su dinero, o han adquirido con su trabajo terrenos, haciendas o cualquiera clase de fincas, no pueden consentir en que otros, a quienes no pertenecen, vengan a tomarlas y apropiárselas sin más título que el de la revolución.

Esto sería un trastorno en el buen orden social, y sería la mayor injusticia.

Respecto al convenio celebrado en Zacapa el 28 de enero, debo informar a los pueblos que por parte del Gobierno se ha cumplido y están ejecutándose las medidas que contiene, con exactitud y religiosidad.

Se han entregado ya a la Comandancia General los 15,000 pesos para las gratificaciones de los soldados, a quienes se les ha repartido y entregado por la misma Comandancia según correspondía.

Está dado y publicado el decreto sobre el indulto, que se está ejecutando conforme se presentan los individuos a quienes comprende.

También está ya emitido y publicado el decreto y reglamento para las indemnizaciones de los perjuicios ocasionados, el que se irá ejecutando si los pueblos dan seguridad, y no hubiese trastornos, pues esto sería un grave inconveniente.

Está para emitirse el decreto para que no se cobren costas ni derechos por la administración de justicia.

Como una de las cosas más esenciales, se habían nombrado todos los corregidores, y se deseaba verlos cuanto antes en sus destinos; pero el acontecimiento de Sampaquisoy, de que ya he hablado, ha interrumpido la ejecución de esta benéfica medida, y se continuará tan luego como desaparezcan los riesgos.

El corregidor nombrado para el distrito de Santa Rosa tuvo que regresar de las inmediaciones de Mataquescuintla, a donde se dirigía, por haber sabido los peligros con que eran amenazados por los mismos Pérez y Reyes.

Ni el Gobierno podrá comprometer a otras personas, ni hallaría quienes quisiesen aceptar los destinos, mientras no se vea seguridad; y mientras no la haya, y no puedan estar en sus respectivos destinos los corregidores, no podrán tener efecto las elecciones de diputados, que es otro de los puntos del convenio, pero cuyo cumplimiento no depende ya del Gobierno, sino de los pueblos, si quieren sostener el orden y la paz.

A los pueblos, pues, toca ahora allanar las dificultades, cooperando eficazmente con los esfuerzos del Gobierno para conseguir el objeto que tanto han anhelado; y a este efecto, creyendo de mi deber informarles de todo, me ha parecido conveniente dirigirles esta manifestación, asegurándoles, al mismo tiempo, que siempre pueden contar con el apoyo, servicios y decisión de su compatriota y amigo.

Guatemala, febrero 26 de 1849.

Vicente Cruz.

NÚMERO 9

"El Gobierno del Estado de los Altos está dispuesto a aliarse, confederarse o unirse a la República de Guatemala.

A efecto de realizar aquel deseo, se limitará el ejercicio de la soberanía del Estado en cuanto a su representación exterior con las naciones extranjeras en los tratados de comercio u otros económicos, cediendo exclusivamente semejante prerrogativa en favor de la expresada República.

De consiguiente, el Estado de los Altos, en los ajustes y contratos particulares que le convenga celebrar con los extranjeros, no podrá separarse de las leyes de la República. La República comunicará oportunamente tales leyes, y el Gobierno del Estado las hará publicar para que exactamente sean observadas, quedándole no obstante el derecho de hacer al de la República las observaciones que crea de justicia y conveniencia de los pueblos, solicitando la reforma si resultare calificada como necesaria.

Pertenecen a la República de Guatemala los derechos de introducción de efectos extranjeros por el puerto de Champerico, y se invertirán desde luego, de preferencia en la parte que lo demande, en el establecimiento del puerto, en su mantención y en sus edificios.

En el mismo puerto se establecerá el presidio del Estado a su costa, y la guarnición se compondrá de tropas del mismo Estado, así para la seguridad de los presidiarios como para la del puerto.

Los empleados del ramo de rentas en él serán nombrados y dependientes del Gobierno de la República; mas los nombramientos deberán recaer precisamente en hijos del Estado.

Los frutos y artefactos del Estado no pagarán derecho alguno en la extracción por el puerto de Champerico.

Los frutos y efectos extranjeros procedentes de Guatemala como de cualquiera otro punto de Centroamérica pagarán el 6 por ciento en su introducción al Estado, y esta estipulación podrá ser recíproca respecto a semejantes introducciones que procedan del Estado y se dirijan a la misma República de Guatemala.

Los frutos y artefactos de la República mexicana no pagarán más que el 6 por ciento en su introducción al Estado.

Los frutos y artefactos de la República de Guatemala no pagarán derecho alguno en su introducción al Estado, y esta franquicia será recíproca.

En consecuencia de todo lo estipulado, el Supremo Gobierno de Guatemala se comprometerá a retirar dentro de 15 días, desde la aprobación de este convenio, las fuerzas de la República que ocupan el departamento de Suchitepéquez, quedando las de Huehuetenango entre tanto puedan reemplazarse por otras del Estado, y debiéndose en seguida entregar el mando político de él, la Comandancia de armas, la administración de Hacienda y los juzgados a los funcionarios respectivos nombrados por el Gobierno del Estado.

Siendo la guerra del exgeneral Carrera de interés común a la República de Guatemala y al Estado de los Altos, ambos concurrirán a sostenerla con sus arbitrios disponibles."

NÚMERO 10

Mediante las circunstancias actuales, los departamentos pronunciados de los Altos se reincorporarán a la República de Guatemala sin perjuicio de los derechos que creen competirles a su independencia.

Obtenida la pacificación de la República, se discurrirá el mejor medio de explorar la voluntad general de todos aquellos pueblos, así de los que se han pronunciado por la República, como de los que desean su separación.

Entre tanto, el Gobierno de la República dará a todos los pueblos la mayor protección para librarlos del mal que les amenaza en la guerra de castas iniciada por los indígenas."

NÚMERO 11

"Señor Comandante General de las Armas de la República.
Cuartel General en Huehuetenango, abril 5 de 1849.

Tengo la satisfacción de anunciar a U. S. que la división de mi mando ha conseguido un triunfo sobre el faccioso Carrera en la madrugada de hoy.

A las cinco en punto de la mañana, y en el momento en que se tocaba diana, Carrera, con toda su división, procuró sorprender y asaltar el reducto que tengo construido en la plaza mayor de esta población.

El ser este un pueblo completamente abierto, y estar sus orillas dominadas por alturas, me obligaba a no tener avanzadas a distancia, prefiriendo cubrir las entradas a la plaza con centinelas dobles, y haciendo dormir toda la tropa franca en los portales de la misma plaza.

Carrera, pues, entró a esta, pero le obligamos a volver a salir, dejando algunos muertos y dos prisioneros.

Rechazado de este primer ataque, se situó en una loma que domina las orillas de esta población, colocando sus reservas en otras alturas que quedaban a su retaguardia.

Cuando hubo aclarado completamente y reconocí la posición del enemigo, coloqué mi división de la manera más ventajosa para resistir otro ataque, conservando siempre en el cerro de San José cincuenta hombres atrincherados, los cuales no tomaron ninguna parte en la acción.

Mas, observando que la tropa estaba impaciente por echarse sobre el enemigo, y entre tanto se estaba gastando mucho parque con poco provecho, me resolví a atacarlo en sus propias posiciones.

Al efecto, formé una columna al mando del sargento mayor Don Rosendo García Salas, compuesta de cincuenta hombres del 2.º Batallón de Línea y otros cincuenta del miliciano, la que, despreciando los tiros inciertos de los facciosos, se arrojó sobre ellos, desalojándolos sucesivamente de tres posiciones, a cuales más ventajosas, y poniéndolos en fuga hasta que se acogieron a la sierra."

La aspereza de estos contornos no me permitió perseguirlos con caballería; así es que no se les ha podido hacer todo el mal que era de esperarse.

No puedo decir a U. S. el número de muertos que han tenido los facciosos, tanto porque aún no se ha reconocido el campo, como porque, acompañando a Carrera más de 400 indios, de todos los pueblos que tiene seducidos, estos retiraban al momento a los muertos y heridos, no quedando en el camino sino los rastros de sangre.

Hasta este momento, pues, no se han encontrado más que ocho; pero es indudable que pasan de veinte.

Igualmente están en mi poder cuatro prisioneros, dos de ellos heridos, dos fusiles, varias escopetas, carabinas, lanzas y muchos caballos.

Por nuestra parte solo hemos tenido un muerto y cuatro heridos.

Con más tiempo y más datos, dirigiré a U. S. otros detalles concernientes a esta jornada.

Dios guarde a U. S. por muchos años.

M. García Granados.

"Art. 1.º Se suspenden los efectos de la ley de 8 de abril de 1845, que reglamenta el uso de la prensa.

Art. 2.º En consecuencia, no podrá imprimirse escrito alguno que directa o indirectamente excite las pasiones o distraiga la atención de los funcionarios públicos.

Art. 3.º El director de imprenta que contraviniere a la disposición anterior será castigado como sedicioso."

NÚMERO 13

A los gobiernos de los Estados.-Al Señor Secretario de Relaciones del Gobierno del Estado de........

Estrechado este Gobierno por los deberes anexos a su alto carácter, y por la necesidad de proveer a la defensa de las vidas y propiedades de todos los habitantes de la República que le están encomendadas, se ha visto en la precisión de dirigirse al Gobierno del Salvador con la nota que tengo el honor de acompañar a U. S. en copia, reclamándole una manifestación categórica sobre el cumplimiento del pacto de 7 de octubre de 1842 que ligó los intereses de los Estados de Honduras, Nicaragua, Costa Rica, El Salvador y Guatemala, el cual no desconocerá U. S. que ha sido desatendido por los gobernantes del Salvador, durante todas las administraciones que se han sucedido en esta República, atacando sus derechos de diversas maneras y en sus publicaciones oficiales, en tal extremo que aun en la memoria presentada por el señor Ministro de Gobernación a las cámaras de aquel Estado en este año, se manifiesta el espíritu hostil de aquella administración respecto a Guatemala.

La misma nota impondrá a ese Gobierno de los demás datos que ha tenido el de esta República para llegar al extremo de pedir una explicación que considera necesaria no solo a los intereses de esta misma República, sino a los de los demás Estados que se comprometieron por el pacto referido.

Mi Gobierno ha creído conveniente poner este paso en conocimiento del de U. S.; y tan pronto como se reciba respuesta a la citada comunicación, la transmitiré a U. S. para conocimiento de ese Gobierno.

Entre tanto, sírvase U. S. dar cuenta con la presente al Exmo. Señor Presidente de ese Estado, y aceptar las seguridades de la estimación y aprecio de su muy atento y seguro servidor.

José María Urruela.

NÚMERO 14

Ministerio General del Supremo Gobierno del Estado de El Salvador.-Casa de Gobierno: San Salvador, junio 19 de 1849.

Señor Ministro de Relaciones del Supremo Gobierno del Estado de Guatemala.-

Puse en conocimiento del Señor Presidente de este Estado la comunicación que U. S. se ha servido dirigirme con fecha 4 del corriente, manifestando, desde luego, la gravedad del asunto a que se contrae, e impuesto de ella me ha ordenado contestarla como paso a verificarlo.

Si el designio de hacer ese Gobierno un reclamo formal por la conducta que respecto de él supone haber observado este durante los últimos trastornos ocurridos en ese Estado, no se manifestase claramente en los conceptos de su misma nota, se conocería muy bien por los que comprende con más claridad la circular con que la acompaña a los otros Estados de Centroamérica.

Y si por los primeros párrafos de su citada nota parece que ella se contrae a manifestar los males que ese Estado ha sufrido sin culpar de ellos a este Gobierno, el que se refiere a los ofrecimientos que se dice hizo este mismo Gobierno a los señores Cruces, aclara el concepto que ha querido envolverse, de que son causados por este Gobierno todos los males que refieren dichos párrafos.

Voy a contestar uno a uno todos ellos.

El 1.º se contrae, como antes he dicho, a manifestar la gravedad del asunto en cuestión. Mi Gobierno la reconoce, y también alcanza que, según los términos en que se trate, será mucho más grave para el Gobierno de ese Estado que para el de este.

Montaña, el Gobierno de ese Estado se ha entendido con el de éste según lo han permitido las circunstancias; que el mal se ha prolongado, y sus estragos, aunque no sean todos los que aquí se exageran, son grandes, produciendo hábitos de desorden que pueden ser trascendentales a este Estado.

Si por parte de este Gobierno se hubieran referido los males que Guatemala ha sufrido durante la guerra de la montaña, nada habría podido añadir a los conceptos que sobre esto se produjeron en la oración pronunciada en el salón de ese Supremo Gobierno el 13 de marzo último.

Al caso dice:

"Después de un año de lucha fratricida, nuestra sociedad estaba exánime. El Gobierno sin prestigio y sin poder; el comercio enteramente paralizado; la propiedad rural entregada al pillaje; los hombres cansados ya de tanta agitación, etc."

Pero este Gobierno nada ha dicho sobre esto, y si tal concepto se refiere a los papeles públicos, debo manifestar al señor ministro que en este Estado la imprenta es libre, por lo que, sin infringir su Constitución y leyes, el Gobierno no pudiera embarazarla o coartarla, y que si en ese Estado, en donde algunas veces se ha restringido y prohibido, no se han embarazado peores publicaciones —entre las que citaré el papel dado al público el 21 de mayo último, suscrito "Un amigo de la verdad", en que se aseguró que el peligro de disolución en que ese Estado se hallaba era debido a los errores de su administración— no debía tenerse a mal que aquí no se hubiesen embarazado las publicaciones que no han hecho más que dar las noticias recibidas y su juicio sobre ellas.

Si los hábitos de desorden que pueden contraer y sin duda contraerán los pueblos que hacen la guerra a ese Gobierno pueden producir males a este Estado, que está en contacto con ellos, deben ser mayores los que causen a ese por varias razones:

1.º Porque los tiene en su seno.

2.º Porque su acción es dirigida contra ese Gobierno.

3.º Porque la clase de población de ese Estado es muy diferente de la de éste y de todos los otros, porque en ellos están las luces y las riquezas más repartidas, y su población es más igual y homogénea, mientras que en ese Estado una pequeña parte ilustrada y rica tiene a su frente una masa enorme de gente ignorante y pobre, a quien ese mismo Gobierno llama "salvaje", de que resulta que una guerra civil debe ser incomparablemente más desastrosa y terrible en ese Estado que en cualquiera de los otros, razón por la que él debería ser más cuidadoso en establecer la paz que en conservarla, y si apenas puede bastarse para procurársela, como lo está experimentando, parece no ser prudente pensar en llevar la perturbación a los otros como se intenta y procura.

El tercer párrafo dice:

"Que es excusado llamar la atención de este Gobierno sobre los sucesos referidos; que si miras políticas han podido querer aprovecharse de ellos para lograr sus fines, los que las han tenido deben estar desengañados; que la sublevación de la montaña ataca el orden social y que, aunque no hay un temor inmediato, las personas que tienen a su cargo los negocios públicos no deben carecer de previsión."

En todo esto bien se da a conocer que a este Gobierno se atribuyen las miras políticas que lo ciegan en términos de no ver el peligro a que se expone.

Si no satisfago aquí a este punto es por no duplicar la contestación que debo dar a los párrafos que siguen y que comprenderá a este.

El 4.º párrafo dice:

"Que es bien sabido que Pérez y otros de los caudillos de la montaña se han asilado algunas veces en el territorio de este Estado; y que también es notorio que de aquí han ido muchos soldados y aun oficiales a unírseles; que la imprenta de esta ciudad ha estado a su servicio para hacer proclamas, y que un tal Peña, comandante de una partida que obra sola, es salvadoreño y ha atacado cargamentos del comercio."

Este Gobierno ignora que Pérez se haya introducido al territorio del Estado, y aunque lo hubiera sabido, no podía expulsarlo de él sin motivo suficiente y justificado y sin el reclamo que era debido.

Ya para verificarse la revolución de agosto vinieron a asilarse en este Estado varios sujetos, entre ellos el señor Presidente actual de ese Estado, los cuales fueron acogidos por este Gobierno, y no es obrar con equidad que la administración que sucedió a la que desapareció en agosto pretenda ahora hacer a este Gobierno un cargo, no porque ha asilado a Pérez, sino porque no lo ha perseguido.

Los salvadoreños son libres por su Constitución para salir, ausentarse o emigrar del Estado y, no teniendo obligación de manifestar el motivo que los lleva fuera, no está en manos del Gobierno embarazarlo en ningún caso.

Así, no ha podido evitar, aunque quisiera, que algunos hayan ido a introducirse en las tropas que han hecho la guerra a ese Gobierno.

Tampoco son los salvadoreños obligados a presentar a su Gobierno los papeles que quieran imprimir, para que pudiera evitar la salida de los que lo desagradaren, y si Peña, que no es salvadoreño sino hondureño, ha cometido en ese Estado los excesos que se le acusan, no son el Gobierno del Salvador ni el de Honduras los que deben perseguirlo, sino ese que es el ofendido y en cuyo territorio se encuentra.

El 5.º párrafo dice:

"Que no ignora su Gobierno que a los señores don Serapio y don Vicente Cruz, cuando se hallaban al frente de las fuerzas de la montaña, se les brindaron oficialmente por este armas, dinero, municiones y gente, con la única condición de hacer la guerra para obligar a Guatemala a reincorporarse con los otros Estados de la Federación, renunciando los derechos y deberes que se había impuesto al proclamarse independiente; y que si estos auxilios no se suministraron, fue por haberse negado el general Cruz, como buen hijo de Guatemala, a aceptar una condición tan oprobiosa."

El señor ministro me dispensará la franqueza con que contestaré este párrafo.

Este comprende una calumnia a este Gobierno y una injuria a todos los Estados que componían la Federación de Centroamérica.

No es cierto que este Gobierno haya hecho a los señores Cruz el ofrecimiento de armas, de dinero, de municiones y gente que se dice, y ese Gobierno jamás podrá acreditarlo.

Tal ofrecimiento supondría de parte de este Gobierno el mayor empeño en derrocar la administración que entonces existía en ese Estado para poder atropellar las leyes que rigen su conducta, hasta el extremo de hacer la guerra sin haberla declarado ni estar autorizado para ello.

Lejos de hacer tales ofrecimientos, el Presidente del Salvador se negó a usar de los que entonces se le hicieron por personas del primer orden, que algunas obtuvieron en seguida los primeros empleos de ese Estado, lo que puede probar con documentos que tiene en su poder.

Se le ofrecía dinero y seguridades lisonjeras para que diese armas y gente.

Si la actual administración de ese Estado trae sus títulos de la revolución de agosto, sus intereses, máximas y principios, como parecería regular, tendría razón para ofenderse de la negativa de este Gobierno a prestar su eficaz auxilio para que aquella revolución se verificara, pero no de los ofrecimientos que falsamente se dice fueron hechos a los señores Cruz; y si ella es ya una restauración, debía manifestarse agradecida a la negativa de este Gobierno para cooperar de una manera eficaz a su caída irreparable, resultando de todo que ese Gobierno, permítaseme decirlo, no guarda consecuencia en ningún concepto y parece que solo trata de crear o hacerse un enemigo.

Esta política no puede traerle bien alguno en ningún caso y es digna de lamentarse.

El Gobierno del Salvador no se excusa de confesar que, como los de los otros Estados, excepto el de Guatemala, siempre ha deseado el restablecimiento de la nacionalidad, estimando como el bien mayor unir su suerte a la de todos los otros.

Y con tal mira, viendo inevitable la caída de la administración que desapareció en agosto, celebró un convenio con el comandante político y militar de las fuerzas pronunciadas en Chiquimula, comprometiéndose a que, después de ocupada Guatemala por las fuerzas que la sitiaban, se prestaría a auxiliar al Gobierno que se estableciera si cooperaba a dicho restablecimiento.

En esto se ve que no era el convenio el que podía derribar a la administración que existía, sino el que debía asegurar a la que le sucediera si cooperaba para la reorganización nacional.

Así, este Gobierno ni fue hostil a la administración que desapareció, ni dañaba los intereses de la que podía sucederle y en efecto le sucedió; pero él fue burlado en sus esperanzas sin haber sacado más fruto de sus pasos que la calificación de injusto y de agresor que ahora se le da por sus sentimientos fraternales para con Guatemala y los demás Estados.

Y a esto alude la cita que U. hace de la memoria presentada a las Cámaras por este Ministerio en su nota circular ya mencionada.

Este Gobierno, según la expresión del 5.º párrafo que ya he referido, estima como un oprobio la reincorporación de ese Estado a la Federación Centroamericana y la renuncia de los derechos y deberes que le ha impuesto su independencia absoluta.

Es claro que su unión no podría verificarse sin perder esta en alguna parte, es decir, en parte de sus derechos; pero en cuanto a sus deberes, bien podía conservarlos intactos al incorporarse y cumplirlos ya incorporado.

De esto se ve que el oprobio no lo halla ese Gobierno en la falta de cumplimiento de sus deberes contraídos, sino en la unión con los otros Estados.

Y esta es la injuria mayor que podía hacérseles por un Gobierno que otras veces ha protestado sus vivos deseos por la reorganización de la República de Centroamérica.

Si tales sentimientos han podido caber en la administración actual de Guatemala, ellos no están en los habitantes que componen el Estado, y por esta razón, el agravio que infieren a este y a los demás Estados, mi Gobierno lo reduce a solo la administración de ese, viendo en ello, no delicadeza, sino el odio y el desprecio que manifiesta.

El 6.º párrafo dice:

"Que también se sabe que muchos de los objetos robados se trasladan libremente a estas poblaciones para adquirir pólvora y otros elementos de guerra, y que es notorio que estos elementos se han suministrado y se suministran incesantemente del Salvador a los sublevados sin que pueda ignorarlo este Gobierno, lo cual no solo es contra todo principio de amistad, sino opuesto a las máximas del derecho internacional."

Es un avance, permítaseme decirlo, Sr. Ministro, que ese Gobierno asegure, sin tener datos, que el de este Estado tiene conocimiento de los negocios que los sublevados de la montaña hacen en este territorio para proveerse de los elementos de guerra.

Bien puede ser que objetos robados ahí se vendan o cambien en los límites de este Estado como se venderían o cambiarían los robados por simples particulares, sin que en ello se encuentre la malicia que se supone, y un tal comercio es imposible precaverlo; pero no se citará un ejemplo de que se hayan introducido efectos del comercio exterior sin haber acreditado su procedencia legítima y pagado los derechos correspondientes.

Si algún negocio de esta especie se ha dado, él se habrá hecho con toda la reserva y precauciones con que se hacen los contrabandos que no se alcanzan a precaver, y de esto no puede deducir ese Gobierno motivo alguno de queja.

Y si lo halla de buena fe, es solo por la prevención con que ve todas las cosas que suceden en este Estado, influyan o no en perjuicio de ese.

En el párrafo 7.°, dice la nota de U.:

"Que en tal conflicto es imposible disimular la continuación de tal estado de cosas; que entiende que solo la tolerancia es una verdadera hostilidad y el disimulo por su parte sería faltar a sus deberes."

Con lo que antes he dicho, satisfaciendo a los cargos que se hacen a este Gobierno, puede verse si este tiene algo que disimular y si no es más bien este el que tendría que sacrificar hasta su honor si hubiera de llevar adelante su silencio y sufrimiento sobre los agravios que se le infieren, como hasta ahora lo ha hecho por conservar a todo trance y a cualquier costa sus buenas relaciones con ese Gobierno.

Los párrafos 8.°, 9.° y 10.°, con que concluye la nota que contesto, se reducen a hacer mérito del tratado de 7 de octubre de 1842, explicar los fundamentos de su contenido, preguntar si se considera en su vigor por parte de este Gobierno y a exigir, por último, una respuesta terminante y satisfactoria.

Sobre la existencia de dicho tratado, me refiero a la contestación que, a igual pregunta de ese Ministerio, se dio por el de mi cargo el 14 de mayo de 1848, añadiendo ahora mi Gobierno que él lo considera derogado por el artículo 76 del pacto que entre sí celebraron el 27 de julio de 1842 los Estados de Honduras, Nicaragua y El Salvador, el cual fue ratificado el 27 de febrero de 1843.

El artículo dice así: "Ratificado por las asambleas el pacto de unión, quedan derogados y refundidos en él, todos los tratados que entre sí y con otros Estados han celebrado antes los confederados".

No habiendo contestado ese Ministro si era conforme con la respuesta a que me contraigo, mi Gobierno cree de su deber interpelar al de ese Estado sobre su conformidad o inconformidad con ella, pues habiéndose dado en el supuesto de las buenas relaciones entre los dos Estados, ahora que, desgraciadamente, parece que las cosas han mudado, es necesario para evitar justos motivos de queja que los pasos de ambos Gobiernos sean claros.

Esto se hace tanto más necesario cuanto que el tratado último celebrado entre los dos Estados se verificó cuando ese aún no se había erigido en República independiente.

El Gobierno del Salvador no desconoce que ambos Estados necesitan convenios más explícitos y extensos para la conservación de sus fraternales relaciones, y es por esto que ha resuelto pasar los antecedentes que hasta la fecha existen, junto con la respuesta que el de U. se sirva dar en la interpelación que se le hace, al conocimiento de la próxima legislatura, para que en su vista emita la resolución más conforme a los intereses generales.

Estos son los conceptos que el Sr. Presidente me ha prevenido expresar a U., para que tenga la bondad de manifestarlos al S. G. de ese Estado, quien debe persuadirse de que el mío jamás ha dado un solo motivo por el cual debiera considerársele como culpable respecto a los negocios de Guatemala.

Firme en su propósito de conservar sus buenas relaciones con el de U., ha procurado, por cuantos medios le ha sido posible, guardar todas las consideraciones que se deben entre sí los Gobiernos de Centroamérica, y esta conducta, observada religiosamente, será la misma siempre que no se deprima la dignidad del Estado.

Me suscribo de U., Señor Ministro, muy atento y deferente servidor.

NÚMERO 15

Secretaría de la Comisión Permanente de la Asamblea
Señor Ministro de Gobernación del Supremo Gobierno.
Guatemala, julio 19 de 1849.

La Comisión Permanente, en cumplimiento de la ley, se ocupaba de redactar el proyecto de Constitución, con que debe darse cuenta al Cuerpo Legislativo, cuando en el mes de junio próximo pasado, viendo agravarse más y más la situación pública y aun amenazadas las vidas y propiedades de los ciudadanos, acordó dirigir al Gobierno una interpelación sobre las garantías de orden con que contaba la sociedad.

¿Si los individuos de esta corporación tenían la suficiente seguridad para continuar tranquilos en sus trabajos constitucionales?

¿O si, por desgracia, era lo contrario, para fundar oficialmente su disolución?

En aquella época era público y notorio, como lo es ahora, que el expresidente Rafael Carrera había ocupado militarmente la ciudad de Quezaltenango, persiguiendo de muerte a muchos vecinos de los departamentos de Los Altos y despojándolos de sus propiedades bajo el pretexto de necesitar dinero para el sostenimiento de los revoltosos que estaban a sus órdenes y que él llamaba ejército restaurador.

Las proclamas impresas que circulaban en esta capital, en las que, además, insultaba a las supremas autoridades y se presentaba con todo descaro como un enemigo y trastornador del orden público, acreditaban las noticias que corrían.

A pesar de todo esto, el Gobierno, sin contestar la interpelación que se le hiciera, se limitó a manifestar que no tenía datos para creer en peligro la tranquilidad de los habitantes de la capital y, mucho menos, la de los Representantes del pueblo.

La Comisión, sin engañarse acerca de los motivos del indicado oficio, creyó de su deber hacer presentes los irrefragables datos que tenía cuando hizo la interpelación y los que de nuevo había adquirido.

Con este objeto, acompañó a su oficio de cuatro del presente un ejemplar impreso de la proclama que Carrera dio en Quezaltenango el veintinueve de abril último, de la que el ministro dijo no tener conocimiento.

Con la misma mira, se hizo mérito en la referida nota de la prisión del señor don José Timoteo Solís y del asesinato que agentes de Carrera cometieron en la persona del señor licenciado don Francisco Madrid.

Acerca del primer crimen, se contestó que el señor Solís se hallaba restituido a su libertad; pero con respecto al asesinato del señor Madrid, el ministerio omitió su explicación.

En cuanto a lo principal, no se obtuvo otra respuesta sino la de que el Gobierno no recelaba que Carrera llevase a cabo amenazas que hacía antes de haberse verificado un arreglo que lo colocaba en una situación muy distinta de la en que antes aparecía.

Mientras tanto, Carrera, llamado por el Gobierno, avanza hacia esta capital, engrosando sus fuerzas y recibiendo auxilios del mismo Gobierno, y haciendo siempre las mismas amenazas de cometer actos semejantes a los ejecutados en los señores Solís y Madrid.

En tal situación, la Comisión Permanente, que prevé que la fuerza y la violencia van a impedirle continuar desempeñando el alto deber que le impuso la Asamblea, en cumplimiento de su obligación, ha acordado por unanimidad de votos, en la sesión del día de hoy, dirigir al Gobierno una protesta por la violencia que, a la sombra del mismo Gobierno y con sus propias fuerzas, está a punto de ejercerse en esta corporación; impidiendo así la reunión del Cuerpo Constituyente de la República.

En efecto, la Asamblea no se reunirá, porque la mayoría de los Representantes se verá perseguida por Carrera y sus agentes, y la Comisión, bien cerciorada de los peligros reales que correrían sus individuos, ha resuelto suspender sus sesiones desde el acto en que Carrera ocupe esta capital.

La Comisión, pues, no concluirá sus trabajos constitucionales; la Asamblea no se reunirá; la Nación quedará en la más completa anarquía.

Y el Gobierno, en consecuencia de la política que ha adoptado, será responsable de tan graves males.

Asimismo, protesta la Comisión dar cuenta de todo, en su oportunidad, al Cuerpo Legislativo; y si ahora no denuncia estos hechos al público, es porque el Ejecutivo ha prohibido la impresión de todo papel que no esté en consonancia con sus ideas.

En estos términos, tengo el honor de dirigirme a U. S. para inteligencia del Gobierno.

Y al cumplir con lo mandado, me suscribo, con toda consideración, de U. S. obediente servidor.

Firmado: Andrés Dardón.

NÚMERO 16
"Al Señor Secretario de la Comisión Permanente de la Asamblea."

Con esta fecha, ha resuelto el Gobierno lo siguiente:

"El Presidente de la República, en consejo de ministros, teniendo a la vista la comunicación que, con fecha 19 del que rige, dirigió la Secretaría de la Comisión Permanente al Secretario de lo Interior, conteniendo dicha nota una protesta de la misma Comisión sobre disolverse inmediatamente que llegue a esta ciudad el teniente general señor don Rafael Carrera, y sobre los actos del Ejecutivo respecto de la persona y fuerzas que manda el propio general.

Considerando que la Comisión fue instituida únicamente para preparar los trabajos de la Constitución y cuidar de la Secretaría de la Asamblea, y por consecuencia, ninguna ley la autoriza para juzgar de los actos del Gobierno e interpretar los acuerdos que diere en cumplimiento de las disposiciones legislativas, ni menos para hacer protestas y embarazarle el uso de las facultades de que lo invistió aquel alto cuerpo, acuerda no dictar resolución alguna en el particular, reservando dar cuenta en su oportunidad al mismo Cuerpo Legislativo; y que así se comunique a la referida Comisión.

Rubricado.

Lo inserto a U. S. para el efecto indicado.

Dios guarde a U. S. muchos años.

Palacio Nacional de Guatemala, julio 24 de 1849.

José María de Urruela.

NÚMERO 17

Señor Secretario de Gobernación,

La Comisión Permanente ha visto el acuerdo del Presidente de la República, de 24 del que rige, para no contestar a su nota última de 19 del mismo, sobre los peligros e inseguridad en que se hallaba el público, ella misma y el Cuerpo Legislativo, en caso de ocupar Carrera con sus fuerzas la capital de la República.

Se han presentado al Gobierno, no datos ni probabilidades, sino demostraciones y hechos evidentes del riesgo que amenaza a los Representantes del pueblo y de las violencias que se intentan contra la Asamblea Constituyente.

El Gobierno reputa esta exposición por injuriosa y ajena a las atribuciones de la Comisión Permanente, y no se digna contestarla.

El Gobierno responderá alguna vez ante la República, traída a una posición tan deplorable.

La Comisión fuera criminal si guardara silencio y no representara al poder encargado de salvar el país y la libertad pública la crítica situación en que se halla ella misma y en la que va a encontrarse el Cuerpo Constituyente, al cual pertenece y al cual representa.

El velar por su propia conservación es un derecho natural inconcuso que tienen todos los seres y corporaciones del mundo.

Exponer sus peligros y exigir seguridades al poder encargado de preservar la sociedad nunca puede ser indebido, nunca injurioso al autor mismo de la situación política en que nos hallamos.

Al contrario, es una obligación sagrada en los representantes del pueblo, y aun en los ciudadanos todos que participan del poder soberano en una República.

La Comisión, obrando lealmente según su conciencia, y asegurando al Gobierno que jamás ha tenido la mira de ofenderle ni de intervenir en sus altas atribuciones, sino la de levantar en su favor la única voz que le queda libre a la República en su actual conflicto, tiene la satisfacción de haber llenado un deber rígido con la intención más pura, y callará, pues que así conviene al Ministerio, sin turbar en lo sucesivo la serenidad del Gobierno.

Al extender el Ministerio varios pasaportes para fuera de la República a algunos representantes para poner en salvo sus personas, ha visto con la mayor claridad y reconocido por este hecho la inseguridad de que se ha hecho mérito, el resultado preciso de imposibilitarse por ella la reunión de la Asamblea en la época señalada por la ley, y la desaparición que amenaza por un tiempo indefinido de todo gobierno de leyes, con la anarquía que le es consiguiente.

Sírvase el señor Ministro excusar esta última y necesaria exposición que dirijo al Gobierno, manifestando finalmente que en la nota del 19 del presente que pasó esta Secretaría a la de U., no se dice que la Comisión se disolverá desde el acto en que Carrera ocupe esta capital, sino que suspenderá sus sesiones.

Dios guarde a U.

Guatemala, julio 27 de 1849.

Andrés Dardón.

ÍNDICE